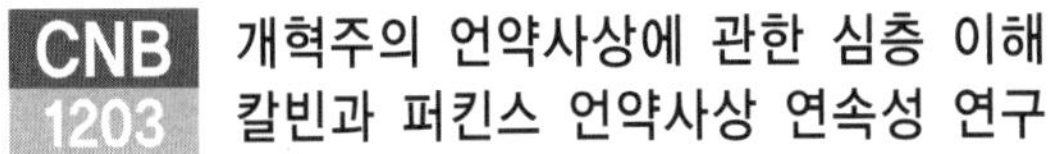

개혁주의 언약사상

종교개혁자 존 칼빈과 청교도 윌리암 퍼킨스 언약사상, 그 연속과 발전

문 정 식

2015년

교회와성경

지은이 | 문정식

대학에서 철(鐵)학을 공부하던 중 입대한 군생활 가운데 예수 그리스도를 인생의 구주로 영접하고 주를 위해 살고자 결단하여 1993년에 신학의 길에 지원하여 합동신학대학원대학교와 아세아연합신학대학원, Edinburgh Theological Seminary, University of Glasgow에서 신학을 공부했다.

1996년말에 부임한 열린교회(www.opench.kr)에서 지금까지 개혁정신을 목회에 적용 및 계승하고 있으며, 종교개혁 사상과 청교도 사상을 중점적으로 연구하고 있으며 집필을 통해 이를 알리고 있다.

저서로는 언약의 골든체인, CNB 1201 하나님 은혜의 선물 십계명(오픈북스), CNB 1202 거꾸로 읽는 산상수훈(세움북스)과 CNB 1203 개혁주의 언약사상(교회와 성경)이 있다.

가족으로는 아내 이유정과의 사이에 한솔, 한빛 남매가 있다.

개혁주의 언약사상

종교개혁자 존 칼빈과 청교도 윌리암 퍼킨스 언약사상, 그 연속과 발전

CNB 1203

개혁주의 언약사상

CALVIN - PERKINS CHAIN :
THE CONTINUITY AND PROGRESS OF
JOHN CALVIN - WILLIAM PERKINS' REFORMED COVENANT THEOLOGY
by JEONG-SIK MOON, PH.D.

Published by the Church and Bible Publishing House
SEOUL, KOREA

초판 인쇄 | 2015년 1월 1일
초판 발행 | 2015년 1월 5일

발행처 | 교회와성경
주소 | 평택시 특구로 43번길 90 (서정동)
전화 | 031-662-4742
등록번호 | 제2012-03호
등록일자 | 2012년 7월 12일

발행인 | 문민규
지은이 | 문정식
편집주간 | 송영찬
편집 | 신명기
디자인 | 조혜진

총판 | (주) 비전북출판유통
주소 | 경기도 고양시 일산서구 송산로 499-10 (덕이동)
전화 | 031-907-3927(대) 팩스 031-905-3927

값은 표지에 있습니다.
파손된 책은 구입처나 출판사에서 교환해 드립니다.
ISBN 978-89-98322-11-3 93230

Printed in Seoul of Korea

CNB 시리즈
서 문

CNB The Church and The Bible 시리즈는 개혁신앙의 교회관과 성경신학적 구속사 해석에 근거한 신·구약 성경 연구 시리즈이다.

이 시리즈는 보다 정확한 성경 본문 해석을 바탕으로 역사적 개혁 교회의 면모를 조명하고 우리 시대의 교회가 마땅히 추구해야 할 방향을 제시함으로써 교회의 삶과 문화를 창달하는 것을 그 목적으로 하고 있다.

따라서 이 시리즈는 진지하게 성경을 연구하며 본문이 제시하는 메시지에 충실하고 있다. 그렇다고 이 시리즈가 다분히 학문적이거나 또는 적용이라는 의미에 국한되지 않는다. 학구적인 자세는 변함 없지만 궁극적으로 하나님의 나라를 지향함에 있어 개혁주의 교회관을 분명히 하기 위해 보다 더 관심을 가진다는 의미이다.

본 시리즈의 집필자들은 이미 신·구약 계시로써 말씀하셨던 하나님께서 지금도 말씀하고 계시며, 몸된 교회의 머리이자 영원한 왕이신 그리스도께서 지금도 통치하시며, 태초부터 모든 성도들을 부르시어 복음으로 성장하게 하시는 성령께서 지금도 구원 사역을 성취하심으로써 창세로부터 종말에 이르기까지 거룩한 나라로서 교회가 여전히 존재하고 있음을 그 무엇보다도 중요하게 여기고 있다.

아무쪼록 이 시리즈를 통해 계시에 근거한 바른 교회관과 성경관을 가지고 이 땅에 진정한 그리스도인의 삶과 문화가 확장되기를 바라는 바이다.

시리즈 편집인

김영철 목사, 미문(美聞)교회 목사, Th.M.
송영찬 목사, 기독교개혁신보 편집국장, M.Div.
오광만 목사, 대한신학대학원대학교 교수, Ph.D.
이광호 목사, 실로암교회 목사, Ph.D.

개혁주의 언약사상

종교개혁자 존 칼빈과 청교도 윌리암 퍼킨스 언약사상, 그 연속과 발전

CALVIN - PERKINS CHAIN :
THE CONTINUITY AND PROGRESS OF
JOHN CALVIN - WILLIAM PERKINS'
REFORMED COVENANT THEOLOGY

2015년

교회와성경

머리말

이 책은 우선 언약사상이라는 공통점을 통해 주되게 종교개혁자인 존 칼빈과 청교도의 아버지 윌리암 퍼킨스 두 신학자의 연속과 발전을 두 기둥으로 다루면서, 결국 5세기의 펠라기우스부터 16세기의 피기우스, 17세기의 알미니우스 그리고 심지어 18세기의 부흥주의에 이르기까지의 '인간 중심의 신학'에 대비對比하여 그리스도로 인한 칭의와 그 은혜로 세워진 교회가 철저하게 붙잡고 가야 하는 '하나님 중심의 신학'을 선명하게 제시하려는 목적을 가지고 있다.

그 목적을 위해 어거스틴부터 시작하여 종교개혁자들인 루터와 칼빈을 위시해 영국 청교도들과 네덜란드로 건너간 청교도들 그리고 그로 인한 도르트 총회와 그 후예인 신대륙의 조나단 에드워즈까지의 '하나님 중심의 개혁주의' 보루堡壘들이 참으로 견고함을 보이고자 하는 데 함의적 목적을 가지고 있다. 이를 위해 언약사상이라는 주제를 통해 언약적 성경해석을 통한 율법에 대한 통전적 이해를 제3용법에서 보이고, 이를 교회적 언약사상과 더불어 견고한 개혁신학의 보존과 계승이라는 내용을 보이고자 한다.

그러므로 이 책에서는 칼빈과 퍼킨스의 언약사상의 연속성 위에, 특별히 칼빈과 퍼킨스의 '십계명과 율법 이해에 대한 언약적 성경해석'을 직접 비교해서 다루고 이와 더불어 '율법의 제3용법에 대한 이들간의 비교'를 통해 그 연속성과 발전적 적용을 확증하려고 한다. 이는 율법에 대한 알미니주의적인 접근이 아니라 이미 개혁주의 진영 안에 허락된 신자의 부요한 위치를 확인하는 일이다.

이러한 작업을 거쳐 칼빈과 퍼킨스로 이어지는 언약사상의 연속성과 발전을 통해 개혁신학의 큰 줄기인 어거스틴으로부터 중세의 버나드와 루터, 칼빈 등의 종교개혁자들 그리고 퍼킨스, 에임스와 같은 청교도들을 통해 마침내 뉴잉글랜드의 조나단 에드워즈와 벤자민 B. 워필드까지 이르는 개혁신학 연대連帶의 고리를 이해하게 될 것이다.

이 책은 저자가 신학교 3학년말 교회에 목회자로 부임하면서, 교회를 개혁신학으로 섬기고자 하는 목회적 고민 가운데 시작되었고 여전히 교회를 섬기면서 신학을 배우는 중에 한 결실로 주께서 주신 작은 열매이다. 그러므로 교회를 위해 한 번 맺히고 마는 나무로서가 아니라, 이후로도 계속 개혁신학의 열매를 교회와 성도들에게 나누고자 진력하려는 수확 중의 하나로 여기고자 한다.

이 열매가 있도록 오직 은혜로 부르신 주께 영광을 돌리며, 학업과 목회의 과정 중에 모본이 되어주신 스승들과 같은 길을 걷는 동행이 되어주신 열린교회(opench.kr) 성도들께 깊은 감사를 드린다. 또한 CNB 시리즈가 계속 출간되어서 이 땅의 성도들이 보다 많은 유익을 누리기를 기대한다.

그러므로 이 책을 통해 개혁주의 언약사상을 이해하는데 조금이나마 유익이 되기를 기대한다.

> "이는 만물이 주에게서 나오고 주로 말미암고 주에게로 돌아감이라 영광이 그에게 세세에 있으리로다 아멘" (로마서 11:36)

이 책이 나오기까지 마음으로 함께 해 준 개혁신학의 길을 같이 걷는 동료 목회자들께 심심한 감사를 드린다.

2015년 1월 1일 새해 아침에
저자 아룀

차 례

〈Ⅰ부〉 "칼빈-퍼킨스"의 언약적 개혁주의 성경해석

〈Ⅱ부〉 "칼빈-퍼킨스"의 개혁주의 언약사상

〈서 언〉

"칼빈-퍼킨스 체인"에 대하여

17

〈서언〉

“칼빈-퍼킨스 체인”에 대하여

이 책에서 두 기둥으로 다루는 종교개혁자 존 칼빈의 ‘언약사상’과 이를 계승한 청교도 대표자인 윌리암 퍼킨스(William Perkins)[1]의 ‘언약사상’은 인간의 자유의지를 주장하는 알미니우스주의에 대항하여 철저히 하나님

---

1) 윌리암 퍼킨스 *William Perkins*는 후대에 많은 영향을 미친 Elizabeth 여왕시대(1558-1602)의 탁월한 설교자이자 신학자였는데, 그를 통하여 청교도운동이 John Cotton, Thomas Goodwin, John Preston, Richard Sibbes, Richard Baxter 그리고 William Ames에게까지 전수되었다. 그래서 그는 청교도주의의 아버지라고 불리우기까지 하였고, 나아가 칼빈을 전수하였을 뿐 아니라 언약신학에 있어서는 칼빈을 넘어섰다는 평가까지 받는다. 그는 1558년 영국의 Warwickshire에서 태어나, 1577년 캠브리지대학의 그리스도대학Christ's college에 입학하여 이미 청교도였던 로렌스 채들턴Laurance Chaderton에게 지도를 받았으며, 1584년에 석사학위를 마치고 Christ's college의 Fellow로 선정되어 이듬해부터 St. Andrews교회에서 설교가로 사역했다. 설교가로서의 퍼킨스는 명료한 설교로 알려져 있었는데, 그로 인해 모든 부류의 청중 즉, 학자나 시장상인이나 소시민 할 것없이 다 은혜를 받았다. 그 이유는 그의 설교가 내용상 율법과 복음을 포괄할 뿐 아니라 모든 이들이 이해할 수 있도록 간결하고 쉬웠다. 이로 인해 학문을 설교에 대입한 공헌이라는 평가를 받기도 한다. 캠브리지에서 공부하는 동안 퍼킨스는 로렌스 채들턴 Laurence Chaderton에게서 이분적 수사법이자 신학 방법론(dichotomical rheotoric or bifurcation)인 피터 라무스의 방법론 즉, 라미스주의(Ramism)을 배웠으며, 그로 인해 이후에 그의 작품 속에서는 바로 이 라무스주의를 활용하는 내용들을 다룬다. 실로 라무스주의는 중세신학을 벗어나 개혁주의적으로 새로운 방법론을 모색했던 퍼킨스와 같은 청교도들에게는 그들의 사상을 논리적으로 체계화하는 데 큰 도움을 주었다. 이러한 라무스주의를 이용한 그의 작품이 바로『황금사슬 *A Golden Chaine*』이다. *보다 자세한 내용은 부록을 참조하기 바란다.

의 주권과 예정을 높이는 내용에 있어서 개혁주의적 일치점을 가지고 있으며, 이 사상 사이에는 분명한 개혁주의적 연속성 가운데 칼빈의 언약이해에서 출발하여 퍼킨스의 언약사상에의 적용까지의 계승, 발전이 이루어지는 것을 밝히고자 한다.

따라서 "칼빈-퍼킨스 체인(the Calvin-Perkins chain)" 즉 칼빈과 퍼킨스의 개혁주의 언약사상의 연결고리/체인을 이해하는 것은, 단순히 이들간의 연속성만을 드러내는 것이 아닌 신학사상사에 있어서 성경을 기반하여 신학적으로 정립한 '하나님 중심의 사상' 을 계속적으로 넘어뜨리려는 '인간중심의 사상' 간의 대립구도에 대해 가장 견고한 방파제를 형성하였던 "고리(Chain)" 를 확인하는 것이 된다.[2] 이들로 인해 어거스틴(vs 펠라기우스)부터 시작한 바 도르트회의(vs 알미니우스)와 조나단 에드워즈(vs 뉴잉글랜드의 알미니우스주의)에 이르는 대결에 있어서, 개혁주의가 철저하게 승리하는 교리적 토대가 구축되었기 때문이다.[3]

이를 위해 칼빈과 퍼킨스의 언약사상 연속성 위에서 특별히 '율법 즉 십계명에 대한 언약적 성경해석' 과 더불어 '율법의 3용법에 대한 이들간의

---

2) 김영재, 『기독교 교리사 강의』 (수원:합동신학대학원출판부, 2006), 16. "종교개혁자들은 역사에서 단절됨이 없이 고리처럼 이어져 내려오는 조용히 신앙하며 진리를 증거하는 이들의 교회를 합법적인 교회라고 하는 반면에, 불법으로 인정된 교회는 이단으로 단정한다. 그리고 복음 선포의 진실과 신앙의 순수성만이 교회의 계속성을 입증한다고 한다. 그러나 복음을 이해함에 있어서는 주관적인 이해에만 의존하지 않고 교회의 역사와 전통적인 해석을 존중하는 가운데서 바른 이해에 이르려고 시도한다."

3) 이 부분에서 이 저작이 전제하고 있는 칼빈주의와 개혁주의를 고 박윤선의 가르침을 따라 설명한다면 다음과 같다. " '개혁주의' 는 인간의 사상이 아니라 '성경의 본뜻을 바로 찾아서 가르친 신학사상' 을 의미한다고 우리는 믿는다. 그러면 개혁주의의 기본 원리는 무엇인가? 그것은 학자들간에 서로 조금씩 다르게 말하지만 일반이 인정하는 답안은 '하나님의 주권(sovereignty of God)' 이다 …. 하나님의 주권 사상은 칼빈이 성경에서 얻은 것이다. 개혁주의의 규준은 성경이다. 칼빈주의는 성경에서 시작하고 성경으로 진행하고 성경으로 마감한다. 칼빈주의는 성경이 가는 데까지 가고 성경이 멎는 데서 멎는다. 그 이유는 칼빈주의는 성경에 기록된 말씀이 바로 하나님의 말씀이라고 믿기 때문이다." cf. 유영기, 『죽산 박형룡과 정암 박윤선』 (수원: 합동신학대학원대학교, 2005), 353-72.

비교'를 통해 그 연속성과 발전적 적용을 확증하려고 시도한다. 이는 율법에 대한 알미니주의적인 접근이 아니라 이미 개혁주의 진영 안에 허락된 신자의 부요한 위치를 확인하는 일이기 때문이다. 그래서 칼빈과 퍼킨스의 연속성과 발전을 통해, 개혁신학의 큰 줄기인 어거스틴으로부터 중세의 버나드와 루터, 칼빈 등의 종교개혁자들 그리고 퍼킨스, 에임스와 같은 청교도들을 통해 마침내 뉴잉글랜드의 조나단 에드워즈와 벤자민 B. 워필드까지 이르는 개혁신학 연대連帶의 고리가 드러날 터이기 때문이다.[4)]

실로 핵심적으로 칼빈과 퍼킨스의 동일한 율법의 제3용법에 대한 이해는, 칭의에 기반한 언약적 성화강조를 위해, 칼빈은 기독론 중심의 언약사상의 이해에서 율법의 용도를 다루고, 퍼킨스는 바로 그 기독론에 기반한 구원론 중심의 언약사상의 이해에서 율법의 활용에 대해 접근한다. 바로 이러한 접근의 차이를 통해 동일사안에 대한 두 사람의 강조가 유사하면서 발전을 이루었음을 보여주게 된다.

이 책은 언약사상이라는 공통점을 통해 칼빈과 퍼킨스 두 신학자의 연속과 발전을 다루지만,[5)] 결국 펠라기우스부터 알미니우스 그리고 심지어 부흥주의에 이르기까지의 '인간 중심의 신학'에 대비對比하여, 어거스틴과 종교개혁자들인 루터와 칼빈을 위시해 영국 청교도들과 도르트 총회원들(혹 웨스트민스터 총회원들 포함), 그리고 그 후예인 신대륙의 조나단 에드워즈까지의 '하나님 중심의 칼빈주의 개혁신학'의 보루堡壘들이 참으로 견

4) 김홍만, "윌리암 퍼킨스의 칼빈 신학의 계승과 적용" 『칼빈 이후의 개혁신학자들』 이상규 편집 (부산: 개혁주의 학술원, 2013:66-91), 91. "퍼킨스의 신학은 청교도들의 신학의 방향을 설정하여 주었으며, 심지어 18세기의 조나단 에드워즈에게까지영향을 미쳤다."; 주도홍, "윌리암 에임스" 『칼빈 이후의 개혁신학자들』 (135-56), 156. "더 나아가 에임스의 신학은 18세기에 나타나는 조나단 에드워즈(1703-58)의 신학에도 영향을 미쳤음을 부인할 수 없을 때 …"

5) Michael Horton, *God of Promise* (Grand Rapids: Baker Books, 2006) 『언약신학』 백금산 역 (서울: 부흥과개혁사, 2009), 30. 이하에서 『언약신학』이라 표기한다. "언약신학은 불연속성보다 연속성을 가지고 시작하며 …"

고함을 보이고자 하는데 함의적 목적을 가지고 있다.

총괄하여 "언약적 율법이해를 통한 종교개혁자 칼빈과 청교도의 아버지 퍼킨스의 개혁주의 언약신학에 대한 연속성 규명연구"라 부를 수도 있기에, 축약해 '칼빈-퍼킨스 체인(the Calvin-Perkins chain)의 확인' 이라 부르려 한다.[6] 알레스터 맥그라스는 이에 대해 "개혁신학 전통에서 칭의의 성약적聖約的 기초의 역할은 너무나 막중하기 때문에 언약개념은 '신학의 정수' (medula)로 규정되었다" 고까지 말한다.[7] 언약사상적으로 "칼빈-퍼킨스 체인(the Calvin-Perkins chain)" 을 통해 칼빈주의 개혁신학의 정수가 규명되는 결과를 가져온다고 믿는다.[8]

---

6) 이 책에서 지향하는 바, 종교개혁신학과 청교도신학의 구원론 특별히 칭의론에 대하여 기독론적이고 언약론적인 성경해석을 통하여 두 사상의 일관된 연속성을 규명하려는 우선적 목적은, 더 중요한 목적인 성경해석에 근거한 언약신학에 있어서 신학적 "준거(準據)"를 견고히 하려는 데 있다. 그러므로 이러한 목적들이 달성되면 응당 그 선한 결과로, 굳건하게 종교개혁을 잇는 개혁주의적이며 청교도신학을 계승하는 칼빈주의적 신학의 확립이 되리라 확신한다.

7) Alister E. McGrath, *Iustitia Dei-A History of the Christian Doctrine of Jutification* (Cambridge: Cambridge University Presss, 2005)『하나님의 칭의론』 한성진 역. (서울: 기독교문서선교회, 2008), 355. "한편으로는 칼빈과 또 다른 한편으로는 루터주의와 구별되는 개혁파 정통의 칭의교리에서 가장 중요한 요소는 하나님과 사람 사이의 언약이다. 이러한 전개는 1520년대의 취리히 개혁신학에서 기원을 찾을 수 있다. 그러나 고마루스(Gomarus), 폴라누스(Polanus), 올레비우스(Wollebius)에 의해 이중언약이라는 용어로 재진술되었다. 후기 개혁자 정통과 청교도의 규범이 된 것이 바로 후자의 언약이다." 이하에서 번역서를 따라『하나님의 칭의론』이라 표기한다.

8) 김재성,『개혁신학의 정수』(서울:이레서원, 2003), 181-183. "언약사상은 개혁주의 구원론의 종합적인 체계이며, 거의 모든 신앙고백에 담겨서 성도들의 신앙의 기초가 되었고, 교회의 성장 발전과 함께 사회와 문화와 학문의 발전에 큰 기여를 하였다. 언약은 신학의 많은 주제 중에서 종교개혁시대의 신학자들이 가장 중점적으로 발견한 진리이자 신앙의 진실성과 순수함을 밝혀주는 핵심 주제로서, 활발한 연구를 통해 학문적으로 체계화되고 집대성되면서 칼빈주의 정통신학의 특성을 드러내는 교리 가운데 하나가 되었다. 개인교인들의 교회 생활에 영향을 미친 핵심적인 항목으로 손꼽을 수 있는 것 가운데 하나가 바로 '언약사상' 또는 '언약신학 '이다....종교개혁시대와 정통 신학자들의 다양한 신학적 강조점에서 가장 공통된 부분이 언약사상이기 때문이며, 이 개념이 신론과 인간론, 구원론과 성찬론 전반에 걸쳐 연결되어 여러 핵심주제들의 근본을 형성하고 있기 때문이다."

제1장

서 론

1. 연구방법

이 책에서는 종교개혁 신학과 청교도신학 간의 중요한 연결고리에 대해, 독창적으로 "칼빈-퍼킨스 체인(the Calvin-Perkins chain)"라고 명명命名한 바 칼빈과 퍼킨스를 비교하여 언약적 연속성을 보이는 것을 주된 내용으로 하되, 그들이 모두 어거스틴과 중세의 버나드를 거쳐 종교개혁자들까지 포함하며, 결과적으로 뉴잉글랜드의 조나단 에드워즈에게까지 영향을 미치는 라인을 구축하였음을 보이려 한다.

이를 위해 사용할 연구방법은 다음 세 가지인데, 성경해석의 언약적 개혁주의 연속성과 율법의 제3용법 사용의 언약적 개혁주의 연속성 연구 그리고 통전적 연구의 언약적 개혁주의 연속성 연구가 그것들이다.

(1) 성경해석을 통한 언약적 개혁주의의 연속성 규명

"칼빈-퍼킨스 체인(the Calvin-Perkins chain)"의 연결을 언약적 관점에서 다루되, 이들의 언약사상이 단순히 교리적 이해가 아니라 철저히 하나님의 말씀인 성경에 대한 바른 해석으로 인하여 나온 결과임을 입증하려 한다.

> "청교도들은 본문에서 교리를 발견했을 뿐 아니라, 각 교리들이 '모범과 성경의 증거, 그리고 … 성경에 뿌리박은 건강한 추론의 힘에 의해' 보강되어야 한다고 느꼈다." [9]

이는 종교개혁자들과 청교도들의 방식이었는데, 그들이 모든 사상의 기초를 성경에 두었기 때문에 그러한데,[10] 그 이유가 바로 "청교도들은 오직 성경만을 신앙의 최종적인 권위라고 주장" 했기 때문이었다.[11]

따라서 종교개혁자들과 청교도들이 굳게 붙잡았던 바, 성경이 하나님의 영감으로 계시된 진리라는 견고한 확신을 담은 개혁주의 신앙고백들(하이델베르크 요리문답, 도르트신조, 웨스트민스터 신앙고백)에 기반하여, 모든 교리와 사상을 펼쳐나가는 기반이 되기를 고대하였기 때문이고 그 결실이 그들을 통한 개혁신학의 정립과 완성이라 할 수 있다. 이에 따라 제4장과 5장에서 각각 칼빈과 퍼킨스의 성경해석 특히 율법해석인 십계명에 대한 해석과 그에 대한 갈라디아서의 율법해석에 대해 다루는데, 칼빈의 십계명 해석에 있어서는 『주석』들과 『기독교강요』뿐 아니라 특별히 『제네바 요리문답』을 사용한다.

---

9) Leland Ryken, *Worldly Saints* (GrandRapaids: Zondervan,1986) 『청교도-이 세상의 성자들』 김성웅 역 (서울:생명의 말씀사, 1995), 213-4. "이같은 '증거' 와 '추론' 을 중시하는 목적은 특정 본문에서 추출한 교리가 배경을 이루는 성경 전체의 지지를 받음을 확증하기 위함이었다." 저자는 이 내용을 위해 윌리암 퍼킨스(*The Art of Prophesying*)와 윌리암 에임스(*The Marrow of Theology*)의 교훈을 근거로 한다. 이하에서 "라이큰" 이라 표기한다.

10) 제임스 패커, 『청교도 사상』 박영호 역 (서울:기독교문서선교회, 1992), 132. 이하 "패커" 로 표기한다.

11) 라이큰, 282-3. "성경을 최종 권위로 천명한다는 말은 그 밖의 다른 유사권위를 일체 거부한다는 뜻이다 … 성경은 영감된 하나님의 말씀이라고 믿었기에 오직 성경만을 최종적인 권위로 삼았다." 이는 19세기의 벤자민 B. 워필드에게로 계승된다(B. B. Warfield, *The Inspiration and Authority of the Bible*).

(2) 율법의 제3용법 이해의 언약적 개혁주의의 연속성 규명

"칼빈-퍼킨스 체인(the Calvin-Perkins chain)"의 연결을 밝히는 좋은 시료이자 언약사상적 집약의 내용은, 양자 간에 밝히 드러나는 "율법 제3용법의 사용과 이해"라 여겨진다. 그래서 칼빈과 퍼킨스 각각에게 나타나는 율법의 제3용법을 밝힘으로써 이들 간의 언약적 연결이라는 고리를 견고히 하려고 한다.

이 율법의 제3용법은 칼빈이 구약의 율법을 신구약의 연속성과 함께 하나님과 인간의 언약관계 속에서 이해하여, 이를 구원론적 적용을 이루어낸 혁혁한 개혁주의 신학원리이다. 이것이 역시나 퍼킨스에게서 같은 이해 위에서 언약적 강조라는 발전된 형태로 나타난다. 따라서 기독론이며 구원론인 입장에서 율법을 새롭게 해석하고 제시한 칼빈의 율법 제3용법에 대한 근원으로서의 언약사상을 발견할 수 있는데, 이를 고리로 퍼킨스의 언약사상과의 비교를 통해 일치점들과 그의 발전들을 찾아보고자 하는 것이다. 이러한 연구의 결과, 언약사상의 연속성에 대해서 "언약신학은 쯔빙글리, 칼빈 그리고 콕세이우스의 신학에 매우 기본적이고 뚜렷한 주제가 되었고, 네델란드에서 영국 해변으로 운반되었다. 그리고 마침내 그것은 뉴잉글랜드 청교도 신학에서 만발하였다"[12]라고 평가한 오베르만의 설명을 확증하기를 지향한다.

이를 위해 제6장과 제7장에서 각각 칼빈과 퍼킨스의 언약사상에 대한

---

12) Peter A. Lillback, The Binding of God: Calvin's Role in the Development of Covenant Theology (Grand Rapids: Baker Academic, 2001). 『칼빈의 언약사상』 원종천 역(서울: CLC, 2009), 29. 재인용 Heiko Oberman, *Forerunners of the Reformation* (Philadelphia: Fortress Prsss,1981),136-7. "In the centuries to come Covenant theology would continue to provide a structure for the understanding of revelation. Elaborated in may different directions, it became an even more basic and explicit theme in the theology of Ulrich Zwingli, John Clavin, and Johannes Cocceius, and was carried from the Dutch to the English shores. It finally came into full bloom in the New England Puritan theology."

연구와 더불어 그러한 언약사상에 기반한 율법의 제3용법에 대한 해석들을 다룬다. 결국 그러한 개혁주의 언약사상의 눈을 해석되는 율법의 제3용법은 그러므로 신자에게 있어서 하나님의 은혜에 붙들려 살게 하는 지침이요 귀중한 동력이 됨을 발견할 수 있다.

(3) 통전적通典的인 연구를 통한 언약적 개혁주의의 연속성 규명

하나님의 은혜에 대한 인간의 반응에 있어서 인간의 의지문제를 개혁주의 전통을 따라 다루려고 하는데, 이를 본 저작에서 살피는 바 "칼빈-퍼킨스 체인(the Calvin-Perkins chain)"의 연결이 교리적으로 "어거스틴 - 클레르보의 버나드 - 루터와 칼빈 - 퍼킨스와 에임스 - 도르트회의와 조나단 에드워즈 그리고 구舊 프린스턴의 벤자민 워필드"라는 통전적 연결이 있음을 밝히려 한다.[13]

이는 실로 개혁교회의 신론과 인간론 교리教理역사 전체를 일관된 맥으로 관통하는 내용이라 할 때, 실로 이러한 종교개혁사상으로부터 청교도 신학간의 연결고리는 역사적으로 지대한 영향을 미쳐서 도르트신경과 같은 수많은 신앙고백들과 요리문답으로 결실을 맺었음이 드러나는 일은 참으로 개혁주의적인 통전通典적 연구라 할 수 있다.[14]

본 저술의 구성상 이 연구를 제2장에서 먼저 전반적으로 일관되어 있음을 보인 바에 따라 4장과 5장 그리고 6장과 7장의 칼빈과 퍼킨스 비교에

---

13) 김홍만, 82. "퍼킨스의 추종자들로 청교도 신학의 틀을 만들었으며, 돌트 대회와 웨스트민스터 총회에 영향을 미쳤다고 평가하였다." cf. Harry Poe and Jimmy Davis, *God and the Cosmos: Divine Activity in Space, Time and History* (Downers Grove: Inter Vasity Press, 2012), 81.

14) 『하나님의 칭의론』, 353-4. "개신교의 고백문서들에 대한 일치를 통해 고백주의가 등장하고, 교리적 정통에 대한 강조로 이어졌다. 또한 서로의 신학적 통일성을 지키고자 점점 미묘하고 정교한 개념들을 사용하기 시작했다."

맞추어 이후 제8장과 9장에 가서 대구對句적 연결로 도르트 신조 및 조나단 에드워즈의 언약사상과 더불어 그 확장인 언약적 개혁신학에 대해 다룬다.

2. 연구동향

최근에 정통주의 신학에 대한 관심이, 지난 세기보다 더 높아졌는데 그것은 왕성한 최근의 연구들을 통해 나타나고 있다. 그 이유가 종교개혁과 정통신학에 대하여 이전보다 더 풍부한 여러 방향으로의 접근이 이루어졌기 때문이다. 이 부분에 대한 최근 연구는 접근법에 따라 분류해 볼 때, 종교개혁과 정통주의 문제에 관한 여러 가지 기본접근법이 서로 연관되어 있으므로, 이를 내용적으로 살펴보면 다음과 같이 분류될 수 있다.[15]

(1) 가장 먼저는 청교도들이 지향했던 언약신학과 관련하여 이들에게는 어거스틴/칼빈의 이해와, 쯔빙글리(Zwingli)/오콜람파이우스(Oecolampadius)의 이해를 구분하여 각각 어거스틴 전통을 따르는 제네바지역의 접근법(Geneva line)과 라인랜드 전통을 따르는 취리히 지역의 접근법(Zürich line)사이에 차이가 크다는 주장이다.

그러면서 칼빈과 기타 개혁주의 신학의 다양성 사이의 관계에 대한 재평가를 시도하는 학자들이 있는데, 그 주장의 주축을 이루는 학자들로는

---

15) Richard A. Muller, *After Calvin: Studies in the development of a theological tradition* (Oxford: Oxford University Press, 2003) 『칼빈 이후 개혁신학』 한병수 역 (서울: 부흥과개혁사, 2011), 149-94. 여기서 멀러는 밝히기를, "20세기의 긴 시간 동안, 이 분야의 연구는 알렉산더 슈바이처, 하인리히 헤페, 폴 알트하우스, 한스 에밀 베버와 같은 19세기 및 20세기 초반의 독일 역사가들과 신학자들이 산출한 개념들과 주장들에 경미한 수정을 가하는 정도로 만족해 왔다. 이러한 개념들과 주장들에 대한 여러 변형들이 계속 나오다가, 지난 20년 동안에 그 개념들과 주장들은 의미심장한 도전에 직면하게 되었다."라고 한다.

레오나르드 트린테루드(Leonard H. Triniteud), 젠스 모엘러(Jens G. Møller), 찰스 맥코이(Charles S. McCoy), 웨인 베이커(Wayne J. Baker) 등이다.[16] 이들은 그러므로 16-17세기에 일어난 어거스틴-칼빈의 영향으로 인한 영국 청교도들의 언약신학을 부인하고, 도리어 칼빈의 영향없이 그들 스스로 어거스틴의 가르침을 이어받아 자생적으로 언약신학을 발전시켰다고 주장하되 그 대표적인 이들이 틴데일과 프리스 등이라 한다.[17]

하지만 이들의 주장과는 달리 청교도들은 철저하게 종교개혁자들에게 빚진 자들임을 인정하면서, 그 연속성과 더불어 발전을 주장하는 에네스트 케반(Ernest Kevan)은 퍼킨스와 존 프레스톤(John Preston), 조지 다운햄(George Downame)과 같은 이들을 언약신학의 초기해설자로 인정했다.[18]

(2) 두번째는 '칼빈주의자와 대립되는 칼빈(Calvin against Calvinist)' 이라는 냉소적인 표현으로 묘사되는 바 개혁주의 신학이 예정론적 체계를 가졌다는 주장에 의존하고 있다. 그들은 19세기에 있었던 교의학적 접근법을 사용한 학자들인데 알버트 슈바이처(Albert Schweicher), 하인리히 헤페(Heinrich Heppe), 알트하우스(Althaus), 한스 에밀 베버(Hans Emil Weber), 에른스트 비처(Ernst Bizer) 등이다. 즉 이들의 작품에서 발견되는 바 개혁주의 신학의 역사를 예정론을 그 중심교리로 하여 지속적으로 발전하게 되었다는 입장에서

---

16) Leonard H. Trinterud, "The Origins of Puritanism," *Church History* 20 (April 1951):37-57; Jens G. Müller, "The Beginnings of Puritan covenant theology," *Journal of Ecclesiastical History* XIV(1963):46-67; Wayne J. Baker, "Heinrich Bullinger, the Covenant, and the Reformed Tradition in Retrospect," *Sixteenth Century Journal* XXIX/ 2(1998):359-376, idem, Heinrich Bullinger and the covenant: The Other Reformed Tradition. Athens: Ohio University, 1990; Charles S. McCoy, and Wayne J. Baker, *Fountainhead of Federalism: Heinrich Bullinger and the Covenantal Tradition.* Kentucky: Westminster/John Knox Press, 1991.

17) Trinterud, "The Origins of Puritanism," 37,40,50.

18) Ernest Kevan, *The Grace of Law: A Study of Puritan Theology* (Grand Rapids: Baker Book House, 1976), 『율법, 그 황홀한 은혜』 임원택 역(서울: 수풀, 2006), 41.

논하는 시도들이다.[19] 하지만 동시에 그렇기에 신학의 예정론적 발전이 곧 칼빈의 신학에서 이탈한 증거라고 주장한다.

사실 이 접근법은 신정통주의 신학적 전제들에 일관되게 기초한 결과로서 계시, 성경, 율법과 복음의 관계, 신학 안에서의 그리스도 중심적인 역할과 관련하는 주장들이라 할 수 있다. 이러한 주장들은 월터 키켈(Walter Kickel), 브라이언 암스트롱(Brian Armstrong), 로버트 켄달(R.T. Kendall), 바실 홀(Basil Hall), 토마스 토렌스(Thomas F. Torrance), 코넬리스 그라프란드(Cornelis Graafland), 필립 홀트롭(Phillip Holtrop)에게서 발견된다.[20]

---

19) Alexander Schweizer, "Die Entwickelung des Moralsystems in der reformirten Kirche," in *Theologische Studien und Kritiken*, 23 (1850):5-78,288-327,554-80; Heinrich Heppe, *Die Bekenntnisschriften der reformirten Kirche Deutschlands*, Schriften zur refmiten Theologie, Band I, (Elberfeld: Friederichs, 1860), idem, "Der Charakter der deutsch-reformirten Kirche und das Verhaltniss derselben zum Luthertum und zum Calvinismus," in *Theologische Studien und Kritiken*, 1850 (Heft 3), 669-706; Paul Althaus, *Die Prizipien der deutschen reformierten Dogmatik im Zeitalter der aristotelischen Scholastik* (Leipzig: Deichert, 1914); Hans Emil Weber, *Der Einfluss der protestantischen Schulphilosophie auf die orthodoxlutherische Dogmatik* (Leipzig: Deichert, 1908), idem, *Die philophische Scholastik des deutschen Protestantimus in Zeitalter der Orthodoxie* (Leipzig: Quelle und Meyer, 1907), idem, *Reformation, Orthodoxie und Rationalismus*, 2 vols. in 3 parts (Gutersloh: Bertelsmann, 1937-51; repr. Damstadt: Wissenschaftliche Buchgesellschaft, 1966); Ernst Bizer, *Fruhorthodoxie und Rationalismus* (Zurich:EVZ Verlag,1963).

20) Walter Kickel, *Vernunft und Offenbarung bei Theodor Beza* (Neukirchen: Neukirchner Verlag, 1967):136-46; Brian Armstrong, *Calvinism and the Amyraut Heresy: Protestant Scholasticism and Humanism in Seventeenth Century France* (Mandison: University of Wisconsin Press, 1969):31-40; R.T. Kendall, *Calvin and English Calvinism to 1649* Oxford: Oxford University Press, 2nd edition 1997, idem, "The Puritan Modification of Calvin's Theology," in *John Calvin: His Influence in the Western World*, ed. W. Stanford Reid(Grand Rapids, MI: Zondervan Publishing House, 1982):199-214; Basil Hall, "Calvin Against the Calvinists," in *John Calvin* Edited by G.E. Duffield (Appleford: Sutton Courtney Press, 1966); James. B. Torrance, "Covenant or Contract?" *Scottish Journal of Theology* 23 (1970): 51-76, idem, "The Covenant Concept in Scottish Theology and Politics and Its Legacy," *Scottish Journal of Theology* 34 (1981):225-243; Cornelis Graafland, "Gereformeere Scholasiek V: De Invloed van de Scholasiek op de Gereformeerde Orthodoxie," in *Theologia Reformata* 30 (1987):4-25; Philip C. Holtrop, *The Bolsec Controversy on Predestination From 1551 to 1555*, 2 vols. in 4 parts, (Lewiston: Edwin Mellen,1993).

이러한 주장들에 일부 의존하면서 주로 예정론과 기독론에 관한 칼빈의 관점에 대한 20세기적 재평가를 통해 다듬어진 주장들이 있는데, 존 브래이(John Bray), 조셉 맥클렐란드(Joseph McClelland), 존 패트릭 도넬리(John Patrick Donnelly), 로버트 갓프리(Robert Godfrey), 이안 맥피(Ian McPhee), 그리고 로버트 레탐(Robert Letham) 등이다. 이들은 개혁파 스콜라주의의 시작을 베자나 버미글리 같은 인물들에서 찾으려는 성향이 있다.[21)]

(3) 세번째는 종교개혁 사상의 중세적 배경을 더 면밀히 조사하여 이의 연속을 규명함으로써 신정통주의적 연구 문헌들의 신학적 전제들을 거절하는 입장을 취하는 학자들이 있다. 이 입장에 선 학자들은 윌리암 판 아셀트(William van Asselt), 올리버 파치오(Oliver Fatio), 리차드 멀러(Richard A. Muller), 에프 데커(Eef Dekker), 안톤 보스(Anton Vos), 칼 트루만(Carl Trueman), 마틴 클라우버(Martin Klauber), 그리고 라일 비어마(Lyle Bierma) 등이 그들이다. 특별히 본 논문과 관련된 대표작은 멀러(Richard A. Muller)의 *Christ and the Decree*로 1978년에 작성된 박사논문의 출판본이다.[22)] 또한 릴백(Peter A.

---

21) John S. Bray, *Theodore Beza's Doctrine of Predestination* (Nieuwkoop: DeGraaf, 1975); J.C. McClelland, "The Reformed Doctrine of Predestination according to Peter Martyr," in *Scottish Journal of Theology*, VIII (1955); John Patrick Donnelly, "Italian Influences in the Development of Calvinist Scholasticism," in *The Sixteenth Century Journal*, VII/1 (1976): 81-101, idem, "Calvinist Thomism," in *Viator*, vol 7(1976):441-45; W. Robert Godfrey, *Tensions within international Calvinism: the debate on the atonement at the Synod of Ort 1618-1619* (Ph.D.Thesis, Stanford University, 1974), idem, *Reformation Sketches: Insights into Luther, Calvin, and the Confessions* (Phillipsburg, N.J.: P&R Publishing Company, 2003); Ian McPhee, "Conserver or Transformer of Calvin's Theology? A Study of the Origins and Development of Theodore Beza's Thought, 1550-1570"(Ph.D. dissertation, Cambridge University,1979); Robert Letham, *The work of Christ* (Downers Grove, Ill:IVP,1993), idem, *The Westminster Assembly:reading its theology in historical context* (Phillipsburg, N.J.: P&R Pub.,2009).

22) William van Asselt & E Dekker, *Reformation and scholasticism : an ecumenical enterprise* (Grand Rapids, MI.: BakerAcademic, 2001); Richard A. Muller, *Christ and the decree* (Durham: The Labyrinth Press, 1986); Carl Trueman, *Luther's legacy : salvation and English reformers, 1525-1556* (Oxford, NewYork : Oxford University Press, 1994), idem & R Scott Clark, Protestant scholasticism:

Lillback)의 *The Binding of God: Calvin' s Role in the Development of Covenant Theology* 역시 1985년에 취득한 박사논문을 출판한 것이다. 이들과 유사하면서도 최근 들어 개혁주의 진영 내에서 계속적으로 신앙고백서의 현대적 적용을 위한 연구들이 많이 진행되고 있는데 이를 주도하는 학자들이다.[23] 스코틀랜드 출신의 개혁주의 신학자 그룹인 도날드 맥크라오드(Donald Macleod), 디모디 와드(Timothy Ward), 맥고완(A.T.B. McGowan), 트레보르 하트(Trevor Hart), 폴 헬름(Paul Helm), 데이빗 라이트(David F. Wright), 그리고 데이빗 퍼거슨(David Ferguson) 등이 참여한 Edinburgh Dogmatics Conference의 paper들이다. 여기서 논의된 "The Sufficiency of Scripture", "Christ the Mediator", "Of God' s Eternal Decree" 등과 같은 주제들은 사실 종교개혁 이후 지금까지도 계속되는 논의들이요 개혁주의 진영에서 견고하게 지켜낸 내용들이다.[24] 이에 더하여 하이델베르크 요리문답 제정

---

essays in reassessment (Carlisle: Paternoster,1999); Martin Klauber, *The context and development of the views of Jean-Alphonse Turrettini (1671-1737) on religious authority*, (Ph.D.Thesis, University of Wisconsin, Madison,1987), idem, *Between reformed scholasticism and pan-Protestantism: Jean-Alphonse Turretin (1671-1737) and enlightened orthodoxy at the Academy of Geneva* (Selinsgrove, PA: Susquehanna University Press; London; Cranbury, NJ: Associated University Presses, 1994); Lyle Bierma, *The covenant theology of Caspar Olevian* (Ph.D. Thesis, Duke University, 1980), idem, *German Calvinism in the confessional age: the covenant theology of Caspar Olevianus* (Grand Rapids, MI.: BakerBooks,1996).

23) Lynn Quailery, ed. *Reformed Theology in Cointelpro Perspective* (Edinburgh: Rutherford House, 2006).

24) Donald Macleod, *The person of Christ* (DownersGrove, Ill.:IVP, 1998); A.T.B. McGowan, *The federal theology of Thomas Boston (1676-1732)* (Edinburgh:Paternoster Pub.,1997); Paul Helm, *Divine commands and morality* (Oxford; New York : Oxford University Press, 1981), idem, *Calvin and the Calvinists* (Edinburgh: the Banner of Truth Trust, 1982), idem, Paul Helm, "Calvin, English Calvinism and the Logic of Doctrinal Development," *Articles on Calvin and Calvinism*, ed. Richard C. Gamble, vol. 14 (New York, London: Garland Publishing, Inc.,1992); David F. Wright, *Martin Bucer: reforming church and community* (Cambridge; NewYork: Cambridge University Press, 1994); David Fergusson, *Christ, church and society:essays on John Baillie and Donald Baillie* (Edinburgh: T&T Clark,1993)

450주년(1563-2013)을 맞아, 역시나 곳곳에서 이를 위한 글들과 강연들이 펼쳐졌고 그 결과로 존 볼트가 "The Belgic Confession(1561) - Testimony of an Oppressed Church"에 대해, 비어마가 "Engaging the Heidelberg Catechism"에 대해 그리고 멀러가 "The Canons of Dordt"에 대해 발표한 글 등이 이러한 학자들의 작품들이다.[25)]

(4) 마지막으로 최근인 2012년에 발표된 페스코(J.V. Fesco)의 Beyond Calvin에서는 칼빈을 당시대의 연구를 위한 규범적 대상 즉 새로운 전개의 시작점으로 여기면서, 이후 세대와의 연관성을 연구하는 학자들을 소개한다. 그들은 코넬리스 베네마(Cornelis Venema), 토마스 웬저(Thomas L. Wenger), 토드 빌링스(J. Todd Billings), 란달 자크만(Randal Zachman) 그리고 Refo500을 주도하는 헤르만 셀더위스(Herman J. Selderhuis)와 같은 이들이 있다.[26)] 물론 종교개혁 및 정통주의 문제에 대해 현존하는 연구들은 여기에 소개된 접근법들의 간략한 범례들이 다 망라할 수 없을 정도로 다양한데, 이는 16-17세기의 정통주의 신학에 대한 연구가 왕성하다는 희망이 가득한 의미이다.

그러므로 위와 같은 설명을 따라 크게 대립적 구도로 몇몇 학자군을 분

---

25) *Forum* vol.20 no.1. Calvin Theological Seminary (2013, Winter)

26) J.V. Fesco. *Beyond Calvin: Union with Christ and Justification in Early Modern Reformed Theology(1517-1700)*(Gottingen:Vandenhoeck & Ruprecht,2012), 24-5. n.54-25. Cornelis Venema, *Accepted and Renewed in Christ: The "Two fold Grace of God" and the Interpretation of Calvin's Theology* (Gottingen: Vandenhoeck &Ruprecht, 2007),136. n.9 ; Thomas L. Wenger, "The New Perspective on Calvin: Responding to Recent Calvin Interpretations," *JETS* 50/2(2007): 311-28; idem, "Theological Spectacles and a Paradigm of Centrality: a Reply to Marcus Johnson," *JETS* 51/3(2008) :559-72; J.Todd Billings, "United to God through Christ: Assessing Calvin on the Question of Deification," *HTR* 98/3(2005): 315-34; idem, "John Calvin's Soteriology: on the Multifacted 'Sum' of the Gospel," *IJST* 11/4 (2009): 428-47; idem, *Calvin, Participation, and the Gift: The Activity of Believers In Union with Christ* (Oxford: OUP, 2007); Randal Zachman, "*Communio cum Christo*" in *The Calvin Handbook*,ed. Herman J. Selderhuis (Grand Rapids: Eerdmans, 2008).

류한다면,[27] 이미 앞에서 다룬 바 켄달(R.T. Kendall)과 같이 칼빈과 그 후예들의 연속성을 부정하는 학자들은 홀(Basil Hall), 롤스톤 3세(Homes RolstonIII), 암스트롱(B. Amstrong), 베버(H. E. Weber), 비저(E.Bizer), 키켈(W. Kickel) 등이고, 이들과 다른 편에선 학자들은 칼빈과 그 후예들의 연속성을 인정하는 학자들로서 머레이(John Murray), 패커(J.I.Packer), 헬름(Paul Helm), 릴백(Peter A. Lilback), 고마즈(L.Goumaz), 레인보우(J.H.Rainbow), 멀러(Richard A. Muller) 등을 지명할 수 있다.[28] 이처럼 다양한 주장들이 있음에도 불구하고, 개혁주의 신학을 지켜내고 잘 드러내고자 하는 시도들이 있음은 개혁신학의 소망을 보는 일이다.

이런 논쟁적 구도를 통한 분류에 있어서, 역시나 말콤 맥킨논(Malcolm H. MacKinnon)과 데이빗 자렛(David Zaret) 사이에 있었던 청교도 언약신학에 대한 논쟁은 이전에 있었던 논쟁들보다 다소 발전된 논의인데,[29] 이러한 대립에 대해서는 보다 선명하게 구도가 드러나는 논쟁들인 켄달(R.T. Kendall)의 주장과 그에 대한 폴 헬름(Paul Helm)의 비판을 다루고, 그리고 간략하게 그 논쟁에 대해 소개하고자 한다.

---

27) Won Taek, Lim. *The Covenant Theology of Francis Roberts* (Cheonan: King & Kingdom, 2002),3-23.을 참조하라.

28) 황대우, "칼빈과 칼빈주의: 리차드 멀러의 견해에 대한 비판적 고찰" 『칼빈과 개혁주의』 (서울:도서출판 깔뱅, 2009), 312. n.6-7.

29) 안상혁. "매키논-제렛 논쟁(1988-95)과 윌리엄 퍼킨스(1558-1602)의 언약신학 연구" 『신학정론』 31권 2호(2013.11, 225-64). 225-6. Malcolm H. MacKinnon, "part I: Calvinism and the infallible assurance of grace: the Weber thesis reconsiderd," *The British Journal of Sciology*, 39:2 (June, 1988):143-77; idem, "Part II:Weber's exploration of Calvinism: the undisconvered provenance of capitalism," *The British Journal of Sciology*, 39:2(June, 1988): 178-210; idem, "Beliver selectivity in Calvin and Calvinism," *The British Journal of Sciology*, 45:4(Dec., 1994): 585-95; idem, "The Longevity of the Thesis: A Critique of the Critics," in Hartmut Lehmann & Guenther Roth ed., *Weber's Protestant Ethic* (Cambridge: Cambridge University Press, 1995): 211-43. David Zaret, "Calvin, Covenant Theology, and the Weber thesis," *The British Journal of Sciology*, 43:3 (Sep, 1992):361-91; idem, "The Use and Abuse of Textual Data," in Hartmut Lehmann & Guenther Roth ed., *Weber's Protestant Ethic* (Cambridge: Cambridge University Press, 1995): 245-72.

그러므로 이처럼 다양한 주장들이 있음에도 불구하고, 개혁주의 신학을 지켜내고 잘 드러내고자 하는 시도들이 있음은 개혁신학의 소망을 보는 일이다. 이 책도 바로 그런 의도에서 쓰여진 것이고, 개혁주의 신학의 연속성을 견고히 붙잡는 입장을 지켜내고자 한다.

3. 논쟁들

(1) "칼빈–퍼킨스"의 연속성을 부정하는 R.T.Kendall 비판

20세기 마지막 청교도라고 불리우는 마틴 로이드 존스의 후임으로, 런던 웨스트민스터채플에서 사역한 R.T. 켄달(Robert Tillman Kendall)은 옥스퍼드 박사학위 취득을 위해 작성한 논문인 『*Calvin and English Calvinism to 1649*』에서 칼빈과 그의 후예들인 청교도들의 연속성에 대해 비판하는 주장을 내놓았다.[30]

이 책은 켄달이 의지의 행동에 따른 믿음의 강조에서 칼빈과 퍼킨스를 분리하려고 시도했지만 그의 주장을 받아들일 수 없으며, 도리어 퍼킨스는 개혁주의자들의 이전 언약의 전통을 명백히 의지하였기에 칼빈과 결코 다르지 않다는 입장을 지지한다.[31] 이를 입증하고자 켄달(R.T. Kendall)의 주장을 비판하려고 한다.

---

30) R.T. Kendall, "The Nature of Saving Faith from William Perkins (d.1602) to the Westminster Assembly(1643-1649) (Ph.D dissertation, Oxford University, 1976); published as R.T. Kendall, *Calvin and English Calvinism to 1649* (Oxford: Oxford University Press, 2nd edition 1997).

31) Richard A. Muller, *Calvin and the Reformed Tradition: On the Work of Christ and the Order of Salvation* (Grand Rapids: Baker Academic, 2012), 67. "There are also other significant relationship between Clavin's work and Reformed covenant theology. Calvin did, after all, state his definition of the covenant of grace as one substance but differing in manner of administration or dispensation from the Old to New Testament, a definition that carried over into the covenant theology of the seventeenth century."

① 켄달(R. T. Kendall)의 주장

켄달은 주되게 청교도가 칼빈신학을 변형시켰다(modify)고 주장하는데, 그의 주장을 먼저 들어보면 이렇다.

> 칼빈 숭배자가 가장 하기 쉬운 일 중의 하나는 영국에 미친 그의 직접적 영향력을 과대평가하는 것이다. 그의 영향력을 과소평가할 경우에도 오류에 빠질 가능성이 분명히 상존하지만, 그의 영향력을 과장하게 만드는 요인 중 상당부분은 "칼빈주의"를 칼빈과 동일시하는 통속적 관념에서 기인한다 ... 실상은 16세기 영국신학 속에 깊숙이 자리한 예정론 신학은 시기적으로 칼빈의 영향력이 미치기 훨씬 이전의 것이었다.[32]

즉 칼빈의 예정론이 청교도들에게 미치지 않았고, 도리어 자생적인 예정론 신학을 가지고 있었다는 주장이다. 그래서 주장을 이어가기를 "피터 마터, 마르틴 부처, 존 브래드포드 및 존 후퍼 등의 영국인들에게 막대한 영향력을 미쳤던 것이다. 이들 모두는 신학적 예정론자라고 불릴 만했다" 라고 하면서, 칼빈의 신학이 청교도들에게 영향을 미치지 않았다는 입장을 견지한다.[33]

켄달은 청교도들의 언약 신학에서 칼빈의 모든 흔적들을 부인했다. 특별히 그는 퍼킨스가 확신이나 예정론과 같은 그의 주요한 교리들에서 칼빈이 아니라 베자를 추종했다고 주장하면서, 퍼킨스에게서 믿음에 관련된 칼빈의 교리에 대하여 어떤 암시도 없다고까지 주장한다.[34] 심지어 켄달

---

32) R. T. Kendall, "칼빈신학의 청교도적 변형(變形)" 스탠포드 리드 편집. 『칼빈이 서양에 끼친 영향』 홍치모,이훈영 역 (서울:크리스챤다이제스트, 1993), 241.

33) Ibid.

34) Kendall, "William Perkins' Doctrine of Faith," in *Calvin and England Calvinism to 1649*, 51; "Conclusion", 210. "Perkins's main problem apparently was that he could not see that Calvin and Beza were not alike. He may have assumed that Beza was but an extension of Calvin, and that Beza merely stated Calvin's theology better. Perkins's incorporation of the Heidelberg divines into the Bezan scheme was a good match; Ursius and these men espoused a teaching that cohered well with Beza's thought, but not Calvin's."

은 퍼킨스의 『골든 체인 *A Golden Chaine*』에 나타난 예정론에 대해서, '전 신학체계는 베자에 기초하고 있다' 라고 주장하기 위해, 칼빈과의 연관을 가능한 배제하려고 애쓴다.[35)]

> 이 교리는 퍼킨스나 베자가 아닌 존 칼빈 자신으로부터 시작된 것이다. 그렇지만 이 점에서 칼빈과 베자 사이의 미묘한 차리를 감지할 수 있다. 칼빈은 사람들이 자신들의 선택여부를 의심할 때 오직 그리스도만을 바라보게 했는데 비해, 베자는 자신들의 성화를 바라보게 하였던 것이다. 퍼킨스는 베자의 해결책과 또한 그후 벧후 1:10의 사용법을 그대로 답습하였다.

그러면서 켄달은 "그것은 칼빈의 사상이 아니었고 시종일관 베자의 사상과 일치하였다. 여하튼 퍼킨스는 이 개념을 차용했고, 그것은 퍼킨스 이래로 영국 칼빈주의의 가설이 되었다" 고 결론내린다.[36)]

이러한 켄달(R. T. Kendall)과 더불어 바실 홀(Basil Hall)과 같은 학자들은[37)] 개혁주의자들의 후계자들이, 대표적인 예로 윌리암 퍼킨스, 특별히 종교개혁자 칼빈과 단절되었다고 주장한다. 심지어 바실 홀은 퍼킨스가 칼빈의 교리를 왜곡했을 뿐만 아니라, 그 『골든 체인 *A Golden Chaine*』에 대해 베자(Beza)에 의하여 기술된 노선을 따라서 칼빈의 사고를 상세히 재구성한 것뿐이라고 주장하기도 한다.[38)] 역시나 롤스톤은 칼빈과 퍼킨스를 통해 이어지는 청교도들과 웨스트민스터 총회원들의 연속성을 부정하고자, 칼빈과 웨스트민스터신앙고백 사이의 간격을 주장한다.[39)]

---

35) "칼빈신학의 청교도적 변형(變形)", 249.

36) Ibid., 252.

37) 주지하듯이 R.T. Kendall과 같이 칼빈과 그 후예들의 연속성을 부정하는 학자들은 Basil Hall, Homes Rolston Ⅲ, B. Amstrong, H. E. Weber, E.Bizer, W. Kickel 등이다.

38) Basil Hall, "Calvin Against the Calvinists," in *John Calvin* Edited by G. E. Duffield (Appleford Sutton Courtney Press, 1966), 29-30.

39) Holmes Rolston Ⅲ, *John Calvin versus The Westminster Confession* (Richmond: John Knox Press,1972), 11.

② 켄달(R. T. Kendall)의 주장 비판

켄달의 그러한 주장에 대해, 그와 다른 입장에서, 먼저 리차드 멀러(Richard A. Muller)는 홀의 주장을 비판하면서, "퍼킨스의 사고는 초기 개혁주의 신학의 왜곡이 아니라 개신교적인 사고에 속한 조직신학적 기원과 관련된 긍정적인 부산물이다"라고 주장하였다.[40] 멀러는 청교도주의자들을 포함한 정통 개혁주의를 다음과 같이 옹호한다.

> 논리적 전제에 의한 신학의 해설은 전통적으로 아리스토텔레스의 체계였을 뿐 아니라 라무스주의자들(Ramists)의 특징이었다. 라무스주의자들, 특별히 퍼킨스와 에임스는 경건주의 발전에 원동력을 제공하였다. 구원론적으로 잘 정리된 예정론과 관련하여 기독론의 발전에 끼친 정통 개혁주의의 긍정적인 측면도 함께 포함하는 이 마지막 고찰은, 초기 정통주의가 예정론의 교리를 지나치게 강조하여 그 균형을 깨뜨렸다고 하는 주장은 비난하기에 충분하다.[41]

또한 멀러와 같은 입장을 가진 학자들[42] 중의 한명인 폴 헬름(Paul Helm)은 R.T. 켄달의 논문이 발표된 즉시 『*Calvin and the Calvinists*』를 저술하여 켄달의 주장을 논박하기를, "칼빈과 청교도들 사이의 날카로운 교리적 차

---

40) Richard A. Muller, "Perkins' A Golden Chaine: Predestination System or Schematized Ordo Salutis?" *Sixteenth Century Journal*, (IX:1,68-81), 81.

41) *Christ and the decree*, 182. "Exposion of theology by means of logical propositions was characteristic of the Ramist as well as the more traditionally Aristotelian systems; and the Ramists, particularly Perkins and Ames, provided an impetus to the development of pietism. These final considerations taken together with the positive contribution of Reformed orthodoxy to the development of Christology in relation to predestination within a finely tuned soteriological structure are sufficient to refute the contention that early orthodoxy produced an unbalanced system which overemphasized the doctrine of prededstination."

42) 주지하듯이 칼빈과 그후예들의 연속성을 인정하는 학자들은 John Murray, J.I.Packer, Paul Helm, Peter A. Lilback, L.Goumaz, J.H.Rainbow, Richard Muller 등이다.

이점들에 관한 이해를 지지하는 증거는 없다"고 주장한다.[43] 뿐만 아니라 헬름은 그리스도께서 모든 사람들을 구원하시려고 죽었다는 것을 믿도록 꾸며냈다는 켄달의 "새로운 칼빈(new Calvin)" 주장에 대해 아주 분명하게 의견을 달리했다.[44]

헬름은 그러므로 칼빈과 청교도주의자들의 연속성에 대해 다음 5가지로 요약하는데,[45] 1. 칼빈과 청교도주의자들은 모두 그리스도께서 택하신 자들을 위하여 죽으시고 그들을 중보하셨다고 가르치셨지, 그리스께서 모든 사람들을 위해 죽으셨고 택자들을 위해 중보하신다고 칼빈이 주장한 증거가 없다. 2. 칼빈과 청교도주의자들은 모두 확신없는 믿음을 바람직하게 여기지 않았지만, 개인적 구원의 확신이 없다해도 구원에 이르는 믿음은 있을 수 있다고 인정했다. 3. 칼빈과 청교도주의자들은 모두 그리스도

43) Paul Helm, *Calvin and the Calvinists* (Edinburgh: the Banner of Truth Trust, 1982), 71. "The evidence to support the idea of sharp doctrinal differences between Calvin and Puritans is not there." 이하에서 *Calvin and the Calvinists* 라고 표기한다.

44) Paul Helm, "Calvin, English Calvinism and the Logic of Doctrinal Development," *Articles on Calvin and Calvinism*, ed. Richard C. Gamble, vol. 14 (New York, London: Garland Publishing, Inc., 1992), 349. 헬름은 켄달(R.T. Kendall)의 "칼빈" vs "칼빈주의자들"이라는 이분설을 반박하면서 켄달이 개혁자들의 신학적 "방법론"에 대하여서 전혀 고려하지 않고, 오직 심각한 "교리적 차이점"만을 강조한 것이라고 비평한다.

45) *Calvin and the Calvinists*, 81. "We can bring our discussion to a close by summing up our findings in the following five propositions: ① Both Calvin and the Puritans taught that Christ died for the elect and intercedes for the elects. There is no evidence that Calvin held that Christ did for all men but intercedes only for the elect. ② Both Calvin and the Puritans recognized that in Christian experience there can be saving faith without personal assurance of salvation, through neither Calvin nor the Puritans regarded faith without assurance as desirable. ③ Both Calvin and the Puritans taught that ,typically, conversion to Christ comes about through a preparatory period of conviction of sin brought about by the preaching of the law. But neither Calvin nor the Puritans laid down rigid rules to which all Christian experience must conform. ④ Both Calvin and the Puritans held that when a person is converted through the preaching of Christ the will is renewed by divine grace and faith and repentance result. ⑤ Both Calvin and the Puritans endorse the biblical teaching that saving faith in Christ is a divine gift and not a prepare himself in such a way as to merit salvation or to ensure that God will grant salvation."

께로의 회심은 율법의 가르침에 의하여 생겨난 죄를 확신하는 단계 이전에 일어난다고 가르쳤다. 그러나 동시에 칼빈과 청교도주의자들은 모든 신자들의 경험이 반드시 이 법칙에 따라야 한다고 독선적으로 주장하지 않았다. 4. 칼빈과 청교도주의자들은 어떤 사람이 그리스도의 가르침을 통해 회심했다면, 그의 의지는 하나님의 은혜와 믿음, 그리고 회개의 결과로서 새롭게 되는 것이라고 했다. 5. 칼빈과 청교도주의자들은 그리스도를 믿어 구원에 이르게 하는 믿음은 구원에 합당한 인간의 공로가 아니라 하나님의 선물이라고 하면서, 그들이 어느 누구도 하나님께서 구원을 주시도록 만들 수 있거나 인간이 스스로 구원받도록 준비하거나 결정할 수 없다는 데에 동의했다.

(2) 맥킨논(M.H. MacKinnon) vs 자렛(David Zaret) 논쟁

이런 논쟁적 구도를 통한 분류에 있어서, 역시나 말콤 맥킨논(Malcolm H. MacKinnon)과 데이빗 자렛(David Zaret) 사이에 있었던 청교도 언약신학에 대한 논쟁은 이전에 있었던 논쟁들보다 다소 발전된 논의이다. 이에 대해서는 연구의 한계로 인해, 최근에 발표된 "메키논-제렛 논쟁과 윌리암 퍼킨스의 언약신학" 이라는 소논문을 통해 도움을 입었음을 밝힌다.[46)]

---

46) 안상혁. 225-6. Malcolm H. MacKinnon, "part I: Calvinism and the infallible assurance of grace: the Weber thesis reconsidered," *The British Journal of Sociology*, 39:2(June, 1988): 143-77; idem, "Part IQ: Weber's exploration of Calvinism: the undiscovered provenance of capitalism," *The British Journal of Sociology*, 39:2(June, 1988): 178-210; idem, "Beliver selectivity in Calvin and Calvinism," *The British Journal of Sciology*, 45:4(Dec.1994): 585-95; idem, "The Longevity of the Thesis: A Critique of the Critics," in Hartmut Lehmann & Guenther Roth ed., *Weber's Protestant Ethic* (Cambridge: Cambridge University Press, 1995): 211-243. David Zaret, "Calvin, Covenant Theology, and the Weber thesis," *The British Journal of Sciology* 43:3 (Sep, 1992):361-91; idem, "The Use and Abuse of Textual Data," in Hartmut Lehmann & Guenther Roth ed. *Weber's Protestant Ethic* (Cambridge: Cambridge University Press, 1995):245-72.

이 논쟁은 1988년부터 1995년까지 특별히 청교도 언약사상에 대한 문제를 다룬 것인데, 맥킨논이 켄달(R.T.Kendall)의 논의를 더 발전시켜 주장함으로 촉발된 것이다.

① 맥킨논의 주장 : 맥킨논 주장의 핵심은, 청교도 언약사상은 칼빈 예정교리의 문제인 구원에 대한 불안함을 극복하였지만 인간의 행위를 구원 확신의 근거로 제시함으로서 자신의 행위에 근거하여 선택여부를 확인케 하는 또 다른 문제를 제기하였다는 주장이다.[47]

② 자렛의 주장 : 이에 반해 자렛은 반박하기를 맥킨논의 전제 즉 칼빈의 예정론과 퍼킨스를 포함한 청교도 언약사상이 충돌한다는 전제 하에 진행되는 논의 자체가 옳지 않으며 또한 맥킨논은 예정론을 언약신학의 안에 위치하게 함으로써 인간의 공로가 구원을 위한 요소가 되게 했다고 지적한 것인데,[48] 이는 본 논문의 입장에서 볼 때 바른 평가가 아닌 것에 대한 당연한 지적이라 하겠다.[49]

맥킨논-자렛의 논쟁을 평가하는 다음 설명은, 마치 본 논문의 향후에 전

47) Ibid., 226. 이러한 맥킨논의 주장이 분명하게 잘못된 내용을 입증하는 것이 소논문의 목적이기에, 결론에 가면 "맥킨논의 테제가 퍼킨스에게는 적용되지 않는다"고 밝힌다.

48) Zaret, "Calvin, Covenant Theology, and the Weber thesis," 375. "The central issue is the claim that the dogmatic content of Calvin's writing was not preserved in seventeenth-century Calvinism. MacKinnon argues that 'Calvinism abandoned Calvin's predestinarianism via the introduction of covenant theology', a theology not based on *sola fide* but doctrine of works under which dutiful performance provided 'infallible' assurance of salvation."

49) Ibid.,377-8. "It is a minor error to miss the voluntarism in Calvin's writings but a far greater one to claim that Puritan covenant theology 'obliterates Calvin's predestinarianism and thus his *sola fide*', that it is a 'voluntaristic doctrine', 'throughly voluntaristic, enabling the pious to will or choose their calling' ··· Perkins, who MacKinnon does discuss at length, also denied the position attributed to covenant theology by MacKinnon."

개될 내용을 위한 설명과 같아서 무척 도움이 된다.

> 결론적으로 필자는 본고를 통해 그린햄의 목회상담과 퍼킨스의 언약신학 사이에 본질적인 "연속성"이 있음을 발견했다. 아울러 퍼킨스의 언약신학 안에서는 언약의 일방적 성격과 쌍방적 성격이 조화롭게 통합되었음을 확인하였다. 퍼킨스에게 있어 언약신학은 분명 구원의 확신을 위한 교리로서 활용되었다. 그러나 그는 인간의 행위에 그 어떠한 공로적 가치를 부여하지도 않았으며, 더구나 그것을 확신의 근거로 활용하려는 생각은 아예 시도조차 하지 않았다. 신자들로 하여금 자신의 선택을 확인할 수 있는 가장 중요한 근거로서 그리스도와 그의 구속사역을 바라보도록 독려하는데 있어 퍼킨스는 그린햄과 더불어 동일한 입방을 취하였다. 이러한 사실은, 개혁주의 전통 안에 공존하는 작정 신학과 언약신학을 서로 대척점에 두고 후자를 전자의 대안으로 자리매김하는 일체의 시도가 역사적 사실과는 무관하다는 사실을 시사해준다.[50]

그러므로 이러한 논쟁들의 연장선 위에서 본 저작 역시 계속적으로 일관되게 주장하려는 바, 칼빈과 퍼킨스의 연속성에 대한 증거로 그리스도 중심적 언약신학을 제시하여 이를 통해 그 견고함과 연속됨을 또한 규명하고자 한다.

따라서 이러한 논쟁들의 연장이라고 할 때, 본 저술은 이전의 논쟁들과는 달리 칼빈과 퍼킨스의 성경해석 특히 율법 자체에 대한 해석을 통한 언약사상의 연속성과 그 발전에 대한 입증이라는 새로운 시도이기에, 소망하기를 "칼빈-퍼킨스 체인(Calvin-Perkins' chain)"이 이러한 연속성 확증에 대한 또다른 지원支援이 되기를 바란다.

---

50) 안상혁, 256-7.

4. 종합

이 책은 어거스틴의 기독론적 언약사상을 계승한 칼빈을 따라 퍼킨스 역시 종교개혁자들의 언약 전통을 명백히 의지한 결과 퍼킨스는 칼빈과 다르지 않을 뿐 아니라 그를 계승하여 자신의 시대에 맞게 신학적으로 발전시켰고 이를 제자인 에임스를 통해 전수했다는 사실을 보이고자 한다. 그리고 그 결과는 이후에 도르트신조로 대변되는 신앙고백서들과 요리문답들에 영향을 주었으며, 뉴잉글랜드의 조나단 에드워즈를 통한 개혁주의 전통을 세워갔다.

즉 퍼킨스는 칼빈의 그리스도 중심적인 언약사상의 전통하에 있음을 드러냄과 동시에, 자신의 상황에 맞는 용어적 선택과 그 제안을 통해 신학이 목회뿐 아니라 교회 전체를 개혁하는 원동력을 제공하는 역할을 하였다는 확증을 제시하려고 하는 시도이다.

> 칼빈이 단순하게 실천원리로 제시한 것들에 대해 퍼킨스는 그 기본 사상들을 강화시켜 훨씬 자세하게 설명했다. 언약에 대한 이해에 있어서도 칼빈과 퍼킨스가 유사하기는 하지만, 퍼킨스는 그것을 발전시켜 자신의 신학과 경건에 있어서 핵심적이며 주체적 사상으로 활용하였다.[51)]

위의 그리브의 평가는 이를 잘 드러내어 준다. 이제 바로 이러한 내용들을 입증해 나가고자 한다.

---

51) Lionel Greve, "*Freedom and Discipline in the theology of John Calvin, William Perkins and John Wesley: an Examination of the Origin and Nature of Pietism*" (Hartford Seminary Foundation: Ph.D Dissertation, 1976), 213-4. "Perkins intensified some of Calvin's basic concept and elaborated where Calvin had merely stated an operating principle. Although Calvin's and Perkins' understanding of the covenant is similar, perkins developed it and utilized it as a central and controlling idea in his piety and theology."

제2장

"칼빈-퍼킨스"의 개혁주의 신학사적 위치

칼빈과 퍼킨스의 언약사상을 살피면서, 우선적으로 생각해보아야 할 것이 바로 기독교사상사에서 나타난 이중예정론에 대한 개혁주의 논박의 역사이다. 즉, 펠라기우스에 대한 어거스틴의 논박, 에라스무스에 대한 루터의 논박, 피기우스에 대한 칼빈의 논박, 이후에 일어난 알미니우스주의자들에 대한 도르트회의의 논박과 그의 연속선에 섰던 조나단 에드워즈의 논박 그리고 자유주의자들의 거센 공격에 저항하며 다시금 어거스틴과 칼빈의 신학으로 개혁주의 신학을 지켜내려고 했던 벤자민 B. 워필드의 논박 등이 바로 그것이다.

> 종교개혁의 전통을 이어간 어거스틴, 루터, 칼빈 그리고 에드워즈가 철저하게 하나님 중심의 신학인 칼빈주의를 펼치며, 은혜로만 얻는 구원이요 절대주권주의(monergism)와 인간의 전적인 타락을 분명히 드러내었던 반면에, 인간의 공로와 상대절충주의(synergism)와 인간적 선의 잔존으로 인간에게 희망의 여지를 두었던 펠라기우스, 에라스무스, 피기우스 그리고 알미니우스 추종자들과 그 잔존세력들의 논쟁을 살펴볼 필요가 있다.[52]

---

52) 아더 C. 쿠스탕스, 『칼빈의 교리신학』 한국칼빈주의연구원 편역 (서울:기독교문화협회, 1986), 112.

이러한 칼빈주의 개혁신학과 알미니우스 신학의 충돌에 있어서, 바른 방향을 제공하는 해결의 단초는 다름아닌 '언약사상' 인데, 이에 대한 호튼의 설명은 참으로 통찰력으로 가득차 있다.

> 언약신학은 성경이 하나님의 주권과 인간의 책임, 하나님의 선택과 보편적인 복음선포 모두를 가르치는 것을 볼 때, 심지어 하나님이 어떻게 이 양자를 무대 뒤에서 조합하는지를 잘 모른다고 고백하면서도 양자 모두를 인정한다 ... 하나님의 주권을 영원 전에 있었던 삼위 하나님 사이의 사랑의 문맥, 하나님이 만드신 모든 피조물과의 연대성, 그리고 그리스도 안에서와 성령으로 하나님의 구원 목적을 성취하는 것의 관점에서 논함으로써 언약신학은 성경에 있는 '주권을 보여주는' 구절만이 아니라 인간 행동의 의미를 강조하는 구절들에 적합한 자리를 줄 수 있다.[53)]

그러므로 이 장에서는 "칼빈-퍼킨스"의 개혁주의가 가진 특성에 대한 신학사적 연구를 시도하여 먼저 어거스틴으로부터 시작하여, 중세 클레르보의 버나드 그리고 종교개혁시대의 루터와 칼빈으로 이어지며 뉴잉글랜드의 에드워즈 그리고 워필드에게까지 계속되는 하나님 중심의 칼빈주의 개혁신학의 이해를, 바로 언약신학에 기반하여 통전적으로 이어지는 내용으로 보려고 한다.

다시 설명하면, 오직 하나님의 은혜를 인한 하나님의 주권적인 역사를 따라 그에 순종하여 신실히 행하는 신자의 반응이 바로 개혁주의 언약관을 가진 신자의 자세임을 선명하게 드러내려 하는 것이다.[54)]

---

53) 『언약신학』, 29-30.

54) 원종천, 『청교도 언약사상: 개혁운동의 힘』 (서울: 대한기독교서회, 1998), 123. "경건의 추구를 위해 청교도들은 언약신학에서 인간의 역할과 책임을 강조하게 되었다. 물론 칼빈의 하나님 주권과 은혜의 사상은 절대로 포기하지 않았다. 그들은 이것을 성경적이라고 믿고 고수했지만, 동시에 인간의 윤리적 책임과 거룩한 삶을 적극적으로 도모하려고 노력했던 것이다." 이하에서 『청교도 언약사상』으로 표기한다.

1. 어거스틴 『은혜와 자유의지 *De gratia et libero arbitrio*』(427)

어거스틴의 『은혜와 자유의지 *De gratia et libero arbitrio*』에 대한 논문은 426-7년에 쓰여져 수도원장인 발렌티누스에게 주어졌는데, 이미 펠라기우스 신학이 이단으로 정죄되었음에도 불구하고 그 신학을 여전히 붙잡고 있던 여타 수도사들을 지도하기 위한 신학의 정리가 필요했기 때문이었다.[55]

『은혜와 자유의지 *De gratia et libero arbitrio-On Grace and Free will*』라는 제목 하에 "발렌티누스와 그 동료 수도사들에게 보내는 편지 Two letters written by Augustinus to Valentinus and the monks of Adrumentum"이라는 설명이 달려 있는데 서문에 어거스틴이 저술이유에 대해 밝히기를,

> 인간적인 의지의 해방을 지나치게 설교하고 옹호한 나머지 결과적으로는 이를 부인하기에 이르렀으며, 더 나아가서 우리를 부르시고, 악한 행적으로부터 구원하시고, 이로 말미암아 우리가 선행을 쌓아 영원한 생명을 갖게 되는 하나님의 은총을 제거하려는 노력을 아끼지 않게 되었다. 지금까지 우리가 이 문제를 상당히 논의하였을 뿐만 아니라 기록에 남기기까지 주님께서 크게 후원해 주셨다. 그렇지만 하나님의 은총을 지나치게 강조한 나머지 사람의 자유의지를 부인한 사람이 있는가 하면, 은총을 옹호하면 자유의지가 부인된다고 생각하는 사람이 있기 때문에 나의 사랑하는 형제 발레티누스에게, 그리고 당신과 함께 상호간의 사랑으로 하나님의 섬기는 여러 형제들에게 이 점에 관하여 글을 쓰기로 결정하였다 ... 나의 사랑하는 형제들이여, 나는 당신들이 이 문제의 애매한 내용으로 더 이상 혼란을 겪지 않기를 바라며, 당신들이 그와 같은 문제를 그렇게나마 이해할 수 있도록 도와주신 하나님께 감사드리기를 바란다. 그러나 당신들의 마음의 한계를 넘어서 있는 주

---

55) 어거스틴, "10. 은총과 자유의지에 관하여(*De Gratia et Libero Arbitrio*)" 『어거스틴의 은총론 IV』 필립 샤프 편집, 차종순 역 (서울: 한국장로교출판사, 1996); 아우구스티누스, 『은혜론』 김종흡 역 (서울: 생명의말씀사, 1980); St. Augustine, *THE NICENE AND POST-NICENE FATHERS*, Vol.5. (Edinburgh: T&T Clark, rep.1991).

> 제에 관하여는 주님께 바른 이해를 주시도록 기도하고, 동시에 여러분 상호 간의 사랑과 화평을 위하여 기도해야 한다.[56)]

라고 저작 내용의 배경을 소개하고 있다. 따라서 이 논문은 어거스틴의 6가지 가르침을 담고 있는데, 먼저 자유의지와 은혜 모두 인정할 것, 하지만 은혜가 없이는 선을 행할 수 없고, 또한 하나님의 은혜는 공로에 주어지는 것이 아니며 그러므로 은혜는 율법준행을 가능케 할 뿐 아니라, 본성을 죄의 속박에서 해방하는데, 그러하기에 계명을 바르게 지키려면 반드시 사랑이 있어야 한다고 어거스틴은 주장한다. 즉 이렇게 거저 주시는 은혜의 실례들이 다름아닌 유아의 세례받음과 구원받음 등이 그것이라고 말이다.

어거스틴은 이 논문에서 펠라기우스주의자들이 하나님의 은혜를 옹호하면서 사람의 자유의지를 부정하거나, 혹은 은혜를 옹호하면 자유의지가 부정된다고 생각하는데 대하여 분명하게 반박하고 있다. 그래서 이 논문의 목적대상인 발렌티누스와 그 동료 수도사들의 가슴깊은 곳을 향하여 말한다.

> 우리가 이미 획득한 그것에 따라 행하기 위하여 아직까지 획득하지 못한 그것을 바라보면서 전진해야 한다. 그리고 우리가 그 일에 있어서 다르게 생각하지 않기로 한다면, 다시 말하며 하나님께서 우리에게 이미 계시해 주신 그것을 포기하지 않고 꾸준하게 추구한다면 하나님께서 우리에게 계시해주

---

56) 『어거스틴의 은총론IV』,222; 『은혜론』,436; *THE NICENE AND POST-NICENE FATHERS,* Vol.5., 436. "There are some persons who suppose that the freedom of the will is denied whenever God's grace is maintained and who on their side defend their liberty of will so peremptorily as to deny the grace of God. This grace, as they assert, is bestowed according to our own merits. It is in consequence of their opinions that I wrote the book entitled *On Grace and Free Will.* This work I addressed to the monks of Adrumetum, in whose monastry first arose the controversy on that subject, and that in such a manner that some of them were obliged to consult me thereon. The work begins with these words: 'With reference to those persons who so preach the liberty of the human will.' "

신다.[57] (I.이 책을 쓰게 된 배경과 논증)

또한 말하기를 "이렇게 보건대 '이것을 행하지 말라' 혹은 '저것을 행하지 말라' 고 말하든지, 혹은 어떤 일을 행하기 위한 의지를 일으키기 위하여 하나님이 무엇을 권면하거나 혹은 무엇을 하지 않도록 자제시킬 때에도 분명히 자유의지가 크게 작용하게 된다"(IV.의지 그 자체에 가장 적합한 하나님의 명령들이 의지의 자유를 설명한다). "그러므로 모든 사람이 이 능력을 받지 못했다라는이 말씀을 받아들이기 위하여 하나님의 은총과 자유의지가 다 같이 필요하다"고 언급한다(VII.선한 생활을 이끌려면 자유의지와 함께 은총이 필요하다). 이를 더욱 조화있게 설명하는 10장은 눈여겨 볼 만한 내용이다.

> 하나님께서 '너희는 내게 돌아오라 그리하면 내가 너희에게로 돌아가리라' (슥 1:3)고 말씀하시는 이 구절에서 우리가 하나님께로 되돌아가는 것은 분명히 우리들의 의지에 속한다. 그렇지만 하나님께서 우리에게로 돌아오시는 것은 하나님의 은총에 속한다.[58] (X.자유의지와 하나님의 은총은 동시에 명령한다.)

따라서 이러한 구체적인 예들로 사도 바울인 면류관을 얻기 위해 우선 은혜를 받음을 언급하고(XIV.바울은 최초의 면류관을 얻을 정도의 은총을 받았다), 의롭다하심이 전적인 은혜요 영생이 상과 은혜이기에 그 영생은 실상 은혜 위에 주시는 더 큰 은혜임을 강조하기를 "이것이 은총이다. 그러나 이것보다 앞서서, 우리가 영원한 생명을 보상으로 갖게 되면 '은총을 위한 은총'

57) "For by working in what we have attained, we shall be able to advance to what we have not yet attained, -God revealing it to us if in anything we are otherwise minded, -provided we do not give up what He has been revealed."

58) "When God says, 'Turn ye unto me, and I will turn unto you,' one of these clauses-that which invites our return to God-evidently belongs to our will; while the other, which promises His return to us, belongs to His grace."

을 받으며, 여기에 대하여 사도는 '죄의 삯은 사망이요' 라고 말하고 나서 곧바로 '은사는 그리스도 예수 우리 주 안에 있는 영생이니라' 라고 하였다."[59] (XX-XXI. 영원한 생명은 "은총을 위한 은총이다.")

그뿐 아니라 계명을 지키는 사랑도 우리에게서 난 것이 아닌 하나님께서 주신 은혜임을 강조하면서(XXXIV. 사도의 은총의 찬양. 교정은 사랑으로 실시되어야 한다. - XXXVII. 계명을 완수하는 사람은 우리에게서가 아니라 하나님에게서 온다.) 이러한 표현으로 펠라기우스와의 논쟁을 규정하기를, "만일 이 사랑이 하나님으로부터 오지 않고 사람으로부터 온다면, 펠라기우스주의자들이 승리한 것이다. 그러나 하나님으로부터 온다면 우리가 펠라기우스주의자들을 누르고 승리할 것이다 ..."[60] (XXXVII. 계명을 완수하는 사람은 우리에게서가 아니라 하나님에게서 온다.)

2. 클레르보의 버나드 『은혜와 자유선택 *De Gratia et Libero Arbitrio*』(1128)

중세인 12세기의 '클레르보의 버나드' 를 통해 종교개혁에 초대교회와 연결되는 희망의 빛을 비추었던 주요 저작인 『*De Gratia et Libero Arbitrio*』(은혜와 자유선택, 1128)[61]는 그의 다른 작품들에 비해 훨씬 더 교리적

---

59) "This is grace. But over and above this, we shall also receive 'grace for grace' when we shall have awarded to us eternal life, of which the apostle said : 'The grace of God is eternal life through Jesus Christ our Lord.' "

60) *THE LOVE WHICH FULFILS THE COMMANDMENTS IS NOT OF OURSELVES, BUT OF GOD* "For indeed, if it be not of God but of man, the Pelagians have gained the victory; but if it come from God, then we have vanquished the Pelagians."

61) Bernard, 『*De Gratia et Libero Arbitrio*』 PL182.999-1030A을, Watkin W. William이 번역한 『Concerning Grace and Free Will』 (NewYork: The Macmillan Company, 1920)판(版)과 Daniel O' Donovan이 번역한 『*On Grace and Free Choice*』 (Kalamazoo: Cistercian Publications, 1977)판(版)이 있다. 『하나님의 사랑』 엄성옥 역 (서울: 은성, 1988), 51-93에 "은혜와 자유의지에 관한 논문"이 일부 번역되어 실려 있다. 본 작품은 버나드가 어거스틴의 은총론에 기반을 두어 은총론과 자유의지에 대하여 설명한 책이다. 이하에서 『*De Gratia*』와 『하나님의 사랑』이라 표기한다.

이며 더하여 기독교가 가지고 있는바 하나님과 인간과의 관계에 대한 기본진리를 잘 밝혀주는 내용이라 하겠다.

Tamburello는 그러므로 자신이 보기에 버나드의 다른 작품들이 모두 바로 이 작품에서 보여주는 교리적 이해에 기반을 둔다고 말한다.[62] 이 작품에 대하여 "은혜의 필요성 입장에 굳건히 서 있는 성 어거스틴을 메아리치며 인간의 본질을 예수 그리스도의 구속적 공로를 통하여 죄의 사슬로부터 해방시킬 것을 가르치는" 내용이라는 설명은, 이 작품이 가지고 있는 교리사를 관통하는 신학적 위상에 대해 그 중요성을 강조하는 언급이라 하겠다.[63]

버나드가 성 티에리의 수도원장 윌리암(William, the abbot of St. Thierry)에게 바친 『*De Gratia et Libero Arbitrio*』의 총 14장에 걸쳐 다루는 목차는 다음과 같다.

> I. 하나님의 은혜 II. 자유의 본질은 무엇인가? III. 본성, 영광, 은혜라는 삼중적 자유 IV. 육체를 벗어난 거룩한 영혼들은 어떤 자유를 누리는가? V. 이 세상에도 비애로부터의 자유가 있는가? VI. 선한 것을 추구하는 은혜의 필요성 VII. 아담에게 이 삼중의 자유가 주어졌는가? VIII. 죄를 범한 후에도 자유의지는 존재한다. IX. 이 세 가지 자유 안에 창조주의 형상과 모양이 표현되어 있다. X. 그리스도 안에서 하나님의 모양이 인간에게 회복된다. XI. 선택의 자유는 계속 존재한다. XII. 죽음이나 형벌에 대한 공포가 자유의지를 박

---

62) Dennis E. Tamburello, *Bernard of Clairvaux: Essential Writings* (New York: Crossroad Pub, 2000), 39. "Around 1128, Bernard wrote a theological treatise called *De Gratia et Libero Arbitrio* (On Grace and Free Choice). It is more 'dogmatic' in character than many of the other writings we will be considering in that it focuses on the basic *truths* that Christianity teaches about the relationship between God and human beings rather than on our personal *experience* of the relationship. But bernard's more well-known spiritual works are built on the doctrinal foundation that he presents in *De gratia*, and there is much in this treatise that can help us to sort out contemporary questions about freedom."

63) 원종천, 『중세영성의 진수: 성 버나드』 (서울: 대한기독교서회, 2004),39. 이하 『성 버나드』로 표기한다.

탈하는가? XIII. 인간의 공로는 하나님의 은사이다. XIV. 은혜와 자유의지-구원사역.[64)]

McGinn은 이 『*De Gratia et Libero Arbitrio*』에 대해 소개하면서, 버나드에게는 전혀 반半펠라기우스적인 이해가 없을 뿐 아니라 도리어 의롭게 된 자에게 있는 은혜와 자유의 상관관계에 대해 다루려는 의도였다고 평가한다.[65)] 그러므로 이 내용이 로마서에 대한 주석 혹은 로마서 안에서 제기되는 은혜와 자유의 문제에 대한 그의 이해로 간주될 수 있으며,[66)] Tamburello에 의해서는 버나드 안에 응당 어거스틴으로부터 이어지는 바 하나님의 은혜에 오직 은혜로 참여되어 그 은혜로 인해 반응하게 되는 인

---

64) Chapter I. That to the merit of a good work is needed, together with the grace of God, the consent of the free will; Chapter II. In what freedom of will consist; Chapter III. That there is a threefold freedom : that of nature, that of grace, and that of glory; Chapter IV. What kind of freedom belong to the holy souls in their disembodied state: what kind belong to God, and what kind is common to all reasonable creatures; Chapter V. Whether freedom from misery, or freedom of counsel, is granted in this world; Chapter VI. That grace is altogether necessary in order that we may will what is good; Chapter VII. Whether the first man is Paradise was endowed with this threefold freedom, and how far his endowment was lost by sin; Chapter VIII. That free choice remain after sin hath entered in; Chapter IX. That the image and the likeness of God, in which we were created, consist in a threefold freedom; Chapter X. That through Christ the likeness which properly belong to the divine image is restored in us; Chapter XI. That neither grace, nor temptation, take away from freedom of choice; Chapter XII. Whether one that, for fear of death or of other penalty denied the faith is to be excused from blame, or to be held destitute of free choice; Chapter XIII. That human merits are no other than divine gifts; Chapter XIV. What part is to be assigned to grace, and what to free choice, in the work of salvation. 『하나님의 사랑』, 51-93.에 나오는 번역이다.

65) Bernard McGinn. "Introduction" in *On grace and free choice* (Kalamazoo: Cistercian Publications,1977), 14. "Reference has already been made to Bernard's account of the situation which prompted the writing of the treatise. Bernard's questioner was obviously not a Semi-Pelagian: his difficulties appear to have related to the role of free will in the justified man, but the Abbot used the occasion of a query concerning a doctrine of good works and merit for a review in depth of all ramification of the connection of grace and freedom."

66) 『하나님의 사랑』, 51.

간의 자유에 대한 이해를 가지고 있음이 명징하게 지목된다.[67] 물론 버나드에게서 보이는 자유선택에 대한 내용은 독특한 내용으로, 바울과 어거스틴의 맥을 잇는 입장에서 볼 때,[68] 칼빈에게로 이어지는 동일한 신학적 입장을 갖고 있기에 이들 간에는 용어와 강조의 차이일 뿐이라 하겠다.[69]

실로 버나드가 『*De Gratia et Libero Arbitrio*』를 작성하던 시기는, '12세기의 르네상스(문예부흥)' 라고 불릴 만큼 사업의 발달과 도시의 성장으로 인하여 사회와 경제가 새로운 국면을 맞게 되면서 고전문학과 로마법 그리고 헬라의 과학과 이에 대한 아랍문화의 기여 그리고 헬라철학 및 학문적 신학에 대한 헬라 철학의 학구적 적용에 대한 재발견이 이루어졌다.[70] 당대에 피터 아벨라드나 질버트 드 라 포레와 같은 철학파들이 이성과 믿음을 분리하고 신학과 실천을 결별시키는 작업을 수행했다.[71] 이러한 문화적 배경 속에서 안셀름이 제시한 "*Credo ut Intelligam*"(나는 믿는다, 이해하기 위해서)라는 명제는 이후 스콜라주의를 여는 하나의 단계 즉 지식을 위한 지식을 제시하게 된다.

그런 시기에 버나드는 "*Credo ut Experiar*"(나는 믿는다, 경험하기 위해서)라

---

67) Tamburello, 40-41. "here Bernard very cleverly prepares us for his argument by giving us one that he finds inadequate: that is, he idea that we only need grace to 'get us started', so to say, in living an upright life, and the rest is up to us. In his opening lines, Bernard has already made it clear that this is not his perspective. He sees grace as carrying us every step of the way."

68) G.R. Evans, *Bernard of Clairvaux* (Oxford: Oxford University Press, 2000), 74. "The range of theological topics Bernard wrote on is predominantly Augustinian. He did not readily look for new problem areas. He would not have expected such a search to prove helpful. Nor did he attempt anything like a *summa*. Like Augustine, he did his theology for pastoral purposes, in sermons and letters and occasional treatises addressed to specific needs, and largely piecemeal."

69) 『성 버나드』, 187. "칼빈이 의지의 자유를 거부한 것은 어거스틴이나 버나드와 동일한 입장이었다. 이들의 차이는 강조와 용어상의 차이였던 것이다."

70) 후스토 L. 곤잘레스, 『기독교사상사』 (II) 중세편, 이형기 · 차종순 역(서울: 한국장로교출판사, 1988), 197; 『하나님의 사랑』, 9.

71) 『성 버나드』, 38-9.

는 명제를 제시함으로서 하나님을 경험함 즉 하나님을 사랑하는 영적 신앙을 강조하였다.[72] 즉 버나드는 철학, 신학, 윤리와 기독교 신앙이 잘 융합되어서 하나님을 아는 길인 예수 그리스도와 그의 십자가를 향해 나가야 한다고 분명하게 주장했던 것이다.

그렇다고 해서 버나드가 반反지성주의를 주장한 것은 결코 아니었는데, 지식을 위한 지식보다 하나님에 대한 지식을 더 강조한 이유가 그것만이 구원에 있어서 가장 본질적임을 알았기 때문이었다. 따라서 그는 말하기를,

> 나는 결코 문학에 대한 지식이 멸시되어야 한다고 하는 것이 아니다. 문학은 문화와 기술을 마련해주기 때문이다. 그것은 사람으로 하여금 다른 사람들을 가르칠 수 있게 한다. 그러나 먼저 하나님과 자기 자신에 대한 지식이 있어야 한다. 왜냐하면 그것은 구원에 있어서 본질적인 것이기 때문이다 ... 너 자신을 알라. 그리하면 하나님께 대한 온전한 경외심을 갖게 될 것이다. 하나님을 알라. 그리하면 너는 또한 하나님을 사랑하게 될 것이다. 지혜에는 먼저 그 시작이 있고 둘째로 그 정점이 있다. 왜냐하면 '여호와를 경외함이 지혜의 근본' (시 111:10)이고, '사랑은 율법의 완성' (롬 13:10)이기 때문이다. 우리는 이 양자를 무시해서는 안 된다. 경외와 사랑이 없이는 구원은 불가능하기 때문이다.[73]

라고 했다. 즉 버나드는 당시 관찰가능한 자연세계와 역사의 연대기 안에서 찾아볼 수 있는 실제사건에 대한 새로운 실재론적 철학사상들이 만연해가던 시기에 대항하여, 계속적으로 성경의 진리에 기반을 두어 구원을 위하여서는 하나님께 대한 전적인 사랑에 최우선을 두고자 애썼음을 알 수 있다.

---

72) 『하나님의 사랑』, 10-11.

73) 『On the Song of Songs』, 37.1-2, 재인용 『하나님의 사랑』, 11.

그 결과 아직 16세기 종교개혁시기에 도달하지 않은 12세기인 중세시대였지만, 버나드는 당대 중세의 암흑기적인 시대정신에 대항하여 나름대로 어거스틴의 하나님의 은혜의 신학을 받아들여 정립하므로 이후 종교개혁자들에게 그 빛을 통해 굳게 서도록 하였던 것이다.[74)]

3. 루터 『노예의지론 *De Servo Arbitrio*』(1525)

마틴 루터는 에라스무스가 1524년에 『자유의지론 *De libero arbitrio*』을 써서 로마 카톨릭교회의 인문주의적 입장에서 인간의 자유의지에 대해 용인하는 것을 보고, 이에 대해 종교개혁적인 답변의 필요성을 긴박하게 느끼고는 1525년에 곧바로 작성한 논문이 『노예의지론 *De servo arbitrio- The Bondage of the Will*』이다.

이 책에서 루터는 에라스무스의 주장을 논박하기를, 에라스무스가 주장하는 '인간의 자유의지'는 그 스스로 아무 것도 행할 수 없으며 하나님의 자비만이 모든 것을 행할 수 있고, 오히려 하나님의 역사하심의 목적물일 뿐 아니라 다른 모든 것은 하나님께 돌려지지 않을 것임을 밝히는데 주력한다.[75)]

루터는 하나님이 아무 것도 우발적으로 아시지 않고 자신의 변치 않고 영원하고 어긋남이 없으신 뜻에 따라 모든 것을 미리 아시고 의도하시기

---

74) Evans는 버나드의 신학에 대해 positive theology (pp.72-101)와 negative theology (pp.102-29)로 분류하여 설명한다. (1) 긍정적인 신학으로 구분된 주제들은 하나님의 본성 및 속성과 삼위일체 신학, 창조와 타락, *Cur Deus Homo*: 하나님이 인간이 되신 이유, 인간론과 구원의 과정, 교회론, 성례론, 적그리스도와 종말에 대해, (2) 부정적 버나드 신학으로 판단된 주제들은 불신자, 교회분열과 이단, 논쟁자로서의 버나드, 실재적인 논쟁-피터 아벨라드와 포이티에르의 질버트, 이단자의 정의 등이다.

75) Martin Luther, *The Bondage of the Will* (London: James Clarke and Co., Ltd., 1957); "노예의지론" 『루터 저작선』 존 딜렌버거 편집, 이형기 역 (서울:크리스챤다이제스트, 1994), 232. 이하 "노예의지론"이라 표시한다.

에, 자유의지를 주장하는 것은 그에 반하는 것이라고 말한다. 왜냐하면 하나님의 뜻은 반드시 이루어지고 방해받을 수 없을 뿐 아니라 하나님의 본성에 그러한 권능이 있기 때문이다. 따라서 인간의 자유의지는 그것을 훼방할 수도 없을뿐더러, 자신을 스스로 지혜롭게 보이고자 그것을 주장하여도 그들의 마음이 어두워진 것 이상의 어떤 능력을 드러낼 수 없다고 분명히 말한다.

> 그러므로 하나님이 아무 것도 우발적으로 미리 아시는 것이 아니라 자기 자신의 변치 않고 영원하고 한 치도 어긋남이 없는 뜻을 따라 모든 것들을 미리 아시고 의도하신다는 것을 그리스도인들이 아는 것은 근본적으로 꼭 필요하고 건전하다. 이 폭탄은 자유의지를 납작코로 만들고 산산이 부숴버린다.[76]

루터는 "자유의지(*libero arbitrio*)"라는 용어에 대해 두 가지 대상을 따라 사용할 수 있음을 제안하는데, 먼저는 자기 위에 있는 것들 즉 구원, 영생, 삼위일체 하나님, 성육신 등에 대해서는 사용할 수 없으되 자기 아래 있는 것들인 문화, 학문 활동, 사회생활 등에서는 자유의지를 사람에게 돌릴 수 있다고 말한다.

그럼에도 불구하고 이러한 자유의지조차도 분명 하나님의 기뻐하심에 따른 하나님의 자유의지에 의해 다스려짐을 분명히 한다. 이를 달리 표현하면, 하나님과 관련하여 구원이나 저주 등에 대해서는 철저히 자유의지를 가지지 못하고 하나님의 의지에 대해 포로요 죄수이며 노예라고 말한다. 바로 이것이 루터의 "노예의지(*servo arbitrio*)"라는 용어의 의미이다. 루터는 인간의 노예의지에 대해, 이렇게 장엄하게 하나님의 주권을 드러낸다.

---

76) "노예의지론", 234.

> 모든 것들은 필연에 의해 일어난다. 그것에 관하여 어떠한 모호함이나 애매함도 없다. 이사야서에서는 "나의 모략이 설 것이니 내가 나의 모든 기뻐하는 것〔의지〕을 이루리라"[46:10]고 말하고 있다. 그리고 초등학생이라도 '모략', '의지', '이루리라', '설 것이니'의 의미를 안다![77]

이러한 논증 속에서, 루터는 자유의지와 율법의 관계를 다루는데, 로마서 3:20-21절의 "그러므로 율법의 행위로 그의 앞에 의롭다 하심을 얻을 육체가 없나니 율법으로는 죄를 깨달음이니라. 이제는 율법 외에 하나님의 한 의가 나타났으니 율법과 선지자들에게 증거를 받은 것이라"에 대해서 사도 바울이 말한 율법에는 분명 의식법만이 아닌 도덕법 즉 십계명도 포함된다고 설명하면서, 인간의 힘으로 강압하여 의식법을 지키게 할 수 있어도 "도덕법이나 의식법을 지키려고 애씀으로써는 하나님 앞에서 의롭다 함을 얻을 수 없다"고 분명하게 선포한다.[78] 그러면서 루터는 율법의 한계와 더불어 은혜의 더더욱 중요한 의미에 대해 확실히 설명하기를,

> 사실 로마서 3장 20절에서 바울은 율법이란 죄가 무엇인가를 보여주는데 필요한 것이라고 말한다. "율법으로는 죄를 깨달음이니라" 율법 행위에 속한 자들은 죄가 진실로 무엇인지 인식하지 못한다. 율법이란 인간이 무엇을 할 수 있는가를 보여주기 위해서가 아니라 하나님 보시기에 무엇이 옳고 그른가에 대한 개념을 교정시켜주기 위해 주어진 것이다.[79]

그래서 루터는 율법의 용도에 대해 말하기를, "율법은 죄를 깨닫게 함으로써 사람들을 그리스도께로 이끌기 위해 의도된 것"이라고 설명하면

77) Ibid., 237.

78) Martin Luther, *Born Slaves* ed. J.K. Davies; 『인간에게 자유의지가 있는가?: *The Bondage of the Will* 요약본』 조주석 역 (서울: 나침반사, 1988), 21.

79) Ibid., 22-3.

서, "율법의 목적이란 죄가 무엇이며 죄가 우리를 어디로 이끌어가는가, 즉 죄의 종국은 죽음과 지옥과 하나님의 진노라는 것을 보이는 데 있다" 고 말한다. 이는 결국 갈라디아서 3:19절, 즉 율법의 목적으로 루터를 이끌어서 그에 대해 "율법이 필요한 것은, 율법이 사람들로 하여금 자신의 위험한 상태를 깨닫게 해주어 오직 그리스도 안에서만 발견되는 치료책을 갈망케 할 것이기 때문이다"라고 답하게 한다.[80)]

결국 루터의 에라스무스에 대한 논박은, 결코 인간의 자유의지는 그가 기대하는 것처럼 죄를 아는 수준이 아니라 전혀 죄가 무엇인지를 알지 못하는 한계를 가지고 있다는 주장으로 귀결된다. 결국 하나님의 자비만이 모든 것을 행하며 우리의 의지는 아무 것도 행하지 못하며 오히려 하나님의 역사하심의 목적물일 뿐이고 다른 모든 것은 하나님께 돌려지지 않을 것이라는 주장을 내포하고 있다.[81)]

4. 칼빈 『의지의 속박과 자유 *Defensio sanae et orthodoxae doctrinae de servitute et liberatione humani arbitrii, adversus calumnias Alberli Pighii Campensis*』 (1543)

칼빈의 이 저술은 당시 피기우스(Pighius)라는 네델란드의 로마카톨릭 신학자가 1542년에 Sadolet추기경에서 헌정하면서 쓴 『*De libero hominis arbitrio et divina gratia, Libri decem*』(인간의 자유선택과 신적 은혜)라는 책에서[82)] 인간의 타락에 대해 인정하지 않고 하나님의 선하심 또한 인정하지 않으면서 그러기에 '필연과 인간의 선택의지가 속박되었다' 는 교리를 제시한

80) Ibid., 25.

81) "노예의지론", 233.

82) http://www.ccel.org/ccel/schaff/hcc8.iv.xv.ii.html에서 이 책에 대한 간략한 소개와 논쟁 배경을 볼 수 있다. 영역본 제목은 *The Bondage and Liberation of the Will: A Defence of the Orthodox Doctrine of Human choice against Pighius*이다.

것에 대해, 반박하기 위해 작성한 내용이다.[83)]

칼빈이 책을 쓰게 된 주된 관심사는 정통 교리의 회복 내지 방어에 있었다. 칼빈은 개혁주의의 가르침은 결코 새롭거나 이단적인 것이 아니라 성경에 입각한 것이며, 교부들의 지지를 받는다는 사실을 다음과 같이 강조한다, "이 25년 동안(1517년 이후의 시간) 오직 한 가지 이외에는 아무것도 구하지 않았다. 그것은 모든 갈등이 끝나되 승리가 사람에게 돌아가지 않고 그리스도와 사도들에 의해 선포된 가르침과 함께 해야 한다는 것이었다."[84)]

당시 피기우스가 카톨릭 교리의 정통성을 주장하고 개혁주의 진영을 도탄에 빠트리기 위한 의도를 가지고 칼빈의 『기독교강요 *Institutio Christianae Religionis*』 중 '자유선택'에 대한 부분을 중점적으로 공격했기 때문에,[85)] 칼빈은 이에 대해 반박할 뿐 아니라, 하나님의 주권교리와 인간에 대한 성경적 바른 이해 즉 원죄교리를 분명히 하기 위해 1543년에 이 『의지의 속박과 자유, 자유의지논박 *Defensio sanae et orthodoxae doctrinae de servitute et liberatione humani arbitrii*』을 저술하기에 이르렀던 것이다. 칼빈은 제한된 시간과 제한된 자료로 피기우스의 비판에 대응할 수밖에 없었는데, 이는 당시의 긴박한 정세와 카톨릭 진영에 비해 빈약한 서고 때문이었음에도 불구하고, 이 저작 『*De servitute et liberatione humani arbitrii*』는 피기우스의 견해를 압도하고도 남을 만큼 훌륭한 작품으로 평가받을 뿐 아니라 이 논쟁의 영향

83) John Calvin. 『*Defensio sanae et orthodoxae doctrinae de servitute et liberatione humani arbitrii*』는 Anthony N.S. Lane and G.I. Davies에 의해 영어로 번역되어 *The Bondage and Liberation of the Will* (Grand Rapids: BakerBooks, 1996)라고 출간되었고, 이를 『칼뱅 작품선집 IV』 (서울: 총신대학교출판부,1998)으로 번역되었다. 이하에서 『*De servitute et liberatione humani arbitrii*』와 한글번역은 『의지의 속박과 자유』라 표기한다.

84) 『*De servitute et liberatione humani arbitrii*』, 13 "238, We have sought nothing else these twenty-five years but that the whole conflict should be ended in such a way that the victory should not fall to men, but should remain, as is fitting, with that teaching which was proclaimed by Christ and the apostles."; 『의지의 속박과 자유』, 70.

85) Ibid., xviii. "Pighius refutes these opinions about the inevitable necessity of those things which happen to us and about the bondage of human choice."; 『의지의 속박과 자유』, 18.

은 『기독교강요 *Institutio Christianae Religionis*』(1559년판)에 나타난다.86)

이러한 칼빈의 논증을 위해 피기우스의 주장을 먼저 들어보면, 그는 종교개혁자들의 가르침과 사도들의 가르침은 다르다고 주장했는데 이는 결국 무엇이 정통인가라는 문제였다. 물론 사도들의 가르침을 계승한다고 주장한다는 점에서 로마카톨릭이나 종교개혁 진영 양자간에는 차이가 없었지만, 누가 정통인가 하는 기준에 있어서 피기우스는 교회의 전통에 의해 확인된 것만이 진리라고 주장했던 것이다. 하지만 그에 반하여 칼빈은 교부들의 가르침을 존중하면서 교회 전통도 오직 성경의 권위에 굴복해야 한다고 주장하였다.87) 이는 역시나 인간의 자유 선택을 다룰 때, 무엇에 호소하느냐의 문제에 있어서도 마찬가지의 입장 차이를 계속 유지한다.

물론 피기우스와 칼빈 양자 모두 성경과 교부들의 글을 인용하되, 피기우스는 성경 해석을 교부들의 가르침과 일치하는 선에서만 받아들여져야 한다고 주장하는 반면, 칼빈은 피기우스가 주장하는 '정통신앙의 원리가 교회의 전통에서 나왔다는 사실이 본질적인 제일 원리이며, 성경은 이차적인 권위를 가질 뿐' 이라는 카톨릭의 교리에 대해 철저하게 비판한다.88) 당연스럽게 칼빈이 교부들의 가르침을 무시하지 않았지만, 교부들이야말로 누구보다 하나님의 섭리를 인정한 사람들이기에 은총이 자유의지에 선

---

86) Anthony N.S. Lane. "The Influence upon Calvin of his Debate with Pighius." in *JOHN CALVIN: Student of the church fathers*, 179-89; Lane, "Did Calvin Believe in Freewill?" *Vox Evangelica* 12 (1981): 81-3. 재인용 "Introduction", xvi.

87) Anthony N.S. Lane. "Calvin and the Fathers in his Bondage and Liberation of the Will." in *JOHN CALVIN: Student of the Church Fathers*, 151-2. "This is not surprising since a major thrust of Calvin's controversy with Pighius was the dispute about the teaching of the fathers, especially Augustine." Lane은 이 책에서 칼빈이 피기우스와의 논쟁에서 성경적 원리를 밝히기 위해, 피기우스에 비할 수 없을 만큼 얼마나 철저하게 교부들의 글에 대해서 연구했는지를 밝힌다; idem, "The Influence upon Calvin of his Debate with Pighius", 182. "*The Bondage and Liberation of the Will* is the fullest discussion that Calvin ever devotes to the issue of the bondage of the will."

88) 『*De servitute et liberatione humani arbitrii*』, 65. "277, Accordingly Pighius is seriously in error when, in calling us away from Scripture on the pretext of ecclesiastical tradition, he makes a divorce of not sufficiently well founded."; 『의지의 속박과 자유』, 158.

행해야 한다는 사실에 이의를 달 수 없다고 언급하면서, 그럼에도 전통은 약하고 불안한 기반일 뿐이라고 단언한다.[89)]

칼빈은 신앙의 법칙은 최종적으로 오직 성경에서만 구해야 하는데, 이는 예수 그리스도께서 친히 그리하셨으므로 우리도 그래야만 하는 것이다. 예수 그리스도의 가장 큰 무기는 오직 성경이었기 때문이다.[90)] 결국 '전통'이냐, '성경'이냐의 문제는 '인간의 권위'냐, '신적 권위'냐의 문제였는데, 외면적으로는 성경을 존중하는 체 하지만 실제로는 인간이 왕노릇하며 오류를 무기삼고 반대하는 자들을 온갖 잔인함과 교묘함으로 억압하느냐와, 아니면 그와 반대로 겸손히 자신을 낮추고 오직 그리스도의 왕되심만을 인정하면서 오직 영감된 하나님의 말씀만을 최종적 판단기준으로 삼느냐의 문제였던 것이다.[91)] 칼빈은 아담 타락의 결과에 대한 피기우스의

89) Ibid., 52. "267, However, the principle to which Pighius always and especially here calls us back, that we should seek our rule of faith not from the word of God, but from the tradition of the church, ought by no means to be accepted. Far be it [from us] indeed that the Christian faith should be supported by so weak and shaky a foundation! For what more is left in the power of the living God than to dead idols if his everlasting truth is said to stand or fall by man-made decrees? And what will be the stability of faith, which ought to stand firm and unconquered against all the armaments of hell, if it should depend on the approval and decision on human beings?"; 『의지의 속박과 자유』,138.

90) Ibid., 53 "268, I acknowledge that th church always has been, and to the end of the world always will be, subject to the evil of being severely troubled by enemies within … Who would not instantly draw the conclusion that we should resist them according to Christ's example? Why not? Or will the wicked be lined up under Satan's leadership to attack the faith and Christ not arm his followers to defend it? Now it is well known what shield, what sword, and what armour he used then to drive Satan back." It is written, "he said.(Matt. 4:4-7,7,10/ Luke 4:4,8,12) Since he emerges as the victor by relying on Scripture alone, the enemy overcome and subdued surely, as though by raising a standard, [Christ] calls us to that same way and promises certain victory!";『의지의 속박과 자유』, 139.

91) Ibid., 64. "276, However, I do not want what I am saying to be understood as though I leave no place for the agreement of the churches in determining questions about the faith. But it is proper that Scripture be accorded the honour of having everything tested by reference to it. Whatever is proved by its authority should not be questioned further; on the other hand, nothing should be accepted except what is in conformity with it. Whatever is divergent from it should be condemned, so that the whole body of definition agreement of the churches is added to this, it has no little importance for confirmation. But great care must be taken lest it be separated from it."; 『의지의 속박과 자유』,157.

이해를 비판하면서, 그를 펠라기우스주의자라 고소하며 타락이 인간 본성의 모든 면에 영향미침에 대해 밝히며 어거스틴을 인용하여 '타락한 인간은 죄로 인하여 속박을 당하는데, 그러므로 하나님의 은혜의 역사가 있기 전에는 인간의 의지에 어떠한 선도 있지 않음' 을 분명히 주장한다.[92)]

칼빈의 이 책은 바로 앞에서 살핀 바 루터가 1525년에 곧바로 작성한 논문인 『노예의지론 *De servo arbitrio*』과 필적할 만한 내용이다. 그렇지만 『*De servo arbitrio*』(노예의지론, 1525)이나 심지어 『*Institutio Christianae Religionis*』(기독교강요, 1559)보다 이 책이 교부들에 대한 언급과 인용이 많다.[93)] 피기우스와 논쟁인 이 저술에서 칼빈이 핵심적으로 다루는 부분은 당연히 '의지' 와 관련되어 있다. 칼빈은 성경에서 '의지' 는 마음을 의미하는데 "만물보다 거짓되고 심히 부패한 것은 사람의 마음"(렘 17:9)이라는 구절을 통해, 그 마음 즉, 의지가 부패되고 타락하기를 전인적이며, 치명적으로 타락하였다고 설명하면서 타락한 인간은 율법을 순종하기 시작할 수조차 없음을 분명히 한다.[94)]

더하여 '율법의 기능은 인간의 능력을 보여주는 것이 아니라 은혜를 가리키는 것' 이라고 설명한다. 즉 은혜는 율법이 요구하는 것을 주게 된다. 따라서 선행의 문제는 율법과 관계되는데, 인간의 가장 훌륭한 일조차도

---

92) Ibid., 112. "309, There [Augustine] affirms that there will be no dispute if Pelagius, just as he acknowledges that our ability comes from God, would add at the same time that to will and to act [well] are also [from God]. In other words, if he would recognise that not only the power in man (even if he neither wills nor acts well) is the result of divine aid, but so are the will and action themselves (i.e., that we will and act well). Theses are not in man except when he willa and acts well. [Pelagius should recognise] that without that aid we neither will nor do anything well, and this aid is the grace of Christ through which, by his righteousness, not ours, he makes us righteous. That then is our true righteousness, which we have from him. For these are Augustine's words, but not as they are reported by Pighius."; 『의지의 속박과 자유』, 242.

93) Ibid., xiii. "Introduction"

94) Ibid., 49. "265, The heart of man is wicked above all things and deceitful (Jer.17:9). All have turned aside, together they have become unprofitable, there is none who does good, not even one (Ps.14:3; 53:3; Rom.3:12). The desire of the flesh is enmity against God. It is not subject to the law, nor even can be (Rom. 8:7) - and countless others."; 『의지의 속박과 자유』, 132.

죄로 물들어 있기에 칼빈은 모든 선행조차 하나님의 은혜의 선물이라고 한다.[95] 물론 피기우스가 인간의 책임문제에 대해 반박하기를 '인간의 책임은 하나님의 주권적인 섭리와 인간의 죄지을 필연성에 대한 칼빈의 가르침과 대치된다'고 주장하였지만, 이에 반해 칼빈은 여전하고도 일관되게 '하나님의 주권이 인간이라는 수단을 통하여 역사한다'는 개혁주의 교리를 견고히 붙들고 있다.[96]

> 우리가 말하고자 하는 것은 다음과 같다. 첫째로 사람이 하나님의 은총에 의해서 선으로 인도함을 받지 않는다면 사람이 존재하는 것이나 가지고 있는 것이나 할 수 있는 것은 하나님이 요구하시는 영적인 의를 이루는 데는 전혀 무가치하고 쓸모없다. 둘째로 인간의 의지는 본질상 악하기 때문에 그것이 선하게 되기 위해서는 변화와 갱신이 필요하다. 은혜는 사람이 원하기만 하면 손을 뻗어서 잡을 수 있는 도움의 수단이 아니다. 즉 하나님께서 은혜를 제공하시고 그것을 받아들이느냐 거부하느냐 사이의 선택을 인간에게 남겨두시는 것이 아니다. 그분은 마음을 조종하여 올바른 것을 선택하게 하시고, 또한 의지를 움직여서 효과적으로 순종하게 하시고, 그 일이 실제적으로 완성될 때까지 노력하도록 자극하고 촉진시키신다.[97]

---

95) Ibid., 52, "267, When the Fathers said that the observance of the law was possible, they did not in fact attribute this to the ability of free choice, but to the power of grace.", Ibid., 165-6, "346, But we are still dealing with a different question [from this]. For we are saying that man is unequal not only to the fulfilling of the law, but even to making a beginning on it. And we are saying that not only the completed and finished totality of righteousness but also its lowest and easiest part is beyond those abilities which Pighius so exist to the sky."; 『의지의 속박과 자유』, 137, 341.

96) 신복윤, 『칼빈의 하나님 중심의 신학』(수원: 합동신학대학원 출판부, 2005), 224-5.

97) 『*De servitute et liberatione humani arbitrii*』, 114. "311, all that we say amounts to this. First, that what a person is or has or is capable of is entirely empty and useless for the spiritual righteousness which God requires, unless one is directed to the good by the grace of God. Secondly, that the human will is of itself evil and therefore needs transformation and renewal so that it may begin to be good, but that grace itself is not merely a tool which can help someone if he is pleased to stretch out his hand to [take] it. that is [God] does not merely offer it, leaving [to man] the choice between receiving it and rejecting it, but he steers the mind to choose what is right, he move the will also effectively to obedience, he arouse and advances the endeavor until the actual completion of the work is attained."; 『의지의 속박과 자유』, 245-6.

그러므로 칼빈이 '자유 선택' 을 다룸에 있어 핵심적인 교리가 바로 '필연' 의 문제임을 생각할 필요가 있다. 사실 종교개혁자들은 인간의 자유 의지가 죄 아래 속박되어 있으며, 따라서 인간은 선과 악 중에 필연적으로 악을 선택할 수밖에 없다고 보았지만, 이에 반해 피기우스는 '필연성' 은 '자유선택' 과 양립할 수 없는 것이며 그렇게 되면 인간은 더 이상 인간이 아니라고 주장하였다. 그런 피기우스의 주장은 "신학의 역사가 보여주는 인본주의적 신학의 불행한 재발再發" 임을 확인할 수 있다.

5. 에드워즈 - 『의지의 자유 *Freedom of the Will*』(1754)

1700년대 당시 신대륙 뉴잉글랜드에도 일어난 알미니우스주의에 대해 심각한 위협을 느꼈던 에드워즈는, 이 저술을 통해 다음 두 가지의 책무를 다하려고 하였다.[98] 먼저는 인간의 의지가 일종의 독특한 자율성, 즉 자기 결정력(Self-determining Power)을 가지고 있다는 주장들을 반박하는 일이었고, 다음은 만사가 하나님에 의해 결정되는 우주는 인간의 자유이나 도덕적 책임과 전혀 모순되지 않는다는 일이었다. 사실 이전에는 자유의지 문제에 대한 포괄적이고 중립적인 연구에 관심이 없었던 에드워즈가, 정작 원했던 일은 알미니우스주의를 가능하다고 여기는 왜곡된 신학을 철저히 반박하고, 하나님의 주권을 이해하는 유일한 길로 칼빈주의 개혁신학을 입증하는 일이었다.

『의지의 자유 *Freedom of the Will*』를 저술한 목적이 "인간의 책임이라는 성경적 가르침을 인정하면서, 동시에 인간이 자신의 의지를 결정할 능력을 가진다는 알미니우스 교리를 어떻게 부정할 수 있는가를 보여주는 것"[99]

98) 앨렌 구엘조, "의지의 자유" 『조나단 에드워즈의 신학』 이상현 편, 이용중 역(서울: 부흥과개혁사, 2008), 229.

99) 양낙홍, 『조나단 에드워즈 생애와 사상』(서울: 부흥과개혁사, 2003), 687.

이라고 할 때에, 이 책은 일반적 평가와 같이 철학적이라고 하기보다는 칼빈주의 신학에 철저하게 입각한 변증서라고 하는 것이 더 옳다.[100] 뿐만 아니라 이 작품은 에드워즈가 신본주의 인간이해 즉 인간론에 있어서, 어거스틴이나 루터, 칼빈과 같은 개혁주의신학자들을 넘어서는 이해를 가지고 있다고 평가된다.[101] 제10장 에드워즈의 언약적 개혁주의에서 더 자세하게 다루겠지만 여기서 간략하게 소개하면 이 책은 총4부로 구성되어 있는데,[102] 에드워즈는 서론에서 알미니안 신학의 구조 속에서 많은 오류들을 발견해내었다고 말하면서, 축약하기를 "진리에 대한 신실한 사랑하는 분들의 기도로 힘입어 겸손히 진리와 그 체계들을 제시하게 되었다"고 하면서, 다음 내용을 소개한다.[103]

제1부는 "계속해서 발생하는 담화의 주제에 속하는 다양한 것들과 용어들은 어디에서 설명되고 진술되는가"라는 제하에,[104] 에드워즈가 용어들을 정의하고 관련된 이슈들을 정의하는 내용으로 되어 있다.

다음의 제2부에서는 "알미니우스주의가 모든 도덕적인 행위들에 관하여 자유의 본성을 주장하였듯이 과연 그러한 종류의 자유 의지가 어디에 존재하는지 아니면 존재할 수 있는지 탐구해 보아야 한다"라는 제하에, 에

---

100) 구엘조, 237.

101) John H. Gerstner, "Augustine, Luther, Calvin and Edwards on the Bondage of the Will," in *The Grace of God the Bondage of the Will* vol.2. ed. Thomas R. Shhreiner and Bruce A.Ware (GrandRapids: Baker Books, 1995), 292. 본 논문 제2장은 Gerstner에게서 교리사적 흐름을 제시할 필요성을 배운 결과이다.

102) Jonathan Edwards, *Freedom of the Will*, ed. Paul Ramsey (NewHaven and London: Yale university Press, 1957); http://www.reformedreader.org/rbb/edwards/fowindex.htm

103) Duane. M Smets, "A Course Outline" on Jonathan Edwards' *Freedom of the Will*, unpub. (2004), 9 ff.

104) PART I. WHEREIN ARE EXPAINED AND STATED VARIOUS TERMS AND THINGS BELONGING TO THE SUBJECT OF THE ENSUING DISCOURSE

드워즈는 알미니우스주의의 입장을 공격적으로 고찰하면서 자유에 대한 알미니우스적 관점이 타당하지 않음을 드러내는데 주력한다. 그러면서 자유에 대한 알미니우스주의 관점이 타당하지 않음을 밝히기 위해, 인간이 자기결정의 자유가 있는지 혹은 있을 수 있는지에 관한 사색을 여기서 다루는데 이는 자기결정의 자유야말로 알미니우스주의자들이 칭찬이나 책망을 위해 필수적이라 간주하는 요소들이기 때문이다. 여기 2부에서 "자기결정의 의지(Will' s self-determining power)" 에 대해 주장하는 알미니우스의 자유개념이 결국 자기 결정력과 동시에 우연성(contingence)에 기반을 두는 모순을 가지고 있음을 에드워즈는 지적하면서, 그들의 자유개념에 대하여 논박할 요소인 하나님의 예지(God' s certain foreknowledge)와 작정들을 제기한다.

이제 제3부에서는 "알미니우스주의가 주장하는 의지의 자유는 어디에서 탐구되어야 하며, 그리고 그 자유는 도덕적인 작인作人, 덕과 악, 칭찬과 비난에 관해 필연적으로 관여할 수 있는가 없는가" 인데, 진정한 책임은 선택에 의해 정의된 자유를 논한다는 반론에 대한 답변을 다룬다. 여기 제3부에서 에드워즈는 "만일 모든 인간의 행위들이 필연적이라면 미덕과 악덕은 공허한 말들이 될 것이다. 하지 않을 수 없는 일을 한다고 어떻게 탓할 것인가? 회피할 수 없는 일을 한다고 누가 그를 칭찬할 것인가" 라는 대니얼 휘트비의 말을 인용하여, 노예상태에 있는 의지에 책임을 물을 수 있는가 하는 문제를 논한다.

그리고 마지막 제4부에서는 에드워즈는 자유의지에 대한 알미니우스주의의 인식에 대한 최종적 답변을 제시하면서, 하나님의 뜻이 모든 것을 결정한다고 강조한다. 즉 하나님의 주권적 의지가 그분 자신의 무한한 지혜에 의해 결정되며, 그러므로 하나님은 모든 것이 합력하여 선을 이루게 하신다. 그래서 4부의 제목은 "앞서 언급된 자유의 개념概念, 도덕적인 행위를 옹호하고 지지하는데 있어서 알미니우스주의의 이론적 토대土臺와 그 반대적인 원리原理는 어디에서 숙고될 수 있는가?" 이다. 여기 4부에서 에드워즈는 일련의 반대 입장들에 대해 검토하면서 거기에 답변을 제시함과 동시에, 마침내 칼빈주의 입장이 성경적이고 이성적이며 일관성있는 것임을 보인다. 바로 이 결론부분에서 "칼빈주의자와 알미니우스주의자들 사이의 논쟁에 있어서 대부분의 쟁점들의 결론은 도덕적 행위자에게 필수적인 의지의 자유에 관한 이 항목을 어떻게 결정하느냐에 달려있다"고 에드워즈는 자기 주장을 집약한다.

그 결과 존 파이퍼는,

> 만일 그리스도인들이 이 책을 읽고 그 진리를 받아들인다면, 우리는 지금과는 다른 그리고 더 나은 복음주의 세계에서 살게 될 것입니다. 인간의 의지 위에 있는 하나님의 주권에 대한 흔들리지 않는 성경에 대한 확신과 마찬가지로 이 책보다 더 탁월하게 모든 것 위에 뛰어난 하나님의 주권에 대한 진리를 확고히 하는 책도 없을 것입니다.[105]

이 『의지의 자유 *Freedom of the Will*』에 대해 평가하기를 먼저 "「의지의 자유」는 칼빈주의 신학에 대한 방어"라고 이야기하고, 또한 이 『의지의 자유 *Freedom of the Will*』는 에드워즈가 어거스틴주의 전통 즉, 개혁주의 전통 위에 서 있음을 보여주는 작품이라고 말한다.

6. 벤자민 B. 워필드 "어거스틴과 펠라기우스논쟁에 관한 안내논문 *Augustine and Pelagian Controversy*" (1887)

19세기 구 프린스턴의 신학자였던 벤자민 B. 워필드는 어거스틴의 "은총의 신학"에 대해, 다음과 같이 평가한다.

---

105) 존 파이퍼, 『하나님의 영광을 위한 하나님의 열심』 백금산 역 (서울: 부흥과개혁사, 2003), 129-34.

> 예수 그리스도 안에 있는 하나님의 은총은 성령으로 말미암아서 우리에게 전달되며, 우리 마음 속에 그분께서 심어놓으신 사랑으로 확증되어 왔으며, 어거스틴 자신의 모든 체계가 있는 핵심으로서 또한 그것으로부터 모든 것이 자라나는 씨앗이기도 하였다. 어거스틴은 구원에 관한 이러한 구원관과 그의 신학의 일반적인 원리를 은총의 신학에 입각한 구원관과 조화를 이루게 함으로써 은총의 신학이 더더욱 중심이 되게 할 수 있었다. 그의 신학은 신 중심적이었으며 만물을 살게 하고 움직이게 하고, 또한 만물의 존재를 갖게 하시는 생명의 원천으로서의 내재적인 하나님 개념을 중심으로 맴돌고 있었다.[106)]

이는 단순하게 어거스틴에 대한 평가만이 아니고, 개혁주의 신학 안에 계속되어온 하나님 중심의 신본주의신학의 성격을 규정하는 내용이기도 하다.워필드는 이러한 개혁주의적 신학을 사수하기 위해, 이 논쟁 즉 어거스틴과 펠라기우스 논쟁에 대해 크게 4가지 주제를 다룬다.

먼저는 펠라기우스주의 기원과 성격에 대해 살피면서, 교회의 사명은 바로 이러한 이단異端들을 반박하기 위해 교리를 견고히 세우는 일이라고 말한다.

> 교회가 그 자체의 교리를 상대하는 교리와 연계해서 알게 되고 또한 규정하기 위해서는 교회의 진리를 반대하는 상대쪽으로 교회의 에너지를 먼저 쏟아야 한다는 것은 피할 수 없는 사실이다 ... 교회는 의지의 자유에 관해서

---

106) Benjamin B Warfield, "Augustine and The Pelagian Controversy" The Work of Benjamin B. Warfield IV. *Studies in Tertullian and Augustine* (Grand Rapids: Baker Book House,1932. rep.2000), 401. "어거스틴과 펠라기우스 논쟁에 관한 안내 논문"『어거스틴의 은총론 I』 필립 샤프 편집, 차종순 역 (서울: 한국장로교출판사, 1996), 174. "The grace of God in Jesus Christ, conveyed to us by the Holy Spirit and evidenced by the love that He sheds abroad in our hearts, is the center around which this whole side. of His system revolves, and the germ out of which it grows. He was the more able to make it thus central because of the harmony of this view of salvation with the general principal of his whole theology, which was theocentric and revolved around his conception of God as the immanent and vital spirit in whom all things live and move and have their being."

완전한 인식을 가슴 깊은 곳에 간직하면서 이와 나란히 타락의 악한 결과들과 구원을 위한 하나님의 은총의 필요성을 인식하고 있었다 ... 어거스틴의 주장과 역사가들의 인식에 비친 펠라기우스의 주장은 자유의지에 대한 그의 강조에 있지 않고, 오히려 자유의지를 강조함으로써 인류의 타락과 은총의 필요성을 부인하는데 더 큰 문제점으로 나타났다 ... 그러므로 펠라기우스주의와의 투쟁은 사실에 있어서 기독교의 근본 그 자체를 위한 투쟁이며, 앞 세대에 있었던 신학적이며 기독론적인 논쟁보다도 훨씬 더 위험스러웠으며, 여기에서는 기독교의 실제적인 본질이 손상될 위험을 맞이하였다.[107]

그러면서 바로 그 펠라기우스주의에 대한 반기독교적 근거와 원리들을 파헤치기 위해 온 힘을 다한다. 그럴 때 그 주장의 한계를 이렇게 찾아내어 밝힌다, "바로 여기서 우리는 펠라기우스주의의 핵심적이며 형식적인 기본 원리를 알 수 있다. 그것은 인간의 완벽한 능력을 가정하는 데 있었다."[108]

사실 인간의 가능성과 능력을 과신한 펠라기우스는 두가지 공리 위에 자신의 신학을 세웠는데, 먼저는 하나님은 의로우시다이고 다음은 인간은 책임이 있다는 것이다. 펠라기우스는 자신의 『의지의 자유에 대한 변호 *Defense of the Freedom of the Will*』에서 주장하기를,

---

107) Ibid., 289-91; 『어거스틴의 은총론 I』,25-7. "It was inevtable that the energy of the Church in intellectually realizing and defining its doctrines in relation to one another, should first be directed towards the objective side of Christian truth ··· Meanwhile she bore in her bosom a full recognition, side by side, of the freedom of the will, the evil consequences of the fall, and the necessity of divine grace for salvation ··· it consisted not in the emphasis that he laid on free will, but rather in the fact that, in emphasizing free will, he denied the ruin of the race and the necessity of grace ··· The struggle with Pelagianism was thus in reality a struggle for the very foundations of Christianity; and even more dangerously than in the previous theological and Christological controversies, here the practical substance of Christianity was in jeopardy."

108) Ibid., 291; 『어거스틴의 은총론 I』, 28. "At this point we have touched the central and formative principle of Pelagianism. It lies in the assumption of the plenary ability of man ···"

> 우리는 양쪽 방향으로 행동할 수 있는 하나의 가능성을 하나님에 의해 우리 안에 부여받았다 ... 그것은 인간의 의지에 따라서 다양하게 산출하고 생산한다. 가꾸는 자 자신의 선택에 따라, 덕의 아름다운 꽃을 활짝 피울 수도 있고 악의 가시덤불로 가득 채울수도 있다.[109)]

즉, 펠라기우스는 하나님에 대한 자신의 언급을 포함시키지 않고 인간의 의지만을 강조하였고 그 결과 그는 신앙생활에 있어서 핵심적인 내용인 하나님과 성도의 관계를 단절시켜버림으로써, 성도 혼자 독단적으로 신앙을 영위할 수 있는 독립적 인간관을 창조해내었다. 그로 인해, 기독교 신앙의 핵심이요 구원주이신 그리스도 예수는 그의 사상 가운데 그저 모범적인 인간상의 한 인물에 불과하게 만들어져 버렸다.[110)] 따라서 그는 "누구든지 뜻만 가진다면 하나님께서 명하시는 것을 행할 수가 있다(All men can keep the commandments of God, if they will.)"라는 주장을 하는 데까지 이르렀던 것이다.[111)]

그러므로 워필드는 이를 지적할 뿐 아니라, 교리사적으로 이 펠레기우스와의 논쟁의 역사에 대해 섬세하게 다루면서는 그러하기에 어거스틴이 이 논쟁의 과정과정에서 감당했던 변증적 작업들을 일일이 설명한다. 어거스틴이 이 논쟁에서 붙잡았던 중심적 요소에 대해,

> 어거스틴은 본성과 은총에 관한 이론으로써 이 논쟁에서 승리자가 될 수 밖에 없었다 ... 본인 스스로 오랫동안 하나님의 은총을 거부하였다가 다시금 그 은총에 이끌림을 받았던 경험을 가지고 있었기 때문에 인간의 어떠한 꾀로써도 도저히 가릴 수 없는 원리, 즉 사람이 하나님을 찾는 것이 아니라

109) 폴 레만, "펠라기우스주의에 대항하는 저술들" 『아우구스티누스 연구핸드북』 로이 배튼하우스 편, 현재규 역 (서울: 크리스챤다이제스트, 1994), 255.

110) 아우구스티누스, 『아우구스티누스의 은총론』 김종흡 역(서울: 생명의말씀사, 1990), "역자서문".

111) 한철하, 『고대기독교사상』 (서울: 대한기독교서회, 1970), 293.

> 하나님이 사람을 찾으신다는 위대한 복음적인 대원리를 명백하게 붙잡았던 것이다 ... 모든 선의 원천인 하나님에게 인간이 절대적으로 의존하는 것으로서의 은총은 일반적인 것이었다. 아니, 은총은 그의 교리적 발전의 각 단계에서 빠뜨릴 수 없는 기본적(형식적)인 요소로서, 그가 (은총)중심적인 원리를 근간으로 해서 세운 모든 신학이 언제나 일관성을 갖도록 해주는 결정적인 요소였다.[112)]

이렇게 어거스틴이 펠라기우스와의 논쟁에서 완벽한 승리를 거두게 된 내용이 바로 하나님의 은혜라는 사실을 워필드는 분명하게 원리적 요소라고 밝히고는, 어거스틴의 작품들을 소개하는데 그중의 몇 제목만을 보면 이러하다. "공로와 죄의 용서에 관하여 *On the Merits and Remission of Sins*", "본성과 은총에 관하여 *On Nature and Grace*", "그리스도의 은혜에 관하여 *On the Grace of Christ*", 그리고 "성도의 예정에 관하여 *On the Predestination of the Saints*"와 "견인의 은사에 관하여 *On the Gift of Perseverance*" 등이다.[113)]

최종적으로 워필드는 어거스틴의 신학 즉 은혜의 신학에 대해 다음과 같이 정리한다.

> 어거스틴이 자신의 반(反)펠라기우스(anti-Pelagian) 저서를 통해서 펠라기우스주의오류를 반대하였던 신학은 짤막하게 말하면 은총의 신학이었다. 이 신학의 뿌리는 자신의 경험 안에 깊숙이 심겨져 있었으며, 그의 성경적 가르침 속에 특히 '은총의 설교자'라고 환호하면서 불렀던 사도 안에 심겨져 있었으므로 최선을 다해 그분을 따르려는 마음은 언제나 그의 가장 큰 소

---

112) "Augustine and The Pelagian Controversy",307;『어거스틴의 은총론 I』,48. "Both by nature and by grace, Augustine was formed to be the champion of truth in this controversy … his own experiences in his long life of resistance to, and then of yielding to, the drawing of God's grace, gave him a clear apprehension of the great evangelic principle that God seeks men, not men God, such as no sophistry could cloud."

113) St. Augustine, *THE NICENE AND POST-NICENE FATHERS* Vol.5. (Edinburgh: T&T Clark, rep.1991)에 이중 일부가 소개되고 있다.

원이었다.[114)]

그렇다. 어거스틴에게 있어서 은혜는 선행善行을 할 수 있는 자유의지보다 반드시 먼저 오기에, 그리스도인의 자유는 은총에 뒤따른다고 할 수 있다. 이를 재설명하면, 은혜 이전에 인간이 가진 자유의지는 다만 죄를 범하게 할 뿐이고 율법은 그러므로 자연인을 정죄하고 사망에 던져넣을 뿐인데, 은혜로 변화를 받으면 성령의 열매를 맺게 된다. 이제 하나님의 은혜가 인간의지에 결정적으로 역사하여, 불가항력적으로 선을 행하게 하는 수준까지 이르게 되기에, "그 도움없이는 이루어지지 않지만(*sine quo non fit*)" 바로 "그 도움으로 실제로 이루어지는(*quo fit*)" 존재로 설명될 수 있게 된다.[115)]

> 교부들 가운데 어거스틴만큼 계시된 말씀 위에서 신학을 정립하였던 사람은 일찍이 찾아볼 수 없었으며, 그만큼 인간적인 모든 첨가물을 배제시킨 사람도 또한 없었을 것이다 ... 어거스틴의 신학은 우리를 하나님에게로 인도해주며, 또한 그의 신학은 하나님으로부터 나온다. 오랜 세월에 걸친 논쟁 가운데에서 어거스틴의 신학은 "흔들리지 않는" 재료로 굳게 세워진 웅장한 건축물을 보여주었다.[116)]

---

114) Ibid., 400; 『어거스틴의 은총론 I』,174. "The theolgy which Augustine opposed, in his anti-Pelagian writings, to the errors of Pelagianism, is, shortly, the theology of grace. Its roots were planted deeply in his ownh experience, and in the teachings of Scripture, especially of that apostle whom he delights to call 'the great preacher of grace,' and to follow whom, in his measure, was his greatest desire."

115) 한철하, 297-9.

116) "Augustine and The Pelagian Controversy", 411-2; 『어거스틴의 은총론 I』,189. "No other of the fathers so conscientiously wrought out his theology from the revealed Word; no other of them so sternly excluded human additions ··· It leads to God, and it came from God; and in the midst of the controversies of so many ages it has shown itself an edifice whose solid core is built out of material which cannot be shaken."

워필드를 통해 살펴본 이러한 어거스틴과 펠라기우스의 논쟁들은, 고대 기독교와 종교개혁 후 기독교를 이어주는 사상적 연결점의 역할을 하고 있을 뿐 아니라, 종교개혁 사상의 근본을 보게 해준다. 즉 당시 초대교회 상황 가운데서 그리스-로마문화의 영향하에 기독교신앙을 받아들였지만 여전히 내재되어 있던 인간 가치에 대한 인정과 그로 인한 신앙에의 적용과 같은 펠라기우스의 신학적 편견과 왜곡된 방향들에 대하여 변증적으로 기독교의 참된 진리를 역설하고 그것을 교정하려고 시도했던 어거스틴의 노력은, 종교개혁시대의 개혁자들이 역시나 그러한 작업들과 수고들을 통해 기독교 진리의 참된 내용들을 보수, 발전시켜 왔던 것과 같다 평가할 수 있겠다.

따라서 현시대나 이후 시대에도 역사 가운데 계속되이 일어날 비진리와 왜곡된 복음에 대한 문제에 대해 우리도 어떤 자세로 서야하고 어떻게 대응해야하는지를 배우게 된다. 즉 지금도 우리 안에서 끊임없이 일어나는 자기 주관적 신앙, 즉 펠라기우스적인 생각이요 하나님보다는 인간이 신앙의 정점에 서려는 죄된 본성을 마음 속으로부터 제거하여 종국적으로 오직 하나님의 은혜에 붙들리게 하여야 한다라는 결론으로 돌아가게 된다.

7. 종합

이러한 개혁주의 신학 논박의 역사는 결국 이 책의 제7장에서 연관하여 다룰 Dordt총회에서 제정한 바 도르트신조(The Canons of Dordt, 1619)의 내용으로 하나님 중심적인 결정체인 칼빈주의 5대교리(T.U.L.I.P.)를 향하여 모아져 왔다고 말할 수 있다. 인간중심의 신학에 대해 철저하게 오직 하나님 중심주의만을 드러낸 내용과 정신이 그러하다. 즉, 인간의 전적타락(Total Depravity), 무조건적 선택(Unconditional Election), 제한속죄(Limited Atonement), 불가항력적 은혜(Irresistible Grace) 그리고 성도의 견인(Perseverance of the Saints)이 그 내용이다. 이는 현시대나 이후 시대에도 역사 가운데 계속되이 일어날 비진리와 왜곡된 복음에 대한 문제에 대해우리도 어떤 자세로 서야하고 어떻게 대응해야 하는지를 배우게 한다. 즉 지금도 우리 안에서 끊임없이 일어나는 자기 주관적 신앙, 즉 알미니안적인 생각이요 하나님보다는 인간이 신앙의 정점에 서려는 죄된 본성을 마음 속으로부터 제거하여 종국적으로 오직 하나님의 은혜에 붙들리게 하여야 한다라는 본질으로 나아가게 한다.

외면적으로 순서와 표현의 유사성은 아니고 본질적인 내용과 그 신학에 있어서의 유사성이 크기에 그러하다. 이러한 유사성을 발견하면서 느끼는 바는, 이 둘의 시간차이가 어거스틴이 펠라기우스와 논쟁했던 412 - 429년으로부터 개혁주의자들이 알미니안들과 논쟁했던 1618 - 1619년과는 장장 1,200년의 간격이 있음에도 불구하고, 결국 바른 신학은 언제나 동일한 진리를 드러내게 되어있음을 보게 된다.[117] 다시 말해서, 어둠이 깊어도 반

117) 도르트 신조 '셋째와 넷째 교리: 인간의 타락과 하나님께의 회심, 그리고 회심 후의 태도' 에서는 다음과 같이 명확하게 제시하고 있다. 제10장: 복음에 의한 부름에 순종하여 돌이킨 사람들은 그것의 원인이 자유의지를 잘 사용했기 때문이라고 해서도 안 된다. 왜냐하면 사람들은 자신의 돌이킴이 믿음과 회심에 필요한 은혜를 스스로 이룬 것으로 생각하여 다른 사람들과 구별하려는 (마치 펠라기우스의 이단들이 교만하게 주장하는 것처럼) 잘못이 생기기 때문이다. 이 모든 원인은 오직 영원 전부터 그리스도 안에서 택정하신 하나님께만 있다. 하나님께서는 때가 되매 그들을 부르시고 믿음을 주셔서 돌이키게 하심으로 어두움의 권세에서 구해 주시고 하늘나라와 연결해 주셨다. 이것은 놀라운 빛으로 어두움의 권세에서 인도해 내주신 하나님을 찬양케 하며, 성경 여러 곳에서 사도들이 증거하는 대로 오직 주님만을 영화롭게 하기 위함이다. 제11장 : 하나님께서 택한 자들 속에서 기쁘신 선을 이루시며 참 회개를 이루실 때 그들에게 외적으로 복음이 선포되도록 하여 성령으로 강하게 역사하사 하나님의 영에 속한 일들을 이해하며 분별토록 하실 뿐만 아니라, 새롭게 하는 영으로서 사람의 깊은 곳에까지 임하셔서 닫힌 마음을 열게 하시고 굳어진 마음을 부드럽게 하시며 마음의 할례를 이루시며 죽었던 영혼을 소생시키시고, 악하고 불순종하고 완악한 마음을 선하게 순종하는 부드러운 마음으로 변화시키고, 힘과 능력을 주셔서 마치 나무가 열매를 맺듯이 선한 행실의 열매를 맺게 하는 것이다.

드시 빛은 존재하며 마침내 그 빛의 찬란함과 능력으로 인해 어둠이 물러가게 됨을 생각케 된다. 따라서 이러한 진리는 어거스틴으로부터 1,600년이 지난 우리 시대에도 동일하게 적용되는 내용이라 확신한다.

제3장

"칼빈-퍼킨스" 언약의 근원 - 어거스틴의 언약사상

이 책의 핵심주제인 "칼빈-퍼킨스 체인(Calvin-Perkins' chain)"이라는 "칼빈과 퍼킨스"의 기독론 중심적인 언약사상의 연속성을 살피면서, 전제적으로 생각해보고자 하는 것은 바로 "칼빈-퍼킨스" 이전에 나타난 언약사상의 모습이다.

그래서 칼빈과 퍼킨스와의 신학적 연속성이 있는, 즉 그들의 언약적 개혁주의 신학의 근원이 되는 어거스틴을 대상으로 하려고 한다. 성경의 가르침을 출발점으로 한 언약사상이 이후 "칼빈-퍼킨스 체인(Calvin-Perkins' chain)"으로 이어져 가도록, 배태胚胎되는 모습을 어거스틴의 언약사상에서 발견할 수 있는데 바로 어거스틴에게서 기독론 중심의 상호적 언약사상의 초기적 모습을 발견하게 될 것이다.

1. 어거스틴의 언약사상

어거스틴의 언약사상을 찾아볼 대상으로 그의 『하나님의 도성*De Civitate*

Dei』(426)을 살펴보는 일이 필요하다. 즉 어거스틴이 "내 사랑하는 아들, 마르켈리누스여, 그대가 제안하였고 내가 그렇게 하겠다고 약속한 이 작업의 주제는 영광스러운 하나님의 도성이네"라고 말하며 그 시작을 하고 있는 내용이 바로 『하나님의 도성 *De Civitate Dei*』이다.[118] 그러므로 어거스틴의 언약사상을 주되게 다루기 이전에, 그 배경이 되는 『하나님의 도성 *De Civitate Dei*』에 대해 간략히 소개한다면 다음과 같다.

어거스틴은 영광스러운 하나님의 도성을 주제로 다루기 위하여, 413년부터 426년까지 13년 동안 총 22권에 걸쳐 이 작품을 기록하였다. 이 저작은 크게 2부 22권으로 나누어져 있는데, 먼저 1부는 제1권의 로마 함락으로 인하여 일어난 여러 가지 문제들을 다루고, 2권부터 5권까지는 로마가 그리스도의 때 이전에 당한 여러 가지 환란들에 대해 말하면서 그것이 결국 로마에 가득한 이교적 신앙들로 인한 부패와 악의 조장에 기인함을 다룬다. 그리고 6권에서 10권까지는 로마와 헬라의 다양한 이교異敎의 신들에 대한 치밀한 연구를 통해 그것들의 무력함을 폭로한다. 2부에 와서는 바로 두 도성에 관한 기원(11권-14권)과 그 발전(15권-18권) 그리고 그 종말(19-22권)에 대하여 설명한다. 이 내용을 다룸에 있어, 어거스틴은 자신이 말하고자 하는 "하나님의 도성"이 무엇인가에 대해 11권을 시작하며 이렇게 설명한다.

> 우리가 말하는 하나님의 도성은 성경이 말하는 그 도성이다. 성경은 그 거룩한 권위로 말미암아 만국의 모든 문헌 위에 있으며, 모든 종류의 사람들에게 영향을 주었다. 그리고 그 영향은 우연한 지적 감동의 결과가 아니라 명

---

118) 성 아우구스티누스, 『하나님의 도성』 조호연, 김종흡 옮김 (서울: 크리스챤다이제스트, 1998), 81. *Necene and Post-Necene Fathers*, Vol.2, *Augustine's City of God and Christian Doctrine*, ed. Phillip Schaff (Mass: Hendrickson Publishers, 1995); *De Civitate Dei* 라틴어 원문은 『신국론』 성염 역주 (왜관: 분도출판사, 2004)을 참조한다.

백한 섭리에 의한 계획의 결과였다.[119)]

즉 총 22권으로 되어 있어서 그것을 2부로 나뉘어 세상 속에 나타난 하나님의 섭리에 대해 다루는 『하나님의 도성 *De Civitate Dei*』을 통해 어거스틴은 "하나님의 도성"이라는 주제를 중심한 구속사적 관점을 확립하였고 바로 그 구속사에 면면히 흐르는 하나님의 섭리를 펼쳐내었던 것이다.[120)] 바로 이러한 구속사적 세계 이해의 중심에 어거스틴의 언약사상이 담겨 있는데, 이러한 어거스틴의 언약을 드러내는 주요 내용으로 『하나님의 도성 *De Civitate Dei*』 제16권 27장인 "제8일에 할례를 받지 않은 남아는 하나님의 언약을 배반했기 때문에 그 영혼이 멸망한다는 뜻"을 찾아볼 필요가 있다. 여기서 어거스틴은 분명하게 자기 언약 이해를 드러내기를 다음과 같이 말한다.

> 난 지 8일 만에 할례를 받지 아니한 남자 곧 그 양피를 베지 아니한 자는 백성 중에서 끊어지리니 그가 내 언약을 배반하였음이니라(창 17:14) 하신 말씀을 어떻게 이해해야할지 몰라서 고민하는 사람들이 있을는지 모른다. 이것은 그 영혼이 멸망할 운명이라고 한 그 유아의 잘못이 아니며, 하나님의 언약을 배반한 것도 아이가 아니라, 아이에게 할례를 베풀지 않은 어른의 잘못이기 때문이다. 그러나 우리가 생각해야 할 것은, 유아들까지도 자신의 생활의 성격 때문이 아니라 인류에 공통된 근원 때문에, 하나님의 언약을 배반한 것이다. 즉 저 한사람 안에서 모든 사람이 죄를 지은 것이다(롬 12:19). 지금까지 하나님의 언약이라고 부른 두 가지의 중대한 언약 이외에도 언약이 많으며, 이것들은 모든 사람이 읽으면 알 수 있는 것들이다. 그런데 처음 사

---

119) Ibid., 535. 11권1장; XI.1. "The city of God we speak of is the same to which testimony is borne by that Scripture, which excels all the writings of all nations by its divine authority, and has brought under its influence all kinds of minds, and this not by a casual intellectual movement, but obviously by an express providential arrangement."

120) 한철하, 『고대기독교사상』 (서울: 대한기독교서회, 1970), 319.

람에게 주어진 처음 언약은 "네가 먹는 날에는 정녕 죽으리라"고 하신 말씀이다(창 2:17).[121)]

이에 대해 해설을 달자면, 어거스틴의 설명 중에 로마서 5:12절 다음에 나오는 "두 가지 중대한 언약(two great ones)"은 구약과 신약(the old and the new)을 가리킨다. 즉 어거스틴에게 있어서 성경 자체가 가장 큰 언약이라는 이해 속에 있음이 드러난다.[122)] 뿐만 아니라 창세기 2:17절에 기반하는 "처음언약(the first covenant: Testamentum premium)"은 아담언약을 의미하는데, 여기서 이 언약에 대해서는 명령 혹은 약속과 조건 등의 일방적인 의사표시로 설명되고 있음은 모두 율법과 연관시켜 설명되고 있음을 주목할 필요가 있다.[123)]

12`) 『하나님의 도성』, 780-1. XVI.27. "Of the Male, Who Was to Lose His Soul If He Was Not Circumcised: on the Eighth Day, Because He Had Broken God's Covenant. When it is said, "The male who is not circumcised in the flesh of his foreskin, that soul shall be cut off from his people, because he hath broken my covenant,"(Gen. xvii.14.) some may be troubled how that ought to be understood, since it can be no fault of the infant whose life it is said must perish; nor has the covenant of God been broken by him, but by his parents, who have not taken care to circumcise him. But even the infants, not personally in their own life, but according to the common origin of the human race, have all broken God's covenant in that one in whom all have sinned (*sed secundum communem generis humani originem omnes in illo uno testamentum Dei dissipauerunt, in quo omnes peccauerunt*).(Rom.12,19.) Now there are many things called God's covenants besides those two great ones, the old and the new, which any one who pleases may read and know. For the first covenant, which was made with the first man, is just this: 'In the day ye eat thereof, ye shall surely die' (Gen.ii.17.)"

121) 『칼빈의 언약사상』, 59; *The Binding of God*, 42. "Now there are many things called God' covenants besides those great ones, the old and the new, which any one who pleases may read and know."

122) 『하나님의 도성』, 781. "그러므로 집회서에서는 '모든 육신은 의복처럼 낡아지게 마련이며, 태초부터 언약은 너는 <죽으리라>고 한다' 고 했다(집회서 14:17). 그런데 후에 더 명백한 율법을 주셨고, '율법이 없는 곳에는 범함도 없느니라' 고 사도가 말하므로(롬 4:15), 시편에 있는 말씀, 곧 '내가 지상의 모든 죄인을 범법자로 인정하였나이다' 라는 말씀이 (시 119:119, 70인역) 어떻게 옳겠는가? 유일한 근거는 어떤 죄의 종이 된 자들은 모두 율법을 범한 책임이 있다는 것이다." cf. 각주 44. "창 2:17의 '네가 먹으면 정녕 죽으리라' 고 하신 경고 또는 명령도 언약이라고 한다."

더 나아가 바로 이 부분에 대해 어거스틴은 직접 그 용어를 사용하지 않지만, 행위언약적 이해 가운데 율법을 위반하였기에 바로 유아도 죄인이요 따라서 그에게도 죄를 용서하는 은혜가 절실히 필요하다고 말하고 있음이 주지된다.

> 참 믿음이 주장하듯이, 유아들까지도 그 자신의 행위 때문이 아니라 그 근원 때문에 나면서부터 죄인이며, 따라서 죄를 용서하는 은혜가 그들에게도 필요하다고 우리가 인정한다면, 그들도 죄인인 것과 같이, 또한 에덴동산에서 발표된 율법을 위반한 자라고 인정된다. 그래서 "내가 지상의 모든 죄인은 범법자로 인정하였나이다"라는 말씀과, "율법이 없는 곳에는 범함도 없느니라"는 말씀이 다 옳다. 그러므로 할례는 중생이며, 생식 행위는 하나님의 언약을 배반한 원죄 때문에 중생으로 해방되지 않은 유아를 멸망시키므로, 이 하나님의 말씀은, "중생하지 않은 자는 그 영혼이 백성 가운데 끊어지리라"는 뜻으로 해석해야 한다. 그 유아도, 아담 안에서 모든 인류와 함께 죄를 지었을 때에, 하나님의 언약을 배반했기 때문이다.[123)]

여기서 "타락전 언약(prelapsarian covenant)"은 바로 하나님께서 아담과 맺으신 행위언약이다. 결국 타락전 언약 즉 아담언약인 행위언약은 명령으

124) Ibid., "If on this account, then, even the infants are, according to the true belief, born in sin, not actual but original, so that we confess they have need of grace for the remission of sins, certainly it must be acknowledged that in the same sense in which they are sinners they are also prevaricators of that law which was given in Paradise, according to the truth of both scriptures, 'I accounted all the sinners of the earth prevaricators,' and 'Where no law is, there is no prevarication.' And thus, be cause circumcision was the sign of regeneration, and the infant, on account of the original sin by which God's covenant was first broken, was not undeservedly to lose his generation unless delivered by regeneration, these divine words are to be understood as if it had been said, Whoever is not born again, that soul shall perish from his people, because he hath broken my covenant, since he also has sinned in Adam with all others (*Ac per hoc, quia circumcisio signum regenerationis fuit et non inmerito paruulum propter originale peccatum, quo primum Dei dissipatum est testamentum, generatio disperdet, nisi regeneratio liberet: sic intellegenda sunt haec uerba diuina, tamquam dictum sit: 'Qui non fuerit regeneratus, interibit anima illa de genere eius', quia testamentum Dei dissipauit, quando in Adam cum omnibus etiam ipse peccauit. Si enim dixisset*)."

로 주어졌고, 아담은 그에 대해 충성하지 않았기 때문에 그 언약은 깨어져 버렸으며 그 결과 어거스틴이 지금 논의하고 있는 바 창세기 17:14절의 "할례를 받지 않는 데 대해서 직접 책임이 없는 유아의 영혼도 하나님의 언약을 배반한 것이기 때문에 멸망한다"는 교훈은 오직 원죄에 의한 것이라는 진리가 그 결론이 된다.[125)]

이러한 "타락전 언약"에 대한 어거스틴의 논의는 *De Civitate Dei* 에서만 그치지는 않고, *On Marriage and Concupiscence* 에서도 연결되어 다루어지기에 소개하면 이러하다.[126)]

> 갓 태어난 아이가 어떤 하나님의 언약을 배반하는지. 할례의 가치가 무엇인지: 만일 8일 만에 할례를 받지 않으면 유아의 영혼이 백성에서 어떻게 끊어지는 것인지 그로 설명하게 하라 ...어떻게 난 지 8일밖에 안 되는 죄없는 아기가 개인적으로 하나님의 언약을 배반할 수 있는지, 할 수 있으면 우리에게 말하게 하라. 그러나 하나님의 말씀 또는 성경 중에 거짓은 절대로 없다. 진실은 이렇다. 유아가 배반한 하나님의 언약은 할례의 명령이 아니고 나무의 열매를 금한 것이다. 다음이 이것을 말해 준다. "한 사람으로 말미암아 죄가 세상에 들어오고 죄로 말미암아 사람이 왔나니 이와같이 모든 사람이 죄

---

125) 『하나님의 도성』, 781. "만일 하나님께서 '그가 나의 이 언약을 배반하였음이니라'고 말씀하셨다면, 할례에만 관련시켜서 해석해야 할 것이다. 그러나 유아가 어떤 언약을 배반했다는 분명한 말씀이 없으므로, 우리는 이 아이가 위반했다고 할 수 있는 언약에 관련시켜서 해석할 자유가 있다. 그러나 만일 이 말씀은 할례에만 적용되는 것이라고 여전히 고집하며, 그 근거로써 아이가 하나님의 언약을 배반한 것은 할례를 받지 않았다는 사실을 가리킨다고 하는 사람이 있다면, 그는 아이가 언약을 스스로 배반한 것은 아니지만, 역시 이 경우에 언약을 배반한 것이므로 유아가 배반했다고 생각하는 모순을 제거하도록 어떤 표현방법을 찾아야 할 것이다. 그러나 이렇게 한다고 하더라도 할례를 받지 않은 데 대해서 직접 책임이 없는 유아의 영혼이 멸망한다는 것은, 원죄에 매여 있기 때문이 아니라면 부당한 일일 것임에 유의해야 한다 (*Masculus, qui non circumcidetur carnem praeputii sui octaua die, interibit anima illa de genere eius, quia testamentum meum dissipauit*)."

126) "On Marriage and Concupiscence," *Necene and Post-Necene Fathers*, Vol.5, *Augustine: Anti-Pelagian Writings*, ed. Phillip Schaff (Mass: Hendrickson Publishers,1995); 『어거스틴의 은총론 III』 차종순 역 (서울: 한국장로교출판사, 1997).

> 를 지었으므로 사망이 모든 사람에게 이르렀느니라"(롬 5:12). 이 경우에 속죄가 성육신하실 중재의 성례를 의미하는 8일째의 할례로 상징되었다. 그는 육신으로 오셔서 우리를 위해 돌아가시고 3일(안식일인 7번째 날 다음, 8일째 날)만에 다시 살아나셔서 거룩한 사람들이 구원받도록 하신 것이다.[127]

이 논의의 핵심은 바로 어거스틴이 원죄를 타락 전 언약과 연결한 점이다. "어거스틴은 타락 전 하나님과 아담 사이의 언약의 존재를 알고 있었다 ... 하나님이 아브라함과 맺은 언약의 배경에서, 어거스틴은 심지어 유아들도 아담의 원죄 안에서 언약을 깨뜨린 자라는 점은 지적한다."[128]

물론 이러한 언약적 논의에서는 아직 행위언약이나 은혜언약이라는 발전된 형태의 언약사상은 아직 보이지 않는다. 하지만 이후에 언약신학자들에 의해 사용할 수 있는 형태들이 있음을 발견하게 된다.[129] 이에 대해

---

127) Ibid., II.24. "What Covenant of God the New-Born Babe Breaks. What Was the Value of Circumcision: But let him inform us how it was that his soul would be cut off from his people if he had not been circumcised on the eighth day ··· Let him tell us, if he can, how that child broke God's covenant,- an innocent babe, so far as he was personally concerned, of eight days' age; and yet there is by no means any falsehood uttered here by God or Holy Scripture. The fact is, the covenant of God which he then broke was not this which commanded circumcision, but that which forbade the tree; when 'by one man sin entered into the world, and death by sin; and so death passed upon all men, for in him all have sinned.'(Rom.v.12.) And in his case the expiation of this was signified by the circumcision of the eighth day, that is, by the sacrament of the Mediator who was to be incarnate. For it was through this same faith in Christ, who was to come in the flesh, and was to die for us, and on the third day (which coming after the seventh or Sabbath day, was to be the eighth) to rise again, that even holy men were saved of old."

128) 『칼빈의 언약사상』, 58; *The Binding of God*, 41. "Augustine was conscious of the existence of a covenant before the fall between God and Adam. This fact has been largely overlooked. In the context of God's covenant with Abraham, Augustine points out even infants are already covenant-breakers in Adam's original sin."

129) Andrew A. Woolsey, "The Covenant in the Church Father," *Haddington House Journal* (2003), 40. "The term 'covenant of works' was not used by Augustine, but this picture he presented of the divine arrangement with Adam in Eden before the fall, contained all the ingredients of such a covenant as later portrayed by the 'covenant theologians'." cf. 울시는 학위논문으로 언약신학의 일치와 연속성에 대한 방대한 연구를 했다. *Unity and Continuity in Covenantal Thought: A Study in the Reformed Tradition to the Westminster Assembly* (Ph.D. thesis, University of Glasgow, 1988).

스콧 클락크은 어거스틴에게서 이미 존재하나 아직은 덜 발전된 형태(present but undeveloped)의 언약사상을 발견할 수 있음을 중요하게 간파한다.[130] 이에 대해 릴백은 덧붙이기를 칼빈과 천년의 시간 간격이 있는 어거스틴에게서는 언약사상적 모습에서는 아직 배아胚芽와 같이 초기 미완성 형태라는 사실을 주지시켜주며 그럼에도 놀라운 내용이라는 사실을 알려준다.[131] 이는 당연스레 칼빈의 역사적 배경 가운데 중세말의 언약사상에 노출되었음을 기억하게 하고, 그러하기에 어거스틴의 언약사상은 당연스레 칼빈에게로 이어졌으리라 확신하게 하는 단초가 된다.[132]

2. 어거스틴 언약의 특징: 기독론적 언약사상

(1) 어거스틴의 "기독론적 언약사상"

이러하기에 "언약" 개념을 선명하게 소개하고 있는 어거스틴에게 기독론적 이해를 찾아보면, 당장은 언약적으로 설명되는 모습은 아니지만 신학적으로는 중요한 해결이 있음을 볼 수 있다.

『하나님의 도성 *De Civitate Dei*』 제11권 2장에서 어거스틴은 "하나님과 인간 사이의 중보자이신 인간 그리스도 예수를 통하지 않고는 아무도 하나님을 알 수 없다"는 제목하에 원죄하에 타락한 인간이 어떻게 구원의 길로

---

130) R. Scott Clark, *A Brief History of Covenant Theology* (2001) from http://spindleworks.com/library/CR/clark.htm "The greatest of all the early fathers, however, was Augustine of Hippo (354-430 AD), the giant upon whose shoulders the rest of the church has stood. In his greatest work, The City of God (16:27), he clearly taught the outlines of what would become central elements in classic Reformed theology, the covenant of works and the covenant of grace."

131) 『칼빈의 언약사상』, 62; *The Binding of God*, 45. "it is significant that an inchoate prelapsarian covenant was extant a millennium before Calvin."

132) Ibid., 53; Lillback, *The Binding of God*, 37-38. "… so Calvin had ample opportunity to be exposed to the late medieval form of covenant theology, for by Clavin's day, the covenant idea had become a venerable part of medieval Christianity's discussion of salvation."

인도함 받는가에 대해 자신이 가진 삼위일체적 신학 속에서 기독론적인 언약이해를 분명하게 제시한다.

> 이성과 지성의 자연적인 능력인 우리의 마음 자체가 고질적인 죄과 때문에 어두워지며 약하게 되어, 하나님의 변함없는 광명을 환영하며 즐기지 못할 뿐 아니라 용납할 수도 없게 되었다. 이 마음을 하루하루 점점 새롭게 함으로써 치유하며 저 행복을 받아들일 수 있게 하려면, 우선 믿음을 주입시키며 정결하게 만들 필요가 있었다. 그 믿음 안에서 진리를 목표로 더욱 확신 있는 전진을 할 수 있도록, 진리 자체이며 하나님의 아들이신 하나님의 신성을 버림없이 인성을 취하시고, 이 믿음을 확고하게 세우셔서, 사람들이 사람이신 하나님을 통해서 사람의 하나님께로 가는 길을 얻게 하셨다. 그래서 하나님과 인간 사이의 중보자이신 인간 그리스도 예수가 계신 것이다(딤전 2:5).그는 인간으로서 중보자이요 길이시기 때문이다(요 14:6; 히 10:2).[133]

이러한 기독론에 대한 강조를 위해서는 어거스틴의 삼위일체 신학에 대한 설명이 다소 필요하다. 사실 어거스틴에게 있어서, 삼위 하나님 즉 성부 하나님과 성자 하나님과 성령 하나님은 오직 한 하나님이시며 단순하고 불변하는 삼위일체이시다. 어거스틴은 이것을 바로 11권 10장에서 다룬다. "홀로 단순하며 그러므로 홀로 불변하는 선善 곧 하나님이 계시다 ... 이 세 분이 함께 한 하나님이시며 삼위일체시기 때문에 단순하다."[134] 이

---

133) 『하나님의 도성』, 537. XI.2. "But since the mind itself, though naturally capable of reason and intelligence is disabled by besotting and inveterate vices not merely from delighting and abiding in, but even from tolerating His unchangeable light, until it has been gradually healed, and renewed, and made capable of such felicity, it had, in the first place, to be impregnated with faith, and so purified. And that in this faith it might advance the more confidently towards the truth, the truth itself, God, God's Son, assuming humanity without destroying His divinity (*Homine assumto, non Deo consumto*), established and founded this faith, that there might be a way for man to man's God through a God-man. For this is the Mediator between God and men, the man Christ Jesus. For it is as man that He is the Mediator and the Way (*Hic est enim mediator Dei et hominum, homo Christus Iesus. Oer hoc enim mediator, per quod homo, per hoc et uia*)."

134) Ibid., 547.

러한 삼위일체에 대해 저술한 어거스틴의 『삼위일체론 *De Trinitate*』을 보면 구체적으로 설명되는데,

> 삼위일체에 대해서 정통 신앙은 무엇을 가르치는가? 거룩한 신구약 성경의 정통적 해석가들이며 삼위일체 하나님에 대해서 글을 쓴 선배들이 있었다. 그중에서 내가 그 글을 읽을 수 있었던 사람들이 목적으로 삼은 것은 한 가지였다. 즉 성경에 따라 성부와 성자와 성령은 동일한 본질의 통일을 이루며 나눌 수 없는 동등성을 이룬다는 것을 가르치려고 했다. 그러므로 세 하나님이 계신 것이 아니라 한 하나님이시며, 성부가 성자를 낳으셨으므로 성부는 성자가 아니시며, 성자는 성부에게서 났으므로 성자는 성부가 아니시며, 성령은 성부나 성자가 아니라 성부와 성자의 영에 불과하며 또 성부 및 성자와 동등하며 삼위일체의 통일성에 속한다.[135)]

라고 한다. 즉 어거스틴은 그리스도를 삼위일체에 대한 이해 가운데 알고 있고, 드러내고 있다. 이 말은 그리스도의 구속역사는 결국 하나님의 구원섭리 가운데서 드러나는 하나님의 경륜이라고 말하는 것이다. 즉 앞에서 살핀 바 된 타락 전 언약인 행위언약에 있어서 인간의 불순종이 가져온 언약파기는 오직 그리스도 안에서 다시금 회복되는 결과를 가져왔다는 사실이다.

그래서 어거스틴의 『하나님의 도성 *De Civitate Dei*』에서 그리스도에 대한

---

135) Augustine, "THE TRINITY" *Augustine: Later Works. John Burnaby* ed. London: SCM Press Ltd.,1965. 『삼위일체론』 김종흡 역 (서울:크리스챤 다이제스트,1993) *Trinity*. I.iv.7. "WHAT THE DOCTRINE OF THE CATHOLIC FAITH IS CONCERNING THE TRINITY: All those Catholic expounders of the divine Scriptures, both Old and New, whom I have been able to read, who have written before me concerning the Trinity, Who is God, have purposed to teach, according to the Scriptures, this doctrine, that the Father, and the Son, and the Holy Spirit intimate a divine unity of one and the same substance in an indivisible equality; and therefore that they are not three Gods, but one God: although the Father hath begotten the Son, and so He who is the Father is not the Son; and the Son is begotten by the Father, and so He who is the Son is not the Father; and the Holy Spirit is neither the Father nor the Son, but only the Spirit of the Father and of the Son, Himself also co-equal with the Father and the Son, and pertaining to the unity of the Trinity."

설명에 직접 "새로운 언약(the new testament)"이라는 용어를 사용하여 말하기를, "새 언약에 적용되는 미가와 요나와 요엘의 예언들"이라는 제하의 18권 30장의 내용은 바로 철저하게 기독론적인 설명을 담고 있다. 다시말하면 바로 그리스도로 이루어진 언약이 과거에 폐기된 첫 언약과 같이 아니한 새로운 언약이며 은혜언약임을 밝히고 있다.

> 미가는 그리스도를 어떤 큰 산에 비교하면서 다음과 같이 말한다...(미4:1-3, 70인역) 이 예언자는 그리스도가 나실 곳까지 예언했다. "에브라다의 집 베들레헴아 너는 유다 족속 중에 작을지라도 이스라엘을 다스릴 자가 네게서 내게로 나올 것이라. 그의 근본은 상고로부터, 영원한 날부터니라 ..."(미5:2-4, 70인역) 그러나 예언자 요나는 글로 그리스도를 예언하지 않고 자기가 당한 일로 예언했다. 참으로 그리스도의 죽음과 부활을 말로 선언하기보다 더 분명히 전했다. 그가 괴물의 배 속에 흡수되었다가 제3일에 다시 나오게 된 것은 그리스도가 제3일에 깊은 지옥에서 돌아오실 것을 가리키려는 것이 아니었다면, 거기에 어떤 이유가 있겠는가?(욘 1-2장). 그리스도와 교회에 대한 요엘의 구절을 밝히려면, 그의 예언들을 모두 길게 설명할 필요가 있다. 그러나 내가 빠뜨릴 수 없는 구절이 하나 있으며, 그리스도께서 약속하신 대로 믿음있는 회중 위에 성령이 내렸을 때에 사도들은 요엘의 이 말씀을 회상했다...(욜 2:28-29, 70인역)[136]

---

136) 『하나님의 도성』, 878-9. XVIII.30. "What Micah, Jonah, and Joel Prophesied in Accordance with the New Testament: The prophet Micah, representing Christ under the figure of a great mountain, speaks thus ··· This prophet predicts the very place in which Christ was born, saying, "And thou, Bethlehem, of the house of Ephratah, art the least that can be reckoned among the thousands of Judah; out of thee shall come forth unto me a leader, to be the prince in Israel; and His going forth is from the beginning, even from the days of eternity ··· The prophet Jonah, not so much by speech as by his own painful experience, prophesied Christ' s death and resurrection much more clearly than if he had proclaimed them with his voice. For why was he taken into the whale's belly and restored on the third day, but that he might be a sign that Christ should return from the depths of hell on the third day? I should be obliged to use many words in explaining all that Joel prophesies in order to make clear those that pertain to Christ and the Church. But there is one passage I must not pass by, which the apostles also quoted when the Holy Spirit came down from above on the assembled believers according to Christ's promise."

이는 이제 그리스도를 통한 교회에의 이해로 확대되는데, 18권 48장 "하나님의 집의 영광이 처음보다 크리라고 한 학개의 예언은 성전 재건에서 실현되지 않고, 그리스도의 교회에서 실현되었다"는 제하에 어거스틴은 다시금 그리스도로 말미암는 언약이 바로 둘째 언약인 새 언약(testament which is called the new)이요 은혜언약임을 드러낸다.

> 하나님의 이 집은 나무와 돌과 금속과 다른 보물로 지은 처음 지은 집보다 그 영광이 더 크다. 학개의 예언은(학 2:7) 성전의 재건으로 실현되지 않았다. 재건된 성전은 솔로몬의 성전같이 찬란했다고 증명할 수 없기 때문이다. 도리어 그 성전의 영광이 감소되었다는 것은, 우선 예언이 끊어졌고 다음에 이스라엘 백성의 고난이 더 심해진 것으로 증명할 수 있다. 그들이 드디어 로마에 의해서 멸망한 것은 앞에서 말한 사건들이 증명한다. 그러나 새 언약에 속한 이 성전은 확실히 더 찬란하다. 성전을 지은 돌들이 살아 있는 사람들이며, 믿는 사람, 새로 창조된 사람들이어서 더 좋은 돌이기 때문이다. 그러나 저 성전을 재건했다는 일 자체가 둘째 언약을 이른 바 새 언약을 예언적으로 의미했기 때문에, 그것은 새 언약에 속한 성전의 그림자를 의미했다. 그러므로 방금 말한 예언자를 통해서 하나님이 "내가 이곳에 평강을 주리라"(학 2:7)고 말씀하셨을 때에, "곳"이라는 상징적인 말로 그 말이 의미하는 분들 의미한다. 그곳에 재건한다는 것이 그리스도가 세우실 교회를 상징하므로, "내가 이곳에 평강을 주리라"고 한 말은 곧 "내가 이곳이 상징하는 그곳에 평강을 주리라"는 뜻으로 해석할 수밖에 없다. 상징적인 것은 그 상징하는 것의 몫을 어느 정도하는 것 같다. "그 반석은 곧 그리스도라"(고전 10:4)고 사도가 말했는데 이렇게 말한 그 반석은 확실히 그리스도를 상징했다. 그래서 이 집, 곧 새 언약의 영광은 이전 집, 곧 옛 언약의 영광보다 더 크며, 이 집이 헌납될 때는 그 영광이 더욱 클 것이다.[137]

---

137) Ibid., 905-906. XVIII.48. "This house of God is more glorious than that first one which was constructed of wood and stone, metals and other precious things. Therefore the prophecy of Haggai was not fulfilled in the rebuilding of that temple. For it can never be shown to have had so much glory after it was rebuilt as it had in the time of Solomon; yea, rather, the glory of that house is shown to have been diminished, first by the ceasing of prophecy, and then by the nation itself suffering so great

뿐만 아니라 어거스틴의 *On Marriage and Concupiscence*에서도, 그리스도는 언약의 중요한 핵심이요 지향이다.

> 여전히 과거의 성인들은 구원한 것은, 크던 작던 중재자에 대한 동일한 믿음이지, '종을 낳는' (갈 4:24) 옛 언약이 아니고, 생명을 줄 수 있도록 주어진 (갈 3:21) 율법도 아니고, 주 예수 그리스도를 통한 하나님의 은혜다(롬 7:25). 그가 죽으신 것을 믿는 것처럼, 그들도 그가 다시 살아나신 것을 믿었다 ... 우리 모두가 죄 안에 태어나고, 죄 없이 태어난 오직 그분으로 말미암아 그 죄로부터 구원되기 때문이다.[138)]

이렇게 보면 물론 아직 확정되지는 않았지만 "초기 미완성 형태"라고만 하기에는,[139)] 그래도 구체화된 기독론적 언약의 형태가 어거스틴에게 나

---

calamities, even to the final destruction made by the Romans, as the things above-mentioned prove. But this house which pertains to the new testament is just as much more glorious as the living stones, even believing, renewed men, of which it is constructed are better. But it was typified by the rebuilding of that temple for this reason, because the very renovation of that edifice typifies in the prophetic oracle another testament which is called the new. When, therefore, God said by the prophet just named, ' And I will give peace in this place,' (Hag.ii.9.) He is to be understood who is typified by that typical place; for since by that rebuilt place is typified the Church which was to be built by Christ, nothing else can be accepted as the meaning of the saying, 'I will give peace in this place,' except I will give peace in the place which that place signifies. For all typical things seem in some way to personate those whom they typify, as it is said by the apostle, ' That Rock was Christ.' (1 Cor. x.4; Ex.xvii.6.) Therefore the glory of this new testament house is greater than the glory of the old testament house; and it will show itself as greater when it shall be dedicated (*sicut dictun est ab apostolo: Petra erat Christus, quoniam petra illa, de qua hoc dictum est, significabat utique Christum. Maior est itaque gloria domus huius noui testamenti quam domus prioris ueteris testamenti, et tunc apparebit maior, cum dedicabitur*)."

138) "On Marriage and Concupiscence", II. 24. "Still it was the self - same faith in the Mediator which saved the saints of old, both small and great - not the old covenant, 'which gendereth to bondage;' (Gal.iv.24.) not the law, which was not so given as to be able to give life;(Gal.iii.21.) but the grace of God through Jesus Christ our Lord.(Rom.vii.25.) For as we believe that Christ has come in the flesh, so they believed that He was to come ··· we are all born under sin, and are delivered therefrom by the only One who was born without sin."

139) 『칼빈의 언약사상』, 62; *The Binding of God*, 45. " it is significant that an inchoate prelapsarian covenant was extant a millennium before Calvin."

타나고 있음을 확인하게 된다. 『하나님의 도성 *De Civitate Dei*』에서 이러한 기독론적 언약이 집약되는 설명은 다음과 같다.

> 할례는 옛 것을 벗어버림으로써 본성을 갱신한다는 뜻이 아니고 무엇인가? 그리고 제8일은 7일 기간의 끝, 즉 안식일 후에 죽은 자 가운데서 부활하신 그리스도를 상징하는 것이 아니고 무엇인가? 또 두 사람의 이름도 바뀌었다. 모든 것에 새로움의 소리가 드높으며, 옛 언약에서 새 언약이 예표된다. 옛 언약에 불과하지 않은가? 그 새 언약은 옛 언약에서 너울을 벗긴 것이 아니고 무엇인가?[140)]

그러므로 이러한 내용들을 모두 간파한 울시는 당연스럽게도 "어떤 이들이 언약교리의 오직 주변적인 사용이나 혹은 *De Civitate Dei*에 있어서 사용되지 않은 개념이라고 하기에는, 어거스틴에게 언약은 명확하고 중요한 것이었다" 고 평가한다. 왜냐하면 그는 시내산에서 선포된 구 언약과 그리스도에게서 난 새 언약이라는 두 언약에 대한 분명한 강조를 통해 교부의 자리를 견고히 했기 때문이라고 덧붙인다.[141)]

---

140) 『하나님의 도성』, 779. XVI.26. "Of God's Attestation to Abraham, by Which He Assures Him, When Now Old, of a Son by the Barren Sarah, and Appoints Him the Father of the Nations, and Seals His Faith in the Promise by the Sacrament of Circumcision - For what else does circumcision signify than a nature renewed on the putting off of the old? And what else does the eighth day mean than Christ, who rose again when the week was completed, that is, after the Sabbath? The very names of the parents are changed: all things proclaim newness, and the new covenant is shadowed forth in the old. For what does the term old covenant imply but the concealing of the new?"

141) Woolsey, "The Covenant in the Church Father", 37-38. "The covenant was important for Augustine, and for anyone to say that he 'makes only peripheral use of the covenant doctrine' or that he 'makes no use of the idea in his City of God', is difficult to understand. Augustine built upon the patristic position, with his main emphasis upon two covenants, the 'old' as manifested supremely in the Sinaitic arrangement, and the 'new' in Christ."

(2) 어거스틴의 기독론에 기반한 "상호적 언약사상"

어거스틴의 언약사상이 보여주는 특징을 보다 더 발전시켜 정의해 본다면, 바로 "기독론적 상호성(Christological mutuality)"이다. 즉 언약관계 가운데 그 참여자들의 동의가 전제되고 있는 언약으로 그리스도를 중심한 상호相互적 관계가 특징이라고 할 수 있다.[142)]

이는 본 저작에서 주되게 살피는 칼빈과 퍼킨스 그리고 에임스까지 이르는 언약적 연속성에 있어서 중요한 통전적 일치인데, 이에 대해 스콧 클락(R. Scott Clark)는 그러므로 이는 하나님 앞에서 언약관계를 갖는다고 할 때 어거스틴은 바로 '함께 참예하는 방식' 을 의미하고 있다고 분명하게 말한다.[143)] 이를 구체적으로 입증하는 릴백의 도움을 입어, 어거스틴 언약의 이러한 상호성相互性에 대해 보다 더 소개하면 다음과 같다.

> 첫째로, 어거스틴의 '팍툼' (pactum)에 대한 정의가 이것을 요구한다. 그의 정의는 단순하다. "팍툼 에스트 쿠오드 인테르 알리쿠오스 콘베니트" (*pactum est quod inter aliquos convenit*) - 언약이란 사람들 사이에 동의되는 것이다. 어거스틴에게 언약의 핵심적 본질은 어떤 관계에서 그 참여자들 사이에 동의가 있었다는 것이다. 이것은 상호성을 강조한다. 둘째로, 이 중요한 정의는 '팍툼' 과 '테스타멘툼(*testamentum*)' 의 관계에 대한 그의 인식과 관련되어야 한다. '테스타멘툼' 은 성경적 사상에서 '팍툼' 만큼이나 동일한 중요성이 있다. 어거스틴의 관점에서 볼 때 '테스타멘툼' 은 성경의

---

142) 『칼빈의 언약사상』, 54; *The Binding of God*, 38. "His definition is simply, '*Pactum est quod inter aliquos convenit*' - a covenant is that which is agreed upon among persons. The essential nature of a covenant for Augustine, therefore, is what is agreed upon among participants in a relationship."

143) R. Scott Clark, http://spindleworks.com/library/CR/clark.htm "Considering the history of salvation, the old and new covenants are both expressions of the Gospel. Most importantly we must note that Augustine turned to covenant theology against the Pelagians (who denied original sin) and against the semi-Pelagians, who affirmed original sin, but who argued that we could cooperate with divine grace for our righteousness before God."

'팍툼' 의 자리를 종종 대신하고 있으며, '사람들 사이의 동의' 와 같은 의미를 수반한다 ... 셋째로, 어거스틴은 두 용어를 의도적으로 구별한다. '테스타멘툼' 은 죽음을 요구하는 반면, '팍툼' 은 그렇지 않다 ... 성경에 있는 '거룩한 약속' 은 유언자의 죽음 외에는 유효하지 않을 뿐만 아니라, 약속이라고 불리는 모든 언약과 동의를 말한다. 라반과 야곱은 약속을 했고, 이 용어가 살아있는 자들 사이의 동의를 표시하는 것이다(창 31:44). 이러한 많은 예들이 하나님 말씀에서 발견된다.[144)]

즉 어거스틴의 언약사상은 철저하게 기독론적으로 상호적相互的임이 드러난다. 왜냐하면 그 약속의 정점에 그리스도께서 계시고, 그 그리스도의 중재와 보증을 통해 언약 당사자들인 하나님과 인간의 상호相互간에 철저한 동의에 이르게 되는 것이기에 그러하다.[145)] 이에 대해 울시는 계속해서 어거스틴에게는 언약에 대한 일방적 이해도 있지만, 당연히 상호적相互的 관계에 대한 강조가 더 중요함을 강력히 주장한다.[146)] 그것이 바로 어거스

144) 『칼빈의 언약사상』, 54-55; *The Binding of God*, 38-39. "First, Augustine's definition of pactum requires such. His definition is simply, '*pactum est quod inter aliquos convenit*' - a covenant is that which is agreed upon among persons. The essential nature of a covenant for Augustine, therefore, is what is agreed upon among participants in a relationship. This underscores the notion of mutuality. Secondly, this significant definition must be joined to his perception of the relationship of *pactum to testametum*, a word of equal importance for biblical thought. From Augustine's perspective, *testametum* is often placed for *pactum* in Scripture, and thus carries the same meaning as 'an agreement between persons.' ··· Thirdly, Augustine makes a conscious distinction between the two term. Properly speaking, *testametum* requires death while *pactum* does not ··· 'Holy Testament' in Scripture refers not only to what which is not valid except by the death of testators, but all covenants and agreements are called testaments. For Laban and Jacob made a testament, which shows that the term signifies an agreement between the living (Genesis 31:44); and innumerable examples of such can be read in the Word of God."

145) Ibid., 56. 릴백은 어거스틴을 직접 인용해서 "그리스도는 약속의 중재자, 약속을 인치시는 자, 후원자, 증거자, 상속자, 약속의 동반 상속자다" 라고 말하면서, "그리스도는 변할 수 없다" 는 어거스틴의 주장으로 언약에 대한 그리스도의 역할이 견고함을 확인해준다.

146) Woolsey, "The Covenant in the Church Father", 50-51. "but it also had a bilateral element when God entered into an agreement with his people in which they bound themselves to walk according to his precepts. In one place, Augustine offered a clear bilateral definition: '*Pactum est quod inter aliquos convenit*'."

틴이 스스로 제시한 바 "언약은 분명코 사람들간의 동의이다(*Pactum est quod inter aliquos convenit*)"라는 그의 명제에 선명히 드러나고 있다.[147]

물론 이에 대한 반대의견도 있다, 불링거의 언약론을 연구한 베이커는 어거스틴에게는 전혀 상호적인 언약개념이 없고 도리어 일방적인 언약개념만 있다고 주장한다.[148] 하지만 이는 부분적인 이해인 것이, 이미 살핀 바와 같이 어거스틴에게는 일방적인 언약개념에 더하여 상호적인 개념이 더 선명하게 드러나 있음을 확인하게 되기 때문이다.[149] 따라서 어거스틴 언약의 이러한 기독론적 상호적相互的 개념은 더 발전되기를 예정교리와의 연결이 그러한데, 이에 대한 릴백의 소개는 참으로 유용하다.

> 어거스틴의 언약 의식의 폭은 시편에 대한 그의 논평에 의해 입증될 수 있다. 그는 언약을 다음의 주제들에 직접 연결한다. 그리스도의 두 사건(PL XXXVI, 185); 이방인에 대한 하나님의 계시(PL XXXVI, 186); 언약에 대한 가능성 있는 죄에 대한 경고(PL XXXVI, 489; 990; XXXVII, 1334); 하나님의 약속(PL XXXVI, 574; XXXVI, 1134-1154, 1465); 교회와 설교자(PL XXXVI, 580, 642); 구 언약과 신 언약의 관계(PL XXXVI,942-943; XXXVII, 1122, 1466); 그리스도(PL XXXVII,1130); 선택과 예정(PL XXXVI, 997-998; XXXVII, 1131); 언약파기와 선택(PL XXXVII, 1725); 칭의(PL XXXVII, 1393); 그리고 기도(PL XXXVII, 1416)[150]

따라서 이러한 내용이 언약으로 맺어진 관계의 그리스도를 중심한 상호적相互的 본질은 결국 하나님께서 동의하신 자는 그러므로 하나님의 예정

---

147) Ibid., 51. 재인용, *Heptateuchum Locutionem*, 1. Gen. 21:27.

148) J. W. Baker, *Heinrich Bullinger and the Covenant: The Other Reformed Tradition* (Athens: Ohio University Press, 1980), 189.

149) Woolsey, "The Covenant in the Church Father", 51. "For Augustine *pactum* and *testamentum* were used interchangeably, and *testamentum* carried the idea of mutual responsibility as well as the idea of unilateral promise."

150) 『칼빈의 언약사상』, 57. 각주 62.

하심을 입기에 이는 그의 구원으로 연결된다는 결론에 도달하게 된다. 그렇다면 인간편의 동의는 어떠한가 할 때에, 그것은 그리스도로 인하여 구원받은 자의 위치인 하나님의 자녀로서 성실하게 순종하는 것으로 반응된다. 그것이 바로 "기독론적 언약의 상호성(the mutuality of Christological covenant)"이고 이것이 어거스틴에게서 선명하게 나타나고 있음을 확인하고 있는 것이다.[151]

3. 종합: "어거스틴-칼빈" 언약의 연속

이제 제4장 이후부터 주되게 살필 칼빈은 물론 교부들의 가르침에 대한 무한하게 존경심을 표했고, 결코 그들의 가르침을 벗어난 적이 없을 뿐만 아니라 그들의 가르침이 칼빈 자신의 신학을 지지한다고 믿었다. 그런 교부 중에 으뜸은 단연 어거스틴이었고, 모든 근원을 어거스틴에게 돌리면서 최상의 존경을 표했다. 따라서 한 번도 그를 떠난 적이 없을 뿐 아니라 도리어 어거스틴을 철저하게 의지했다. 그 절정이 다음에 인용하는 경구이다, "어거스틴은 우리의 모든 것이다(*Augustinus ... totus noster est*)."[152] 이뿐 아니라 칼빈은 다음과 같이 말하기까지 한다.

---

151) Ibid.,57-58; Lillback, *The Binding of God*, 41. "In Augustine's perspective, there is an essential identification between *Pactum* and *testamentum*. The point of contact between them seems to be the mutual nature of the relationship entered. God's part of agreement is that he will save those predestined by Himself, by giving them Christ the inheritance of the testament. Man's part of the agreement is to remain a faithful son of the Father in obedience, so that he will not lose his place in the testament."

152) Anthony N.S Lane. "Calvin's use of the Fathers and the Medievals," in *JOHN CALVIN: Student of the church fathers* (Edinburgh: T&T Clark, 1999), 38. "Calvin had a great respect for the teaching of the fathers. He did not lightly depart from their teaching. He believes that their teaching largely supported his own. All of this applies a fortiori to Augustine. Calvin held Augustine in the highest regard. he was very reluctant to depart from Augustine in doctrinal matters, or at least to admit to it. He made sweeping claims to the support of Augustine. *Augustinus ⋯ totus noster est.*"

> 교부들의 권위에 의지하기를 원하는 우리들은 어거스틴의 증거를 중요시 해야 한다 ... 만일 내가 어거스틴의 글을 인용하여 한 책을 만들려고 했다면, 그가 한 말 이외에 내가 더 말할 필요가 없다는 것을 독자들에게 곧 증명할 수 있을 것이지만, 장황한 말로 독자들을 괴롭히고 싶지 않다.[153)]

그래서 칼빈이 어거스틴으로부터 받아들인 주된 내용들이 기독교교리였는데, 그중에서 본 논문에서 주되게 관심하는 언약사상이 역시나 포함되어 있다. 『기독교강요』(1559) 제2권 1장 5절에서 바로 어거스틴이 『하나님의 도성 *De Civitate Dei*』 제16권 27장에서 다룬 언약문제에 대해, "인류의 조상이 공통하며, 저 한 사람 안에서 모든 아기들이 죄를 지었으므로 그들은 모두 하나님의 언약을 배반하였다 ... 아기들은 ... 실제상의 죄가 아닌 본원적本源的인 죄 속에 태어난다"라고 말한다.[154)] 즉 이 내용은 어거스틴이 이미 타락전에 하나님께서 아담과 맺으신 언약이 있음을 알고 있었다는 증거이다.

따라서 어거스틴은 바로 이러한 타락전 언약이요 행위언약의 배경에는 유아들조차 아담의 원죄로 인하여 언약관계를 깨뜨린 자들임을 분명히 하고 있다.[155)] 이제 살필 칼빈의 기독론적 언약간의 관계가 선명하다.

---

153) *Institutes*. III.xxii. 8. "Let Augustine's testimony have weight among us who want to rely upon the father's authority ··· If I wanted to weave a whole volume from Augustine, I could readily show my readers that I need no other language than his. But I do not want to burden them with wordiness."

154) *Institutes*. II.i.5. n.9. Cf. Augustine, *City of God*, XVI.xxvii. "Infants, ··· according to the common origin of the human race, have all broken God's covenant in that one in whom all have sined ··· Infants are ··· born in sin not actual but original (*sed secundum communem generis humani originem omnes in illo uno testamentum Dei dissipauerunt, in quo omnes peccauerunt ··· et: Praeuaricatores aestimaui omnes peccatores terrae.*)."

155) 『칼빈의 언약사상』, 58; *The Binding of God*, 41. "Augustine was conscious of the existence of a covenant before the fall between God and adam. This fact has been largely overlooked. In the context of God' covenant with Abraham, augustine points out that even infants are already covenant-breakers in Adam's original sin."

〈 I 부〉

“칼빈-퍼킨스”의 개혁주의 성경해석

제4장

칼빈 언약사상에서의 율법에 대한 성경해석

칼빈을 포함한 종교개혁자들과 퍼킨스를 포함하는 청교도들은, 전통적으로 기독교 진리의 핵심을 담고 있는 십계명과 사도신경 그리고 주기도문을 교회에 속한 신자들을 위한 교육을 위해 교리문답의 내용으로 주되게 다루었다.[156] 따라서 호튼은 개혁신학에 대해 언약신학과 동의어라고까지 하면서 종교개혁자들 이전부터 작성되어져서 계속된 신앙고백과 요리문답의 내용이 바로 언약사상을 담고 있음에 대해 다음과 같이 말한다.

> 존 헤실링커는 "개혁신학은 간단하게 말하면 언약신학이다"라고 말한다. 말하자면 개혁신학은 다양한 성경 교훈들의 관계를 파악하기 위해 개혁신학의 타당한 문맥으로서의 성경에 있는 구체적인 언약들에 관심을 아주 많이 가진다 ... 실제적인 신앙고백이나 교리문답이나 개혁주의 전통의 표준적

---

156) 제임스 패커, "추천의 글" Michael Horton, *The Law of Perfect Freedom* (Illinois: Moody Publishers, 1993) 『십계명의 렌즈를 통해 보는 삶의 목적과 의미』 마이클 호튼 저, 윤석인 역 (서울: 부흥과개혁사, 2005); *Institutes*. II.viii.1. n 1. "중세기에는 무수한 종교 지도서들이 평신도 교육을 위해서, 십계명과 사도신경과 주기도문을 해설했다."

인 교리서들은 모두 좀 더 풍부하고, 깊고 모든 것을 포괄하는 언약의 하나님에 대한 믿음을 증언한다.[157)]

사실 칼빈이 이러한 언약사상을 적용한 분야가 있다면 그것은 바로 "율법"이다. "율법은 명령과 언약 백성이 하나님의 뜻에 살아갈 수 있도록 전가하시는 그리스도의 의에 대한 약속을 동시에 계시한다. 그러므로 율법은 언약의 법이고, 이러한 관점에서 모세법이 기반하고 있는 종교의 형식 즉 아브라함의 씨앗들과 맺은 은혜언약을 포함한다(*Institutes*. II.vii.1.)."[158)]

그러므로 칼빈의 언약적 성경해석의 전형全形을 율법인 "십계명"에 대한 구약 해석과 그 율법에 대한 신약 해석인 "갈라디아서" 주석을 통해 발견해보고자 하는데, 여기서 신구약의 통일성을 볼 수 있다. 그리고 십계명 해석과 갈라디아서 주석을 위주로 칼빈의 언약사상을 탐구하려는 의도이다. 사실 최상의 교리적 정립은 성경 자체에서 그대로 이끌어내는 것이기에 그러하다.[159)]

---

157) 『언약신학』, 19. 존 헤셀링크는 원래 I. John Hesselink로, Western seminary에서 가르친 "칼빈의 율법관"에 대한 대가이다. I. John Hesselink, "Christ, the Law, and the Christian: An Unexplored Aspect of the third Use of the Law in Calvin's Theology," in *Readings in Calvin's Theology*, ed. Donald K. McKim (Oregon:Wipf and Stock Publishers, 1984)

158) 문병호, "칼빈의 경건신학" 『성경과신학』 제44권(2007), 34-8. "칼빈이 28세에 출판한 1차 신앙교육서에는 비록 율법의 본질과 작용에 대한 심화된 이해가 나타난다. 십계명 해석의 도입부분에서 칼빈은 지적하기를, 율법은 '모든 의의 완전한 규범(*perfectissima totius iustitatiae regula*)' 으로서 주님의 영원한 의지를 계시한다고 한다 … 칼빈은 율법을 '거룩하고 올바른 삶의 규범(*regula viverdi pie et vivificandi*)' 으로 정의한다. 십계명은 '경건과 의의 완전한 가르침' 을 세상에 공포한 것이다 … 그러므로 율법은 언약의 법이고, 이러한 관점에서 율법은 모세법이 기반하고 있는 종교의 형식(*forma religionis*), 즉 아브라함의 씨앗들과 맺은 은혜언약(*foedus gratuitum*)을 포함한다(Inst 2.7.5; CO 2.252)." cf. Moon Byung-Ho, *Christ the Mediator of the Law* (Milton Keynes, UK: Paternoster, 2006).

159) 『언약신학』, 111.

1. 칼빈의 "십계명" 주석

(1) 십계명의 서문(序文, the preface to the Law) 주석

칼빈은 이제 성경을 주석하면서, 모세오경 중 출애굽기-신명기 주석에서 십계명에 대해 해설한다.160) 출 20:1-2과 신 5:1-6은 십계명의 서문(序文, the preface to the Law)으로, 하나님께서 당신의 백성들과 맺은 율법에 대해 언약적 이해를 선명하게 드러내는 것으로 칼빈 자신이 가진 율법에 대한 언약적 중요성을 강조하면서 십계명 해설을 진행한다.161)

> "하나님이 이 모든 말씀으로 일러 가라사대. 나는 너를 애굽 땅, 종 되었던 집에서 인도하여 낸 너의 하나님 여호와로라 (*Ego sum IEHOVAH, Deus tuus, qui eduxi te de terra Aegypti, de domo servitutis*)."

> 출 20:1. 그리고 하나님이 말씀하시기를 ... 이스라엘 백성들과 당신 자신을 묶으시기 위해, 그들이 옛적에 어떠한 존재였는지를 다시 설명하신다. 이스라엘은 애굽에서 종 되었던 자들이었는데, 바로 그곳에서 구원함을 입었던 것이다.162)

---

160) John Calvin, *Calvin's Commentaries*. tr. Charles William Bingham (Grand Rapids: Baker Books, 2003), vol. II. *Harmony of Exodus, Leviticus, Numbers, Deuteronomy*.

161) 내용상으로 칼빈은 십계명 서문을 다루는 주석에서 출애굽기 20장 1-2절과 신명기 5장 1-6절, 4장 20절을 같이 다루고 있다. 그중에 언약적 십계명 이해가 가장 잘 나타나 있는 본문이 바로 신명기 5:1~6절이다. "1.모세가 온 이스라엘을 불러 그들에게 이르되 이스라엘아 오늘 내가 너희 귀에 말하는 규례와 법도를 듣고 그것을 배우며 지켜 행하라 2.우리 하나님 여호와께서 호렙산에서 우리와 언약을 세우셨나니 3.이 언약은 여호와께서 우리 열조와 세우신 것이 아니요 오늘날 여기 살아 있는 우리 곧 우리와 세우신 것이라 4.여호와께서 산 위 불 가운데서 너희와 대면하여 말씀하시매 5.그 때에 너희가 불을 두려워하여 산에 오르지 못하므로 내가 여호와와 너희 중간에 서서 여호와의 말씀을 너희에게 전하였노라 여호와께서 가라사대 6.나는 너를 애굽 땅에서 종 되었던 집에서 인도하여 낸 너희 하나님 여호와로라."

162) Calvin, *Exodus*, 20:1. "… in order to bind them the better to Himself, He reminds them also of their former condition; for Egypt was like a house of bondage, from whence the Israelites were delivered."

> 출 20:2. 여호와 하나님. 이 단어들에서 하나님은 율법을 명하시는데, 이는 율법이 하나님에 의해 언약에 붙들리는 바 되는 특별한 축복이요 대단한 명예가 되어야 하기 때문이다. 그렇기에 이스라엘 백성들은 율법을 받아들이기 위해 자신들이 철저히 구비되어야 하는데, 그들이 하나님과 언약적 관계로 연합되기 위해서는 그들에게 거저 허락된 그 모든 것들에 대해 갈망하라 말씀하신다.[163)]

이렇게 선명하게 드러나는 바, 칼빈의 율법이해는 그러므로 철저하게 언약신학적이라고 할 수 있다.[164)] 이를 신명기 5:2절 주석에서도 잘 설명하기를, "이 말에서 그는 그 계명을 권하고 있다. 왜냐하면 하나님과의 언약에 들어간다는 것은 특별한 축복이며 지고한 명예로 간주되어야 하기 때문이다."[165)]

이는 역시나 칼빈이 『기독교강요』에서 십계명을 설명하기에 앞서, 하나님께서 율법을 주신 목적에 대해 다루는 데서도 아주 잘 나타난다.[166)] 즉 이 내용이 바로 율법의 제1용도부터 제3용도까지의 내용이되, 역시 인간의 철저한 한계 속에서 그리스도에 대한 약속을 갖게 함으로써 신자들로 하여금 더더욱 언약적 자세를 갖게 하는 내용이다.[167)] 칼빈은 바로 그러한 언약이해 속에서 십계명을 해설해 나간다.

---

163) Calvin, *Exodus*, 20:2. "*The Lord our God* In these words he commends the Law; because it must be accounted a peculiar blessing, and a very high honour to be taken into covenant by God. Wherefore, that they may anxiously prepare themselves to embrace the Law, he says that what was above all things to be desired had been freely offered to them, viz. that they should be united in covenant with God."

164) 문병호, "칼빈의 경건신학", 34-37.

165) Calvin, *Deuteronomy*, 5:2.

166) *Institutes*. II.vii.1-17.

167) *Institutes*. II.vii.12. "여기서 예언자는 율법의 위대한 이용가치를 선포한다. 하나님께서는 사람들에게 복종심을 불어넣으시고, 그런 사람들이 율법을 읽을 때에 그들을 가르쳐 주신다는 것이다. 예언자는 교훈뿐 아니라, 거기 동반하는 은총의 약속을 붙잡는다. 이 약속만이 쓴 것을 달게 만든다."

주께서는 우둔하고 또 거만한 우리에게 필요하다고 보셔서, 우리에게 성문법을 주시고 선천법에서 너무도 희미했던 것을 더욱 분명히 증언하며, 무관심한 우리를 각성시키며, 우리의 지성과 기억에 더욱 강력한 감명을 주려고 하셨다.[168)]

이렇게 십계명에 대한 언약이해는 그의 『출애굽기주석』 보다는 언약사상이 핵심적으로 나타나있다고 평가되는 『신명기강해』에서 잘 드러난다.[169)]

하나님과 우리 사이의 영적인 연합과 관련된 모든 것은 언약(covenant)라는 말 아래 포함되어 있습니다. 왜냐하면 언약은 규약이기 때문입니다. 사람들이 언약을 맺으려고 할 때 그들은 양방이 지켜야 할 조항을 기록합니다. 따라서 율법에는 사람들에게 가르쳐주어야 할 내용이 충분히 담겨 있기 때문에 우리는 하나님이 여기서 그들은 율법을 준수해야 한다고 말씀하시는 이유를 알게 되었습니다.[170)]

이제 이러한 언약이해는 다시 성경 본문으로 돌아와, 출애굽기 20:2절 하반절(신 5:6절하)에 대한 주석에서 구체적으로 다루어진다.

"... 너희 하나님 여호와로라(*Ego sum IEHOVAH, Deus tuus...*)"

이스라엘과 언약을 맺으시고 이 규례에서 어긋나는 것은 결코 합당하지 않다는 뜻을 표시하신, 그 하나님을 경건한 사람들이 항상 생각하게 만들려

168) *Institutes*. II.viii.1. "Accordingly (because it is necessary both for our dullness and for our arrogance), the Lord has provided us with a written lat to give us a clearer witness of what was too obscure in the natural law, shake off our listlessness, and strike more vigorously our mine and memory."

169) 우병훈, 『그리스도의 구원』 (서울: SFC, 2013), 79.

170) 존 칼빈, 『존 칼빈의 신명기강해 2』, 곽홍석 역 (서울: 서로사랑, 2010), 240. 30편_신 4:44~49, 5:1~3. 이하에서는 『신명기강해 2』로 표기한다.

> 는 것이다. 또 우리의 의견이 일치해야할 점이 있다. 즉, 여기서 해방에 대해 언급하시는 것은 이스라엘 백성을 자기 백성이라고 주장하실 권리가 있는 하나님께서 그들을 더욱 열렬하게 헌신하도록 하시려는 뜻이다.[171)]

이러한 언급들은 칼빈에게 있어서 결국 언약관계에 있는 이스라엘이 하나님의 율법인 십계명에 대해 얼마나 적극적으로 준행하여야 할지를 강조하는 내용이라, 이렇게 칼빈은 덧붙여 말한다.

> 사람들이 그의 계명을 지키는데서 특별한 즐거움을 느끼는 것을 배우며, 친절하신 그에게서 모든 풍성하고 선한 것과 함께 영생의 영광을 기대하며 그의 놀라운 권능과 자비에 의해서 자기가 죽음에서 해방되는 것을 알기 때문이다.[172)]

사실 이것은 하나님께서 이스라엘과 당신의 관계를 설명하시면서, "나는 너의 하나님 여호와로라"라고 하신 관계의 설명에 분명히 드러나 있다. 칼빈은 그래서 이 대목을 설명하면서, "이 말씀에는 '나는 그들의 하나님이 되고 그들은 내 백성이 될 것이라' 는 약속에(렘 31:33) 포함된 상호대응이 기초가 되었다"고 한다.[173)] 그러기에 그에 대해 이스라엘 백성들이 언약적 이해 가운데 신실하게 반응할 것에 대해 이렇게 강조한다.

---

171) *Institutes*. II.viii.15. "Rather, they are put forward merely for this purpose: to keep the thoughts of the pious upon that God who by his covenant that he has made with Israel has so represented himself that it is in no wise lawful to turn aside from such a pattern. Yet let this point be agreed upon: deliverance is mentioned in order that the Jews may give themselves over more eagerly to God, who by right claims them for himself."

172) Ibid., "in the observance of whose commandments he is taught to take especial delight; from whose kindness he expects both an abundance of all good things and the glory of immortal life; by whose marvelous power and mercy he knows himself freed from the jaws of death."

173) *Institutes*. II.viii.14. "For underlying this expression is a mutual correspondence contained in the promise: 'I will be their God, and they shall be my people' [Jer. 31:33]."

> 이 말씀의 목적은 율법의 여러 구절이 증언한다. 주께서 자비로 우리에게 자기 백성 가운데 있을 자격을 주셨으므로, 모세는 "하나님이 우리를 자기의 백성과 성민으로 택하셨으며, 우리는 그의 모든 계명을 지켜야 한다"고 말한다.[174]

이러한 해석에 기초하여, 칼빈은 십계명을 설교하면서 율법을 인간의 삶에 있어서 온전한 가르침이라는 이해 가운데 모세가 왜 "율법", "증언", "규례", "법도"라는 단어를 사용하고 있는가에 대해 언약 이해 가운데 이렇게 설명한다.

> 이것은 하나님이 그분의 백성을 절반 정도만 가르치거나 모호하고 부족하고 불완전한 교훈을 제시하는 것에 그치지 않으시고, 오히려 "율법" 안에 인간에게 선하고 유익한 모든 것을 포함시키셨음을 보다 더 잘 설명하기 위해서였습니다 ... 하나님과 우리 사이의 영적 연합에 관한 모든 것이 이 "증언"이라는 말 속에 들어 있습니다. 그 모든 것이 언약의 항목들입니다. 언약을 맺을 때 우리는 양쪽 당사자에게 적합한 것을 기록합니다.[175]

즉, 칼빈은 모세가 신명기 5:3절 "이 언약은 여호와께서 우리 열조와 세우신 것이 아니요 오늘날 여기 살아 있는 우리 곧 우리와 세우신 것이라"에서 십계명을 칭하며 사용한 표현 그 자체, 즉 "언약"을 "율법의 또 다른

---

174) Ibid., "The end to which this looks is attested in various passages in the law. For since the Lord by his mercy renders us worthy to be reckoned among the company of his people, 'he has chosen us,' as Moses says, 'to be his very own people, a holy people, and we are to keep all his commandments' [Deut. 7:6; 14:2; 26:18-19, conflated]."

175) *John Calvin's Sermons on the Ten Commandments*. ed. Benjamin W. Farley, Benjamin W. Farley, Ford Lewis Battles (Grand Rapids: Baker Books, 2001) 『칼빈의 십계명강해』 김광남 역 (서울:비전북, 2011), 33-34. "오늘 우리와 세우신 언약" 이하에서 『십계명강해』로 표기한다.

이름"으로 부른다.[176] 그러면서 덧붙여 "왜냐하면 율법은 영원히 존재하며 변하지 않을, 그리고 사람의 방식을 따라 소멸되지 않을 하나님의 진리를 포함하고 있기 때문입니다 ... 율법에는 변하지 않으며 변할 수도 없는 진리가 들어 있습니다"라고 자신이 가진 율법이해에 대해 명료하게 설명한다.[177] 이는 물론 율법에 대한 편중된 의견이 아니라, 복음과의 통전적인 이해이다.

> 그런데 율법의 사정이 그러하다면, 복음의 경우는 얼마나 더하겠습니까! ... 우리 주님은 복음을 통해 우리와 새롭고 영원한 계약 곧 세대를 관통하며 남아 있을 언약을 맺으셨습니다.[178]

그러하기에 칼빈의 언약사상이 여기에 분명하게 드러난다. 칼빈은 이를 다음과 같이 설명한다.

> 비록 우리가 모세가 살았던 시대에 살고 있지 않더라도 우리는 그 당시에 이루어졌다고 기록되었거나 율법에 담겨 있는 내용을 무시해서는 안 됩니다. 왜냐하면 모세가 우리에게 그것들에 대해 말했기 때문입니다 ... 율법에 대해서 이 사실이 입증되었다면 복음에 대해서도 그렇게 되는 것이 지극히 당연합니다. 왜냐하면 내가 전에 말했던 대로 율법이 그림자나 및 형상과 관련해서는 폐기되었기 때문입니다. 그러나 복음에는 그림자나 형상이 없습니다. 우리 여호와께서 여기서 새롭고 영원히 지속되는 언약을 세우셨기 때문입니다. 그것은 중단되지도 않고, 대대로 지속되는 언약입니다(히 8:8 - 10).[179]

---

176) Ibid., 47-50. *John Calvin's Sermons on the Ten Commandments*는 특징적으로 신명기 5장에 기록된 십계명을 본문으로 한다. 반면에 『기독교강요』는 출애굽기 20장의 십계명을 본문으로 한다. 본 장에서는 칼빈 주석을 주된 연구대상으로 하기에 출애굽기 20장과 신명기 5장의 십계명을 함께 다룬다.

177) Ibid., 51.

178) Ibid.

179) 『신명기강해 2』, 256-57.

그래서 칼빈의 십계명 주석은 철저하게 언약관계 속에서 하나님께 대해 영적 이스라엘 즉 신자들이 어떻게 행하여야하는 바를 자각케 해주는 내용이라 하겠다.[180] 그리고 하나님의 율법인 십계명은 이제 하나님께서 주신 바 두개의 돌판에 따라 두 내용으로 나뉘기에,[181] 칼빈은 바로 두 돌판에 대해 다음과 같이 설명해 준다.[182]

> 134문. 첫째 돌판의 요지가 무엇인가? 첫째 돌판은 우리에게 하나님께 올바로 영광 돌리는 방법을 말해준다. 135문. 둘째 돌판의 요지는 무엇인가? 둘째 돌판은 우리가 우리의 이웃과 더불어 어떻게 살아야 하는가를 말해준다. 그리고 우리가 그 이웃들에게 행할 바가 무엇인지 말해준다.[183]

(2) 십계명의 첫 번째 돌판 주석(Commentary)

이제 여기에서는 십계명의 첫째 돌판이 가진 하나님께 대한 기독론적이

---

180) 『칼빈의 언약사상』, 405; *The Binding of God*, 265. "The importance of the preface to the Ten Commandments includes its connection with God's covenant with Israel. The preface is given … to keep the thoughts of the pious that God who by his covenant that he has made with Israel …"

181) Calvin, *Catechism of the church of Geneva*. Q132-Q133. "M. What does it contain? S. It consists of two parts; the former of which contains four commandments, the latter six. Thus the whole law consists of Ten Commandments in all; M. Who is the author of this division? S. God himself, who delivered it to Moses written on two tables, and afterwards declared that it was reduced into ten sentences (Exodus 24:12; 32:15; 34:1; Deuteronomy 4:13; 10:4.)"; 『십계명강해』, 167-68.

182) 『신명기강해 2』, 366. 칼빈은 여기서도 그 의미를 충분히 설명한다. "하나님이 당신의 율법을 두 개의 돌판에 쓰셔서 그것을 구별하신 데는 이유가 있습니다. 만약 하나님이 원하셨다면 그것을 한 개의 돌판에다 쓰실 수도 있지 않았겠습니까? 그렇습니다. 그런데 율법은 왜 두 종류로 나누어졌습니까? 거기에는 상당한 이유가 있습니다. 즉 하나님의 율법에는 두 가지의 중요한 요점이 있습니다. 그중 하나는 우리가 하나님께 해야 할 의무와 관련된 내용이고 다른 하나는 우리가 함께 살고 있는 이웃에게 해야 할 의무와 관련된 내용입니다."

183) Calvin, *Catechism of the church of Geneva*. Q134-Q135. "M. What is the subject of the first table? S. The offices of piety towards God; M. Of the second? S. How we are to act towards men, and what we owe them."

며 구원론적인 언약 관계 속에서 신자가 행할 바가 다루어진다.

(1) 제1계명(PRAECEPTUM PRIMUM, 출 20:3; 신 5:7)

칼빈의 설명은 당연히 제1계명으로 인도하는데, "하나님께서 율법의 권위에 대해서 그 근거를 확립하신 후에, 첫째 계명을 말씀하신다." 제1계명은 다음과 같다.

> "너는 나 외에는 다른 신들을 네게 있게 말찌니라"[184)]

칼빈은 이 첫 계명에 대해 설교하면서, 이방인들에게 팽배했던 다양한 미신들을 지적하면서 그러하기에 하나님의 백성인 이스라엘이 우상숭배를 한다는 것은 마치 구원의 길을 볼 수 없어서 헤매는 눈먼 자 같은 이방인들보다 더한 배은망덕과 악의임을 지적한다.[185)] 따라서 이는 우리가 우리의 머리로 고안해낸 건 헛된 것들(미신들, 우상들)과 뒤섞는 것과 같아서, 결국 하나님께 속한 모든 권리를 축소시키는 것과 다름없음을 강력하게 권면한다.

> 우리는 이 말씀을 기억하면서 우리 안에 있는 모든 헛된 것들을 없애버려야 합니다. 또한 우리는 스스로 무언가를 고안해 내려고도 하지 말아야 합니다. 다만 우리는 유일하신 한 분 하나님만을 모시고 그분으로 만족해야 합니다.[186)]

그러면서 칼빈은 바로 이 첫 번째 계명이 담고 있는 언약적 내용을 풀어내기를, '내가 너희를 애굽땅에서 인도하여 냈다' (출 20:2; 신 5:6)는 사실에

184) *Institutes*. II.viii.16. "Having founded and established the authority of his law, he sets forth the First Commandment."; "*Non habebis deos alienos caram facie mea.*"

185) 『십계명강해』, 65.

186) Ibid., 68.

대해 "하나님은 다른 모든 민족보다도 이스라엘을 자신에게 묶으려 하셨습니다"라고 설명한다.[187]

여기서 "묶는다(copula)"는 표현을 칼빈은 『기독교강요』에서 언약사상에 대해 설명하기 위해 "우리는 거룩함이 그 줄(bond, 註. 결속)이 되어야 한다는 것을 기억해야 한다"라고 사용하기 때문에,[188] 칼빈에게 있어서 언약은 결코 하나님께서 인간에게 묶이신 것만이 아니라 언약관계를 통해 인간이 하나님께 굳게 결합(binding, 註. 묶임)하는 것임이 분명하다고 할 수 있다.[189] 그래서 첫째 계명 설교를 마치며 이렇게 맺는다.

> 마지막으로 우리는 하나님이 우리를 구속해 자신의 집에 붙들어두고자 하신다는 것을 의식하면서 그분의 면전에서 그리고 그분의 빛 안에서 살아야 합니다 ... 그러므로 우리는 그분이 우리의 몸과 영혼 모두를 소유하시게 해야 합니다. 그래서 그분이 우리 몸과 영혼 모두 안에서 그리고 그 둘 모두에 의해서 영광을 얻으시게 해야 합니다.[190]

(2) 제2계명(PRAECEPTUM SECUNDUM, 출 20:4-6; 신 5:8-10)

> "너를 위하여 새긴 우상을 만들지 말고 또 위로 하늘에 있는 것이나 아래로 땅에 있는 것이나 땅아래 물 속에 있는 것의 아무 형상이든지 만들지 말며. 그것들에게 절하지 말며 그것들을 섬기지 말라 나 여호와 너의 하나님은 질투하는 하나님인즉 나를 미워하는 자의 죄를 갚되 아비로부터 아들에게

---

187) Ibid., 72.

188) *Institutes*. III.vi. 2. "When we hear mention of our union with God, let us remember that holiness must be its bond; not because we come into communion with him by virtue of our holiness ⋯" 여기서 '라틴어 *copula*' 는 'bond-묶음/결속' 으로 번역된다.

189) *Institutes*. IV.xiv.19. "as we have stated above that they are testimonies of grace and salvation from the Lord, so from us in turn they are marks of profession, by which we openly swear allegiance to God, binding ourselves in fealty to him."

190) 『십계명강해』, 77.

로 삼사 대까지 이르게 하거니와. 나를 사랑하고 내 계명을 지키는 자에게는 천 대까지 은혜를 베푸느니라"[191]

제2계명에서 칼빈이 주목하는 표현은 "질투하는 하나님(*Deus zelotes*)" 인데, 경쟁자를 허용하지 않는 남편으로 제시되기에 그러하다.[192] 따라서 이를 칼빈의 본문인용에 따르면 "하나님은 진노하신다(*Deum esse pronuntiavit*)" 이다. 아니 자비로우시고 은혜로우실 뿐 아니라 노하기를 더디 하시며 인자하심이 풍부하신 하나님께서(시 103:8), 왜 이렇게 진노하시며 질투하시는가?라는 질문을 할 수 있다.

이에 대해 칼빈은 하나님께 철저하게 바쳐지는 우리 영혼의 정절을 요구하시기에, 어떤 미신에 시선을 돌리는 것은 영적 간음이라고 지적하면서 "거룩하고 정결한 남편일수록 다른 남자에게 마음이 기울어지는 처妻를 더욱 분히 여긴다"라고 설명하면서,[193] 하나님께서 이스라엘의 신랑으로써 신부와의 결혼과 같은 언약 관계속에 계심을 전제하며 설명한다.[194] 뿐만 아니라 아래와 같이 칼빈은 구체적인 설명을 더한다.

하나님께서는 우리에게 대해서 남편의 처지에 서시는 때가 심히 많다. 참으로 우리를 교회의 품안에 받아들이심으로써 우리와 맺으시는 인연은 거

191) *"Non facies tibi sculptiele, neque similitudinem ullam eorum quae in caelo sunt sursum, vel in terra deorsum, vel in aquis quae sub terra sunt. Non adorabis, neque coles. Quemadmodum proximo mandato Deum se unum esse pronuntiavit, praeter quem nulli alii dii cogitandi aut habendi sint: ita qualis sut, et quo cultis genere honorandus, apertius etiamnum edicit: nequid sibi carnale affingere audeamus."*

192) Calvin, *Comm*. Deut. 5:9.

193) Calvin, *Catechism of the church of Geneva*. Q152. "M. What does he intimate by the term jealousy? S. That he cannot bear an equal or associate. For as he has given himself to us out of his infinite goodness, so he would have us to be wholly his. And the chastity of our souls consists in being dedicated to him, and wholly cleaving to him, as on the other hand they are said to be polluted with idolatry, when they turn aside from him to superstition."

194) *Institutes*. II.viii.18. "The more holy and chaste a husband is, the more wrathful he becomes if he sees his wife inclining her heart to a rival."

> 룩한 혼인과 같으며, 이것은 상호간의 신의를 기초로 삼아야 한다(엡 5:29-32). 하나님은 진실하고 성실한 남편의 모든 의무를 다하시는 대신에, 우리에게서는 사랑과 정조를 요구하신다 ... 진실한 마음으로 우리에게 장가드신 주께서는(참조, 호 2:19-20) 우리가 그의 거룩한 혼인의 순결을 버리고 사악한 정욕으로 더러워질 때마다 불타는 듯한 질투를 나타내신다.[195)]

물론 제2계명은 이러한 결혼의 언약관계에서의 질투로만 설명되지 않고, 하나님께서 베푸시는 은혜의 통로이며 은혜의 장임을 기억할 필요가 있다. 이는 하나님의 성품이 바로 그렇게 은혜로우시고 자비하시기 때문이다. 그래서 더 귀중한 교훈을 위해, 엄벌과 보상을 구별하여 말씀하시되 은혜에 대해서는 '천대千代' 를 언급한 데 반하여 진노에 대해서는 '삼사대三四代' 만을 언급하고 있음을 주목할 필요가 있다.[196)]

여기에는 하나님의 은혜가 계명에 신실하고 언약관계에 충실한 자들에게 대한 언약의 축복이 담겨 있을 뿐 아니라,[197)] 반면에 언약 파기자들에 대한 심판의 공포를 통해 하나님께서 주신 언약적 축복에 대한 기대를 더 크게 하려는 뜻임을 알 수 있다. "그러므로 믿는 자에게는 특별한 위로가 있고, 악한 자에게는 큰 공포가 있다." [198)]

---

195) Ibid., "God very commonly takes on the character of a husband to us. Indeed, the union by which he binds us to himself when he receives us into the bosom of the church is like sacred wedlock, which must rest upon mutual faithfulness[Eph. 5:29-32]. As he performs all the duties of a truce and faithful husband, of us in return he demands love and conjugal chastity ··· The Lord, who has wedded us to himself in truth[cf. Hos. 2:29-20], manifests the most burning jealousy whenever we, neglecting the purity of his holy marriage, become polluted with wicked lusts."

196) Calvin, *Catechism of the church of Geneva*. Q158; Institutes. II.viii.21; 『십계명강해』, 102.

197) Ibid., "··· because of this blessing promised in the covenant, that God's grace shall everlastingly abide in the families of the pious."; *Institutes*. II.viii. 26."*Non usurpabis nomen Iehivae Dei tui in vanum. Finis praecepti est, Quod nominis sui maiestatem vult nobis esse sacrosantam.*"

198) 『칼빈의 언약사상』,405-6; *The Binding of God*, 265-6. "The second commandment is directly connected to the Abrahamic covenant of Genesis 17. To Calvin, it offers the comfort of God's promised covenant blessing to the faithful, as well as the terror of judgement to the covenant-breaker."

(3) 세번째 계명(PRAECEPTUM TERTIUM, 출 20:7; 신 5:11)

"너는 너의 하나님 여호와의 이름을 망령되이 일컫지 말라 나 여호와는 나의 이름을 망령되이 일컫는 자를 죄 없다 하지 아니하리라"

제3계명의 핵심은, 하나님께서 당신의 이름에 담긴 숭엄성을 우리가 거룩하게 받들기를 원하신다는 사실이다. 감히 인간 상호간에도 명예와 존엄을 지키는 것이 합당할진데, 창조주시오 만왕의 왕이신 하나님의 명예와 영광을 피조물이요 당신의 백성들이 그 존엄尊嚴과 신성神聖을 훼손하지 않도록 가르쳐주고 계신 것이다.[199] 따라서 이 세 번째 계명에서 칼빈은 상호적 언약에 있어 하나님의 이름이 사용됨으로 적절히 맺어질 수 있음을 지적한다.[200]

이 계명과 관련하여 맹세를 언급하신 그리스도의 교훈을 깊이 새겨야하는데, "나는 너희에게 이르노니 도무지 맹세하지 말찌니 하늘로도 말라 이는 하나님의 보좌임이요. 땅으로도 말라 이는 하나님의 발등상임이요 예루살렘으로도 말라 이는 큰 임금의 성임이요.네 머리로도 말라 이는 네가 한 터럭도 희고 검게 할 수 없음이라. 오직 너희 말은 옳다 옳다, 아니라 아니라 하라 이에서 지나는 것은 악으로 좇아 나느니라"(마 5:34-37)는 교훈은 단순하게 맹세를 금지하신 내용이 아니라 "율법의 표준을 어긴 맹세만을 배척하셨다"는 사실을 깨달아야 한다.[201] 이는 인간의 죄악이 하나님의 존엄성과 더불어 율법을 훼손하기 때문에, 그리스도께서는 "도무지 맹세하지 말라고"고 강하게 금지시키심으로 인간들의 그런 죄의 근본적인 원

---

199) Calvin, *Catechism of the church of Geneva*. Q160; *Institutes*. II.viii.22.

200) 『칼빈의 언약사상』,406; *The Binding of God*, 266."On the third commandment, Calvin argues that mutual covenants between public and private men can be properly made by employing the holy name of God."

201) *Institutes*. II.viii.26.

인을 사전에 제한하셨던 것이다.[202)]

그러므로 칼빈은 하나님의 이름을 대하는 우리의 자세에 대해, 하나님에 대해 말할 때 그분에 대해 온전한 경외심을 지니고 말해야 하고 그분의 일에 관해 말할 때도 마찬가지로 영예를 온전히 그분께만 돌려야 한다라고 주석한다.[203)] 그러면서 이를 정중하게 그리고 그분만을 찬양하는 가운데 하나님과 그의 사역들에 대해 집중하여 생각하고 말하고 행하라고 교훈한다.[204)] 그리고는 덧붙여 설명한다.

> 우리가 하나님의 이름을 높일 수 있는 적절한 방법이 있습니다. 그것은 우리가 성경을 읽거나 누군가 그것에 대해 설교하는 소리를 들을 때마다 항상 그분의 이름의 위엄을 높이는 것입니다. 누군가 우리에게 성경에 관해 말해주거나 특히 그분의 말씀이 선포되는 소리를 들을 때, 우리는 선지자 이사야의 말처럼 그 말씀 앞에서 두려워하며 떨어야 합니다(사 66:2,5). 그렇게 함으로써 우리는 우리의 입술뿐 아니라 행동을 통해서 우리가 참으로 신실한 자임을 선포할 수 있습니다. 그리고 그럴 때 하나님은 우리를 자신의 백성으로 인정하실 것이고, 결국 우리를 부르셔서 자신의 나라를 유업으로 얻게 하실 것입니다.[205)]

바로 이러한 하나님의 이름에 대한 존중은 하나님과 우리, 그리고 우리 상호간의 신실한 언약관계 속에서 더더욱 드러나게 된다. 칼빈은 성경의 예들을 통해 이를 함의한다. 즉, 아브라함과 이삭이 아비멜렉과 한 서약(창 21:24; 26:31), 야곱과 라반의 개인적 서약(창 31:53-54), 보아스와 룻의 결혼서약(룻 3:13), 그리고 오바댜와 엘리야의 서약(왕상 18:10) 등이 그 예이다. 따라

202) Ibid., "Christ deprives this license of vain excuse, forbidding us to 'swear at all'."

203) Calvin, *Comm.* Ex. 23:13.

204) Calvin, *Catechism of the church of Geneva.* Q163. "M. How is this to be done? S. By never speaking or thinking of God and his works without honour."

205) 『십계명강해』, 132.

서 "주의 영광을 변호하거나 형제의 덕을 세움"이라는 거룩한 언약적 관계를 통해,[206] 주의 이름이 더더욱 영광스럽게 되리라는 제3계명에 대한 그의 제안에는 영적 깊이가 묻어나온다.

그러므로 칼빈에게 있어서 세 번째 계명은 믿는 자들의 맹세에 대한 보장이 될 뿐 아니라, 이것을 통해 신자들은 하나님과 언약갱신을 하게 되는 것임을 주지하게 된다.[207]

(4) 제4계명(PRAECEPTUM QUARTUM, 출 20:8-11; 신 5:12-15)

이제 첫번째 돌판의 마지막 계명인 제4계명인데,

> "안식일을 기억하여 거룩히 지키라. 엿새 동안은 힘써 네 모든 일을 행할 것이나. 제 칠일은 너의 하나님 여호와의 안식일인즉 너나 네 아들이나 네 딸이나 네 남종이나 네 여종이나 네 육축이나 네 문안에 유하는 객이라도 아무 일도 하지 말라 ..."

칼빈은 이 제4계명을 해설하면서, 이 계명의 목적이 우리 자신의 기호嗜好나 일에 대해서 죽고 오직 하나님의 나라에 대해서 명상하며 하나님이 정하신 방법으로 그 명상을 실천하기 위한 것임을 분명히 한다.[208]

사실 이 계명의 내용은 세 가지로 설명될 수 있는데, 먼저 이 계명은 영적 안식을 상징적으로 나타내고, 다음으로는 이 계명은 교회질서를 유지

---

206) *Institutes*. II.viii.27."··· they may serve a just need-either to vindicate the Lord's glory, or to further a brother's edification."; *Institutes*. II.viii.28."*Recodrdate ut diem sabbathi sanctifices. Sex diebus operaberis, et facies omnia opera tua: septimo autem die sabbathum Iehivae Dei tui est. Non facies ullum opus in eo, etc.*"

207) 『칼빈의 언약사상』,406; *The Binding of God*, 266. "the third commandment also governs the vows of believers, whereby they enter into covenant with God. In the other words, the covenant law governs covenant renewal with God."

208) *Institutes*. II.viii.28. "The purpose of this commandment is that, being to our own inclinations and works, we should meditate on the kingdom of God, and that we should practice that meditation in the ways established by him."

하게 해주며, 마지막으로 이 계명은 종들의 고통을 경감시켜주는 내용이기 때문이다.[209] 물론 이 계명의 의식법적인 요소는 그리스도의 오심을 통해 이미 폐지되었지만 영적이며 도덕적인 의미는 바로 이렇게 계속되는 것으로,[210] 안식일이 그리스도의 오시기까지 그림자와 같으며 하나님의 언약에 있어서도 다른 형태를 취하게 될 충만한 시기(fulness of time)까지만 해당되기 때문이라고 칼빈은 주석한다.[211] 여기에서 칼빈의 제4계명에 대한 주석에 나타나는 그리스도로 말미암는 약속성취를 보게 된다, 즉 그리스도 자신이 바로 안식의 진정한 실현이기에, 그리스도인들은 날을 미신적으로 지키는 일을 피해야 한다고 칼빈은 충고한다.[212]

그러면서 동시에 칼빈은 왜 우리가 주의 날을 지켜야 하는지에 대해 아래와 같이 잘 설명해준다.

> 177문. 여기서 우리 주께서 자신이 쉬신 모범처럼 우리도 쉬어야 한다고 내세우시며 말씀하시는 이유가 무엇인가? 답. 하나님은 6일 동안에 만물을 창조하시고, 제7일은 창조물들을 관찰하셨다. 또 하나님께서는 우리를 보다 잘 격려해 주셔서, 이 일을 행할 수 있도록 우리에게 자신의 본보기를 제시해주셨다. 그리하신 이유는 하나님과 일치하는 것 이상에 더 바람직한 것이 없기 때문이다.[213]

---

209) Calvin, *Catechism of the church of Geneva*. Q171. "M. State them to me. S. To figure spiritual rest; for the preservation of ecclesiastical polity; and for the relief of slaves."

210) *Institutes*. II.viii.31. "There is no doubt that by the Lord Christ's coming the ceremonial part of this commandment was abolished. For he himself is the truth, with whose presence all figures vanish; he is the body, at whose appearance the shadows are left behind."

211) Calvin, *Comm*. Ex. 31:13.

212) *Institutes*. II.viii.31. "He is, I say, the true fulfillment of the Sabbath ··· Christian ought therefore to shun completely the superstitions observance of days."

213) Calvin, *Catechism of the church of Geneva*. Q177. "M. But what is meant when the Lord exhorts us to rest by his own example? S. Having finished the creation of the world in six days: he dedicated the seventh to the contemplation of his works. The more strongly to stimulate us to this, he set before us his own example. For nothing is more desirable than to be formed after his image."

> 즉 그리스도와의 연관 속에서, 구약과 신약의 연속이요 나아가 그림자의 성취라고 하는 언약 관계속에서 안식일을 설명해주는 것이다. 그래서 이러한 칼빈의 연속성 견해에 대해서, 릴백은 "안식일에 대한 칼빈의 접근이 확실이 언약 연속성에 대한 그의 공식 견해에 속한다는 것은 분명하다. 그의 공식 견해는 언약이 본질은 같고 집행에서 다르다는 것이다"라고 단언한다.[214)]

따라서 이 제4계명의 준수는 이미 하나님께서 모세를 통해 이스라엘에게 주신 약속을 기억하게 하시려는 의도를 포함하고 있음이다. "율법의 모든 교훈 가운데서 안식일을 특히 존중한 것을 알 수 있다 ... '이스라엘 자손이 안식을 지켜서 그것으로 대대로 영원한 언약을 삼을 것이니 이는 나와 이스라엘 자손 사이에 영원한 표징이라' 고 하셨다"(출 31:16-17)라고 말한다.[215)] 이것은 다름 아니라 이 계명을 계속해서 준수함으로써 하나님과 이스라엘이 언약 안에 있음을 확인하는 방식으로 제시되었음을 알게 된다. "그 요점은 안식일이 한 표징이라는 것과 이 표징에 의해서 이스라엘 백성은 하나님이 자기들을 거룩하게 하시는 분인 줄을 알아야 한다는 것이다(겔 20:12)."[216)]

(5) 제1계명~4계명 종합

첫번째 돌판의 의미에 대한 칼빈의 설명을 들어보면, 제1계명~4계명에 대하여 신자가 하나님께 행해야 할 언약적 자세에 대해 전체적으로 정리

---

214) 『칼빈의 언약사상』,407; *The Binding of God*, 266-7. "it should be evident that Calvin's approach to the Sabbath clearly falls under his dictum of the continuity of the covenant-the same in the substance but distinct in administration."

215) *Institutes*. II.viii.29. "You see how it is held in singular esteem among all the precepts of the law. 'Let the Children of Israel keep the Sabbath, and let them observe it throughout their generations; it is a perpetual covenant between me and the Children of Israel, and a sign forever.' [Ex.31:16-17]"

216) Ibid., " the Sabbath is a sign whereby Israel may recognize that God is their sanctifier [Ezek. 20:12]."

할 수 있다.

> 만약 그분이 원하셨다면, 그분은 율법을 하나의 돌판에 기록하실 수도 있었을 것입니다. 그런데 어째서 그분은 그것을 두 부분으로 나누신 것일까요? 그분은 공연히 그렇게 하신 것이 아닙니다. 하나님의 율법에는 두가지 중요한 요소가 있습니다. 그중 하나는 우리가 하나님을 위해서 해야할 일과 관련되어 있고, 다른 하나는 우리가 우리와 더불어 사는 이웃을 위해서 해야할 일들과 관련되어 있습니다. 즉 우리의 삶과 관련된 모든 것이 그 두 가지 요소에 기초를 두고 있는 것입니다.[217]

> 하나님께 대한 경배가 인간과 관련된 일들보다 훨씬 더 중요하기에 하나님을 영화롭게 해드리는 데 필요한 계명들이 우선적으로 주어진 것은 적절한 일이었습니다. 그리고 그것들은 첫 번째 돌판에 새겨졌습니다.[218]

즉 언약관계에 있는 신자의 삶을 지탱하는, 중요한 주축主軸 중에 한 요소가 바로 하나님께 대한 바른 지식이요 그분께 드리는 경배이며 그분 안에서 누리는 안식과, 더불어 그의 베푸신 은혜를 찬양하는 삶임을 거듭 확인하게 된다. 즉 두 축이되 더욱 우선하여 "우리 삶에서 가장 중요한 요소가 바로 하나님께 대한 것" 임을 알게 된다.[219]

결국 하나님과 인간 사이의 언약관계에 있어서 신자가 가장 근본적으로 행하여야 할 바가 무엇인가 하면, 바로 하나님을 바르게 알고 경배하며 그 이름을 영광스럽게 해야 함을 교훈하는 내용이라 하겠다. 이는 이후에 칼빈의 사상을 계승한 웨스트민스터 총회원들에 의해 신자가 추구해야할 인생의 목적으로 결집되어 나타난다, "사람의 제일되는 목적이 무엇입니까?

217) 『십계명강해』, 167.

218) Ibid., 183-4.

219) Ibid., 168; 『신명기강해 2』, 382.

사람의 제일되는 목적은 하나님을 영화롭게 하고 영원토록 그분만을 즐거워하는 것입니다." 220)

3. 십계명의 두번째 돌판 주석(Commentary)

이제 여기서는 둘째 돌판이 가진 신자와 신자간의 언약관계 속에서 행할 바를 칼빈은 다룬다. 특별히 이 두 번째 돌판에 대한 설명에서는 교회론적 언약관계까지 전제하고 이렇게 말한다.

> 그런 까닭으로 우리 주 예수 그리스도께서는 율법의 핵심은 공의와 공정과 의로움과 믿음이라고 말씀하셨습니다(마 23:23). 즉 성실 혹은 신뢰라고 말씀하신 것입니다. '믿음(faith)' 이라는 낱말에도 그런 뜻이 있습니다. 따라서 만약 우리가 사람들과 의로운 생활을 할 때(註: 교회생활) 교활하지도 않고, 심술궂지도 않으며, 모든 사람에게 유익을 주려고 하고, 가능한 한 선을 행하고 악을 저지하려고 한다면 그것이 율법의 핵심입니다.221)

따라서 이제 둘째 돌판에 담긴 제5~제10계명에 대한 칼빈의 주석을 살펴보도록 하자.

(1) 제5계명(PRAECEPTUM QUANTUM, 출 20:12; 신 5:16)

> "네 부모를 공경하라 그리하면 너의 하나님 나 여호와가 네게 준 땅에서 네 생명이 길리라" 222)

---

220) *The Shorter Catechism*. Q.1. "What is the chief end of man? Man's chief end is to glorify God, and to enjoy Him for ever."

221) 『신명기강해 2』, 383.

222) Calvin, *Catechism of the church of Geneva*. Q185. "M. Let us pass to the second table. S. It begins, 'Honour thy father and thy mother' ."; *Institutes*. II.viii.35. "*Honora patrem tuum et matrem ut sis lonhaevun super terram quam Iehova Deus tuus daturus est tibi.*"

칼빈에 의하면, 이 제5계명은 하나님께서 자기의 경륜이 유지되는 것을 기뻐하시므로 그가 정하신 상하 등급을 침범하지 말라는 교훈으로 하나님의 창조질서에 대한 존중을 가르쳐주고 계신다.[223] 그러므로 이러한 상하 질서의 존중에 대해, 부모를 공경하는 일을 통해 배우도록 이 계명을 주셨기에 이를 자녀들에게 힘써 가르치는 일은 참으로 중요하다.[224] "부권(fatherhood)은 하나님께로부터 나옵니다(엡 3:15). 우리는 예수 그리스도와 한 몸이 되어 하나님께로 인도되었으니 우리에게는 부권에 대한 가장 확실한 보증이 있지 않습니까?" 라고 칼빈은 말한다.[225]

뿐만 아니라 이 제5계명은 나아가 세상의 모든 권위에 대한 존경과 순복에 대한 가르침을 포함하고 있다.[226] "따라서 하나님이 제일 앞서서 가셔야 하며 피조물이 그 뒤를 따라야 하되 모든 사람은 서열을 지켜야 합니다." [227]

> 세상의 모든 탁월한 자들은 하나님으로부터 오며, 그들은 그분이 세우신 질서를 형성하는 자들입니다. 그들이 없다면, 세상은 존립할 수 없을 것입니다(『강요』 IV.xx.2.). 만약 하나님이 우리에게 올바른 삶을 위한 명확하고 거

---

223) *Institutes*. II.viii.35. "since the maintenance of his economy pleases the Lord God, the degrees of pre-eminence established by him ought to be inviolable for us."

224) Calvin, *Catechism of the church of Geneva*. Q186 "M. What meaning do you give to the word 'honour'? S. That children be, with modesty and humility, respectful and obedient to parents, serving them reverentially, helping them in necessity, and exerting their labour for them. For in these three branches is included the honour which is due to parents."

225) 『신명기강해 2』, 389.

226) Calvin, *Catechism of the church of Geneva*. Q194-195. "M. Is there nothing more of the commandment remaining? S. Though father and mother only are expressed, we must understand all who are over us, as the reason is the same; M. What is the reason? S. That the Lord has raised them to a high degree of honour; for there is no authority whether of parents, or princes, or rulers of any description, no power, no honour, but by the decree of God, because it so pleases him to order the world."

227) 『신명기강해 2』, 385.

룩한 형식을 주시면서 이것을 고려하지 않으셨다면, 상황이 어찌 되었겠습니까?[228]

그런데 인간의 타락한 본성은 이러한 교훈에 대해 강력하게 반대한다. 왜냐하면 죄된 인간성은 높은 자리를 갈망하기에 아랫자리에 서는 것을 마땅치 못하게 여기기 때문이다. 그러므로 하나님께서 내신 이 계명을 통해, 어떤 사람이 우리보다 위에 세우심을 받았음을 알았다면 우리는 그에게 존경과 순복 그리고 감사를 드릴 뿐 아니라 우리의 의무를 다해야 한다.[229]

주께서는 부모에게 순종하지 않는 자는 모두 죽이라고 명령하신다. 자기를 낳아 준 분들의 노고를 인정하지 않는 자들은 인생의 혜택을 받을 자격이 없기 때문이다. 이 공경에 경의와 복종과 감사의 세 부분이 있다고 우리가 말한 것은 율법에 첨가된 여러 말씀을 보아도 분명히 바르다.[230]

이러한 교훈의 결과로 신실하게 이 계명을 준행하는 자에게 주시겠다고 약속하시는 하나님의 은혜는 지극하다. 즉 장수長壽에의 약속이 그것이다. 실로 "장수는 경건한 자에게 하나님의 친절을 알리는 한 관습적 상징이다."[231] 하지만 반대로 부모를 공경하는 자들에게 두신 장수의 약속과 달리 부모를 공경하지 않는 자녀들에게는 저주를 피할 수 없을 것이라 하

228) 『십계명강해』, 185.

229) *Institutes*. II.viii.35-36. "Now this precept of subjection strongly conflicts with the depravity of human nature which, swollen with the longing for lofty position, bears subjection grudgingly … knowing that someone has been placed over us by the Lord's ordination, we should render to him reverence, obedience, and gratefulness, and should perform such other duties for him as we can."

230) *Institutes*. II.viii.36. "Hence the Lord commands that all those disobedient to their parents be put to death. For since they do not recognize those whose efforts brought them into the light of day, they are not worthy of its benefits. What we have noted is clearly true from various additions to the law …"

231) *Institutes*. II.viii.37. "for the pious it is a customary symbol of God's kindness."

신다.[232] 이러한 가정적 질서의 확대된 예로 칼빈은 교회에서 언약적 대등관계가 곡해된 교황권에 대해 이렇게 지적한다.

> 교황은 그의 상관이신 하나님께 복종해야 한다고 인정하는 것이 당연합니다. 그런데 그는 어떻습니까? 그는 하나님의 규례와 자연의 질서를 지킵니까? 지키지 않습니다 ... 그는 자신을 그리스도의 대리자라고 부르지만 세상 사람들이 보는 바와 같이 그는 예수 그리스도를 그분의 보좌에서 밀어내 예수 그리스도께서 더 이상 그분의 교회의 머리가 되지 못하게 하려고 합니다. 그러므로 우리는 하나님이 이 세상에 제정하신 것들에 전적으로 반대하기 위해서 마귀가 세운 것을 혐오하도록 합시다.[233]

그러므로 이 계명을 통해 원래 죄로 인하여 죽을 수밖에 없는 자들이었는데, 이러한 부모 순종의 계명을 주심으로 신자로 하여금 하나님의 부성적 사랑을 아는 길을 내어주신 아버지 하나님의 깊은 배려와 섭리를 맛보아 알게 되는 기회이다.[234] 뿐만 아니라 이를 통해 교회의 언약관계 안에서 상호간에 지켜야할 질서를 따라 그에 합당한 존경과 순종 그리고 존중을 생각하게 한다.[235]

---

232) *Institutes*. II.viii.38. "Besides, while the Lord promises the blessing of the present life to those children who duly honor their parents, at the same time he implies that an inevitable curse threatens all stubborn and disobedient children."

233) 『신명기강해 2』, 400-1.

234) Calvin, *Catechism of the church of Geneva*. Q189. "M. Seeing this life is so full of troubles, why does God promise the long continuance of it as a blessing? S. How great soever the miseries to which it is liable, yet there is a blessing from God upon believers, when he nourishes and preserves them here, were it only for this one reason, that it is a proof of his paternal favour."

235) *Institutes*. II.viii.35. "This is the sun: that we should look up to those whom God has placed over us, and should treat them with honor, obedience, and gratefulness."

(2) 제6계명(PRAECEPTUM SEXTUM, 출 20:13; 신5:17)

"살인하지 말찌니라"[236]

제6계명은 성경에 나타난 사람이 하나님의 형상인 동시에 우리의 혈육이라는 이중의 근거를 생각하게 할 뿐 아니라,[237] 이 계명을 통해 우리 개개인이 각각 인류 전체의 안전을 위해야 하기에 하나님께서는 인류 전체를 일종의 통일이 있도록 묶어두셨음을 기억할 필요가 있음을 일깨워준다.[238] 보충하면,

> 이웃의 신체를 해할 일은 폭행, 상해 기타 어떤 것이든지 일체 금지하신다. 따라서 이웃의 생명을 구하는 데 도움이 되는 것은 무엇이든지 충실히 이용하라고 명령하신다. 그들의 평화에 도움이 되면 무엇이든지 하라, 해로운 것이면 막아 내라, 그들이 위험한 처지에 있으면 도와주라는 것이다.[239]

그러기에 이 계명은 우리의 심장과 폐부를 살피시는 하나님께서 내신 바, 본질적인 우리의 죄적 성향에 대한 율법이라고 칼빈은 가르친다. 즉 우리 외적 성향만이 아닌 마음의 성향의 절제와 규제를 위해서 이 계명은 참으로 적합한 교훈인 것이다.[240]

---

236) *Institutes*. II.viii.40. "*Non occides*."

237) Ibid., "Scripture notes this commandment rests upon a twofold basis: man is both the image of God, and our flesh."

238) *Institutes*. II.viii.39. "the Lord has bound mankind together by a certain unity; hence each man ought to concern himself with the safety of all."

239) Ibid., "all violence, injury, and any harmful thing at all that may injure our neighbor's body are forbidden to us. We are accordingly commanded, if we find anything of use to us in saving our neighbors' lives, faithfully to employ it; if there is anything that makes for their peace, to see to it; if anything harmful, to ward it off; if they are in any danger, to lend a helping hand."

240) Calvin, *Catechism of the church of Geneva*. Q197. "M. Does it forbid nothing but the perpetration of murder? S. Yes, indeed. For seeing it is God who speaks, he here gives law not only to outward works, but also to the affections of the mind, and indeed to them chiefly."

그리스도께서 교훈하신 바, "나는 너희에게 이르노니 형제에게 노하는 자마다 심판을 받게 되고 형제를 대하여 라가라 하는 자는 공회에 잡히게 되고 미련한 놈이라 하는 자는 지옥 불에 들어가게 되리라"(마 5:22)과 그 제자 요한에 의해 가르쳐진 바 "그 형제를 미워하는 자마다 살인하는 자니 살인하는 자마다 영생이 그 속에 거하지 아니하는 것을 너희가 아는 바라"(요일 3:15)를 마음깊이 새기면서, 더욱 적극적으로 이웃의 신체를 위한 안전함을 도모할 뿐 아니라 그들 영혼의 안전을 위해 더욱 진력할 것을 추론하게 된다. 칼빈은 이러한 그리스도께서 친히 주신 교훈에 대해 다음과 같이 설명한다.

> 이에 대해 예수 그리스도께서는 율법이 매우 어리석게 해석되었다는 것을 알려주시면서 그렇게 하는 것을 책망하십니다(마 5:21-22). 예수 그리스도께서는 "하나님이 '살인하지 말지니라' 고 말씀하셨으니 사람들이 너희를 살인자로 법정으로 끌고 가지 못하며 너희는 하나님께 용서를 받을 것이라고 여기고 있다. 그러나 자기 이웃을 '바보' 라고 부른 자 다시 말해 이웃을 불쾌하게 만드는 시늉만 한 자라도 누구를 막론하고 즉시 지옥의 불을 받아 마땅하다" 라고 말씀하십니다.[241]

칼빈은 그리스도의 교훈에 철저하게 기반하고 있고, 그리하여 그리스도가 보여주신 모범처럼 행하기를 권고한다. "우리가 알고 있는 대로 예수님께서는 우리에게 그것을 알려주십니다. 즉 우리가 어떤 무례한 짓도 하지 않았고 ... 그를 향해서 칼을 한 번도 뽑지 않았다고 주장할지라도 그것만으로는 충분하지 않습니다."[242] 왜냐하면 만일 우리 주께서 보시기에는 사람의 영혼이 그들의 신체보다 훨씬 더 중요하다고 여기실 것이기 때문이며, 그래서 이웃의 영혼을 안전케 보존함으로 이웃의 신체 또한 안전

---

241) 『신명기강해 2』, 415-6.

242) Ibid.

케 하는 일에 진력해야한다고 권고하시기 때문임을 잊지 말라고 칼빈은 촉구한다.[243] 인간의 죄된 본성에 대한 아주 적극적인 대응이 여기서 발견된다.

나아가 칼빈은 이러한 살인행위를 개인의 문제가 아닌 인류 전체로 확대시켜서 이렇게 말한다. 이는 참으로 그에게 내재된 교회론적인 언약사상이 드러나는 설명이다.

> 믿는 자들 가운데는 이보다 더 깊은 면이 있습니다. 왜냐하면 믿는 자들은 자신들이 하나님의 형상대로 창조되었다는 생각을 해야 할 뿐만 아니라 그들은 우리 주 예수 그리스도의 지체이기 때문에(엡 5:30) 그들 사이에는 모든 인류에게 공통된 자연의 띠보다 훨씬 더 튼튼하고, 훨씬 더 거룩한 띠가 있다는 사실도 기억해야 합니다.[244]

칼빈은 결국은 하나님 백성들의 화합을 헤칠 뿐만 아니라 교회의 몸체를 분리시켜서, 하나님께서 친히 그리스도의 피로 말미암아 하나되게 하시므로 서로 상합하고 연락하게 하신 것을 산산이 흩어놓게 하는 사탄의 짓이라고까지 지적한다.[245] 그러므로 제6계명에 대한 이러한 성도간의 언약관계를 생각하게 될 때 이는 성도들이 구원받은 이유까지 근원적으로 살피게 되는데, "우리가 가지고 있는 은사 전체는 우리의 이웃들의 유익을 위해서 분배하라는 조건으로 하나님께서 우리에게 베푸시고 위탁하신 것"이라고 칼빈은 설명해 준다.[246] 칼빈이 이렇게 제6계명의 적용이 확대

---

243) *Institutes*. II.viii.40. "if there is so much concern for the safety of his body, from this we may infer how much zeal and effort we owe the safety of the soul, which far excels the body in the Lord's sight."

244) 『신명기강해 2』, 426-7.

245) Ibid.

246) *Institutes*. III.vii.5. "··· when we are taught that all the gifts we possess have been bestowed by God and entrusted to us on condition that they be distributed for our neighbors' benefit."

하는 것은, 이 계명을 통해 "사람이 하나님의 형상인 동시에 우리의 혈육이라는 이중근거" 즉 교회론적 언약이해를 갖게 되었기 때문이고 여겨진다.[247)]

(3) 제7계명(PRAECEPTUM SEPTIMUM, 출 20:14; 신 5:18)

"간음하지 말찌니라"[248)]

이어서 제7계명은 단순한 성적인 범죄를 의미하는 것만이 아니라, 더 중요한 언약의 파기에 대한 하나님의 금지명령으로 이해해야 한다. 왜냐하면 간음 행위는 자기 자신도 그러하고 다른 사람의 부인으로 하여금 결혼의 서약 즉 언약관계를 파괴하도록 하는 것이기 때문이다.[249)]

> 인간의 삶에서 가장 신성한 것으로 간주될 필요가 있는 것을 하나만 꼽으라면, 아마도 그것은 남편이 자기 아내에 대해 그리고 아내가 자기 남편에 대해 갖고 있는 믿음일 것입니다. 사실 우리는 우리가 맺은 모든 계약과 약속들을 신실하게 지켜야 합니다. 그러나 만약 우리가 굳이 결혼과 관련해 어떤 비교를 해야 한다면, 우리는 이것을 "하나님의 언약"(잠 2:17)이라고 불러도 좋을 것입니다.[250)]

하나님께서는 성숙과 순결을 사랑하시므로 모든 불결을 멀리해야

247) *Institutes*. II.viii.40. "Scripture notes that this commandment rests upon a twofold basis: man is both the image of God, and our flesh." 이에 더하여 칼빈은 이 제6계명을 통하여 그리스도의 구속사업과 은총이 결국 *Institutes*. III.vii.2-7; III.xx.38;45-46 에서는 구원론적으로 연결되고 IV.i.11-19; IV.xiv.9; IV.xvii.38-40 에서는 교회론적으로 확대되는 내용을 다룬다.

248) *Institutes*. II.viii.41. "*Non moechaberis*."

249) 『신명기강해 2』, 431.

250) 『십계명강해』, 238.

하고,[251] 그런 하나님의 원하심에 따라 하나님의 전(殿, 고전 3:16; 6:15; 고후 6:16)으로 지으심을 입었기 때문이 더욱 그렇게 해야 한다.[252]

> 의로움과 진실함은 서로 떼어놓을 수 없습니다. 하나님은 당신의 율법에서 그 둘을 함께 묶어 놓으셨기 때문입니다. 그리고 우리가 보는 바와 같이 그것을 당신의 사도를 통해서 확실하게 하셨는데 그 사도는 여기서 간략하게 다루었던 내용을 자세하게 설명했습니다. 따라서 이 본문 말씀에 담겨있는 참된 의미를 이해하려면 우리는 우리 몸속에 정직하지 못한 것과 방종함이 없게 하기 위해서 하나님이 우리에게 정직하고 정숙한 생활을 하라고 명령하신다는 사실을 알아야 합니다. 그것이 이 계명의 핵심입니다.[253]

따라서 칼빈은 이 제7계명에 대해 언약적 관계로서의 남편과 아내가 상호간에 취해야할 신실한 태도에 대해 이렇게 설명한다, "인간의 전 생활에서 거룩하게 여겨져야 할 것이 있다면 그것은 남편이 그의 아내에게 또 아내가 자기 남편에게 맹세한 약속입니다. 우리가 한 모든 언약과 약속은 성실하게 지켜져야 합니다(시 15:4)."[254] 성경에서 결혼의 비유가 언약적 관계로 되어 있음을 주지할 필요가 있는데, 왜냐하면 혼인은 하나님의 언약이기 때문이다.[255]

---

251) *Institutes*. II.viii.41. "because God loves modesty and purity, all uncleanness must be far from us."

252) Calvin, *Catechism of the church of Geneva*. Q203. "M. What more then does it comprehend? S. Inasmuch as both our bodies and our souls are temples of the Holy Spirit (1 Corinthians 3:16; 6:19,) we must observe a chaste purity with both, and accordingly be chaste not only by abstaining from outward flagitiousness, but also in heart, speech, bodily gesture, and action (2 Corinthians 6:16 ;) in short, our body must be free from all lasciviousness, our mind from all lust, and no part of us be polluted by the defilements of unchastity."

253) 『신명기강해 2』, 431.

254) Ibid., 432.

255) 『십계명강해』, 238.

(4) 제8계명(PRAECEPTUM OCTAVUM, 출 20:15; 신 5:19)

"도적질하지 말찌니라"[256)]

이제 8계명은 만물이 하나님의 지으심에 의해 창조되었고 사람들의 소유 역시 하나님의 분배에 의해 주어졌음을 전제하여, 그렇기 때문에 간계로 남의 물건을 취한다면 그것은 하나님의 경륜을 배제하는 것임을 교훈한다.[257)] 따라서 우리가 자신의 처지에 만족하고, 정직하며 합법적인 이익을 얻으려고 수고한다면 이 계명을 바르게 지키는 것이 된다.[258)] 이에 더하여 각자가 자기 재산을 잘 보존하도록 부여된 의무들에 충실하게 최선을 다해야 한다고 칼빈은 지도한다.[259)]

더 중요하게 이 계명은 우리로 모든 부의 근원이신 하나님께서 채우실 것에 대한 기대로 기다리는 법을 배워야 한다고 가르치면서, 그러할 때 이 세상의 모든 탐욕과 강도, 사기와 같은 죄된 탈취행위들이 사라질 것을 기대하게 한다. 칼빈은 이를 위해 신자로 하여금 언약관계 가운데 신뢰깊은 고백으로 인도한다.

> 하나님은 우리의 아버지이시다. 그러므로 그분이 우리에게 필요한 모든 것을 제공해 주실 것이다. 우리가 이 세상에서 살아가는 데 필요한 모든 것을 얻기 위해 소망해야할 대상은 오직 그분뿐이다. 한마디로, 우리의 모든 부의 근원은 그분의 은총이다.[260)]

---

256) *Institutes*. II.viii.45. "*Non furtum facies*."

257) Ibid., "We must consider that what every man possesses has not come to him by mere chance but by the distribution of the supreme Lord of all. For this reason, we cannot by evil devices deprive anyone of his possessions without fraudulently setting aside God' s dispensation."

258) *Institutes*. II.viii.46. "We will duly obey this commandment, then, if, content with our lot, we are zealous to make only honest and lawful gain."

259) Calvin, *Catechism of the church of Geneva*. Q207. "M. What then must be done to obey this commandment? S. We must endeavour to let every man have his own in safety."

260) 『십계명강해』, 276.

그러할 때 우리는 항상 입법자이신 하나님을 생각하면서, 다른 사람들의 행복과 이익을 위해서 나누며 섬기는 삶을 살 수 있을 것이다.[261] 여기서 칼빈은 교회론적 언약이해에 따라 이렇게 말한다.

> 만일 어떤 사람이 우리에게 이웃을 사랑하는 것이 매우 어려운 일이냐고 묻는다면 우리는 그렇지 않다고 대답할 것입니다. 그럼에도 불구하고 사람들이 남의 물건을 빼앗는 것을 가볍게 여긴다는 것은 이상합니다. 대자연이 사람들을 연합하여 하나가 되게 했고 또 하나님은 그들 모두를 당신의 형상대로 지으셨기 때문에 우리가 서로를 사랑한다는 것은 어렵지도 않고 번거롭지도 않아야 하는 것이 마땅합니다. 사도 바울이 말한 것처럼 만약 어떤 사람에게 사랑이 있다면 그는 결코 도둑이 되지 않을 것입니다.[262]

따라서 그리스도로 말미암아 새로운 피조물이 된 성도들은, 하나님의 명령인 정의와 공의를 따라 이땅 가운데 하나님을 영화롭게 하기 위하여 그분께서 주신 명령인 사랑원칙과 같이 다른이들의 행복과 이익을 보호하기 위해 노력해야 할 것이다.[263]

(5) 제9계명(PRAECEPTUM NONUM, 출 20:16; 신 5:20)

"네 이웃에 대하여 거짓 증거하지 말찌니라"[264]

칼빈이 밝히고 있는 제9계명의 목적은, 진리이신 하나님께서 거짓을 미워하심으로 우리는 서로 진실히 행하며 결코 속이지 말아야 한다는 것

---

261) *Institutes*. II.viii.46. "our mind must always have regard for the Lawgiver, that we may know that this rule was established for our hearts as well as our hands, in order that men may strive to protect and promote the well-being and interests of others."

262) 『신명기강해 2』, 461.

263) Ibid., 475-476; *Institutes*. II.viii.46. "our mind must always have regard … in order that men may strive to protect and promote the well-being and interests of others."

264) *Institutes*. II.viii.47. "*Non eris adversus proximum tuum testis mendax.*"

이다.[265] 뿐만 아니라 제9계명은 이웃에 대해 좋은 평가하고 좋은 평판을 갖도록 보호하려는 적극적인 목적 또한 내포하고 있다.[266] 그러므로 칼빈은 제9계명에 대해 그리스도께서 교훈하신 바를 깊이 이해하고, 보다 더 적극적인 입장에서 이렇게 설명한다.

> 예수 그리스도께서도 죄인들의 죄를 용서해주심으로써 죄인들을 당신 곁으로 다정하게 끌어오지 않으셨습니까? 그러니 복음을 전하는 사람은 가혹해야 합니까? ... 예수 그리스도께서 지향하시는 목적은 우리가 무례한 짓을 했다는 말을 듣게 되면 우리로 하여금 그것을 부끄럽게 여기게 하고 또 우리의 피난처가 당신의 은혜밖에 없다는 것을 알게 하시고, 우리를 심히 당황하게 만드시는 것입니다 ... 누구든지 자기 형제를 보고 바보라고 하는 자는 지옥 불에 들어가게 되고 또 누구든지 그에게 투덜거리기만 해도 저주를 받게 된다고 말씀하신 우리 주 예수 그리스도의 뜻을 받아들인다면 그 말이 더 잘 이해될 것입니다(마 5:22).[267]

칼빈은 그러므로 이 계명에서 하나님께서 말과 혀를 주신 이유를 살펴보는 데로 나아가는데, 이는 바로 신자 상호간에 서로 소통할 수 있게 하심이요 그래서 소통하는 목적을 생각하면 다름아닌 사랑 안에서 서로를 지탱하는 것임을 지적한다.[268] 즉 계명이 외적으로 보이는 부정적인 의미를, 적극적인 의미로 바꾸어준다.

> 우리는 하나님이 우리에게 서로 소통하는데 필요한 수단을 주신 것은, 우

---

265) Ibid., "The purpose of this commandment is: since God (who is truth) abhors a lie, we must practice truth without deceit toward one another."

266) Calvin, *Catechism of the church of Geneva*. Q212. "M. Explain then what it means in substance. S. It enjoins us not to think ill of our neighbours, or be prone to defame them, but in the spirit of kindness and impartiality to think well of them as far as the truth will permit, and study to preserve their reputation entire."

267) 『신명기강해 2』, 490-1.

268) 『십계명강해』, 305.

> 리를 위한 그분의 특별한 선물이라는 것을 알아야 합니다 ... 그러므로 우리는 하나님이 주신 그 선물을 사용해야 하며, 우리의 악으로 그것을 더럽히지 말아야 합니다. 하나님이 우리에게 그것을 선물로 주신 것은 우리가 서로에게 부드러운 사랑과 형제애를 보이게 하시기 위함이었습니다.[269]

우리는 다른 이들의 말과 행동에 대해 공정하게 해석하여, 그들의 명예를 진지하게 보호할 뿐만 아니라 나아가 그들의 이익 또한 지켜주는 일이 참으로 언약관계에 합당한 일이라 하겠다.[270] 이는 많은 재물보다 명예가 더욱 귀하기 때문(잠 22:1)이다. 칼빈은 그래서 성도는 하나님의 진리를 지키고 그 진리 안에서 정직하게 처신해야 한다고 권면한다.[271] 이를 통해 상호간에 신실하게 대하며 존중하는 교회됨이 이루어지는 것이다.

(6) 제10계명(PRAECEPTUM DECIMUM, 출 20:17; 신 5:21)

> "네 이웃의 집을 탐내지 말찌니라 ..."[272]

이제 마지막 제10계명의 목적은, 하나님께서 우리에게 원하시는 것은 우리의 영혼이 사랑하는 습성을 갖는 것이기에 사랑과 반대되는 일체의 욕망을 버려야한다는 교훈이다.[273] 즉 탐심은 우리의 모든 애착을 대표하

---

269) Ibid., 306.

270) *Institutes*. II.viii.47-8. "Hence this commandment is lawfully observed when our tongue, in declaring the truth, serves both the good repute and the advantage of our neighbors. The equity of this is quite evident ··· as far interpreters of the words and deeds of all, let us sincerely keep their honor safe in our judgment, our ears, and our tongue."

271) 『신명기 강해 2』, 498-9.

272) *Institutes*. II.viii.49. "*Non concupisces domum proximi tui, est.*"

273) Ibid., "The purpose of this commandment is: since God wills that our whole soul be possessed with a disposition to love, we must banish from our hearts all desire contrary to love."

고 우리의 의지가 포함되어 있기에, 이 계명을 통해 주께서는 우리가 철저하게 그러한 애착들에 대한 인식을 촉구하신다. 바꾸어 말하면, 이러한 촉구는 결국 완전함을 요구하시는 것이기에, 우리의 마음과 의식이 그분에 대한 두려움과 경건에 대한 갈망으로 채워져야 함을 일깨우시는 교훈인 것이다.[274)]

이 계명에 대한 설명을 마치면서 요리문답에서 이를 다른 질문들에서는 답에 교훈을 두었던 것과 달리 질문 속에 교훈을 담아 명료하게 가르친다.

> 216. 목사: 위에서 다른 계명들로도 확실하고 굳은 의지를 지닌 악한 성향들이 정죄된 바와 같이 이제 이 계명에서 주님께서는 우리에게 아주 완전한 성결을 요구하고 계시는 것이라 생각하고 있구나. 그리하여 그 어떤 악한 욕망도 우리의 마음속에 들어와서 우리의 마음을 부추기고 움직여서 악으로 이끌어가지 못하게 하신다고 말이다. 아이: 그렇습니다.[275)]

그러므로 율법은 우리가 율법을 완전히 지킬 수 없는 무능력에 대해 정죄하지만, 또한 율법은 우리로 그리스도를 통하여 주시는 하나님의 은혜에 대해 갈급하게 하여 그분께 나아가 도움을 요청하고 강건하게 해주시기를 간구할 수 있는 은혜를 누리게 한다.[276)] 칼빈은 이에 대해 다음과 같이 요약한다.

> 모세는 율법의 목표를 지적해야할 때마다, 항상 같은 생각을 되풀이해서 그들에게 들려주었다. 율법의 교훈이 목적하는 것은 성결한 생활로 사람을

---

274) 『십계명강해』, 313-4.

275) Calvin, *Catechism of the church of Geneva*. Q216. "M. You understand then that the evil affections in which men acquiesce, and by which they allow themselves to be overcome, were prohibited before, but that the thing now required of us is such strict integrity that our hearts are not to admit any perverse desire by which they may be stimulated to sin? S. Exactly so."

276) 『십계명강해』, 326-7, 335.

> 하나님과 연결하며, 모세가 다른 곳에서 말했듯이, 사람이 하나님에게 부종(附從)하게("꼭 붙어 있게") 하려는 것이다(참조, 신 11:22; 30:20).[277)]

이러한 칼빈의 십계명에 대한 그리스도 중심적이며 언약적인 이해는, 또한 "하이델베르크 요리문답(1643)"에서 동일하게 이어져서 나타난다.

> 115문: 이 세상에서는 아무도 십계명을 완전히 지킬 수 없는데 하나님께서는 왜 그렇게 엄격히 십계명을 설교하게 하십니까? 답: 첫째, 평생동안 우리의 죄악된 본성을 더더욱 알게 되고, 그리하여 그리스도 안에서 사죄와 의로움을 더욱더 간절히 추구하도록 하기 위함입니다. 둘째, 이 세상의 삶을 마치고 목적지인 완전에 이를 때까지, 하나님의 형상으로 더욱더 변화되기를 끊임없이 노력하고 하나님께 성신의 은혜를 구하기 위함입니다.[278)]

그러므로 칼빈의 이러한 십계명에 대한 주석을 종합해볼 때, 그에게 있어서 십계명은 그저 규범적인 내용인 율법이 아니라, 철저하게 하나님과 인간 간의 그리고 인간 상호간의 언약관계 가운데서 오직 그리스도를 지향하게 하는 "복음적 율법"이라고 할 수 있다.[279)] 이에 대해 호튼은 율법의 복음적 성격에 대해 다음과 같이 잘 설명해준다.

---

277) *Institutes*. II.viii. 51. "Moses did not cease to harp on this same thought to them whenever he had to point out the aim of the law. Here is the object of the teaching of the law: to join man by holiness of life of his God, and, as Moses elsewhere says, to make him cleave to God [cf. Deut.11:22 or 30:20]."

278) *Heidelberg Catechism*. Question 115. Why will God then have the ten commandments so strictly preached, since no man in this life can keep them? Answer: First, that all our lifetime we may learn more and more to know our sinful nature, and thus become the more earnest in seeking the remission of sin, and righteousness in Christ; likewise, that we constantly endeavour and pray to God for the grace of the Holy Spirit, that we may become more and more conformable to the image of God, till we arrive at the perfection proposed to us, in a life to come.

279) 『칼빈의 언약사상』, 404. "율법과 복음은 칼빈의 사상에 긴밀하게 연관되어 있다. 율법과 복음은 선행 공로 신학을 거부할 때만 대조된다."

> 우리가 처음 믿었을 때보다 더 많이 우리는 감사함으로 돛에 바람을 잔뜩 받게 하는 능력을 복음의 덕분으로 돌려야 하고, 그러한 감사가 이루어지는 바른 길은 율법의 덕분으로 돌려야 한다. 시작과 중간과 끝에서 복음은 "모든 믿는 자에게 구원을 주시는 하나님의 능력이다"(롬 1:16). [280]

이렇게 칼빈에게서 참으로 그리스도 중심적이며 또한 언약적인 율법에 대한 참된 이해를 보게 된 것은, 십계명 주석을 통해 얻은 수확收穫이라 하겠다.[281]

2. 칼빈의 "갈라디아서" 주석

앞에서 다룬 십계명 즉 율법에 대한 언약이해를 바탕으로 갈라디아서 2:15-21절과 3:15-18절에 대한 칼빈의 성경주석을 통해, 그의 언약사상이 교리적으로 기독론적 칭의론에 기반하고 그러한 기독론에 기반한 언약사상임을 확인하려고 한다.

(1) 갈라디아서 2:15-21 주석

갈라디아서에서 사도 바울이 "칭의"에 대해 먼저 해설하는 본문은 다름 아닌 2:15-21절이다.

---

280) 『언약신학』, 267-8.

281) Moon, *Christ the Mediator of the Law*, 242. "By designating Christ as the life and spirit of the law, Calvin supremely witness of the working of the law as the rule of life and life-giving through the inspiration of the Spirit of Christ the Mediator. Also by attesting that Christ is ' the end(*finem*) ' and ' the only aim(*scopum*) ' of the law, Calvin sets the foundation of the liberation from the bondage of the law seen in the previous verse. In conclusion, the law, which is a rule of living(*regula vivendi*), works as a life-giving rule(*regula vivificandi*) for believers by the exhortatory use of the law, which demonstrates the essence of Calvin's third use of the law."

15. ἡμεῖς φύσει Ἰουδαῖοι καὶ οὐκ ἐξ ἐθνῶν ἁμαρτωλοί, 16 εἰ
δότες δὲ ὅτι οὐ δικαιοῦται ἄνθρωπος ἐξ ἔργων νόμου ἐὰν μ
ὴ διὰ πίστεως Χριστοῦ Ἰησοῦ, καὶ ἡμεῖς εἰς Χριστὸν Ἰησοῦν ἐ
πιστεύσαμεν, ἵνα δικαιωθῶμεν ἐκ πίστεως Χριστοῦ καὶ οὐκ ἐξ
ἔργων νόμου, ὅτι ἐξ ἔργων νόμου οὐ δικαιωθήσεται πᾶσα σά
ρξ.17 εἰ δὲ ζητοῦντες δικαιωθῆναι ἐν Χριστῷ εὑρέθημεν καὶ α
ὐτοὶ ἁμαρτωλοί, ἆρα Χριστὸς ἁμαρτίας διάκονος; μὴ γένοιτο.
18 εἰ γὰρ ἃ κατέλυσα ταῦτα πάλιν οἰκοδομῶ, παραβάτην ἐμαυ
τὸν συνιστάνω. 19 ἐγὼ γὰρ διὰ νόμου νόμῳ ἀπέθανον ἵνα θε
ῷ ζήσω. 20 Χριστῷ συνεσταύρωμαι· ζῶ δὲ οὐκέτι ἐγώ, ζῇ δὲ ἐ
ν ἐμοὶ Χριστός· ὃ δὲ νῦν ζῶ ἐν σαρκί, ἐν πίστει ζῶ τῇ τοῦ υἱ
οῦ τοῦ θεοῦ τοῦ ἀγαπήσαντός με καὶ παραδόντος ἑαυτὸν ὑπ
ὲρ ἐμοῦ. 21 οὐκ ἀθετῶ τὴν χάριν τοῦ θεοῦ· εἰ γὰρ διὰ νόμου
δικαιοσύνη, ἄρα Χριστὸς δωρεὰν ἀπέθανεν.

(1) 칼빈은 이 갈라디아서 2:15-21절을 주석註釋하면서, "의롭게 되다(δικαι οῦται)"라는 칭의의 문제에 대해서 기독론적으로 "그리스도로 말미암는 칭의"에 대해 다루면서, "가장 먼저 알려야 할 것은, 우리는 행위에 의해 의롭게 될 수 없기 때문에, 반드시 그리스도를 믿는 믿음에 의한 칭의를 추구해야만 한다는 사실이다"라고 말한다.[282] 이를 『기독교강요』(1559)에서는 "그리스도 의의 전가"라고 명확하게 설명한다.[283] 부언하면, 칭의는 결코 인간의 행위나 율법의 행위로 말미암아 이룰 수 없는 구원의 은혜로서 오직 예수 그리스도에 대한 믿음으로 말미암아서만 가능하다는

282) John Calvin, *Commentaries on the Epistles of Paul to the Galatians and Ephesians*, tr. William Pringle(Grand Rapids: Bake, 2003) *Galatians*. 2:15. "The first thing to be noticed is, that we must seek justification by the faith of Christ, because we cannot be justified by works." 이하 *Galatians*.로 표시한다.

283) *Institutes*. III. xi. 2. "Therefore, we explain justification simply as the acceptance with which God receives us into his favor as righteous men. And we say that is consists in the remission of sins and the imputation of Christ's righteousness."

내용이기에,[284] 교리적으로 칭의에 대한 기독론적인 강조를 하고 있음을 분명하게 볼 수 있는 것이다.

그래서 맥그라스는 "칼빈 칭의 이해의 강점은 칭의가 이제 기독론적으로 인식된다"고 평가한다.[285] 사실 이에 대해 『기독교강요』(1559)에서 잘 설명하고 있다.[286]

> 우리는 오직 그리스도의 의의 중재에 의해서 하나님 앞에서 의롭다함을 얻는 것이 분명하다(*Hinc et illud conficitur, solar intercessione iustitiae Christi nos obtinere ut Coram Deo iustificemur*). 이 말은 사람이 자신 만으로서는 의롭지 않으나 그리스도의 의가 그에게 전가되며 전달됨으로써 의롭다함을 받는다는 것과 같다 ... 우리의 의는 우리에게 있지 않고 그리스도의 안에 있다는 것, 우리가 의를 소유하는 것은 오직 그리스도의 의에 참예하기 때문이란 것을 여기서 알 수 있다. 참으로 우리는 그리스도와 함께 완전히 또 풍부하게 가졌다 ... 참으로 이것은 진리이다. 하나님 앞에 바로 서서 구원을 얻으려면 우리는 그리스도의 향취로 좋은 냄새를 풍기며, 우리의 악을 그의 완전성으로 덮고 묻어버려야 한다.

사실 갈라디아서 2:15-21절을 문법적으로 분석해보면, 특징적으로 여기

---

284) 존 스토트, 『갈라디아서강해: 자유에 이르는 오직 한 길』 문인현,김경신 역 (서울: 아가페출판사, 1990), 78. 존 스토트는 "자신에 대한 신뢰로 인하여 예수 그리스도를 믿지 않는 것은 하나님의 은혜와 그리스도의 십자가에 대한 모욕이다."라고까지 그리스도로 인한 칭의에 대해 강조한다.

285) 『하나님의 칭의론』, 342. "칼빈은 신자들의 그리스도로의 접붙임의 결과 신자들에게 동시적으로 그리고 분리되지 않고 수여되는 가장 중요한 그리스도의 호의(*beneficia Christi*)로서 칭의와 성화를 이해한다."

286) *Institutes*. III. xi. 23. "From this it is also evident that we are justified before God solely by the intercession of Christ's righteousness. This is equivalent to saying that man is not righteous in himself but because the righteousness of Christ is communicated to him by imputation ··· You see that our righteousness is not in us but in Christ, that we possess it only because we are partakers in Christ; indeed, with him we possess all its riches ··· And this is indeed the truth, for in order that we may appear before God's face unto salvation we must smell sweetly with his door, and our vices must be covered and buried by his perfection."

16절에서 3번 사용되고 있는 "의롭다(δικαιόω)"는 동사가,[287] 의도적으로 수동태(διακιοῦται: 의롭게 되다)로 사용되고 있고 칼빈 역시 라틴어로 성경을 번역하면서 원어성경에 충실하게 그렇게 수동태를 사용하고 있음(*justificari, justificaremur, justificabitur*)을 발견할 수 있다.[288] 그 이유는 칭의가 사람에게는 철저하게 수동적으로 의롭게 되는 것임을 의미할 뿐 아니라 그러하기에 자신의 구원에 있어 의롭게 되는 일에서는 인간의 역할이 철저하게 배제됨을 의미하고 있음을 주목하였기 때문이다.[289]

그렇다면 누가 인간의 역할을 넘어서 의롭게 됨을 주관하고 계시는가 하면, 오직 "그리스도"라는 해답解答에 도달하게 되는데, 이는 두 구절의 교차(chiastic) 구조가 그것을 선명하게 보여주고 있음을 알 수 있다(A-B-B'-A').

> 16절a. "사람이 의롭게 되는 것은 율법의 행위에서 난 것이 아니요 오직 예수 그리스도를 믿음으로 말미암는다" (οὐ δικαιοῦται ἄνθρωπος ἐξ ἔργων νόμου ἐὰν μὴ διὰ πίστεως Χριστοῦ 'Ιησοῦ)
>
> And
>
> 16절b. "이는 우리가 율법의 행위에서 아니고 그리스도를 믿음으로서 의롭다 함을 얻으려 한다" (ἵνα δικαιωθῶμεν ἐκ πίστεως Χριστοῦ καὶ οὐκ ἐξ ἔργων νόμου)

(2) 이제 이에 더하여, 눈여겨 보아야 할 다음 내용은 본문에서 "의롭다(δικαιόω)"라는 표현이 17절에 와서는 "δικαιωθῆναι ἐν Χριστῷ"라는 "그리스도 안에서의 칭의"에 대해 말하고, 21절에서 와서는 이와 대조되게 "διὰ

---

287) Richard N. Longenecker. *Word Biblical Commentary* vol. 41. *Galatians*. (Dallas: Wordbooks, 1990), 84.

288) *Galatians*. 2:16. 칼빈이 번역한 라틴어성경의 내용은 다음과 같다."*Cognito, non justificari hominem ex operibus legis, nisi per Iesu Christi, et nos in Iesum Christum credidimus, ut justificaremur ex fide Christi, et non ex operibus legis; propterea quod non jusificabitur ex opeibus legis omnis caro.*"

289) 조병수,『갈라디아서』(서울: 도서출판 가르침, 2005), 103.

νόμου δικαιοσύνη"라는 "율법에 의한 칭의"가 설명되고 있음이다. 즉, 대조적 표현을 사용하여 의롭게 함 즉 칭의의 주체가 "그리스도/믿음으로 의한 것(διὰ πίστεως Χριστοῦ 'Ιησοῦ, ἐκ πίστεως Χριστοῦ)"에 대하여 "율법/행위에 의한 것(ἐξ ἔργων νόμου, ἐξ ἔργων νόμου)"이라는 대립적 구조를 통하여 의도적으로 전자 즉, "그리스도에 의한 칭의"인 기독론적 칭의에 대한 분명한 강조를 하고 있음을 볼 수 있다.[290)]

이러한 대조는 복음 즉 "그리스도"와 "율법"의 대조적 관계에 대한 중요한 이해를 제공한다. 왜냐하면 칼빈이 간파한 바울의 이 두 가지 요소 즉, 그리스도와 율법에 대한 신학적 이해는 그리스도 중심적인 칭의론이기 때문이다.[291)] 그것을 이제는 대조(contrastive) 구조를 통해 강조하고 있다.

> 17절a. "만일 우리가 그리스도 안에서 의롭게 되려 하다가 (εἰ δὲ ζητοῦντες δικαιωθῆναι ἐν Χριστῷ)"
>
> versus
>
> 21절b. "만일 의롭게 되는 것이 율법으로 말미암으면 그리스도께서 헛되이 죽으셨느니라. (εἰ γὰρ διὰ νόμου δικαιοσύνη, ἄρα Χριστὸς δωρεὰν ἀπέθανεν)"

칼빈은 그리스도로 말미암는 칭의와 율법과의 관계에 대해서 여기서 처

---

290) Longenecker, 84. "Paul's understanding of νόμου ('law'), which he contrasts in some manner with Jesus Christ." ; 최홍식 "갈라디아서의 칭의론: 기독론을 중심으로" 『그말씀』 2007년10월(198-213), 208; 물론 이들은 신학적으로는 J. Dunn의 견해에 따르기에 필자와 신학적인 견해를 달리하지만, 부분적인 해석과 기독론적 칭의론에 대한 설명은 유익하여 여기 참조한다.

291) 최홍식, 210. Choi Hung-Sik, "*The Truth of the Gospel: An Exegetical and Theological Study of the Antitheses in Galatians 5.2-6*" (Ph.D Thesis, University of Durham, 2002), 95-7. "Here paul is contrasting righteousness within two spheres-the sphere of Christ and the sphere of the law … Justification in Christ means one can become the people of God not by participating in the sphere of the law(within the boundary of the law) through the works of the law but by participating in sphere of Christ … In short, Justification in Christ is Paul's theological rationale for his rejection of justification in and through the law."

럼 바울의 의도가 분명코 율법과 그리스도로 인한 믿음이 다름을 주목하는데,[292] 그래서 "믿음이 의를 얻게 하는 것은 우리를 그리스도의 의에 참예하도록 인도하기 때문이고 그외의 방법에 있는 것이 아니다. 그렇지 않다면 사도가 역설하는 일이 모두 와해되고 말 것이다"라고 철저하게 그리스도 중심적으로 설명한다.[293] 그래서 맥그라스는 거듭 강조하기를, "칭의는 오직 그리스도에 의한 것이다 ... 오직 그리스도를 통해서만 칭의가 이루어진다"라고 말한다.[294]

(3) 여기에 그치지 않고 더 나아가 그러한 그리스도 중심적인 칭의에 대한 칼빈의 강조가 "그리스도가 없으면 진정한 거룩도 없다"라는 주제로 설명되기를,

> 하나님의 아들을 떠나서는 생명이 없다고(요일 5:12) 하는 요한의 말이 사실이라면, 그리스도의 의에 참여하지 못한 사람은 누구든지 또는 무엇을 하든지 간에, 평생 멸망으로 또 영원한 죽음의 심판으로 급히 나아가고 있는 것이다. 이 생각과 일치되는 말을 어거스틴도 했다. "우리의 종교는 의와 불의를 행위의 법에 의하지 않고 믿음의 법에 의해서 구별한다. 믿음이 없으면 선행 같은 것도 죄로 변한다."[295]

라고 한다. 이러한 강조가 갈라디아서 2:21절의 주석註釋에서 너무도 확

292) *Institutes*. III. xi. 18.

293) *Institutes*. III. xi. 20. "Indeed, it justifies in no other way but in that it leads us into fellowship with the righteousness of Christ. Otherwise, everything that the apostle insists upon so vigorously would fall."

294) 『하나님의 칭의론』, 342-3. "칭의는 오직 그리스도에 의한 것이다. 믿음은 단순히 그리스도를 받아들이는 그릇이다. 그리고 이 그릇은 가치 면에서 그릇이 담는 보물과 비교될 수 없다. 따라서 믿음은 칭의의 도구적 요인이라고 말할 수 있을 것이다(*Institutes*. III.xi.7.)

295) *Institutes*. III. xiv. 4. *Without Christ there is no true holiness* "Moreover, if what John says is true, that there is no life apart from the son of God [1John 5:12], those who have no part in Christ, whatever

연히 설명되고 있는데, "그리스도의 죽음으로 인한 보상은 그가 우리 죄를 위해 속죄를 이루심으로 아버지와 우리를 화해시키신 것이다. 그래서 이에 따라, 결코 행위에서가 아니라 그의 은혜로 우리는 의롭게 된다"라고 칼빈은 설명한다.[296)]

그러기에 교황주의자들의 의견에 분명히 반대하면서 "율법에 의한 의롭게 됨이라면, 그리스도께서 죽으셔야만 했던 이유가 없었다"라는 견해를 소개함으로써, 자유파(Libertine sect)나 반反율법주의자(Antinomians)들에 대해 칼빈은 '무지한 사람들이라 경솔하게 행한다' 라고 신랄하게 비판할 뿐 아니라,[297)] 자신이 가진 칭의에 대한 기독론적 이유를 더더욱 분명히 한다.[298)]

(2) 갈라디아서 3:15-18 주석

이제는 칼빈의 갈라디아서 3:15-18절 주석에서 이제 바로 이 기독론적 칭의교리에 대한 설명을 언약론으로 다루는 내용을 살펴보려고 한다.

---

they may be, whatever, they may do or undertake, yet hasten all their lives to destruction and to the judgment of eternal death. In agreement with this idea is the statement of Augustine's: 'Our religion distinguishes the just from the unjust not by the law of works but by that if faith, without which what seemed good works are turned into sins'."

296) *Galatians*. 2:21. "for the reward of his death is, that he has reconciled us to the Father by making an atonement or our sins. Hence it follows, that we are justified by his grace, and, therefore, not by works."

297) *Institutes*. II. vii. 13. Whoever wants to do away with the law entirely for the faithful, understands it falsely. "Certain ignorant persons, not understanding this distinction, rashly cast out the whole of Moses, and bid farewell to the two Table of the law." 그래서 각주 20에서는 이렇게 설명을 더하고 있다. "This is probably directed not only against the Libertines sect but also against John Agricola, who broke from Luther and began the Antinomian Controversy, 1537, denying all Christian obligation to fulfill any part of the Old Testament law."

298) *Galatians*. 2:21. n 3. "for if righteousness be by the law, there was no reason why he should die."-Tittmann.

> 15 Ἀδελφοί, κατὰ ἄνθρωπον λέγω· ὅμως ἀνθρώπου κεκυρω
> μένην διαθήκην οὐδεὶς ἀθετεῖ ἢ ἐπιδιατάσσεται. 16 τῷ δὲ Ἀβρ
> αὰμ ἐρρέθησαν αἱ ἐπαγγελίαι καὶ τῷ σπέρματι αὐτοῦ. οὐ λέγε
> ι, καὶ τοῖς σπέρμασιν, ὡς ἐπὶ πολλῶν, ἀλλ' ὡς ἐφ' ἑνός, καὶ τ
> ῷ σπέρματί σου, ὅς ἐστιν Χριστός. 17 τοῦτο δὲ λέγω· διαθήκ
> ην προκεκυρωμένην ὑπὸ τοῦ θεοῦ ὁ μετὰ τετρακόσια καὶ τρι
> άκοντα ἔτη γεγονὼς νόμος οὐκ ἀκυροῖ, εἰς τὸ καταργῆσαι τὴ
> ν ἐπαγγελίαν. 18 εἰ γὰρ ἐκ νόμου ἡ κληρονομία, οὐκέτι ἐξ ἐπ
> αγγελίας· τῷ δὲ Ἀβραὰμ δι' ἐπαγγελίας κεχάρισται ὁ θεός.

칼빈은 갈라디아서 3:15-18절을 주석註釋하면서, "언약"이라는 헬라어 단어 "διαθήκη"(15, 17절)에 주목하고 있음을 발견할 수 있다. 물론 "언약(διαθήκη)"은 라틴어로 *Testamentum*이라고도 번역될 수 있고 *Pactum*이라고 번역될 수 있는데, 많은 차이는 아니지만 여기서 칼빈은 이 언약(διαθήκη)을 굳이 *Pactum*으로 번역한다. 그 이유는 히브리서 9:16에서 *Testamentum*이 그리스도께서 죽으셨기에 맺어진 "유언"으로 사용되기에, 여기서는 그리스도를 통해 하나님과 우리가 맺은 약속으로서 *Pactum*이 더 합당하다고 설명하면서,[299] 자신이 주석註釋에 번역한 라틴어성경에서 *Pactum*으로 번역한다.[300]

(1) 이러한 언약(διαθήκη)에 대한 라틴어 단어에 대한 칼빈의 관심은 결코 단순히 번역의 문제가 아니고, 그가 가진 언약신학에 대한 깊은 이해를 드

---

290) *Galatians*. 3:15. "The Greek word διαθήκη, here used, signifies more frequently, what the Latin versions here render it, (*testamentum*) a testament; but sometimes too, a covenant, through in this latter sense the plural number is more generally employed. It is of little important to the present passage, whether you explain it *covenant* or *testament*. The case is different with the Epistle to the Hebrews, where the apostle unquestionably alludes to testaments, (Heb. ix. 16,17;) but here I prefer to take it simply for the covenant which God made." 이후로는 "*Galatians*." 으로 표기한다.

300) *15 Frates, secundum hominem dico, Hominis licet pactum, tamen si sit comprobatum, nemo rejicit aut addit aliquid ⋯ 17 Hoc autem dico: pactum ante comprobatum a Deo efga Christun, Lex, quǽ post annos quadringentos et triginta cœpit, non facit irritum, ut abroget Promissionem*

러내는 내용임에 주목해야 한다. 이에 대해 피터 A. 릴백은『기독교강요』 최종판(1559)에서의 "언약"에 대한 언어적 연구를 통해 그간 충분히 연구되지 못했던 칼빈의 언약사상을 드러내기를, 칼빈은 폭넓게 언약용어를 사용했다고 밝힌다. 즉, 칼빈의 언약사용의 지대함을 확증하기 위해 "언약"에 대한 용어 사용의 예들을 연구하였는데, 우선은『기독교강요』를 저술함에 있어 계속해서 라틴어의 "언약"이라는 단어인 *Pactum*, *Testamentum*, *Foedus*를 반복해 사용한 것을 그 예로 든다.[301]

구체적으로 칼빈은 언약이라는 단어인 *Pactum*과 그 유사형인 *paciscor*, *pacitio*를 35번 사용하고, *Testamentum*을 84회 사용하고, *Feodus*와 그 유사형을 154회 사용함으로써, "언약"이라는 의미의 단어를 전체적으로 총 273회나 사용한다. 이는 칼빈이『기독교강요』에서 사용하고 있는 다른 단어들의 사용빈도수와 비교해볼 때 비교할 수 없이 많은 횟수들인데,[302] 다른 단어의 예를 들면 *electio*는 327회, *justificatio*와 그 유사형인 *justifico*는 271회 사용되는 등 많은 빈도수를 나타내기는 하지만 "언약(*Pactum*, *Testamentum*, *Foedus*)"이라는 주제를 설명하기 위해 사용하는 것과의 많은 차이가 있다.

그와 연관하여 칼빈의 라틴어성경 번역에서 "언약"이라는 단어는 총 143번 사용되었는데 *Pactum*이 57번, *Testamentum*은 24번, 그리고 *Feodus*는 62번으로,[303] 칼빈의 "언약"용어 사용을 통해『기독교강요』와

---

301)『칼빈의 언약사상』, 191. 각주1-2. 이러한 칼빈언약의 용어적 이해는 릴백의 도움을 받았고, 릴백 또한 Ford Lewis Battles의 *Concordance to Calvin's corpus Reformatorum Edition of the Institutes of 1559*로부터 도움받았다.

302) Ibid., 190-1.

303) Ibid., 192. 릴백은 이에 대해서는 Richard Wevers의 용어색인(Concordance) 덕분에 비교적 쉬운 작업이었다고 밝힌다. cf. Richard F. Wevers, *A Concordance to the Latin Bible of John Calvin: Along with the Biblical Text Itself Reconstructed from The Text of his Commentaries* (Grand Rapids, Michigan: Metter Center for Calvin Studies at Calvin College and Seminary, 1985), 6 vols.

라틴어 성경번역에서 언약신학이 강력하고 사용되며 그의 사상적 기반인 것이 입증될 뿐 아니라 그러므로 릴백의 "언약은 칼빈신학의 빠뜨릴 수 없는 필수적(통합적) 부분으로 보인다"[304]라는 의견에 동감하게 한다. 즉, 칼빈이 *Testamentum*에 비해 *Pactum*을 더욱 비중있게 사용했다는 사실을 알게 된다.

(2) 바로 그 부분의 실제를 여기 갈라디아서 3:15-18절 주석註釋에서 볼 수 있다. 특별히 갈 3:15-18절에서 사용되는 "언약(διαθήκη, *Pactum*)"은 칼빈에게 있어서 '인간과 하나님이 언약을 만드는 행위 사이의 유사성을 보여준다' 는 점에서 주목되는 단어사용이다. 이를 사용하여 칼빈은 그리스도를 통해 하나님과 우리 사이에 상호적 동의가 끼워져 있다고 설명하기를,

> 그것 안에서 주님은 범죄로 말미암아 우리가 책임져야 할 죄책과 형벌을 취소하고 지우기로 약속하시고, 하나밖에 없으신 독생자 안에서 우리를 당신에게로 화합하시며, 그대신 우리는 이 고백으로 그분에게 자신을 경건과 순결을 추구하겠다고 묶어 버린다.[305]

라고 함으로써, 하나님과 우리 사이에 바로 "그리스도를 통한 언약"의 관계를 표현하기 위해 언약(*Pactum*)을 사용하여 자신이 가진 언약신학인 그리스도를 통한 언약론 즉, 기독론의 언약신학을 분명히 드러낸다. 이러한 칼빈의 기독론적 언약사상은 갈라디아서 3:16절 주석註釋에서 더욱 분명하게 드러나는데,

---

304) Ibid., "In other words, the covenant appears to be an integral part of Calvin's theology."

305) *Institutes*.IV.xiv.19. "since there is interposed here a mutual agreement between God and ourselves. For as in them the Lord promises to cancel and blot out any guilt and penalty contracted by us through our transgression, and reconciles us to himself in his only-begotten Son, so do we, in turn, bind ourselves to him by this profession, to pursue piety and innicence." 의미전달이 명확한 릴백(195)의 번역을 사용한다.

> 16절. 이 약속들은 아브라함과 그 자손에게 말씀하신 것인데 여럿을 가리켜 그 자손들이라 하지 아니하시고 오직 하나를 가리켜 네 자손이라 하셨으니 곧 그리스도라 (τῷ δὲ Ἀβραὰμ ἐρρέθησαν αἱ ἐπαγγελίαι καὶ τῷ σπέρματι αὐτοῦ. οὐ λέγει, καὶ τοῖς σπέρμασιν, ὡς ἐπὶ πολλῶν, ἀλλ ὡς ἐφ ἑνός, καὶ τῷ σπέρματι σου, ὅς ἐστιν Χριστός)

즉, "언약은 그리스도 안에서 맺어진 것이거나 그리스도와 관련하여 맺어졌다" 고 설명하면서,[306] 칼빈은 그리스도와 언약을 함께 묶는다.[307] 릴백은 그래서 이에 대해 "그리스도와 언약은 칼빈의 구원 (황)금사슬에서 핵심적인 역할을 한다" 고 평가하면서, 칼빈에게 있어서 기독론적 언약사상의 중요성이 구원론적으로 얼마나 큰 것인지를 보여준다.[308]

(3) 갈라디아서 3:17-18절 주석註釋에 이르러서는 칼빈의 이러한 기독론적 언약관을 구원론적 "칭의" 와 연결해서 설명한다.

> 17 - 18절. 내가 이것을 말하노니 하나님의 미리 정하신 언약을 사백 삼십 년 후에 생긴 율법이 없이 하지 못하여 그 약속을 헛되게 하지 못하리라 만일 그 유업이 율법에서 난 것이면 약속에서 난 것이 아니리라 그러나 하나님이 약속으로 말미암아 아브라함에게 은혜로 주신 것이라(τοῦτο δὲ λέγωδιαθὴκνην προκεκυρωμένην ὑπὸ τοῦ θεοῦ ὁ μετὰ τετρακόσια καὶ τριάκοντα ἔτη γεγονὼς νόμος οὐκ ἀκυροῖ, εἰς τὸ καταργῆσαι τὴν ἐπαγγελίαν. εἰ γὰρ ἐκ νόμου ἡ κληρονομία, οὐκέτι ἐξ ἐπαγγελίας. τῷ δὲ Ἀβραὰμ δί ἐπαγγελίας κεχάρισται ὁ θεός.)

---

306) *Galatians*. 3:16. "the covenant was made in Christ, or in reference to Christ."

307) 『칼빈의 언약사상』, 268.

308) Ibid., "Christ and covenant is a major strand in Calvin's golden chain of salvation." golden chain은 로마서 8:29~30에 나타난 구원의 순서에 대한 표현인데, 그러므로 여기서 칼빈의 언약론이 가진 구원론적인 특성에 대한 호칭이라고 여겨진다.

여기서 언약으로 인해 사람은 결코 율법으로 인하여 의롭게 되지 못한다는 교리가 설명되는데, 그러므로 칼빈은 "율법에는 언약이 없기 때문에, 율법 앞에서 사람은 결코 행위로 구원을 얻을 수 없다"고 이를 칭의와 연관하여 말하기를 "신적인 언약이 없고 받아들여짐의 선언도 없는 것처럼, 역시나 칭의가 가능한 행위도 없다. 그 결과로 바울의 주장은 완벽한 결론"이라고 단언한다.[309)]

이러한 내용은 결코 놀랄 것이 없이 당연스럽게 그리스도께서 칼빈 언약신학의 핵심이라는 사실을 밝혀준다.[310)] 이는 명료한 칼빈의 기독론적 언약론에 대한 확증인데, "언약의 실현은 그리스도시며, 그 실현에 의해서 언약은 최종적으로 확인되며 인준된다(*Illius complementum unde tandem habet ut statum ratunque sit, Christi est*)"[311)]라고 자신의 언약신학을 밝힌다.

> 여기서 우리는 율법의 언약과 복음의 언약, 그리스도의 직책과 모세의 직책이 어떻게 비교되는가를 관찰해야 한다. 만일 약속의 내용에 관한 비교라면 신구약간에는 큰 차이가 있을 것이다. 그러나 논의의 경향은 다른 방향으로 가므로, 우리는 그것을 따라 진상에 도달해야 한다. 그러면 우리는 그가 일찍이 영원불멸할 것이라고 하신 언약은 최종적으로 확인되며 인준된다. 언약의 실현은 그리스도시며, 이 실현에 의해서 언약은 최종적으로 확인되며 인준된다 ... 옛 언약은 그리스도의 피로 성별되며 확립된 때에 비로소 새롭고 영원한 언약이 되었다. 그래서 그리스도께서는 최후의 만찬에서 제자들에게 주신 잔을 "내 피로 세운 새 언약의 잔"이라고 부르셨다(눅 22:20). 이 말씀은 하나님의 언약은 그리스도의 피로 인친 때에 그 진상에 도달했으며, 또 그렇게 함으로써 새롭고 영원한 언약이 되었다는 뜻이다(*ut significet,*

---

309) *Galatians*. 3:17. "the law justifies, yet before the law men could not merit salvation by works, because there was no covenant ··· where no divine covenant, no declaration of acceptance is found, -no works will be available for justification: so that Paul's argument is perfect conclusive."

310) 『칼빈의 언약사상』, 265. "The covenant is Christ-centered for Calvin."

311) *Institutes*. II. xi. 4. "Its fulfillment, by which it is finally confirmed and ratified, is Christ."

tum vere Dei Testamento suam constare veritatem, per quam novum fit et aeterum dum sanguine suo obsinatur).[312)]

이는 더하여 율법과의 관계에 대한 해답이기도 하다. 그래서 칼빈이 특별히 이러한 기독론의 언약신학을 적용한 분야가 바로 "율법"임이 드러나는 것이다. 그러므로 율법은 명령과 언약 백성이 하나님의 뜻에 살아갈 수 있도록 전가하시는 그리스도의 의에 대한 약속을 동시에 계시하기에, 율법을 언약의 법이며 그러한 관점에서 모세법이 기반하고 있는 바 아브라함의 씨앗들과 맺은 은혜언약을 포함한다(*Institutes*. II.vii.1.)고 하겠다.[313)]

물론 칼빈에게 있어서 언약의 연속성은 율법과 은혜 사이에 결코 분리가 없다는 선언에서 시작하는 것과 같이, 신구약의 통일성과 같다고 할 수 있다, "영원한 언약의 역사에는 일관성이 있다. 율법과 은혜 사이, 율법과 복음 사이는 더 이상 축소할 수 없는 분리가 없다."[314)] 왜냐하면 그 이유는 이 두 가지가 본질상 동일하기 때문이다.[315)]

3. 종합

이상에서 칼빈에게 있어서의 십계명에 대한 해석과, 역시나 율법에 대한 신약적 언급이 갈라디아서 2:15-21절과 3:15-18절의 해석이 철저하게

---

312) Ibid.

313) *Christ the Mediator of the Law*, 214-5. "According to Calvin the law consists of the Ten Commandments, which is the rule of godly and righteous living, and of a form of religion on which the Mosaic Law was founded, that is the covenant of grace made with the seeds of Abraham (*Inst* 2.7.1, *CO* 2.252) … the Ten Commandments enforce "the perfect doctrine of piety and righteousness, " which signifies the moral law as a whole."

314) 『칼빈의 언약사상』, 283.

315) *Institutes*. II. x. 2. "Both can be explained in one word. The covenant made with all the partriachs is so much like ours in substance and reality that two are actually one and the same."

언약론적이며 동시에 기독론적임을 살펴보았다. 이는 단순한 성경해석이 아니고 기존에 가진 율법에 대한 이해를 근본적으로 언약적 관점에서 새롭게 보도록 하는 칼빈의 탁월한 신학작업이라고 할 수 있다. 다시 말하면 칼빈에게 있어서 십계명을 준수하는 것은 하나님과의 언약에 신실한 관계를 이어가는 길과 같은 것이라 할 수 있으며, 이 언약을 통해 신자들은 신앙의 역동성과 활기찬 은혜를 더더욱 누릴 수 있다는 강조와 같은 것이다.[316)]

따라서 "[칼빈]은 도덕법의 개념에 대해 첫 돌판의 교훈과 둘째 돌판의 자비를 모두 포함하는 전체 율법을 담아내었을 뿐 아니라, 살아있는 규범이요 살리는 규칙으로써의 율법의 본질에 대해 율법의 언약적 탁월성을 드러내었다"[317)]라는 평가는 칼빈의 '율법에 대한 언약적 해석'에 대한 집약集約이라 하겠다.

---

316) 김재성, "칼빈과 언약사상의 정수" 『제9회 종교개혁특강 강의안』 (종교개혁500주년기념사업회, 2013), 24.

317) *Christ the Mediator of the Law*, 247. "He propose the concept of moral law(*lex moralis*) as ranging over the whole law including both *cultis* in the First Table and *caritas* in the second, and examines the covenantal siginificance of the law in the course of answering the question of how the law, the nature of which is charaterized as *regula vivendi*, works as *regula vivificandi*."

제5장

퍼킨스 언약사상에서의 율법에 대한 성경해석

1. 퍼킨스의 "십계명" 주해

(1) 십계명의 서문(序文, the preface to the Law) 주해

퍼킨스는 십계명에 대해 다루면서, 율법이 가진 언약적 특징을 이렇게 설명한다. "십계명은 모든 율법의 축소판이요 행위언약이다(출 34:27; 왕상 8:9; 마 22:40)."[318] 즉 퍼킨스에게 있어서 십계명 즉 10개의 계명은 모든 율법의 축소판일 뿐 아니라 동시에 행위언약의 집약된 내용이기 때문에, 퍼킨스가 이를 선택교리와 십계명의 외적 실행수단에 대해 언약신학을 통해 설명하고 있음은 거듭 주목할 필요가 있다.[319]

> 행위언약은 완전순종의 조건으로 만들어진 하나님의 언약이고, 이 조건은 도덕법으로 표현된다. 도덕법은 인간에게 그의 본질과 행동에서 완전한 순종을 명령하는 하나님 말씀의 부분이고, 그 이외에는 어떤 것도 금한다.

---

318) *Workes*. I:32. "The Decalogue, or ten commandements, is an abridgement of the whole law, and the covenant of workes. Exod.34.27 … 1 King 8.9 … Matt. 22.40 …"; 퍼킨스가 사용하는 영어는 고전영어라, 현대영어와는 스펠링에서 다소 차이가 있다.

319) *Workes*. I:31. "Concerning the ovtward meanes of executing the decree of election, and of the Decalogue."

로마서 10:5; 디모데전서 1:5; 로마서 7:14. 율법은 두 부분으로 되어 있다. 그것은 순종을 요구하는 법과 순종과 결합되어 있는 조건이다. 그 조건은 율법을 완성하는 자들에게는 영생이고, 율법을 범하는 자들에게는 영원한 죽음이다.[320]

이러한 언약 관계 안에서, 한 편은 하나님께서 십계명 수여자와 율법을 명하시고 다른 한 편은 사람이 순종의 조건으로 율법을 받아들임으로 언약의 당사자들이 된다. 퍼킨스에게 있어서, 약속은 "하나님의 언약이 어떤 조건에 의하여 영원한 생명을 얻는 일과 관련하여 사람과 계약을 맺는다"는 것임을 분명히 설명한다.[321] 즉 언약을 맺는 일에서 하나님의 목적은 사람들에게 영원한 생명을 제공함에 있다.

퍼킨스는 자신의 언약사상 안에서 사람을 향하신 하나님의 약속은, 만일 하나님께서 그 조건을 수행하신다면 그 약속으로 인하여 당신은 스스로 사람들에게 그의 하나님이 되시는 언약을 맺으시되, 또한 하나님을 향한 사람의 약속은 자신이 자신의 충성을 주님께 맹세함으로서, 그들 사이의 조건을 성취하는 것임을 바로 언약을 통해 그것 - 언약 - 이야말로 하나님과 사람 두 당사자들 간의 상호적相互的인 약속임을 밝힌다.

그래서 도덕법과 행위언약 사이의 기능에 관하여 그리고 어떻게 그리스도인의 삶이 그 관계에서 인식되는가의 문제에서 도덕법은 퍼킨스의 사고에서 성화 과정의 한 필수적인 구성요소가 된다.[322] 이를 퍼킨스에 따르

---

320) *Workes*. I:32. "The covenant of workes, is God's covenant, made with condition of perfect obedience, and is expressed in the moral law. The Moral Law, is that part of God's word which commanundeth perfect obedience vnto man, as well in his nature, as in his actions and forbiddeth the contrarie. Romans 10.5. 1 Timothie 1.5. Rom. 7.14 The Law hath two parts. The Edict commaunding obedience, and the condition binding to obedience. The condition is eternall life to such as fulfill the law, but to transgressours, euerlasting death."

321) *Workes*. I:32. "God's covenant, is contract with man, concerning the obtaining of life eternal, vpon a certaine condition."

322) McKim, "William Perkins and the Christian Life", 127.

면, "도덕법은, 그의 사역뿐만 아니라 본질에서도, 사람들에게 완전한 순종을 명하시는 하나님의 말씀의 일부분이고, 또 그에 적합하지 않은 것을 금한다" 고 설명된다.[323] 여기 십계명에 나타나는 것처럼 하나님의 도덕법은 그것으로 살아야 하는 하나의 영원하고 불변하는 원칙이기 때문에, "의와 공의의 완전한 형태"를 포함하고 있는 것이다. 즉 도덕법에 대한 강한 집중력과 신자의 성화에서 그 활동적인 용례가 퍼킨스의 언약사상에서 잘 나타나고 있다.[324]

앞으로 살펴볼 퍼킨스의 "행위언약적 십계명 이해"에 대해 그 전제와 내용적 특징에 대해 살펴보면, 서술한 바와 같이 퍼킨스의 "행위언약(The couenant of workes)" 은 모세와 율법을 통해 맺으신 언약(Mosaic covenant)을 그의 "행위언약(The couenant of workes)" 으로 사용하고 있음을 분명히 할 필요가 있다.[325] 이러한 전제적 이해가 분명하지 않으면,[326] 표준문서인 웨스트민스터신앙고백의 행위언약(a covenant of works)에 대한 무용無用적 내용과 용어상의 혼돈을 일으키기 때문에 그러하다.[327]

이제 퍼킨스가 다루는 십계명 즉 언약적 율법 이해를 위한 세 가지 특이

---

323) *Workes*. I:32. "The moral law, is that part of God's word which commandeth perfect obedience vnto man, as well in his nature, as in his actions, and forbiddeth the contrarie."

324) "William Perkins and the Christian Life", 126.

325) John Murray, *Principles of Conduct* (London: The Tyndale Press, 1957),187; Michael McGiffert, "From Moses to Adam: The Making of the Covenant of Works",134; Karlberg, "Reformed Interpretation of the Mosaic Covenant", 14.

326) 박윤선,『성경신학』(서울: 영음사,1971), 149-50. "새 언약과 옛 언약과의 관계. 옛 언약은 행위적 언약이 아니고 역시 은총적 언약이다. 율법과 예언은 그리스도와 모순되는 것이 아니라 그리스도를 예표하는 것이다. 시내산에서 주신 옛 언약은 새 언약(예수 그리스도로 말미암은 것 - 갈4:2)을 예표한 것이다. 옛 언약에 있어서 율법 수행서약이 요구되었지만 그것도 구원받는 조건이 아니라, 택한 백성인 그들로 하여금 하나님 앞에서 택한 백성답게 행하도록 하려는 것이었다."

327) *Westminster Confession of Faith*. VII.2-3. "The first covenant made with man was a covenant of works, wherein life was promised to Adam, and in him to his posterity, upon condition of perfect and personal obedience. Man, by his fall, having made himself incapable of life by that covenant, …"

점을 언급하자면 다음과 같다.

(1) 퍼킨스 율법이해의 특징 1 - 언약적 율법해설 : 우선 퍼킨스의 행위언약은 엄연한 율법 자체로 두 부분을 가지고 있다고 생각하였다. 하나는 순종을 지시하는 칙령(edict)이며, 다른 하나는 그 순종에 이르는 조건(condition)이다. 이 조건은 율법을 성취하는 사람들에게는 영생永生이 되지만 반면에 어기는 사람들에게는 영멸永滅이 되는 것이다.[328] 행위언약은 하나님이 인간을 그에게 묶어두시는 도구라는 점이 퍼킨스에게도 발견된다.

곧바로 이어가는 설명이 바로 율법 즉, 십계명에 대한 것으로, 서술한바 "십계명은 모든 법의 축약이자 행위언약"이기에, 이제 1계명에서부터 제10계명까지를 각각 언약적 이해 가운데 해설해나간다.[329]

(2) 퍼킨스 율법이해의 특징 2 - 라무스주의적 해설 : 두 번째로 퍼킨스는 분석적으로 긍정적인 측면과 부정적인 측면에 있어서 십계명을 자세히 설명하면서 십계명의 긍정적인 것들과 부정적인 것들의 분석을 통하여, 퍼킨스는 신자들이 선택받은 자로서 자신들을 확인하고 또 하나님의 계명을 따르는 신자의 삶을 강조하려고 하였다.[330]

즉 퍼킨스는 각 계명마다 각 구절의 단어와 표현들을 모두 해설함으로써 계명에 대한 이해를 높이기 위해 노력하되, 익히 서술한 바, 당시 유행하던 라미즘(Ramism, dichotomical rheotoric)을 사용하여 각 계명의 긍정적인 부분(the affirmative part)과 부정적인 부분(the negative part)으로의 해석을 제시

---

328) *Workes*. I:32. "The Law hath two parts. The Edict, commaunding obedience, and the condition binding to obedience. The condition is eternall life to fuch as fulfil the law, but to tranfgreffours, euerafting death."

329) Ibid., "The Decalogue, or ten commandements, is an abridgement of the whole law, and the covenant of workes."

330) *Workes*. I:32-69.

한다.[331] 이에 대한 실례를 십계명 주해에서 보게 된다.

(3) 퍼킨스 율법이해의 특징 3 - 율법사용 대상의 구분 : 세번째로 그 십계명 즉 율법에 대한 사용을 이제 대상을 둘로 구분하여 제시한다. 이미 앞에서 다루었지만, 그는 먼저는 거듭나지 않은 자들과 그리고 거듭난 신자들 즉 중생한 자들에 따라 각각 다른 이해를 제시한다.

이러한 십계명에 대한 퍼킨스의 해설은 행위언약이 구원을 위해서는 사용될 수 없음은 분명하지만, 율법의 기능상 거듭나지 않은 자들로 회개하도록 하고 또한 거듭난 자들에게는 순종으로 이끌어 주는 중요한 도구라는 사실이다. 그래서 이어 설명하기를, "거듭난 자들을 위한 율법의 용도는 매우 다른데, 믿는 자들로 하여금 그들의 삶에서 그리스도를 통하여 하나님께 받아들여지는 새로운 순종의 길로 인도하기 때문이다."[332]

이러한 내용을 전체적으로 종합해보면, 실상 퍼킨스는 행위언약 이해가 이러하였기에 신자들로 율법에 반응하여 더욱 신실히 행하도록 하는 책임에 대한 강조했고, 이를 통해 예정론이 가져온 신자 입장의 수동적 성향을 극복하여 언약의 대상이신 하나님께 대한 신자의 언약관계 속에서의 능동적 경건이요 자발적 순종을 촉구하려했던 것이다.[333]

---

331) McKim, "The Function of Ramism in William Perkins' Theology,"(*Sixteenth Theological Journal*, Volume XVI, No.4), 504; Keith L. Sprunger, "Ames, Ramus, and the Method of Puritan Theology," *Harvard Theological Review,* Vol.59, No.2 (Apr.1966), 135. "The essential work of [Ramus'] method is to define carefully the terms, arrange the material into dichotomies, each carefully defined again, and finally to follow a natural organization moving from universal principles to specifics." cf. 보다 충분한 라무스주의 이해를 위해서는 각주 394의 설명을 참조하라.

332) *Workes*. I:70. 여기에 거듭난 자들을 위한 율법의 용도를 추가하자면, "The vfe of the Law in such as are regenerate, is far otherwife: for it guideth them to new obedience in the whole courfe of their life, which obedience is acceptable to God by Christ. Rom 3.31, 시편 119.24;105."

333) 『청교도 언약사상』, 48; *Workes*. I:32. "The covenant of workes, is God's covenant, made with condition of perfect obedience, and is expressed in the moral law."

(2) 십계명의 첫번째 돌판 주해(Exposition)

연속성의 맥락에서는 칼빈과 같이, 그러나 발전의 맥락 속에서는 더욱 언약의 강조하에 대對 하나님께 대한 언약적 태도를 다루는 첫 돌판에 대한 설명부터 시작하여, 퍼킨스 성경주해를 통한 율법이해를 살펴보고자 한다. 퍼킨스는 여기 첫 돌판에 대한 설명을 통해 하나님께서 언약적 관계 속에서 우리 순종을 하나님께 대해 확고히 하시려고 십계명을 주셨다는 사실을 강조하고 있다.

> 그는 여호와이시고, 그만이 너희들의 하나님이시다. 바로 내가 여호와이다: 그러므로 나만이 너희들이 하나님이 되어야 한다 ... 첫 번째 돌판의 다른 세 가지 계명들은 거룩한 발현과 관련된 것으로서, 우리가 그 동일하신 하나님을 향하여 나아가야만 한다는 것이다.[334)]

그러면서 이제 계명을 하나씩하나씩 설명해간다. 설명의 방식은 모든 계명마다 구절해설(the resolution)을 먼저하고, 이어서 앞에 언급한 바 라무스주의(Ramism)를 따라 하되 긍정적인 부분(the affirmative part)과 부정적인 부분(the negative part)이 각각 대조해서 해설하는 방식을 사용한다. 그런데 제1,4~5계명은 이러한 방식 그대로 하는 반면에 제2~3계명과 제6~10계명은 부정적인 부분을 먼저하고 긍정부분을 다음에 다룬다.[335)]

(1) 제1계명: 이러한 퍼킨스의 설명은 당연히 제1계명으로 우리를 인도하는데, 퍼킨스는 "첫 계명은 우리에게 우리 하나님을 진정한 하나님을 알

---

334) *Workes.* I:33; 35. "He that is Jehovah, must alone be thy God. But I am Jehovah : Therefore I alone must be thy God ⋯ The other three commandments of the first table, concerne that holy prosession, which we must make towards the same God."

335) *Workes.* I:32-69.

고 선택하라고 가르친다. 그 내용은 다음과 같다" 고 설명을 시작한다.[336]

> *I am Iehouah thy God, which brought thee out of the land of Egypt, & out of the house of bondage. Thou shalt have none other gods before my face.*

제1계명에서는 구절해설(the resolution)을 먼저하고, 이어 긍정적인 부분(the affirmative part)과 부정적인 부분(the negative part)이 진행되는데 이는 제4~5계명에도 사용되는 방식을 사용한다.

① 구절 해설-해결(the resolution) : 여기서 아주 섬세하게 단어(구절)별로 설명을 하는데, 6개로 나누어 ① *I am* ② *Iehouah* ③ *Thy God* ④ *Which brought* ⑤ *Other gods & Strange gods* ⑥ *Before my face*이 그것인데, 각 단어들마다 해설과 증거구절을 통해 마치 성경 각권을 주석註釋을 하는 것처럼 해설을 해놓았다. 특별히 이중에 2번째의 "Iehouah" 에 대한 해설을 살펴보면, 퍼킨스는 이 단어에 대해 3가지로 성경적 근거를 따라 설명한다.

> 여호와 Iehouah 이 단어는 세 가지 요소들로 구별된다. I. 그분 즉 스스로에 의해, 그리고 그분 안에 계신 분께서는 모든 영원부터 계셨다. 계시록 1.8. 이제도 있고 전에도 있었고 장차 올 자이시다. II. 그분은 즉 만물에게 생명을 주신 분이신데, 그 만물이 일편 그분의 창조에 의해서 또한 일편 그들을 보존하시는 분이시다. III. 그분은 근원이신 분으로 만물에 대해 약속하신 분으로, 그것들을 만드셨을 뿐 아니라 지속되도록 하신 분이시다(출 6:1; 롬

---

336) *Workes*. I:32. "The first teaches vs to haue and choose the true God for our God. The words are these." cf. *Armilla Aurea* (1590)의 라틴어판에서 사용하는 십계명은 다음과 같다. "*Ego Jehova Deus tuus, qui eduxi te ēdomo Servorum: ne esto tibi vllus alienorum deorum ante faciem meam.*"

4:17). 그래서 바로 여기 그분으로부터 첫 계명의 첫 이유가 시작되는데, 하나님의 이름으로부터, 그 이름에 의해 이런 논리가 주어진다: 그는 여호와시오 오직 너희의 하나님이 되셔야 한다. 하지만 나는 여호와라 그러므로 나 홀로 너희의 하나님이 되어야 한다. 이 전제가 필요하며, 그 신념이 바로 그 표현들(나는 여호와라)에 있으며, 그 결론이 바로 이 계명이다.[337]

이와 같이 퍼킨스의 다른 저작들, 예를 들면 *An Exposition of the Lords Prayer,*[338] *A Godly and Learned Exposition vpon Christs Sermon in the Mount,*[339] *A Commentarie or Exposition vpon the five first chapters of the Epistle to the Galatians*[340] 등은 모두 주해註解방식임을 주목할 필요가 있다. 이는 상당히 중요한 내용인데, 퍼킨스는 성경을 주해하는 것뿐 아니라 지금처럼 십계명을 교리적으로 해설하면서도 철저하게 성경해석 즉 주해(Exposition)에 기반을 두고 진행해나가는 모습을 보여준다. 이는 당연스레 종교개혁자들의 전통을 이어받은 모습으로, 이는 퍼킨스를 통해 그의 후예들인 청교도들에게로 이어져가게 하였던 것이다.[341]

---

337) *Workes*. I:32-33. "*Iehovah*, This word signifieth three things. I. Him who of himselfe, and in himselfe, was from all eternitie. Reu. I.8. *Who is who was, & who is to come.* II.Him which giueth being to all things, when they were not, partly by creating, partly by preseruing them. III. Him which mightily causeth, that those things which hee hath promised, should both bee made, and continued. *Exodus 6.1. Romans 4.17.* Here beginneth the first reason of the first commaundement, taken from the name of God: it is thus framed: *He that is Jehouah, must alone be thy God. But I am Iehouah: Therefore I alone must be thy God.* This proposition is wanting: the assumption is these word(*I am Iehouah*) the conclusion is the commandment."

338) *Workes*. I:323-352.

339) *Workes*. III:1-273.

340) *Workes*. II:153-432.

341) 라이큰, 283-5. "대륙 개혁자들의 발자취를 따른 청교도들은 오직 성경만을 신앙의 최종적인 권위라고 주장했다 … 사무엘 러더포드는 "성경에는 … 결코 오류가 없다"고 하는 루터와 "성경은 거짓없는 … 진리의 준칙이다"라고 하는 칼빈의 입장에 동조하면서, "하나님의 말씀은 … 진실무장하다"고 선언했다." 심지어 대륙 독일에서 퍼킨스에 대해 평가하기를 '청교도(주의)의 아버지' 라고 한다. cf. Lee Nam Kyu, *Die*

② 긍정적인 부분(the affirmative part) : 이제 먼저 퍼킨스는 제1계명에 대한 긍정적인 부분인 *Make choice of Iehouah to be thy God*에 대해, 여기 명령되는 의무들은 다음과 같다고 하면서 크게 두가지로 설명한다.

우선은 "하나님에 대해 지식을 갖는 것은 즉, 성경과 피조물에 당신이 나타내 보여주신 그 하나님을 아는 것이며 또한 바른 하나님으로 고백하는 것이다. 골로새서 1.10... 예레미야 24.7... 렘 9.24." 이라고 하면서, 다음으로 "하나님과의 연합은 즉 사람이 하나님에 의해 그 마음을 채워지는 것이다. 여호수아 23.8... 사도행전 11.23...."[342] 그러면서 사람이 하나님에 대해 지혜로워지는 길, 세 가지를 정혼(affiance), 사랑(love), 그리고 하나님에 대한 경외(fear of God)로 각각 설명함으로써 긍정적인 설명의 내용을 채운다. 그러면서 하나님과 언약관계에 있는 신자는 바로 이러한 연합의 관계임을 강조한다.

③ 부정적인 부분(the negative part) : 이에 반해 제1계명에 대한 부정적인 부분인 *Account not that as God, which is by nature no God*에 대해, 퍼킨스는 '이 부분에서 감추어진 죄들에 대해 다룬다' 고 하면서 4개의 설명을 제시한다. "I. 참 하나님과 그분의 뜻을 거절하는 것" 으로부터 시작하여, "II. 무신론, 마음으로 하나님을 거부하는 것", "III.하나님의 위격과 속성에 대한 잘못된 이해", 그리고 "IV. 하나님께로부터 나는 심령의 감동을 행하고 제거하는 것이나 다른 것들에 그 마음을 주는 것"등이 바로 그것

Prädestinationslehre der Heidelberger Theologen 1583-1622 Reformed Historical Theology 10. (Göttingen: Vandenhoeck & Ruprecht, 2009), 105.에서, 『골든체인 *Armilla Aurea*』을 지은 Perkins에 대해 소개하기를 "Es ist wohl bekannt, das William Perkins, ein berühmter Vater der puritanischen Theologie, diese Tafel sehr schätzte und die von ihm, and Hand dessen, entwickelten Tafel in sein Buch *Goldene Ketter* (Armilla Aurea) beigefügt hat." 라고 한다.

342) *Workes*. I:33. "I. To acknowledge God, that is, to know and confesse him to be such a God, as he hath reuealed himselfe to bee in his word and creatures. *Coloss.1.10* … *Ierem.24.7* … *Ier.9.24* … II. An vnion with God, whereby man is knit in heart with God. *Josh.23.8* … *Act.11.23* …"

들이다.343) 따라서 그 언약을 파괴시키는 죄에 대해서는 철저하게 드러내야 하는 것이 이러한 언약적 관계를 유지케 하는 길임을 제시한다.

(2) 제2계명: 이제 제2계명을 소개하기에 앞서 서론적으로 이에 대해, 퍼킨스는 "다음으로 둘째 계명은 하나님께 대한 거룩하고 합당한 경배를 드리는 방법에 대해 설명한다. 그 계명의 내용들은 이렇다." 344)

> *Thou shalt make thee no grauen image, neither any similitude of things which are in heaven aboue, neither that are in the earth beneath, nor that are in the waters under the earth: thou shalt not bow downe to them, neither serue them, for I am the Lord thy God, a iealous God, visiting the iniquity of the fathers, upon the children, upon the third generation, and upon the fourth of them that hate me, & shew mercy unto thousands upon them that loue me, and keep my commandements.*

특징적으로 제2계명에서는 제3계명과 제6계명~제10계명의 부정명령 계명들에 나타나는 형식을 취해 구절해석(the resolution) 후에 부정부(the negative part)와 긍정부(the affirmative part)를 다룬다.

① 구절 해설(the resolution) : 제2계명에서도 역시나 아주 세심하게 단어

---

343) *Workes*. I:34. "I. Ignorance of the true God and his will … II. Atheisme, when the heart denieth eyther God, or his attributes … III. Errors concerning God, the persons of the Deity … IV. To withdraw, and remooue the affections of the heart from the Lord, & set them vpon other things …"

344) *Workes*. I:35. "The second commaundement then concerneth the amnner of performing holy and solemne worship vnto God. The words of the commaundement are these: *Ne facito tibi sculptile, aut vllam imaginem eorum que sunt in cœlis suprā, aut que in terris, aut in aquis infra terram, Ne incurvato ijs, neque colito ea. Nam ego Jehova deus tuus, Deus fortis, zelotypus sum, visitans iniquitatem, patrum in filios, in nepotes & abnepotes in eos qui odio prosequūtur me: exercens verō benignitatem in millesimos āpatribus, qui diligunt me,& observant mandata mea.*"

(구절)별로 설명을 하는데, 위의 내용들을 7개로 나누어 *Thou shalt not make, Any grauen image, Thou shalt not bow downe to them, A iealous God, Visiting, Hate me, Shew mercy*가 그것이다. 이들 중에서 특별히 네 번째의 *A iealous God*을 다루어보면, 아주 흥미있는 설명을 만나게 된다.

> [질투하시는 하나님 A iealous God] 이 설명은 혼인상태의 신분에서 취한 내용이다. 왜냐하면 하나님께서는 그의 교회의 신랑이라 불리우시기 때문이다(사 5:4,5; 엡 5:26,27). 또한 우리의 영적 경배는, 원래 그래왔던 것처럼, 하나님께 성별된 바 우리 영혼의 분명한 결혼이다(렘 2:2). 그래서 우상들이 하나님의 경쟁자라고 불리우는 것이다. 여기서 그와 같은 비교대상으로부터 일어나는 다른 주장들이 있게 된다. 하나님의 백성은 오직 하나님만을 경배해야 하는데, 이는 그들이 그들의 남편이시오 오직 그들이 묶여야 할 그분께 연결되어 있기 때문이다 : 그러므로 그의 백성들이 그분을 저버리고 우상들에게 자신들을 배신하면, 그분은 의심없이 그들에게 이혼증서를 주실 것이요 그들은 더 이상 그분으로부터 지지받을 수 없을 것이다.[345]

② 부정부(the negative part) : 제2계명에 대한 부정적인 부분을 다루면서 *Thou shalt neither worship false gods, nor the true God with false worship*에 대해, 퍼킨스는 여기에 많은 내용들이 감추어있다고 말하며 10가지의 그 내용들을 설명한다.

이 부분에서 가장 특이한 내용은 바로 잘못된 언약관계에 대한 것이다. 그런데 그것은 바로 "사탄과 맺는 언약"이라는 것이 이 부분에서의 10번

---

345) *Workes*. I:35. "*A iealous God* This is taken from the estate of wedlocke: for God is called the husband of his Church. Esa.5.4,5. Ephes.5.26,27. And our spirituall worship, is as it were, a certaine marriage of our soules, consecrated vnto the Lord. *Ierem.2.2* ··· Whence also Idols are rightly called God's corrivals. Heere is another argument drawne from a comparison of things that be like. God's people must alone worship him, because they are linked to him, as a wife to her husband, vnto whom alone she is bound: Therefore if his people forsake him, and betroth themselues vnto idols, hee will vndoubtedly giue them a bill of diuorcement, and they shall be no more espoused vnto him."

째 내용인 Worship of divels을 통해 해석하는 퍼킨스의 입장이다. 그래서 이렇게 말한다, "그 이상한 신비한 일의 배경은 사탄과 맺은 언약이다"[346] 즉 이는 잘못된 하나님에 대한 이해를 통해 인간에게 신비하고 신기한 것을 추구한 결과가 언약을 맺되 사탄과 언약을 맺는 잘못을 불러 올 수 있음을 지적하는 내용인 것이다.[347]

③ 긍정부(the affirmative part) : 반면에 이제 퍼킨스는 제2계명에 대한 긍정적인 부분인 *Thou shalt worship God in spirit & truth. Ioh.4.2.4 God is a spirit, & they that worship him, must worship him in spirit and truth.*에 대해, 하나님께 대한 거룩하고 엄숙한 예배에 대한 존중에 관련된 다음 4가지를 다룬다.[348]

I. 하나님을 예배하는 참되고 일반적인 방식들: 겸손한 탄원에 의한 주님의 이름을 부름과 진심어린 감사, 그리고 말씀사역과 성례들. 행 2.41,42... 딤전 2.1... 행 20.7... II. 이 방식들에 대한 거룩한 사용: 먼저 사역자들은 하나님의 말씀에 따라 하나님께 대한 예배에 합당하게 모든 집행을 감당한다. 마 28.20... 고후 11.23... 둘째로 총회에서, 참석자들의 의무는 하나님께 기도함이요 설교하고 읽는 말씀을 듣는 것이며, 성찬을 받고 외적으로는 강력함 없이 순전하게 행하는 것이요, 고전 14.40...; 내적으로 그들은 하나님을 온전히 섬기는 심정으로 주의를 기울여야 한다. 전 4.17... 5.1... 자신들의 모든 죄에 대해서 깊이 뉘우친 회개에 대하여 주실 그의 자비에 대한 확신을 가져야 한다. 히 4.2... 시 26:6... III. 진정한 예배를 위한 도움들과 발전들은 맹세와 금식이다... IV.하나님의 말씀에 따라 가지는 진정한 하나님께 대한 경외 중에 우호적인 동맹은 법적으로 가능하다. 즉 결혼의 서역이나, 특별히 전쟁

346) *Workes.* I:39-40. "The foundation of Magique is a covenant with Satan."

347) Ibid., "A covenant with Satan is such a contract, by which Magitians haue mutually to doe with the diuell."

348) *Workes.* I:40. "To this part therefore appertaine such things, as respect the holy and solemne service of God."

이 합법하다면 전쟁중의 동맹, 그리고 사람들의 능력에대한 확신이 없다면 가능하다. 역대하 19.2, 말라기 2.11.[349)]

그러면서 최종적으로 이 부분에 대해 역대하 15:12절을 통해 군왕과 백성이 또한 하나님과의 언약적 관계 속에서 유지된다고 정리해줌으로서,[350)] 퍼킨스는 자신이 제2계명을 주해하는 근거가 바로 언약적 신학에 철저하게 기본하고 있음을 드러내고 있다.

(3) 제3계명 : 이제 제3계명에 대해서 퍼킨스는 조금 독특하게, "하나님께 합당한 예배에 맞지 않는 바 우리 생명에 맞춘 하나님을 영광스럽게 함에 대해 다루고 있다"고 설명하면서, 제2계명과 같은 방식으로 해설해 나간다.[351)]

Thou shalt not take the name of the Lord thy God in vaine : for the Lord will not hold him guiltlesse that taketh his name in vaine.

---

349) *Workes*. I:40-42. "I. The true and ordinary means of God's worship; as calling vpon the name of the Lord by humble supplication, and heartie thanksgiuing: and ministery of the Word and Sacraments. Act.2.41,42 ··· 1 Tim.2.1 ··· Act.20.7 ··· Tertul.Apolog.chap.39 ··· II. An holy vse of the meanes. First, in the ministers, who ought to administer all things belonging to God's worshippe, according to his worship. Math.28.20 ··· 1 Cor.11.23 ··· Secondly, in the rest of the assembly: whole duty is in praying vnto God, in hearting the word preached and read, and in receiuing the Sacraments, to behaue themselues outwardly; in modestie, and without offense. 1 Cor.14.40 ··· Eccles.4.17 ··· and chap.5.1 ··· Hauing confidence of hs mercy, togither with a contrite and repentant heart for all their sinnes. Heb.4.2 ··· Psal.26.6 ··· III.The helps and furtherances of the true worship, are two; Vows and Fasting: ··· IV. Leagues of amity among such as truly feare God according to his word, are lawful: as contracts in matrimony, league in war, especially if the warre be lawfull, and without confidence in the power of man. 2. Chr.19.2.Mal.2.11."

350) *Workes*. I:42. "To these may be added, that covenant which the magistrate & people make among theselues, and with God; for preseruation of Christian religion. 2. Chr.15.12 ··· v.14 ···"

351) Ibid., "The third commandement concerneth the glorifying of GOD in the affaires of our life, out of the solemne seruice of God. *Ne assumito nomen Jehove Dei tui in vanum: nam non relinquet Jehova innocentem eum, qui assumpserit Nomen suum in vanum.*"

① 구절 해설(the resolution) : 제3계명에서는 다소 편하게 단어들만 5개 설명을 하는데, *Name, Take, In uaine, For, Guiltlesse*이다. 여기서 특별히 첫 번째의 *Name*에서 하나님의 칭호에 대해 적절하게 설명하기를, 바로 여기서 사람들이 그 이름에 의한 것처럼 하나님께서 어떻게 알려졌는가에 대해 사용되기에 이는 그분의 말씀과 행하심 그리고 심판에 대해서도 이용된다고 한다.[352] 따라서 바른 칭호에 대한 사용은 그분이 어떠한 분이신지를 참되게 드러내는 길임을 지적해준다.

② 부정적인 부분(the negative part) : 따라서 곧 이어지는 이 부분에서, *Thou shalt not bereaue God of that honour that is due unto him*에 대해, 퍼킨스는 하나님의 이름이 남용되는 잘못된 경우들을 15개나 설명한다. 즉 "*Periury*(사악한 말)"를 시작으로 "잘못된 것에 대한 맹세", "일상대화에서의 맹세", "하나님이 아닌 것에 의한 맹세", "신성모독", "적들에 대한 저주", "일상대화에서 하나님의 이름을 함부로 사용하는 것", "하나님의 피조물에 대한 오용", "제비뽑기, 즉 주사위나, 뼈들, 책들 그리고 여타 것들에 의해 우리의 행운을 쫓는 것", "미신", "점성술", "물과 소금에 의한 교황의 거룩하게 함", "성경구절로 농담하기", "세상에 보여지는 하나님의 심판에 대한 가볍게 여기기", 그리고 "방탕한 대화" 등이 그것이다.[353] 첫 번째 내용인 "*Periury*(사악한 말)"에서 퍼킨스는 그러한 거짓된 말이 하나님과의 언

---

352) Ibid., "*Name* This word properly signifieth God's title: here figuratiuely it is vsed for any thing, whereby God may be knowne, as men are by their names: so it is vsed for his word, workes, iudgements. Act.9.15 ··· Psal.8.1 ···"

353) *Workes*. I:42-44. "I. Periury ··· II. To sweare that which is false ··· III. To sweare by that which is no God ··· V. Blasphemie ··· VI.Cursing our enemies ··· VII. To vse the name of God carelessely in our common talke ··· VIII. Abusing God's creatures ··· IX. Lots, as when we search what must be(as they say) our forrtune by dice, bones, books, or such like ··· XI.Astrologie ··· XII. Popish consecration of water ad salt ··· XIII. To make iests of the Scripture phrase ··· XIV. Lightly to passe ouer God's iudhements, which are seene in the world ··· XV. A dissolute conuersation ···"

약관계에 놓이게 될 때, 이는 하나님과 자신과 묶는 것을 포기하는 것일 뿐 아니라 하나님께 대해 거짓을 행하는 것이라고 지적한다.[354] 즉 하나님께 대하여 거짓된 행동은 언약관계가 파기될 수도 있음에 대한 언급이다. 퍼킨스가 얼마나 철저하게 십계명 속에서 하나님과의 언약관계를 굳게 세워나가도록 신자들을 권고하고 있는지 발견할 수 있다.

③ 긍정적인 부분(the affirmative part) : 이에 반해 이제 퍼킨스는 제3계명에 대한 긍정적인 부분인 *In all things giue God his due glory*에 대해, 먼저 "이땅에 있는 모든 것들보다 더 높으신 하나님의 영광에 대한 열심" 에 대한 설명인,

> 이땅에 있는 모든 것들보다 더 높으신 하나님의 영광에 대한 열심, 민수기 25:8. 그 이스라엘 남자를 따라 그의 막에 들어가서 이스라엘 남자와 그 여인의 배를 꿰뚫어서 두 사람을 죽이니 염병이 이스라엘 자손에게서 그쳤더라, 시편 69:9. 주의 집을 위하는 열성이 나를 삼키고 주를 훼방하는 훼방이 내게 미쳤나이다.[355]

부터 시작하여 "모든 고귀한 것들을 포함하여 진지한 사랑관계 속에서만 오직 하나님의 칭호가 사용될 것" ,"피조물에 대한 거룩한 기념에서만, 하나님의 그 이름을 부르고 송축할 것" ,"맹세가 어떻게 체결되고 어떻게 그것이 행해질 것인가를 진지하게 숙고한 후에 행하는 맹세에서" 그리고 "피조물들의 원래 사용에서 구별된 하나님의 피조물들의 신성화와 법제

---

354) *Workes*. I:42. "I. Periury ··· Periury containeth in it foure capital sins, ··· 1. Lying. 2. False inuocation on God's name ··· 3. Contempt of God's threatening ··· 4. A lie in his counent with God: for the forwearer bindeth himselfe to God, and lyeth vnto God."

355) *Workes*. I:44. "1. Zeale of God's glory aboue all things in the world besides. Numb. 25.8 ··· Psal.69.9 ···"

화"라고 설명한다.[356] 언약관계 속에 있는 신자가 마땅히 행할 열심에 대한 강조이다.

(4) 제4계명 : 퍼킨스는 이제 제4계명에 대해, "안식일과 관련된 계명으로 이름상 하나님을 예배하고 영광스럽게 하는 거룩한 시간에 대한 내용이다"라고 설명하면서 해설해 나간다.[357]

Remember the Sabbath day to keepe it holy: sixe daies shalt thou labour, and doe all thy worke: but the seuventh day is the Sabbath of the Lord thy God, in it thou shalt doe no manner of worke; thou, nor thy sonne, nor thy daughter, thy man seruant, nor thy maid, nor thy beast, nor thy stranger that is within thy gates. For in sixe daies the Lord made the heauen and the earth, the sea, and all that in them is, and rested the seauenth day: therefore the Lord blessed the seauenth day, and hallowed it.

제4계명에서는 제1계명과 같이 구절해설(the resolution)을 하고난 후에 긍정부(the affirmative part), 부정부(the negative part)으로 진행한다.

---

356) *Workes*. I:44-45. "1. Zeale of God's glory aboue all things in the world besides … II. To vse God's titles onely in serious affaires, and that with all reuerence … III. An holy commemoration of the creature, whereby wee, in the contemplation and admiration of the dignity and excellence thereof, yeeld an approbation when wee name it & celebarte the praise of God, brightly shining in the same … IV. An oath, in which we must regard: 1. How an oath is to be taken, 2. How it is to be performed … V. Sanctification of God's creatures and ordinances, the which is a separation of them to an holy vse."

357) *Workes*. I:46. "The fourth Commandement concerneth the Sabbath, namely, that holy time consecrated to the worship and glorifying of God. The words are these. *Recordare diem Sabbathi ut sanctifices illum: Sex diebus operaberis, & facies omne opus tuum. Dies uerō septimus est Sabbathū Iehove Deo tuo. Ne facito ullum opus tu aut filus tuus, aut filia tua, aut servus tuus, aut ancilla tua, aut inientum tuum, aut pererinus qui est intra protas tuas. Nam sex diebus perfecit Iehova cœlum & terrram, mare, & quicquid est in ijs: quieuit vero die septimo: idcirco benedixit diei Sabbathi,& sanctificavit luum.*"

① 구절 해설(the resolution) : 제4계명에서도 구체적으로 단어와 구절별로 설명하기를, 위의 계명에 대해 *Remember, To keepe it holy, or, to sanctifie it, Sixe daies, The seauenth day, In it thou shalt doe, Any worke, Within thy gates, For in sixe daies*라는 8개로 나누어 설명한다. 퍼킨스는 이중에서 특별히 세번째의 Sixe daies에 대해, 이 단어들이야말로 본 계명의 뜻에 가장 가까운 대답을 포함하고 있다고 인정하면서 하루 온전한 날들에 대한 우리의 소명으로부터 쉬는 것을 의미한다고 말한다. 즉 큰 의미에서부터 작은 의미로 주어지는 이 단어들에는, 바로 그 대답(안식일의 거룩함을 시행하는 첫 이유가 담겨 있음)이다.[358)]

> 만약 내가 너희에게 너희들의 소명 즉 온전한 6일간의 일을 감당하도록 허락하였다면, 너희가 잘 하기를 바랄 뿐 아니라 오직 하루는 나를 섬기기 위해서 쉬어야 한다. 그러나 첫 번째 것이 참될 때 비로소 두 번째 안식이 될 것이다.[359)]

그러면서 퍼킨스는 덧붙이기를, "여기서 우리가 볼 수 있는 것은 하나님께서 우리에게 6일 동안 일할 수 있는 자유를 주어오셨다. 그래서 어떤 사람도 그 자유를 진멸시킬 수 없다. 그럼에도 불구하고, 특별한 경우에는 하나님의 교회는 필요하다면 하루나 혹은 6일 이상 금식하거나 혹은 받은 바 다소의 유익함을 위해 축하하는 엄숙한 날을 허락받을 수 있다(욜 2:15)"고 한다.[360)] 참으로 하나님과 언약관계에 있는 신자가 안식일을 참되게 하

---

358) Ibid., "These words containe a close answer to this obiection. It is much to cease from our callings one whole day. The answer (together with a first reason to inforce the sanctificatio of the Sabbath) is in these words, which is taken from the greater to the lesse …"

359) Ibid., "If I permit thee to follow they calling, sixe whole daies, thou maiest well, and must laude one onely to serue me. But the first is true Therefore second."

360) *Workes*. I:46-47. "Here may wee see, that God hath giuen vs free liberty to worke all the sixe dayes. The which freedome no man can annihilate. Neuertheles, vpon extraordinary occasions, the Church of God is permitted to separate one day or more the sixe, as neede is, either to fasting, or for a solemne day of reioycing for some benefit receiued, *Ioel* 2.15."

기 위해, 나머지 6일을 어떻게 행하여야 하는지에 대한 무게감 있는 해설이다.

② 긍정부(the affirmative part) : 그리고는 이제 퍼킨스는 제4계명에 대한 긍정적인 부분인 *Keep holy the Sabbath day*에 대해, 3가지로 설명하기를 먼저는 "안식일을 보다 더 거룩하게 위해 우리 자신을 준비하려면, 아침에 일찍 일어나라" 고 구체적으로 제시한다. 바로 그러한 준비는 개인적인 기도와 우리의 몇몇 죄들에 대한 돌아봄을 포함한다. 또한 두 번째는 "정해진 시간에 공적인 회집에 참여하고, 그후에는 마음으로부터 설교되고 읽어진 말씀에 대하여 경외하여 주의 깊게 들어야 하며, 성찬을 받을 것이며, 회중들과 함께 공적인 교제를 나눌 것이요 하나님의 성호를 송축하기 위해 불러야할 것이다" 고 교훈한다. 그런 후에 "마지막으로 안식일에 시작부터 마칠 때까지 공적 모임이 폐하고 나면 그 남은 시간을 하나님의 말씀과 그분의 피조세계를 묵상하라 ... 그후에 우리는 또한 반드시 자선을 베푸는 일을 감당하고, 병자를 심방하며, 필요한 자들에게 구호품을 전하고 그릇된 일들을 꾸짖을 뿐 아니라 사이가 나쁜 이들과 화해하라" 라고 교훈한다.[361]

③ 부정부(the negative part) : 앞의 긍정적인 부분과 달리 제4계명에 대한

361) *Workes*. I:48. "I. To arise early in the morning, that s we may prepare our selues to the better sanctifying of the Sabbath ensuing. This preparation consisteth in prouate prayersm and taking account of our seuerall sinnes. Mar.1.35 ··· Exod.32.5,6 ··· Ecclesiastes 4. verse last ··· II.To be present at publike assemblies, at ordinary houres, there to heare reuerently and attentiuely the word preached and read, to receiue the Sacraments, and publikely with the congregation, call vpon and celebrate the name of the Lord. 1 Tim.2.1,2,3, Act.20.7. 2 King 4.22,23. Act.13.14,15 ··· III.When publike meetings are dissolued, to spend the rest of the Sabbath in the meditation of God's word, and his creatures, Psalm 91, from the beginning to the ending ··· Act.17.11 ··· Wee must also exercise then the workes of charity, as to visite the sicke, giue almes to the needy, admonish such as fall, reconcile such are at iarre&discord among themselues, & Nehe.8.12 ···"

부정적인 부분인 *Pollute not the Sabbath of the Lord*에 대해, "이것은 통탄할 죄"라고 하면서 퍼킨스는 7개의 설명을 제시한다.[362)]

먼저는 "우리 개인적인 물품과 관계되지 않은 일", 다음으로는 "불필요한 여행", "주일에 개최하는 장터", "모든 종류의 농사일", "농담과 운동과 잔치 혹은 하나님께 예배하는 마음을 빼앗는 다른 일들", "거룩함을 잃어버릴 만한 야외의 관찰활동", 그리고 마지막으로 "명백한 신성모독" 등 이다.[363)] 이중에 특별히 5번째로 주일에 하나님께 예배하는 마음을 빼앗는 다른 일들인, 농담과 운동과 잔치 등에 대한 주의를 깊이 숙고할 내용이다. 그래서 혹이나 하나님께서 우리에게 맡기신 일들을 감당하기 어렵거든, 하나님께로부터 산만하게 하는 일들을 줄이는 더 큰 수고를 통해 하나님을 예배하는 일에만 전념해야 한다는 권면을 진지하게 들어야 한다.[364)]

이제껏 살핀 바와 같이 퍼킨스는 첫 번째 돌판의 계명들에 대해 철저하게 언약적 이해 가운데 설명한다. 즉 인간이 언약을 맺고 있는 대상이 누구신가하면 바로 이렇게 다른 신과는 비할 수 없이, 영광받으셔야 하며 오직 경배받으셔야 할 하나님이심을 드러낸다. 그러하기에 이런 하나님과 언약

---

362) Ibid., "This is a grieuous sinne."

363) *Workes*. I:48-49. "I. The workes of our calling, wherein if we doe ought, it must be altogether in regard of charity, and not in regard of our owned priuate commoditie. II. Vnnecessary iourneyes. Exod.16.29 ··· III. Faires vpon the Sabbath day. Nehem.13.19 ··· IV. All kinde of husbandry, as plowing, sowing, reaping, mowing, bringing home haruest and other the like. Exod. 34.21 ··· V. To vse iests, sports, banquetting, or any other thing whatsoeuer, ··· ,which ought to be in God's seruice ··· VI. An externall obseruation of the Sabbath, without the inward power of godlinesse. Esay 1.14 ··· 2 Tim.3.5 ··· VII.The manifest prophanation of the Sabbath, in pampering the belly, surfetting, adultery, and other like prophanenesse; which is nothing else, but to celebrate a Sabbath to the diuell, and not to God."

364) Workes. I:49. " V. To vse iests, sports, banquetting, or any other thing whatsoeuer, which is a means to hinder or withdraw the mind from that serious attention, which ought to be in God's seruice: for if the workes of our calling must not be exercised, much lesse these, whereby the mine is as well distradicted from God's seruice, as by the greates labour."

을 맺은 신자는 그에 합하도록 철저하게 언약 속에서 신실히 해야 함을 밝히는 것이다.

(3) 십계명의 두 번째 돌판 주해(Exposition)

이제 퍼킨스는 자신이 지금껏 다루어온 첫째 돌판의 내용이 아닌 다른 한 판 즉 두 번째 돌판을 다룬다고 하면서, 그 내용은 대對 이웃에 대한 언약관계라고 말한다.[365] 그래서 두 번째 돌판의 다섯 번째로부터 여섯 가지 계명들을 설명할 때에, 그는 그것들을 사람들의 의무, 율법, 순종, 그리고 불순종을 언급하는 일로 다룬다.[366]

예를 들면, 여섯 번째 계명에서, 퍼킨스는 언약에 대해 언급하면서 결국 사람들 간의 관계를 이해하기 위해서는 신자들 가운데에서 중요한 역할을 하는 언약적인 관계를 강조한다. 이렇게 곳곳에 그의 언약사상이 내재되어 있는 것이다.

> 우리는 기독교인들뿐만 아니라, 비기독교인들과의 평화를 유지하기 위해서도 이 언약을 맺을 수 있다. 이것이 경건하게 성취되어야 한다는 것은 확실히 경건하게 약속된 것이다. 그러나 가능한대로 모든 사람들과 화평하게 지내는 그것은 참된 경건의 표지이다. 그러므로 언약으로 화평을 약속하는 것은 매우 경건한 것이다.[367]

---

365) Ibid., "Hitherto we haue spoken of the Commandements of the first Table: now followeth the a Table, which concerneth the loue of our neighbour."

366) Ibid., "The second Table containeth sixe commandements: whereof the first, and in the order of the ten Commandements …"

367) *Workes*. I:56. "we may make this covenant not only with Christians, but for the maintenance of peace, with infidels also. For that this is godly to be performed, is no lesse godly to be promised. However, it is a note of true godliness, to be as much as may be, at peace with all men: Therefore, to promise peace by covenant, is very godly."

이것은 사람들 사이의 언약 관계가 하나님, 곧 율법수여자 앞에서 율법을 지켜야 하는 의무일 뿐만 아니라 그들이 그 준행에 따라 철저하게 심판받을 의무에 영향받는다는 증거가 된다. 그러므로 퍼킨스는 "모든 언약들과 약속들은, 비록 그것들이 우리의 장애물일지라도, 반드시 성취되어야만 한다"고 강조한다.[368] 전체적으로 볼때 퍼킨스에게 있어서 율법의 영향력의 지속성은 제한된 것이기 때문에, 죄인이 회개할 때 그 처음 회개가 그를 자유롭게 한다. 결과적으로 그는 더 이상 율법 아래에 있지 않고 은혜 아래에 있게 될 것이다.[369]

(1) 제5계명 : 두번째 돌판의 첫 내용이 되는 제5계명은 표면적으로 보기에는 부모에 대한 효도나 존경으로만 단순하게 생각하기 쉬운데, 퍼킨스는 이 계명을 우리 이웃의 품위와 탁월함을 보존하는 것과 연관되어 있음을 보인다.[370]

> *Honour thy father and thy mother, that they may prolong thy daies in the Land, which the Lord thy God giueth thee.*

제5계명도 역시 제1, 제4계명과 같은 방식으로 구절해설(the resolution)에 더불어 긍정부(the affirmative part)와 부정부(the negative part)로 진행된다.

① 구절 해설(the resolution) : 퍼킨스는 계속해서 단어별로 설명을 하는데,

---

368) *Workes*. I:65. "All just covenants and promises, though they be to our hinderance, must bee performed."

369) *Workes*. I:70.

370) *Workes*. I:49. "The second Table containeth sixe commandements: whereof the first, and in the order of the ten Commandements, the fift, concerneth the perseruation of the dignitie and excellencie of our neighbour ··· *Honora patrem tuum, & matrem tuam,ut prolongentur tibi dies tui super terram illam, quam Jehova Deus tuus dat tibi.*"

*Honour, Thy father, And thy mother, That they may prolong*이라는 4가지 단락을 통해 각 단어들마다 해설과 증거구절을 통해 주해註解를 한다. 특별히 이중에 *Thy father*에 대해 퍼킨스는 단순히 육신의 아버지만을 의미하지 않고 우리에게 대해 아버지와 더불어, 부모를 대신하는 윗사람 즉 법관들이나 목사들이나 장로들이나 또한 여타 은사에 있어서 우리보다 뛰어난 다른이들을 포함한다고 설명함으로써 그 이해를 넓히어 준다. 그러면서 아비멜렉의 예를 들어, 그가 아버지요 왕으로 존중받았음을 기억하게 한다.[371)]

② 긍정부(the affirmative part) : 그리고는 이제 제5계명에 대한 긍정부인 *Preserue the dignitie of thy neighbor*에 대해, 7개의 항목을 따라 아주 구체적으로 설명한다.

가장 먼저 "모든 우리의 윗사람에 대한 존경"을 시작으로, "그들의 권위에 대한 인정", "그들의 은사가 뛰어남에 대한 존중", "우리와 같은 자들에 대한 존중", "모든 윗사람들의 하급자에 대한 의무", "하급자들의 자신이 맞은 바에 대한 순종" 그리고 마지막으로 "자기 자신에 대한 태도"까지 다룬다.[372)]

---

371) Ibid., "*Thy father* By a figure, we must here vnderstand all those that are our superiours: as, Parents, and such like of our kindred or alliance, which are to vs instead of parents: Magistrates, Ministers, our Elders, and those that doe excell vs in any gifts hatsoever. The kings of Gerar were called *Abimelech*, my father the king. Gen.20.2. Gen. 45.8 ··· 1 Cor.4.15 ··· 2 King 5.13 ··· 2 King 2.1.2 ···"

372) *Workes*. I:50-52. "Firstly, reuerence towards all our superiours: the actions wherof are; Reuerently to rise vp before them when they passed by vs ··· Secondly, towards those thatbe our superiours in authoritie ··· Thirdly, towards those that excell vs in gifts: our dutie is to acknowledge the same gifts, and speake of them to their praise ··· Fourthly, toward all our equals: to thinke reuenrently of them ··· Fiftly, the duties of all Superiors towards their inferiours ··· Sixtly, towards inferiours in obedience, that is, towards their subjects ··· Seauenthly and lastly, there is a certaine duties of a man to be performed toward himself, which is, that a man should preserue & maintaine with modesty, the dignity, and worthinesse, which is inherent in his owne person ···"

여기서 가장 눈여겨 볼 만한 해설은 바로 다섯 번째의 "모든 윗사람들의 하급자에 대한 의무들" 이다. 물론 여기서 퍼킨스가 직접적으로 언약을 언급하지 않아도, 이는 언약관계 속에 있는 신자 상호간에 행할 바를 가르쳐 주는 내용이라 할 수 있다. 그래서 퍼킨스는 이 내용을 세분해서, 성경구절을 근거로 충분히 설명하기를 아래와 같이 한다.

> 다섯번째, 모든 윗사람들의 그들의 하급자에 대한 의무들 : I. 형제들과 같이 그들을 대함으로써, 그들의 터전과 존엄을 지키기, 신명기17.20… 욥 31.13… 왕하 5.13,14… II. 부끄러움 없는 삶의 모본을 통해 그들의 하급자 앞에서 빼어날 것, 디도 2.2.,3… 벧전 5.3… 빌 4.9… III. 표정과 행동, 삶 그리고 언행을 통해 위엄있고 복된 태도를 드러내보일 것, 이는 반드시 그들이 아랫사람들 앞에서 행해야 할 하나님의 형상을 입은 모습이다. 디도 2:3,4,5,6,7, 욥 29.8.[373)]

즉 여기서 존경해야 할 대상의 영역과 이해가 훨씬 넓고 풍성함을 본다.

③ 부정부(the negative part) : 제5계명에 대한 부정부인 *Diminish not the excellency, or dignitie which is in the person of thy neighbour*에 대해 "이제 이러한 죄들에 대해 살펴본다" 라고 하면서 퍼킨스는 "윗사람에 대항하여(against our Superiors)", "불순종(Disobedience)", "그리고 "은혜를 모름과 부모에 대하여 사랑만을 요구함(Ingratitude, and want of a louing affection towards parents)" 이라는 3개의 설명을 제시한다.[374)] 여기도 역시 마찬가지이다. 언

---

373) *Workes*. I:51. "Fiftly, the duties of all Superiors towards their inferiours: I. Sauing their place and dignitie, to carrie themselues as brethren. Deut.17.20 ··· Iob 31.13 ··· 2King 5.13,14 ··· II. To shine before their inferiours by an ensample of a blamelesse life. Tiyus 2.2.,3 ··· 1 Pet.5.3 ··· Phil.4.9. III. To shew forth grauity ioyned with dignitie, by their countenance, gesture, deeds and words: for hereby they must grace the image of God wich they bere their inferiours. Tit.2.3,4,5,6,7. Iob.29.8 ···"

374) *Workes*. I:52-53.

약관계 속에 있는 부모에 대한 그릇된 행동을 지적하는 일은, 역설적으로 언약 안에 있는 자녀가 행할 바를 교훈하는 내용이라 하겠다.

(2) 제6계명 : 퍼킨스가 소개하는 바 우리 이웃의 생명을 보존하는 것과 관련된 제6계명은 다음과 같다.[375] 이미 살핀 제2~3계명과 같이 제6계명부터 10계명까지는 구절 해설(the resolution) 후에 부정부(the negative)와 긍정부(the affirmative)의 순順으로 계명을 해설한다.

Thou shalt not kill.

이제 여기 제6계명부터 제10계명까지는 모두 부정명령으로 된 제2~3계명과 같은 형식으로 진행된다.

① 구절 해설(the resolution) : 여기서 kill의 의미를 살피는데, 제6계명은 바로 제유(提喩, synecdoche)적 교훈이기에, kill은 우리 이웃의 사람에 대한 온갖 종류의 피해입힘을 포함한다고 설명한다. 즉 이 명령과 동등하게 사람은 하나님의 형상으로 지음받았다는 내용이고, 이를 퍼킨스는 창세기 9:6절과 이사야 58:7절을 증거구절로 제시한다.[376]

② 부정부(the negative part) : 그리고는 이제 제6계명에 대한 부정부인 *Thou shalt neither hurt, nor hinder, either thine own, or thy neighbours life*에 대해, 이 죄들은 우리 이웃과 우리 자신에 거슬리게 되는 "마음에

375) *Workes*. I:53. "The sixt Commandement concerneth the preseruation of our neighbour life. The words are these: *Non occîdes*."

376) Ibid., "*Kill* The part is here set for the whole, by a Synecdoche: for *Killing* signifyeth any kinde of endamaging the person of our neighbour. The equitie of this Commandement appeareth by this, that man is created after the likenesse of God, Gen.9.6 ··· Esa.58.7 ···"

서", "말에서", "태도와 행위에서", 그리고 "행동에서" 범하기 위한 것들이라고 말한다.[377]

③ 긍정부(the affirmative part) : 제6계명에서의 긍정부인 *Thou shalt preserue the life of thy neighbour*에 대해 퍼킨스는 "이웃에 대해 몸과 마음 모두 행복하도록", "슬픔에 빠진 이웃들의 어려움에 대해 그들과 함께함", "이웃이 행한 공격으로 인한 다친 경우", 그리고 "이웃의 노약하게 됨" 등 4가지에 대해 적극적으로 보존할 것을 교훈한다.[378]

이 계명에서 특징적으로 퍼킨스는 이런 이웃과의 관계 가운데 평화를 유지하기 위해 기독교인뿐 아니라 혹 신앙이 없는 자라도 언약관계를 맺을 수 있음을 설명한다. 왜냐하면 신실함 자체가 신적인 것이기에, 평화를 지키기 위해 언약을 맺는 것은 그 자체로 바로 신적인 내용이기 때문이다. 이 내용은 언약공동체에서 상호 간의 신뢰에 대한 중요한 교훈이다. 이를 성경 속에 등장하는 신앙의 인물들을 통해 배울 수 있다고 하면서 증거구절로 창세기 21:22,23,24,27; 31:44,45,53절을 든다.[379]

---

377) *Workes*. I:53-56. "The sinnes then that are referred to this part are such, are commited against our neighbour, or our selues. Against our neighbour, are thses following: I. In heart … II.In words … III. In countenance and gesture, all such signes, as euiently decipher the malitious affections lurking in the heart … IV. In deeds …"

378) *Workes*. I:56. "Hitherto may we referre these duties. I. Such as appertaine to the person of our neighbour,& concerne, first his wel-fare both of body & mind; as to reioyce with them that reioice. Rom.12.15. Mar.10.21 … II. His miseries, to bee grieued with him for the. Ro.12.15 … Esa.26.16 … Ps.119.136 … Iob 29.15 … 2 Cor.8.3 … Pro.3.28 … Leu.19. 17 … III. Concerning such iniuries, as he offereth vnto thee … IV. His wants & infirmities …"

379) Ibid., "And we may make this covenant not only with Christians, but for the maintenance of peace, with infidels also. For that which is godly to be performed, is no lesse godly to be promised. But it is a note of true godlines, to be as much as may be, at peace with all men: Therefore to promise peace by covenant, is very godly. We may see the experience of this in the liues of holy men. Gen. 21.22 … 23 … 24 … 27 … Gen.31.44 … 45 … 54 …"

(3) 제7계명 : 퍼킨스가 어떻게 우리 자신과 우리 이웃의 순결을 보존할 수 있는가에 대해 보여주는 제7계명은 이러하다.[380]

Thou shalt not commit adulterie.

① 구절 해설(the resolution) : 여기서는 *adulterie*가 무엇인가를 해설하는데, 이러한 간음을 저지르는 것은 그것이 얼마이든 어떻게 이든 영원토록 우리 자신과 우리 이웃의 순결을 더럽히는 것이라고 마태복음 5:28절을 증거구절로 말한다.[381] 실로 간음은 욕정으로 인하여 언약관계를 파괴하는 그릇된 행동이다.

② 부정부(the negative) : 의외로 구절해설에 비해 상당히 많은 분량에 걸쳐, 부정부인 *Thou shalt no way either hurt, or hinder thy neighbours chastitie*에 대해 해설한다. 즉 금지해야 할 사항들 으로 퍼킨스가 지적하는 바는 "마음의 정욕, 혹은 육체의 사악한 욕정", "정욕의 열정이 육체 안에 있는 것", 그리고 "하나님의 말씀에서 금지하고 있는 이상한 희열들인 수간獸姦, 마녀와의 성관계, 동성관계, 친족간의 성관계, 미혼자와의 성관계 등등"이다.[382] 이 내용은 하나하나가 모두 언약관계를 깨뜨리는 그릇된 행동들이다. 단순한 욕정이 치명적인 언약파괴를 야기할 수 있기에 퍼킨스는 이를 지적한다.

---

380) *Workes*. I:58. "The seuenth Commandement sheweth how that we should preserue the chastitie of our selues, and of our neighbour … *Non scoror*."

381) Ibid., "*Adultery* To commit adultery, signifieth as much, as to doe any thing, what way focuser, whereby the chastitie of our selues, or our neighbours may be stained, Math. 5.28."

382) *Workes*. I:58-59. "In this place are prohibited: I. The lust of the heart, or the euill concupiscence of the flesh. Math. 5. 28 … Coloss. 3.5 … II. Burning in the flesh, which is an inward feruence of lust, whereby the godly motions of the heart are hindered, ouerwhelmed, and as it were, with contrarie fire, burnt vp. 1 Cor.7.9 … III. Strange pleasures about generation, prohibited in the word of God: the which are many. I. With beasts … II.With the diuell,as witched doe by their owne confesion … II.With one of the same sexe … IV.With such as bee within the degrees of confanguinity … V.With vnmarried persons …"

③ 긍정부(the affirmative) : 또한 이어서 퍼킨스는 긍정부인 *Thou shalt preserue the chastitie of thy neighbour*에 대해, 아주 명확하게 아래와 같이 해설한다.

> 순결(純潔)은 가계에 속하는 것과 같을 정도로, 영혼과 육체의 순수함이다. 마음은 순결한 것은, 최소한으로 육체적 욕정으로부터 자유할 때이다. 육체가 순결한 것은, 육체의 욕정을 실행하지 않을 때이다(살전 4:3,4; 고전 7:34).[383]

순결을 지킴으로, 언약적 순전함과 신실함에 머물 수 있게 됨을 권고한다.

(4) 제8계명: 다른 이들의 물건을 보존하는 것과 관련한다고 퍼킨스가 소개하는 제8계명은 아주 명료하다.[384]

> *Thou shalt not steale.*

① 구절 해설(the resolution) : 이제 단어 steale을 해설하는데, 도둑질은 다른 사람이 가깝게 여기는 물건을 옮겨오는 것이라고 하면서, 창세기 31:20절에서 야곱이 라반의 마음을 빼앗을 것처럼, 일반적으로 어떤 사람이 다른 이의 재산을 악화시키기 위해 사기를 쳐서 가져오는 것을 의미한다고 퍼킨스는 설명한다.[385]

---

383) *Workes*. I:60. "Chastitie is the purity of soule and bodie, as much as belongeth to generation. The minde is chaste, when it is free, or at the least, freed from fleshly concupiscence. The body is chaste, when it putteth not in excution the concuposcences of the flesh. 1. Thess.4.3,4 ··· 1 Cor.7.34 ···"

384) *Workes*. I:62. "This commandement concerneth the preseruation of our neighbours goods... *Ne furator*."

385) Ibid., "*Steale* To steale, is properly to conuey any thing closely from another. Gen. 31.20. *Iaakob stle away the heart of Laban the Aremite*. In this place it signifies generally, to wish that which is another mans, to get it by fraud, and any way to impaire his wealth."

② 부정부(the negative) : 부정부분인 *Thou shalt neither be wanting to preserue, nor a meanes to hinder or hurt thy neighbours goods*에 대해서 퍼킨스는 크게 두가지로 지적한다. 먼저는 자신들의 시간과 상품과 수입 등을 비정상적으로 사용하는 삶에 대한 지적이고, 다음은 마음과 물건을 다룸에 있어서 정확하지 않게 다루는 것을 의미한다. 주로 이것은 물건을 사고 파는 상행위에 나타나는 문제로, 바로 탐욕스러움은 바로 우상숭배요 나아가 모든 악의 근원이라고 지적한다.[386)]

③ 긍정부(the affirmative part) : 그러므로 퍼킨스는 이제 *Thou shalt preserue and increase thy neighbours goods*라는 긍정적 권면을 4가지로 제시한다. 먼저 모든 사람은 하나님께서 자신과 이웃들에게 바르게 주신 소유에 대해 정직하게 대해야 한다. 이는 명확한 부르심이다. 두 번째로 부와 소유한 모든 물건들에 대해 두가지의 미덕인 자족과 간절함에 따라 참되게 쓰는 것이 중요하다. 세 번째로는 마음으로부터 정직하게 말하고, 모든 일에 대해서는 유해 없도록 소박하게 사용하는 것이 필요하다. 그리고 마지막 네 번째 권면은 정확한 거래이다.[387)] 여기에서도 언약관계 속에 있는 신뢰를 파괴하는 행동이 바로 도둑질임을 지적하면, 언약을 지키기 위해서 더욱 신실하게 신뢰를 지키도록 권면한다.

---

386) Ibid., "In this place these sinnes are forbidden: I. Inordinate liuing, whether it be in no set calling: or idely, wherein by neglecting their duties, such persons misepend their time, goods, and reuenewes. 2 Thess.3.11 … Gen.3.19 … 1Tim.5.8 … II.Vniust dealing, which is either in heart, or deede. Vniust dealing in heart, is named couetousnesse Math. 15. 19 … Couetousness is idolatry. Eph.5.5 … Yea, it is the very roote of all euill, not begetting, but nourishing all kind of sin. 1 Tim. 6.1 …"

387) *Workes*. I:64. "To this required these that follow: I. A certain Calling: wherein emery man, according to that gift which God hath giuen him, must bestow himselfe honestly, to his owne and neighbours good. 1.Cor.7.2.4 … Eph.4.28.1Pet.4.1.0 … Gal.5.13 … II.The true vse of Riches, and all the goods a man hath to which belong two Vertues, Contentation, and Thirstinesse … III. To speake the truth from the heart, and to vse an harmelesse simplicitie in all affaires. Psal.15.2 … Gen. 23. 15, 18 … IV. Iust dealing. 1Thess.4.6 …"

(5) 제9계명 : 퍼킨스가 소개하는 바, 이웃의 명예스러운 이름을 위한 보존과 관련된 제9계명은 다음과 같다.[388)]

Thou shalt not beare false witnesse against thy neighbour.

① 구절 해설(the resolution) : 여기서 *witnesse*는 다름아닌, 이웃의 신용이나 재산에 대해 손해를 주어가 피해가 되게 하는 모든 말을 의미한다.[389)] 거짓증언은 역시나 인간 상호간의 언약관계를 파괴하는 행동이다

② 부정부(the negative part) : 그러므로 제9계명에서 금지되는 내용은 *Thou shalt not dimishe or hurt the good name and estimation of thy neighbour*라는 부정문에 대해 아주 구체적으로 12개의 금지할 내용들이 권고된다. 먼저 "자신의 영광에 대한 갈망으로 행하는, 부러움과 타인에 대한 무시", "사악한 의심", "이웃을 지켜줄 수 없이 벌거벗기는 대화의 관계", "거짓말", "심판하기 위해 부정확한 판결을 내림", "이웃에 대하여 위조되고 상처입히는 이야기들을 만들어냄", "상대방을 해할 목적으로 행하는 고소", "다른 이들에게 이웃의 비밀을 들추어냄", "모든 횡설수설하는 말과 쓴 언어들", "아첨", "어리석고 과장된 확신으로 하는 자랑", 그리고 마지막 "이웃을 거짓되게 고소하고 증언함" 이다.[390)]

---

388) *Workes*. I:66. "The ninth commandement concerneth the preseruation of our neighbours good name ··· *Ne proferto cõtra proximum tuum testimonium falsum*."

389) Ibid., "*Witnesse* By a figure, signifieth euery word, whereby the credit and estimation of our neighbour is either impaired or diminished."

390) *Workes*. I:66-67. "Here is forbudden: I. Enuie, disdaine of others, desire of a mans own glory,1Tim.6.4 ··· Math.12.15 ··· II. Euill suspitions. 1Tim.6.4.1 Sam. 17.28 ··· Act. 28.4. Math. 7.1 ··· II. A relation of the bare words onely, and not of the sence and meaning of our neighbour. Math. 26.59,60 ··· Ioh.2.19 ··· IV. A lie whereby euery falsehood with purpose to deceiue, is signified: whether in words, or indeeds, or concealing the truth, or any other way whatsoeuer; be it for neuer so great a good to our neighbour. V. To pronounce vniust sentence in iudhement; to rest in one witnes; to

③ 긍정부(the affirmative part) : 이제 제9계명에서 제시되는 긍정적인 권면은 *Preserue the good name of thy neighbour*인데, 이에 대해 퍼킨스는 전도서 7:3절을 통해 좋은 이름은 좋은 기름보다 더 낫다고 평한다.[391] 그리고는 6가지로 이에 대해 권면하기를 다음과 같이 한다.

> I. 이웃의 좋은 신용과 재산으로 인하여 기뻐하기, 갈 5.22, 롬 1.8. II.우리가 어떤 사람에게 발견할 수 있고 같이 말할 수 있는 선(善)에 대해 의지적으로 지식을 갖기, 디도서 3.2. 행 16.1,2,3, 대하 25.2.17.2. III. 의심스러운 악에 대해 좋은 방향으로 해석하기, 고전 13.5,7, 창 37.31,32,33... IV. 말하기 좋아하는 사람들에 의해 사람들간에 회자되는 사악한 보고서는 믿지 않기, 시편 15.3, 렘 40.14,16, 잠언 25.23 ... V. 반드시 드러나야 하는 것 외에는, 우리 이웃을 공격하기 위한 비밀은 지키기, 잠언 10.12, 마 1.19··· VI. 사람들 가운데 좋은 명성과 평가를 가지기, 그리고 우리에게 주어진 명성을 잘 지키기, 빌 4.8.[392]

---

accuse another wrongfully; to betray a man cause by collusion. 1.Kin 21.12,13 ··· Deu.17.6 ··· VI. Openly to raise forged and hurtfull tales and reprts of our neighbour, or priuilly to deuise the same. Rom. 1.29 ··· Leu. 19.16 ··· 1Tim.5.13 ··· VII. To accuse our neoghbour for that which is certain and true, through hatred and with intent to hurt him. 1 Sam. 22. 9.10 ··· Psal. 52. 1,2,3,4 ··· VIII. To open or declare our neighbours secret to any man, especially, if hee did it of infirmity. Mat.18.15 ··· Pro.11.13 ··· IX. All babling talke and biter words. Eph.5.3 ··· Ioh.9.34 ··· X. Flattery, whereby we praise our neoghbour aboue that we know in him. Prou.27.6 ··· Act.12.22. 1. The 2.5 ··· Ier.6.13 ··· XI. Follish and ouer confident boasting. Prou. 27.1,2 ··· XII. To accuse, or witness against one falsly. 1 Kin.21.13 ···"

391) *Workes*. I:67. "*Preserue the good name of thy neighbour*. Eccl.7.3. *A good name is better then a good oyntment*."

392) *Workes*. I:67-68. "I. A reioycing for the credit and good estimation of thy neighbour. Gal.5.22 ··· Rom 1.8 ··· II. Willingly to acknwledge that goodness we see in any man whatsoeuer, and onely to speake of the same. Tit.3.2 ··· III. To interpret a doubtful euill to the better part. 1 Cor.13.5.,7 ··· Gen,37.31,32,33 ··· IV. Not to beleeue an euill report, running abroad amongst the common people, by the wishpering of tale-bearers, as it were by conduit pipes. Psal.15.3 ··· Ier.40.14 ··· Pro.25.23 ··· V. To keepe secret the offence of our neighbour, except it must of necessity bee reuealed. prou.10.12 ··· Math.1.19 ··· VI. To get a good name and estimation among men, and to keepe the same when wee haue gotten it. Phil.4.8 ···"

인간 상호간의 언약관계를 견고히 하기 위하여 지켜야 하는 바 상당히 실제적이면서 필요한 권면이다. 그러므로 퍼킨스에게서 언약은 결코 이념이 아니라, 신자들이 행해야하는 실제적 삶의 내용이요 지침이다.

(6) 제10계명 : 이제 퍼킨스는 마지막 제10계명, 이웃을 향한 욕정과 관련된 10번째 계명에 대해 설명한다.[393]

Thou shalt not couet they neighbour house, thou shalt not couet thy neighbours wife, nor his seruent, nor his maide, nor his oxe, nor his asse, nor any thing that thy neighbor hath.

① 구절 해설(the resolution) : 여기서 *couet*는 탐내는 마음인데, 이는 3가지 경우가 있다고 퍼킨스는 설명한다. 먼저는 "살짝 그리고 갑작스레 든 생각인데 이는 사라질 것과 같이 사탄에 의해 가지게 된 생각으로, 이는 죄가 아니라" 고 말한다. 그예로 예수께서 사탄에게 유혹받으셨던 마태복음 4:1절과 3절을 든다. 두 번째는 "조금 더 영구적인 생각이나 행동으로 호기심과 독설로 마음에서 희열을 즐기는 생각" 이다. 마지막 세 번째는 "의지와 감정을 통해 오랫동안 생각해낸 죄로 가득한 생각" 이라고 설명한 후에, 퍼킨스는 지금 제10계명에서 설명하는 내용은 바로 두 번째 경우와 같지 않을까 하면서 세번째 경우는 제5계명이 더 적합하다고 한다.[394]

393) *Workes*. I:69. "The tenth Commandement concerneth concupiscences against our neighbour ⋯ *Ne concupisto domum proximi tui, concupiscito vxorem oximi tui, aut servumus, aut ancillā eius, aut vem eius, aut asinum us, denique quicquid proximi tui.*"

394) Ibid., "*Couet* The cogitation or motion of the heart, os of three sorts: the first is some glancing or sudden thought, suggested to the mind by Satan, which suddenly vanisheth away, and is not receiued of the minde: This is no sin. For it was in Christ when he was tempted by the diuell, Math.4.3. The second, is a more permanent thought or motion, the which as it were, tickleth and inueigheth the mind with some inward ioy. The third, is a cogitation drawing from the will and affection, full assent to sin. We are to vnderstand this commandement of the second sort of motions only; for the third kind which haue consent of will, belong to the fiue former Commandements."

② 부정부(the negative part) : 그러면서 이제 부정부인 *Thou shalt not couet that which is thy neighbours* 에 대해 금지할 내용 3가지를 권고한다.

> 먼저 강한 욕정은 그 자체로 이웃에게 해악이 되는 근원적 부패이다. 약 1.14. 또한 각각의 부패하고 갑작스런 상상과 마음속의 열정은, 강한 욕정의 쓴 뿌리가 되는 분출이다. 갈 5.1,7, 눅 10.27. 마지막으로 최소한의 상상과 행동에서 나와 매춘부를 알선하면 그 마음의 동의와 즐거움들 그리고 호기심을 결코 채우지 못한다. 이런 것들은 모두 어리석은 바람들이다.[395]

③ 긍정부(the affirmative part) : 이제 제10계명에서 제시되는 긍정적인 권면인 *Couet that onely which is auaileable to thy neighbours good*인데, 이에 대해 퍼킨스는 "여기서 이렇게 명령된다"라고 하면서 "이웃을 향하여 순수한 마음을 가지라", " 거룩한 사고와 영적인 행동을 하라", " 그리고 덧붙이기를 "악한 감정과 육체의 정욕에 맞서 싸우라"고 3가지로 간략하게 권면한다.[396] 따라서 신자는 하나님께서 허락하신 언약관계를 지키기 위해, 철저하게 악한 욕망과 싸워야 할 책임을 가지고 있음을 퍼킨스는 권고하는 것이다.

전체적으로 볼 때, 이렇게 십계명의 둘째 돌판에 있어서 인간 상호간의 언약관계속에 행할 바가 적시되었고, 이는 인간 상호간의 문제를 넘어서 결국 하나님과의 언약관계가 여기에도 적용되는 것임을 살폈다.

---

395) Ibid., "Here are prohibited, I. Concupiscence it selfe, namely, originall corruption, in as much as it is hurtfull to our neighbour, Jam 1.14. II. Each corrupt and sudden cogitation and passion of the heart, spring out of the bitter roote of consupiscence. Gal. 5.17 ··· Luke10.27 ··· II. The least cogitation and motion, the which, through it procure not cosent, delights, & tickles the heart. Ibid., Of this kind are these foolish wishes ···"

396) Ibid., "Here are commanded: I. A pure heart towards our neighbour. 1 Tim.1.5 ··· II. Holy cogitations, and motions of the spirit. *Paul* prayeth, 1 Thess.5.23 ··· Eph.4.23 ··· III. A conflict against the euill affcetions and lusts of the flesh. Rom. 7.2.,23,24 ··· 2 Cor.12.7,8,9."

2. 퍼킨스의 "갈라디아서" 주해

칼빈과 같이 이제 율법에 대한 퍼킨스의 해석을 또한 살펴볼 수 있는 바, 갈라디아서 2:15-21절과 3:15-18절에 대한 퍼킨스의 주해를 통해 그 역시나 철저하게 그리스도를 중심으로 하는 기독론적인 칭의교리와 그의 칭의교리가 가진 기독론적 언약신학의 특성에 대해 살펴보자. 즉 퍼킨스 신학의 기독론과 칭의론에 견고히 기반한 언약신학적 특성을 확인하려 하는 것이다.

(1) 갈라디아서 2:15-16절 주해

이미 칼빈에게서 갈라디아서 2:15-21절을 살피었기에, 퍼킨스에게서는 의도적으로 핵심구절인 15-16절에 초점을 집중하여, 그에 나타난 기독론이며 칭의론의 성경해석을 다루어보려고 한다.[397)]

(1) 퍼킨스는 각 절별로 주해註解하되 성경해석을 통한 교리해설이라는 종교개혁과 청교도의 성경해설방식으로 이를 설명하는 교리적 성격해석의 특징을 보여준다.[398)]

여기서 바울은 그의 책망에 대한 두 번째 이유를 제시한다. 그것은 판단과

---

397) William Perkins, *A Commentarie or Exposition vpon the five first chapters of the Epistle to the Galatians in The Workes of That Famous and Worthie Minister of Christ*, in the Universitie of Cambridge, Mr. William Perkins. Edited by John Legatt. vol.2. (Vniversitie of Cambridge, 1617), 203-11. 이를 칼빈의 "주석(Commenatry)"과 구별되게, 퍼킨스의 작품에 대해서 "주해(Commentary or Exposition)"라고 부르고자 한다. 이하에서는 출처에 따라 *Workes*. II.로 표기한다.

398) 강조하기 위해 다시 인용하면, *The Courtenay Library of Reformation Classics*, 105. "He resembles Calvin most in his concern to link genuine piety and biblical theology, but he was too deeply influenced by reformed orthodoxy to end up with a synthesis like Calvin's."

> 실행이라는 두 가지로 틀이 잡혀 있는데, 그저 반대가 아닌, 우리가 바로 판단과 실행으로 옹호하는 행위없는 믿음으로 말미암는 칭의라는 내용이다. 따라서 우리가 주장하기를 그저 반대가 아닌, 말하자면 율법의 필요성에 대한 논평이라 하겠다 ... 비록 우리가 유대인이라 해도 율법이 주어진 자들이어서 여전히 우리는 율법을 지향하여도, 그리스도의 믿음으로 의롭게 되기를 기대한다. (왜냐하면) 두 번째로, 16절은 시편의 고백에 의해 확증되는데 "율법의 공로에 의해, 누구도 의롭게 될 자가 없다." 바로 여기 두 가지 쟁점이 다루어진다. 먼저는 유대인과 이방인의 구별이고, 다음은 칭의이다.[399]

그러면서도 퍼킨스는 당시 유행하던 라무스의 신학방법론인 양분적 수사법(dichotomical rheotoric)을 사용하여, 이렇게 본문 16절에 대해 1. 유대인과 이방인의 구별(Distinction of Iewes & Gentiles)과 2. 칭의(Iustification)로 구별하여 설명한다. 물론 1. "구별" 에 대해서 역시나 두 갈래로 (a) 먼저는 4가지의 요점들이 설명되고, 또한 (b) 3가지의 사용(용례)들이 설명된다. 그리고는 2. "칭의" 에 대해서도 (a) 먼저는 "칭의"에 대한 설명이 제시되고, (b) 그의 8가지 사용(용례)들이 아주 세밀하게 설명된다. 하지만 내용면에서는 칼빈과 동일한 것이 바로 이 대목, 즉 칭의에 대한 8가지 사용(용례)들에서, 퍼킨스에게도 역시 기독론적 칭의론에 대한 풍성한 설명을 만나게 된다.

(2) 용례1에 대한 가장 우선하는 설명은, 칭의(Iustification)와 중생(Regeneration) 그리고 혁신(Renovation)을 구별하는 일부터 시작한다. 그러면

---

399) *Workes*. II:203. "Here *Paul* laies down the second reason of his reproofe: it is framed thus: That which we defend, both in iudgement and practise, that must we vrge, and not the contrarie: but iustification by faith without workes wee defend both in iudhement and practice: therefore we must vrge it, and not the contrarie, namely, the necessarie obseruation of the law ··· Though we be Iewes: to whom the law was giuen: yet we forsake the law, and looked to be iusisfied by the faith of Christ. secondly, the minor is cofirmed by a testimonie of the Psalme: verse 16. *By the workes of the law, no flesh shall be iustified.* Here two points are to be handled. One, of the distinction of the Iewes and Gentiles: the other of iustification."

서 퍼킨스는 "그가 반드시 죽고 은혜의 보좌 앞으로 나아가 그리스도의 용서하심을 구해야만, 모든 죄로부터 무죄를 선고받고 또한 의롭다함을 받을 것이다"라는 설명으로 기독론적 칭의에 대한 견해를 드러낸다.[400] 이는 4번째 용례에서 더더욱 분명하게 드러나기를,[401]

> 네 번째 요점은 우리 칭의의 칭찬할 이유에 대한 것인데, 즉 그리스도이시다. 여기 그에 대해 요구된다면, 우리를 의롭다할 만한 것이 바로 그리스도 안에 있다. 내가 답하기를 그리스도의 순종(롬 5:19)이다. 또한 이것은 두 가지 요소에 기반을 두는데, 먼저 생명과 죽음에 대한 그의 고난과 또한 율법에 대한 그의 만족이 그것이다. 따라서 믿음에 의해서 율법이 완성되었고(롬 3:31), 그리스도는 죄된 육체로 오셔서 율법의 요구를 만족시키셨으며(롬 8:3), 그리스도는 모든 믿는 의로운 자들에 대해 율법의 완성이시고(롬 10:4), 그는 저주아래 있는 율법의 요구에 충만하지 않으셨다(갈 3:10).

라고 퍼킨스는 칭의의 이유와 근거를 오직 그리스도께만 돌린다. 즉 "그리스도께서는 우리의 보증이 되셔서 하나님께서는 우리를 위해 그의 순종을 받으셨으며, 이는 율법의 대의를 따라 온전한 만족이 되어주신다."[402] 이러한 그리스도 중심의 칭의에 대한 설명은 여기서 그치지 않고, 5번째 용례에서는 더욱 확대하여 많은 분량으로 이를 다루는데 주제가 바

400) *Workes*. II:204. "Here wee see how to distinguish between Iustification, regeneration, and renovation … he must flie and make his appeale to the throne of grace, for pardon in Christ: and then he shall be aquit, or iustified from all sinnes."

401) *Workes*. II:205. "The fourth point is, the Meritorious cause of our iustification: and that is Christ. Here it may bee demanded, what is that thing in Christ, by, and for which wee are iustified. I answer, *The obedience of Christ*, Rom. 5.19. And it stands in two things, *his Passion in life and death*, and *his Fulfilling of the Law* ioyned therewith. For *by faith the law is established*, Romnes 3.31, *Christ was sent in the similitude of sinnefull flesh, that the rigour of the law might bee fulfilled in vs*, Rom. 8.3. and *Christ is the perfection of the law for righteousnesse to all that beleeve*, Rom. 10.4. *Hee that dot not fulfill all things contained in the law, is accused*, Gal.3.1.0."

402) Ibid., "Christ is become our Surety; and God accepts his obedience for vs, it beeing a full satisfaction, according to the tenour of the law."

로 "칭의의 수단 즉 그리스도에 대한 믿음" 이다.[403]

(3) 퍼킨스는 이 부분에 대해 "무슨 믿음인가?" 라고 묻고는, 우선해서 교황주의자들은 의롭게 된 믿음에 대해 하나님의 선물이 된다고 주장한다고 지적하면서, 그럴 때 우리는 신앙의 내용들 즉, 하나님의 말씀이 진리인 것을 믿는다고 말한다.[404] 그러면서 그들의 잘못된 주장에 대해 아브라함의 예를 통해 바로잡기를,

> 대답은, 먼저 아브라함의 믿음의 대상은 두 가지였는데 작은 하나는 원칙이었는데 그가 늙은 나이에 아기를 가질 수 있다는 내용이었고, 다른 하나는 보다 본질적인 내용으로 메시야 즉 그의 구원자가 자신의 자손을 통해 난다는 사실이었다. 바로 이것이 하나님의 약속 안에서 그의 신앙이 지향한 내용이었다. 내가 다시 말하면, 아브라함은 하나님의 능력을 믿었을 뿐 아니라, 로마서 4:21, 그가 약속을 통해 표현한 그분의 의지를 믿었다, 네 씨를 인하여 열국이 복을 받으리라.

라고 한다.[405]

이를 "참된 방식에서의 의롭게 하는 믿음" 이라는 제하에서, 요한복음 1:12절을 인용하여 바로 그리스도를 믿는 믿음이요 그리스도를 받아들이는 믿음이라고 구체적으로 설명한다.[406] 이러한 이해는 바로 다음 두 가

---

403) *Workes*. II:207. "The fifth point to bee considered, is the meanes of iustification, namely, *the faith of Christ*."

404) Ibid., "What faith is? The Papists define justifying faith to bee a gift of God, whereby wee beleeue the articles of faith to bee true, and the whole word of God."

405) Ibid., "*Answ. First*, the object of *Abrahams* faith was double, one lesse principall, that he should haue issue in his olde age: the second, more principall, that the Messias his Redeemer should descend of his loines. And this was the thing which his faith in the promise of God specially aimed at. I answer againe, that *Abrahams* beleeued not onely the power of God, Rom. 4.21. but also his will which he had reuealed in the promise, *In thy seede all the nations of the earth shall be blessed*."

406) *Workes*. II:208. "*Iustifying faith* in the true manner is defined thus: *It is a gift whereby we apprehend Christ and his benefits*, Ioh.1.12. to beleeue in Christ, and to receiue Christ, …"

지 위에 세워진 것이라고 하는데, 바로 그 내용이 다름 아닌 기독론적 칭의이다.[407]

> 첫째는, 그리스도를 아는 것인데 이는 말씀과 성례를 통해 그의 자신을 드러내신 바이다. 또한 둘째는, 그분과 그분의 유익을 우리에게 적용하는 것이다. 이 적용은 우리가 그분의 유익과 함께 그리스도께서 바로 우리의 것이라고 믿을 때, 곧 그러한 이해의 초자연적인 역사에 의해서 되는 것이다. 이를 객관화하면, 믿음은 우리가 그리스도를 믿을 바로 그때의 분명한 확신이다.

이렇게 선명하게 내용을 드러내고는, 계속적으로 "그리스도에 대한 믿음으로 인한 칭의"에 대해 분량상 작으나 섬세하게 다루는 7번째 용례로 "행위없이 믿음으로 말미암는 칭의교리"를 말하고,[408] 마지막 8번째 용례에서는 "의롭게 됨의 실제는 오직 그리스도를 믿고 그분만을 신뢰하는 것"이라고 이 모든 내용들의 결론을 제시한다.[409]

---

407) Ibid., "This apprehension stands in two things. The first is, to know Christ, as he propounds himselfe in the word and Sacraments. The second is, To apply him and his benefits vnto our selues. This application is made by supernatural act of the vnderstanding, when we beleeue, that Christ with his benefits is really ours."

408) *Workes*. II:210. "The seuenth point is, the ground of this doctrine of iustification by faith without workes."

409) *Workes*. II:211. "The eight and last point is, the practice of them that are iustified, and that is, to beleeue, or put their trust in Christ. Trust in the Lord (faith the Prophet) and ye shall be assured, 2. Chro. 20.20. And Salomon saith, Roll your care on the Lord, Prou. 16.2. By means of this faith the heart of the righteousness is fixed and stablished, Psal. 112.78. For the better practice of this duty, two rules must be remembred. The one is, that faith and the practice thereof, must reigne in the heart, and haue all at command. We must not goe by sense, feeling, reason, but we must shut our eyes, and let faith keepe our hearts close to the promise of God. Nay, faith must ouer-rule nature, and command nature, and the strongest affections thereof. Thus Abraham beleeed against hope, and by faith was content to offer his naturall and onely begotten sonne. Heb.11. If faith ouerrule nature, then much more must it haue al the lusts and corruptions of nature at command. The second rule is, that when wee know not what to doe, by reason of the greatnesse of our distresse, we must then fixe our hearts on Christ without seperation. He that climed vp a ladder or some steepe place, the higher hee goes, the faster he holds. 2. Chron. 20.12. Iob. 23.12. Hence is true comfort, Psal. 27.13."

> 하나님을 신뢰하라(선지자를 믿으라) 그러면 견고히 서리라(대하 20:20), 솔로몬은 신뢰하길, 너의 염려를 주께 맡기라(잠 16:2) 이러한 믿음의 수단을 통해, 의인의 마음은 확고해지고 안정을 얻는다(시 112:78). 이러한 의무에 대한 최선의 실천을 위해, 두 가지 원칙을 기억해야한다. 하나는 이러한 믿음과 실제적인 행함이 마음을 다스리게 하고 명령을 철저히 지켜야 한다. 우리는 반드시 감각이나 느낌, 이성으로 행해서는 안 되고, 오직 우리의 눈을 닫아야만 한다. 그리고는 믿음이 우리의 마음을 오직 하나님의 약속에 붙들리게 해야 한다. 그뿐 아니라, 믿음이 본성을 다스려야 하고, 본성과 가장 강력한 감정을 지휘하게 해야 한다. 따라서 아브라함은 희망보다 더 믿었고, 믿음에 의해 그의 육체를 따라난 유일한 독생 아들을 바치고자 할 수 있었다(히 11장). 만약 믿음이 본성을 온전히 다스리면, 그 다음에는 모든 정욕과 본성적 부패를 온전히 그리고 아주 충분히 다스릴 것이다. 두 번째 원칙은 이성과 극한 고통으로 인해 무엇을 행해야할지 모를 때, 우리는 우리 마음을 나뉨이 없이 온전히 그리스도께만 고정해야 한다. 사다리와 가파른 곳을 오르신 그분이, 그분이 더욱 높이 행하실수록 더욱 빠르게 붙잡아주신다(대하 20:12; 욥 23:12). 바로 여기 진정한 위로가 있다(시 27:13).

그러므로 이러한 내용을 볼 때, 종합적으로 퍼킨스의 기독론적 칭의교리는 아주 철저하게 그리스도만을 기반하고 중심하는 개혁주의적 칭의교리임을 확인할 수 있다.[410] 그래서 이것이 그의 신학적 유산을 따라서 작성된 웨스트민스터 신앙고백서를 통해 결정체로 드러난다.

> [칭의는] 그리스도의 순종으로 성취하신 의와 및 그의 만족한 속상(贖償)을 그들에게 전가시키심이다. 이 점에 있어서 그들은 그저 믿음으로 그리스도를 영접하고 그의 의를 받아 그 안에서 안식할 뿐이다. 이 믿음 그것도 그

---

410) *Christ and Decree*, 168. "The central issue of Perkins' soteriology is God's grace as it is mediated in Christ … as Christ the mediator supplies the middle term between the gracious will of the transcendent God and the sinful will of finite man, the recipient of God's grace."

들 자신에게서 난 것이 아니고 하나님의 선물이다.[411]

(2) 갈라디아서 3:15-18 주해

이제 갈라디아서 3:15-18절에서는 퍼킨스 역시 기독론적 칭의교리에 대한 설명을 언약사상에 의해 제시한다.[412]

> 15 Ἀδελφοί, κατὰ ἄνθρωπον λέγω· ὅμως ἀνθρώπου κεκυρωμένην <u>διαθήκην</u> οὐδεὶς ἀθετεῖ ἢ ἐπιδιατάσσεται. 16 τῷ δὲ Ἀβραὰμ ἐρρέθησαν αἱ ἐπαγγελίαι καὶ τῷ σπέρματι αὐτοῦ. οὐ λέγει, καὶ τοῖς σπέρμασιν, ὡς ἐπὶ πολλῶν, ἀλλ' ὡς ἐφ' ἑνός, καὶ τῷ σπέρματί σου, ὅς ἐστιν Χριστός. 17 τοῦτο δὲ λέγω· <u>διαθήκην</u> προκεκυρωμένην ὑπὸ τοῦ θεοῦ ὁ μετὰ τετρακόσια καὶ τριάκοντα ἔτη γεγονὼς νόμος οὐκ ἀκυροῖ, εἰς τὸ καταργῆσαι τὴν ἐπαγγελίαν. 18 εἰ γὰρ ἐκ νόμου ἡ κληρονομία, οὐκέτι ἐξ ἐπαγγελίας· τῷ δὲ Ἀβραὰμ δι' ἐπαγγελίας κεχάρισται ὁ θεός.

갈라디아서 3:15-18절에 대해서도, 그는 이 부분을 주해註解하면서도 역시나 구절을 해석하는 방식을 사용하지 않고 신학적인 체계를 따라 성경 본문에 대한 교리해설을 통해 이 단락을 설명해 간다.[413] 그러면서 그 내용에 있어서는 "확고부동한 하나님의 언약은 폐지될 수 없는데, 아브라함과 그의 자손, 즉 그리스도에 의해 맺어진 약속들이 확고부동한 그의 언약

411) *Westminster Confession of Faith*, XI.i. *JUSTIFICATION* "by imputing the obedience and satisfaction of Christ unto them, they receiving and resting on Him and His righteousness by faith; which faith they have not of themselves, it is the gift of God."

412) *Workes*. II:241. "In these words, Paul meetes with a second Exception, or objection, made against that which hee heere principally stands vpon: namely, that the blessing of Abraham is conueyed to the Gentiles, and that by Christ."

413) Won Jonathan Jong-Chun *"Communion with Chris: An Exposition and Comparison of the Doctrine of union and Communion with Christ in Calvin and the English Puritans,"* (Westminster Theological Seminary: Ph.D. Dissertation, 1989), 76. "William Perkins promoted Calvinism in a systematic way with ease and clarity."

이다. 따라서 그것들은 결코 폐지될 수 없다"라고 하면서, 기독론적 언약신학에 입각한 퍼킨스 자신의 확고한 신학적 이해를 드러낸다.[414]

(1) 퍼킨스의 이러한 기독론적 언약사상에 대한 이해를 높이기 위해, 논문 6장에서 더 구체적으로 다루겠지만 그의 언약사상을 집약해 놓은 『골든 체인 *Armilla Aurea: A Golden Chaine*』을 살펴볼 필요가 있다.[415] 퍼킨스는 그 서문에서 펠라기우스주의, 루터란주의, 반펠라기우스주의, 그리고 로마교회의 오류에 대항하여 예정론을 수호하고자 한다고 저술목적을 밝히며 자신의 신학적 견해를 제시한다. 거기서 퍼킨스는 구원론에 대하여 철저한 예정론의 입장에서 하나님의 예정을 견고히 주장하며, 나아가 그 예정이 성도들에게 미치는 의미가 무엇인가를 드러내려는 의지를 보여주고 있는데, 그것의 결정판이 바로 그의 기독론적 언약사상이다. "하나님의 언약은 어떤 조건하에 영생을 얻는 것에 관한 인간과의 계약이다."[416]

> 오늘날 하나님의 예정질서에 대하여 4가지 견해가 있는데, 첫 번째는 과거를 이어 현재에까지 이르고 있는 펠라기안주의자들의 견해이다. 그들은 하나님의 예정의 원인을 사람에게서 찾는다 ... 두번째 사람들은 소위 루터주의자들이요 ... 세 번째는 반펠라기안주의자들이다. 그들은 하나님의 예정은 부분적으로는 그의 자비 때문이라고 하면서도, 또 부분적으로는 인간의 공로와 예측하고 준비한 것에 달려 있는 것이라고 주장한다. 네 번째로, 하나님의 예정 실행의 원인은 그리스도 안에서 나타난 하나님의 자비뿐이라

---

414) *Workes*. II:241. "The Testament of God confirmed, can not be abrogated : The Promises made to Abraham and his seede, which is Christ, are his Testament confirmed : Therefore they cannot be abrogated." 이 내용이 본문의 핵심적인 명제이다.

415) John R. Tufft, "*William Perkins, 1558-1602 His Thought and Activity*" (University of Edinburgh: Ph.D. Dissertation, 1952), 99. Tufft는 이 『*Armilla Aurea: A Golden Chaine*』을 "퍼킨스 신학의 핵심"이라고 평가한다. "The core of Perkins' theology is found in his treatise *Armilla Aurea* or *The Golden Chaine* which was first published in 1590."

416) *Workes*. I:32. "God's covenant is his contract with man, concerning the obtaining of life eternal."

고 가르치는 자들이다. 즉, 그 안에서 구원받고 그 안에서 멸망하며, 인간의 타락과 부패한다고 말한다. 그러나 하나님의 작정과 영원하신 돌보심은 이 두 가지 모두에 연관되며, 그것은 하나님의 의지와 기쁨 외에는 다른 이유가 전혀 없다. 이 네 가지 견해 중에서 앞에서 언급한 세 가지는 내가 이의를 가지고 반박하려는 것들이고, 마지막에 소개한 견해가 결코 양보할 수 없는 중대한 진리로 받아들이고 있는 것임을 밝힌다.[417]

그러면서 언약관계 안에서 인간에게 구속주이신 그리스도께서 유언자(testatour)가 되신다고 이렇게 설명한다.

이 언약은 또한 이르기를 유언이라 한다. 이는 부분적으로 유언이나 의지의 본성과 유산을 갖는다. 왜냐하면 이는 유언자의 죽음에 의해 확정되기 때문이고, 또한 복음이 하나님께서 친히 그 가치와 환영의 메시지 즉, 인류는 모두 하나님의 독생하신 그리스도의 피로 말미암아 구원함을 얻었기에 이름 붙어진 내용을 포함한다.[418]

---

417) *Workes*. I:B2. To the Christian Reader "Christian Reader, there are at this day foure severall opinions of the order of God's Predestination. The first is, of the olde and new Pelagians; who place the cause of God's Predestination in man; ··· The second of them, who are Lutherans ··· The third Semi-Pelagian Papists, which ascibe God's predestination, partly to mercy, and partly to mens fore-seene preparations and meritorious workes. The fourth, of such as teach, that the cause of the execution of God's predestination, is his mercy in Christ, in them which are saed; and in them which perish, the fall and corruption of man: yet so, as that the decree and eternal counsell of God, concerning them both hath not any cause besides his will and pleasure. Of these foure opinions, the three former I labour to oppugne, as erronious, and to maintaine the last, as being truth, which will beare weight in the balance of the Sanctuary."

418) *Workes*. I:70. "this covenant is also named a Testament: for it hath partly the nature & properties of a testament or will. For it is confirmed by the death of the testatour,' but adds also that 'the Gospel is that part of God's word which containes a most worthy & welcome message: namely, that mankind is fully redeemed by the blood of Iesus Christ, the only begotten Son of God ···" 여기서 "언약"은 모두 "행위언약(The covenant of workes)"과는 대비되는 "은혜언약(The covenant of grace)"을 가리킨다.

즉 퍼킨스의 언약사상에는 분명하게 그 유언자시요 구속자이신 그리스도가 계시다.[419] 그래서 퍼킨스는 바로 이 은혜언약에서는 하나님께서 하나님의 희생제물로써 구속자이신 그리스도로 인해 죄인들을 용서하실 뿐 아니라 그들을 자신의 복된 성찬을 통해 새롭게 하신다고하면서, 이 언약을 통해 인간은 스스로는 구원을 얻을 수 없으되 오직 하나님과의 언약관계 안에서 유언자요 자신의 죽음을 통해 약속을 지키신 그리스도를 통해서만 회복되어질 수 있음을 드러내고 있다.

따라서 퍼킨스의 언약사상에서, 하나님께서 자연스럽게 그리스도를 약속하신 내용이요 그러하기에 사람의 유익으로가 아니라 그분의 유익을 믿음으로 그리스도를 받아들이며 죄를 회개함으로 얻게 되는 것을 언급했음을 기억할 필요가 있다.[420] 왜냐하면 퍼킨스는 철저하게 그리스도의 오심으로 그 내용이 채워진 언약 개념을 자기 언약사상의 핵심적인 내용으로 삼고 있기 때문이다.

바로 그 증거로 또한 『사도신경해설 *An Exposition of the Symbole, or Creed of the Apostles*』에서도 퍼킨스는 이러한 그리스도와의 연합에 의한 언약관계에 대해 잘 설명하길, "무엇이 우리에게 정확하게 주어졌나? 그 답은 참 하나님이시자 참 사람이신, 온전하신 그리스도이시다. 그 이유는 신성이 없는 인성이나 혹은 인성이 없는 신성으로는 우리와 하나님을 화목시킬 수 없기 때문이다"[421]라고 하였다. 이는 이미 그가 언약에 대한 해설에서 밝힌

419) 『하나님의 칭의론』, 379. 퍼킨스에 대해 "그는 하이델베르크 신학자들을 따라, 행위언약과 은혜언약을 구분했으며, 후자는 '하나님께서 자유롭게 그리스도와 자신의 혜택을 약속하시며, 사람에게 다시금 믿음으로 그리스도를 받아들이고 죄인의 회개를 요구' 하시는 것이라고 말했다(1.71)."

420) *Workes*. I:70. "The covenant of grace, is that whereby God freely promising Christ, and his benefits, exacts againe of man, that he would by faith receive Christ & repent of his sins."

421) *Workes*. I:298. "what is the very thing giuen? Ans. Whole Christ, God and man is giuen, because his humanity without his Godhead, or the Godhead without the humanity doth not reconcile vs to God."

바를 그리스도와의 연합이라는 주제하에서 설명한 것이다.

그러므로 다음의 언약에 대한 직접적인 해설은 더욱 명확하게 그의 언약사상이 바로 그리스도 즉 기독교리에 기반하고 있음이 선명히 드러난다. "은혜의 언약은 그리스도에 의한 화해와 영생에 관해서 하나님과 인간 사이에 맺어진 조약 이외에 다른 것이 아니다. 이 언약은 ... 다른 무엇보다도 그리스도께서 오심으로 완전히 드러나게 되고 성취되었다."[422] 뿐만 아니라 퍼킨스는 이를 더욱 분명하게 설명하기를,

> 오직 언약의 기초와 근본적 사역은 바로 예수 그리스도, 즉 중보자이시며 하나님의 모든 약속이 예와 아멘이 되시는 분이시다. 그러므로 그분은 언약의 천사요 또한 마지막 시대에 모든 나라들과 맺어질 사람들의 언약이라고 불린다 ... 그리고 독생자 예수 그리스도, 즉 모든 신앙고백의 최종적 목적이 되신 분으로부터 언약의 유익들과 내용이 명백하게 드러나는 것처럼 여러 요소들이 오직 내려놓아진다.[423]

라고 한다. 따라서 이러한 퍼킨스의 철저한 그리스도 중심적 언약신학에 대해 빅터 L. 프리브는 퍼킨스 안에 있는 언약 사상은 참으로 철저하게 그리스도의 인성과 사역에 기원하고 있으며, 그뿐 아니라 은혜언약을 언약의 핵심에 은혜로 주어진 그리스도와 동일시하고 있고 그래서 퍼킨스의 언약신학을 그리스도의 성육신을 내포하는 은혜언약과 동일시된다고까

---

422) *Workes*. I:164. "Now we come to the Covenant of grace: tweene God & man touching reconciliation and life euerlasting by Christ. This covenant was...but it was most fully reuealed and accomplished at the comming of Christ."

423) *Workes*. I:165. "The foundation and ground-worke of the Covenant is Christ Iesus the Mediatour, in whom all the promises of God are yea and amen, and therefore he is called the angell of the covenant, & the covenant of the people to be made with all nations in the last age ··· And Iesus Christ his only Son, & from which whords to the very end of the Creed, such points onely are laide downe, as do notably vnfold the benefits and the matter of the covenant."

지 설명한다.[424] 따라서 퍼킨스의 이 "기독론적 언약론"은 '언약관계에 들어감이 바로 오직 그리스도로만 얻는 영원한 삶에 대한 영원지속적인 약속을 확증하는 길'이라 정리할 수 있다.

(2) 이러한 퍼킨스의 기독론적 언약론은 갈라디아서 3:17절 주해註解에서는 더욱 선명히 나타나는데,

> 앞 절들에서 바울은 두 가지의 토양을 정했는데, 하나는 확고부동한 사람들의 유언으로 이는 폐지될 수 없는 것들이며 다른 하나는 아브라함과 그의 자손인 그리스도와 맺은 약속들이다 ... 여기서 바울이 믿는 바, 아브라함과 맺은 약속은 언약이며 유언이다. 이는 하나님께서 당신 입장에서 죄의 감면과 영원한 생명에 대해 약속하시고 인간편에서는 믿음을 요구하신 바 언약이며 계약이다.[425]

라고 하면서, 여기서 바울의 말을 빌려 "약속은 확고부동한 언약으로 그것은 바로 그리스도에 대한 언약"이라고 덧붙이고는 "그분이야말로 하나님의 모든 약속의 범위이자 토대이기 때문"이라고 명확하게 한다.[426] 그러하기에 그 용례에 대한 첫 설명은 이후에 그 두 번째 용례에서 다룰 율법

---

424) Victor Lewis Priebe, "*The Covenant Theology of William Perkins*" (Drew University: Ph.D. Dissertation, 1967), 35-6. "Perkins believes the concept of the covenant received its essential meaning and content from the event of Christ coming … the covenant concept in Perkins not only origins the person and work of Christ, but also it is also equated with the freely given Christ on the heart of covenant. Perkins's covenant theology is thus identified with the covenant of grace contained in Christ's incarnation."

425) *Workes*. II:243. "In the former verses Paul hath laid downe down two grounds: one is, that testaments of men confirmed, may not bee abrogated: the other, that the promises were made to Abraham and his seeds, which is Christ … It is here to be obserued, that Paul faith, the promise made to Abraham is a covenant or testament. It is a Covenant or compact, because God for his part promiseth remission of sinnes and life euerlasting, and requireth faith on our part."

426) Ibid., "Paul faith, that the promise is a covenant confirmed, and that in the respect of Christ: because hee is the scope and foundation of all the promise of God."

과의 관계에 대한 기준이 된다.

> 만약 그리스도께서 약속의 토대이며, 그는 하나님의 모든 축복의 토양이며 토대이다. 이런 이유들로 인해, 하나님의 복을 받는 참된 길은, 첫 번째로 약속을 받는 것이고, 약속 안에서 그리스도를 받는 것이다. 그리고 그리스도는 우리의 것이 되게 하면, 우리는 그분 안에서 그분으로부터 모든 필요한 것들을 받을 것이다.[427)]

이제 두 번째 용례에서 퍼킨스는 본문 안에서 언급하는 약속과 율법과의 관계에 대한 설명이다.

> 첫 번째 이의에 대한 바울의 두 번째 대답은 만일 아브라함에게 한 약속이 전면적으로 취소된다면, 율법은 그리할 수 없다고 하면서, 두 가지 이유를 제시하는데 먼저는 시간적 배경인데 아브라함과 맺은 약속이나 언약은 계속되기를 율법이 주어지기 430년 전까지 되었다. 그러므로 율법은 약속을 취소하도록 주어지지 않았다는 바울을 신뢰하라.[428)]

(3) 갈라디아서 3:15-18절을 종합하면서, 퍼킨스는 이제 언약과 관련하여 율법과 복음의 차이점에 대해 다음과 같이 설명한다.

> 즉 율법은 그 자체의 행위나 어떤 순종의 조건에 의해서 행위자에게 생명

---

427) Ibid., "The vse. If Christ be the ground of the promise, then is he the ground and fountaine of all the blessings of God. And for this cause, the right way to obtaine any blessing of God, is first to receiue the promise, and in the promise, Christ: and Christ being ours; in him, and from him, we shall receiue all things necessary."

428) *Workes*. II:243-4. "The second answer of Paul to the former objection, is, that if the promise made to Abraham might bee disanulled, yet the law could not doe it. And he giues a doulble reason. The first is drawne from the circumstance of time. Because the promise or covenant was made with Abraham, and continued by God 430. years before the law was giuen: therefore, faith Paul, the law was not giuen to disanull the promise."

> 을 약속하지 않는데, 복음(바울은 약속이라고 부른다)은 어떤 행위의 조건 없이 - 어떤 것도 요구하지 않고 다만 제공된 것들을 받아들임으로 - 생명을 자유롭게 제공한다.[429]

따라서 그의 기독론 언약신학은 언약의 역사적 이해 속에서 그리스도 중심사상을 분명하게 드러내고자 하는 의도를 담고 있다고 이해될 수 있음을, 복음의 목표와 그 역할에 대해 그리스도로 설명하는 퍼킨스의 언급을 통해 더욱 확증된다. "복음의 목표와 사용은, 먼저 모든 법을 만족시키시고 구원을 이루신 그리스도 안에서 그 의를 드러냄이다."[430]

그 결과 퍼킨스의 언약사상에서, 언약은 오직 그리스도의 사역이라 인식하고 있음이 분명할 뿐 아니라, 그 언약은 하나님의 변함없으신 약속 위에 서 있는 신자들에게 오직 그리스도로만 구원을 확정하여주시는 하나님의 은혜의 선물이라 정리할 수 있다.[431] 이는 그러므로 그리스도로 인한 복음으로, 율법에 대한 만족과 더불어 그 언약에 참여하게 됨을 확증하게 되는 것이다.

3. 종합

이미 앞에서 성경해석을 통해 충분히 살핀 바와 같이, 율법에 대한 더 심도있는 이해인 율법의 제3용법은 우리를 결국 그리스도에게 다시금 나

---

429) *Workes*. II:244. "Let vs againe marke heere the difference betweene the Law and the Gospel. The Law promiseth life but to the workes, for his workes, or vpon condition of obedience. The Gospel (called by Paul, the promise,) offers and giues life freely without the condition of any worke, and requires nothing but the receiuing of that which is offered."

430) *Workes*. I:70-1. "The end and vse of the Gospel is, first to manifest that righteousness in Christ, whereby the whole law is fully satisfied, and saluation attained."

431) *Workes*. I:72. "The thing of the Sacrament, is either Christ and his graces which concerne our saluation, or the action conuersant about Christ."

아가게 해준다. 즉 그리스도 자신이 율법의 완성이요 마침으로서,[432] 율법 언약에 따라 얻으신 유산을 통해 약속의 언약에 따라 이제 그를 믿는 모든 신자들의 것이 되었다.[433] 바로 이러한 칼빈의 선명한 기독론적 언약사상이 신자들에게 미치는 구원론적인 이해로 나타나면서, 이는 퍼킨스에게 더욱 구체적으로 적용된다.

그러므로 "칼빈-퍼킨스"의 개혁신학이 가진 율법의 제3용법을 통해, 율법과 복음의 차이를 분명하게 구별하면서도 기존의 율법에 대한 제한된 이해를 넘어 '율법이 이제 은혜언약의 특징에 덧붙여지게 된다.'[434] 이에 대한 빌헬름 니젤(Wilhelm Niesel)의 해설은 적확하다.

> 만일 우리가 그리스도와의 연합을 즐긴다면, 우리 자신만이 아니라 우리의 행함조차 하나님 앞에서 의롭게 된다. 이러한 행함에 대한 칭의교리(개혁교회에서 발전된)는 윤리를 위해 큰 결과를 가져온다. 이것은 그리스도에 속한 사람은 계속적인 후회의 희생이 될 필요가 없다는 것을 분명히 보여준다. 반대로 그는 매일의 일을 즐겁고 확신있게 할 수 있다.[435]

---

432) 로마서 10:4 "그리스도는 모든 믿는 자에게 의를 이루기 위하여 율법의 마침이 되시니라."

433) 『언약신학』, 151.

434) Ibid., 149.

435) Ibid., 재인용.n.63. Wilhelm Niesel, *Reformed Symbolics: A Comparison of Catholicism, Orthoodoxy and Protestantism*, trans. David Lewis (Edinburgh and London: Oliver and Boyd, 1962), 217, 220-1. "은혜 아래서 율법과 복음의 관계에 대한 칼빈 자신의 생각 안에는 사역에 있어 변증법이 있다는 것을 여기서 주목하는 것이 필요하다. 때로 칼빈은 '율법'을 일반적으로 옛 언약(모세언약)으로 묘사한다. 다른 곳에서는(때로 동일한 항목 내에서는) '율법'을 약속과 완전히 반대되는 명령의 범주로 사용한다. 바로 이러한 칼빈의 율법관에 대한 많은 현대 해석자들이 이 변증법을 인식하는 데 실패한다. 그래서 종종 칼빈을 루터로부터 너무 많이 분리하거나 칼빈과 루터의 다른 뉘앙스를 인식하는 데 실패하거나 한다. Micael Horton, "Calvin and the Law-Gospel Hermeneutic," *Pro Ecclesi*, 6 (1997): 27-42; cf. Michael Horton, "Law, Gospel and Covenant," *Westminster Theological Journal*, 64, no. 2 (2002), 279-87.

또한 게르할더스 보스는 이러한 니젤의 의견을 더 세밀하게 표현하기를, 시내산 언약이 행위언약의 재현처럼 보일지라도 그것은 반드시 은혜언약의 약속 위에서만 가능한 것이라고 잘 설명하고 있다.436)

> 성령의 사역이 율법과 복음을 수단으로 해서 참된 회심으로 인도할 때, 이런 회심 안에서 이러한 잃어버린 언약의 이상에 대한 갈망은 본질적인 부분으로 나타난다 ... 시내산에서 행위언약은 처음 주어진 율법이 아니라 말하자면 시내산에서 계속된 은혜언약의 관심 속에서 재현된 행위언약의 반영이다.437)

결국 퍼킨스는 '율법에 대한 배상으로서, 그리스도께서 우리를 위하여 율법에 대한 순종을 성취하셨기 때문' 이라고 말한다.438) 사람은 실제적으로 스스로 율법을 만족시킬 수 없고, 그리스도께서 이미 갈보리의 십자가에서 스스로 율법을 만족시키셨기 때문에, 그러므로 사람은 그리스도 예수의 순종으로 가려질 필요가 있다. 그래서 이에 대해 맥킴은 "하나님의 도덕법이 구원이 임하는 예수 그리스도의 복음을 통하여 존재하기 때문에, 퍼킨스가 하나님의 도덕법은 그것에 의하여 죄인들의 구원이 성취될 수 있는 자체적으로 불완전한 수단으로 보았다" 라고 논평했다.439)

사실상, 퍼킨스는 사람이 행위언약을 지키는 그의 무능력함을 인지하면

---

436) 『언약신학』, 150.

437) Ibid., 재인용. n.65. Geerhardus Vos, *Redemptive History and Biblical Interpretation: The Shorter Writings of Geerhardus Vos*, ed. Richard Gaffin Jr. (Phillipsburg, NJ: Presbyterian and Reformed, 1980), 254-5.

438) *Workes*. I:81. "for Christ performed obedience to the law for vs, as it is the satisfaction of the law."

439) "William Perkins and the Christian Life", 129. "Perkins saw that the moral law of God was in and of itself an insufficient means by which the salvation of sinners could be attained. For it is through the Gospel of Jesus Christ that salvation comes."

서 그러므로 오직 그리스도께로 향하여 나아가야만 한다고 강조한다.[440] 결국 퍼킨스의 십계명 주해에서 드러난 내용은 다름아닌 바로 기독론적 언약사상임이 확증되는 것이다.

440) *Workes*. I:165. "The foundation and ground-worke of the Covenant is Christ Iesus the Mediatour, in whom all the promises of God are yea and amen, and therefore he is called the angell of the covenant, & the covenant of the people to be made with all nations in the last age … To come to his title, the first is Iesus, to which if wee adde the clause, I beleeue, on this manner, I beleeue in Iesus, & the article which we now haue in hand will appeare to be most excellent; because it hath most notable promises annexed to it."

〈II부〉

"칼빈-퍼킨스"의 개혁주의 언약사상

제6장

칼빈 언약사상의 개념과 이해

1. 칼빈의 언약사상

기본적으로 예정론자로 알려진 칼빈에게 있어서 언약사상이 있는가는 오랜 논쟁의 하나였다.[441] 이러한 연구동향에 대해서 이미 다루었지만, 실제로 페리 밀러(Perry Miller)나, 프레드 링컨(Fred Lincoln), 그리고 찰스 라이리(Chalres Ryrie) 등은 칼빈신학에는 언약신학이 존재하지 않는다는 입장을 가지고 있다. 이중에 라이리(Ryrie)의 주장을 들어보면,

> 루터, 칼빈, 혹은 멜랑흐톤이 죄, 부패, 구원 등등 언약과 관련된 주제들을 논하면서도 그들의 저술 속에서 언약신학은 나타나지 않는다 ... 예를 들자면, 칼빈은 구속적 계시의 연속성과 하나님과 그의 백성 사이의 언약의 개념에 대해서 언급한 것은 사실이다 그러나 이것은 언약신학이 아니다.[442]

441) 『칼빈의 언약사상』, 18-35.

442) 재인용, Ryrie, *Dispensationalism Today*, 180.

이들에 대해 '이 입장은 칼빈의 신학이 언약사상과 근본적으로 정반대라고 주장한다' 라고 릴백은 설명한다.[443] 이들 외에, 칼빈에게 언약사상의 시작은 있었지만 별로 중요하게 다루어지지 않았다는 주장을 하는 학자들도 있는데, 에버트 에머슨(Everet H. Emerson), 조지 마스덴(George M. Marsden)과 젠스 뮐러(Jens G. Müller) 등이 그들이다.[444]

이들과 입장은 비슷하되, 내용을 조금 달리하여 칼빈신학에 있어서 언약의 역할의 중요성을 주장하는 이들도 있는데 게르할더스 보스(Geerhardus Vos), 존 머레이(John Murray), 라일 비어마(Lyle Bierma)와 데이빗 위어(David A. Weir)가 그에 포함된다.[445] 이들은 칼빈이 언약개념을 중요하게 사용하였지만 그렇다고 언약신학자라고 분류하는 것은 적합하지 않다고 주장한다. 그 이유는 칼빈이 은혜언약의 중요성을 역설하였지만, 직접적으로 계약언약(federal theology)을 가르치지 않았기 때문이다.[446]

그러나 이들과 현격하게 차이가 나는 바 칼빈이 철저하게 언약사상을 사용하였다고 주장하는 마크 칼베르그(Mark W. Karlberg), 엘톤 에니겐베르그(Elton M. Eenigenburg), 안토니 후크마(Anthony, A. hoekema)와 피터 릴백(Peter A. Lillback) 등이 있다. 이들은 칼빈이 어떠한 역사적 배경 속에서 언약에 관한 인식을 하게 되었는가를 살피며, 칼빈의 언약교리가 이레니우스(Irenaeus)와 어거스틴(Augustine) 때부터 다루어지기 시작하였고 칼빈은 더더

---

443) 『칼빈의 언약사상』, 18; 37. 각주 61에서 Ryrie, 180을 인용하여, '세대주의 에 대해 겨냥한 새로움에 대한 빈번한 고발 때문에 언약신학을 가장 최신이고 가장 성숙한 형태로 정의한 것은 세대주의자의 이점이다. 이런 식으로 언약신학은 또한 상대적으로 최신의 것으로 보인다. 그러나 공정하게 말하자면, 비교는 각 체계의 *sine quo non*(註. 필수 불가결)에 대해 취해져야 한다. 개혁주의 전통의 초창기부터 교회와 이스라엘의 본질적 통일성을 주장해왔다. 언약신학은 그것을 승인해야 하고, 세대주의는 자명한 일로 그것을 거부해야 한다.' 라고 설명한다.

444) Ibid., 19-20.

445) Ibid., 21.

446) 김인환, "칼빈과 언약" 『총신대 논총』 19권, (2000:44-70), 53.

욱 어거스틴에게 전적으로 의존하기에, 칼빈과 언약사상 즉 행위언약과의 상관성은 결코 분리될 수없음을 주장한다.[447]

마지막에 소개한 바로 그러한 학자들의 주장에 동의하면서, 칼빈 안에 언약사상의 모습이 있다는 확신을 가지고 이 내용을 전개하고 있는데,[448] 이를 지지하듯이 오스터하벤은 "언약사상"은 칼빈이 늘 마음에 두고 있던 중요한 주제로 보인다고 했다.[449] 실제로 칼빈의 주석이나 설교들에는 선명히 나타나며 그 일례로 민수기 설교에서는 이 개념이 분명하게 설명되며,[450] 다른 곳들에서도 이 언약사상이 하나님의 백성에게 가지는 의미를 논하고 있음이 그 예로 충분하다. 그러므로 실제적으로 칼빈의 저술인 『칼빈주석』들과 『기독교강요』에 나타나는 언약개념 사용들을 살펴봄으로써 칼빈의 언약신학을 더더욱 분명히 확증해 보려고 한다.

(1) 칼빈의 『주석』들에 나타난 언약사상

이러한 칼빈의 언약개념을 신구약의 연속성 속에서 언약의 징표인 "할

447) 『칼빈의 언약사상』, 54, "어거스틴에게 언약의 핵심적 본질은 어떤 관계에서 그 참여자들 사이에 동의가 있었다는 것이다. 이것은 상호성을 강조한다", 57 "어거스틴은 쌍방적 언약을 가르칠 뿐 아니라, 그것은 예정교리와 연결하는 것을 주저하지 않았다", 58-9 "어거스틴은 타락전 하나님과 아담 사이에 언약의 존재를 알고 있었다 … 어거스틴이 원죄를 타락 전 언약과 연결했다는 것은 매우 중요하다", 62 "초기 미완성의 형태이기는 하지만, 타락 전 언약개념이 칼빈보다 천년 전에 이미 현존하고 있었다는 것은 중요한 사실이다."

448) Mark W. Karlberg, "Reformed Interpretation of the Mosaic covenant," *Westminster Theological Journal* 43 (1980,1-57), 23. "That goal is the glorification of the name and works of God. Although Calvin does not apply the term 'covenant' to the original creation arrangement, nevertheless his doctrine is fully compatible with the later development of the Covenant of Works conception."

449) M. Eugene Osterhaven, "Calvin on the Covenant," in *Readings in Calvin's Theology*, ed. Donald K. McKim (Oregon: Wipf and Stock Publishers, 1984), 90.

450) 민수기 7:7-10에 대한 칼빈의 설교에서 그가 이처럼 언약에서의 하나님의 주권을 강조한다는 것을 발견할 수 있는데, 여기 인용하면 이러하다. "그러므로 이 말씀을 마음에 새기자: 하나님께서 우리와 맺으신 언약은 절대적으로 그분의 선하심에서 비롯된 것이다. 그것은 다른 어떤 곳에서 비롯된 것도 아니다..."

례" 와 "세례" 의 연속성을 다루는 『칼빈주석』들에서 살펴보면 이러하다.

(1) 아브라함 : 아브라함과 맺으신 하나님의 언약 속에서 할례에 대한 이해는 신약의 세례로 연결되고 있음을 볼 수 있다. 하나님께서는 할례라는 언약의 징표를 통해 아브라함과 언약을 맺으셨다.[451)]

칼빈은 이 할례의 대상에 대해서 "너희 중 남자는 다 할례를 받으라 이것이 나와 너희와 너희 후손 사이에 지킬 내 언약이니라"(창 17:10)이라고 말씀하신 하나님의 말씀을 기억하게 하면서, 이 대상이 성인뿐 아니라 아이들까지 모두 포함된다는 사실을 상기시킨다. 그러면서 바로 그 할례는 의와 구원과 행복이 약속된, 하나님의 신성한 언약이라고 말한다.[452)] 이 할례는 그저 아브라함과 당대의 자손들에게만 아니고, 아브라함을 통해 태어날 후손들에게 이어지는 축복이요 구원임을 분명히 밝힌다.[453)] 그러므로 할례는 칼빈에게 있어서 신약의 세례와 연결되어서, 성례가 가시적 말씀이자 하나님의 은혜가 표현된 형태로 보이는 것처럼 그에게는 할례 역시 언약의 가시적 상징으로 환유적 방법으로 나타나는 언약이라고 이해될 수 있다.[454)]

(2) 그리스도 : 이러한 구약-신약, 할례-세례의 연속성은 결국 그리스도에게 연결되어 칼빈은 사도 바울의 말씀을 통해 그리스도의 죽으심으로 우리가 할례를 받은 것이요 이제 세례가 할례를 대치한다고 말한다. 즉, 그리스도의 오심 자체로 아브라함과 맺으신 하나님의 언약이 영속적인 것

---

451) 『존 칼빈의 신학과 경건』, 89.

452) John Calvin, *Calvin's Commentaries*. tr. Charles William Bingham (Grand Rapids: Baker Books, 2003), vol. I. Genesis 17:11. "The subject treated of, is the sacred covenant, in which righteousmess, salvation, and happiness are promised …." 이하에서는 "*Genesis*." 로 표시한다.

453) Ibid.

454) 『존 칼빈의 신학과 경건』, 89.

임을 드러내게 되니, 진정한 세례는 육체적 할례를 계승할 필요가 없어진 것이다.[455] "하나님께서는 그리스도를 이 땅에 보내셔서 그를 희생제물로 바치시고 피를 흘리심으로 구약에서 약속하신 새 언약을 체결하셨다"고 설명된다.[456]

이를 특별히 칼빈은 성찬을 설명하는 부분에 와서, 십자가에서 완성된 그리스도 희생의 결과로 말미암아 선조에게 약속된 것보다 더 나은 입장에서, 우리가 완전한 진리를 소유하게 되었다고 말한다.[457] 그리스도께서 세우신 이 성찬이 하나님의 언약을 확증해주는 징표가 되기에, 우리는 그 성찬에 참여하여 그리스도의 피를 영적으로 마시면서 그리스도와의 하나됨을 이루게 된다. 따라서 성찬을 통해 영적 연합을 이룸과 동시에, 언약을 확인하게 되고 언약의 확증적 서약을 더하게 되는 것이다. 즉, 칼빈은 언약이 약속을 포함하고 있기에 성찬에 참여하는 우리의 양심이 구원에 대한 확신에 이르게 되는 바와 같이, 성찬은 외적 상징만이 아니라 내적으로 우리의 믿음을 도와준다고 말한다.[458] 그래서 주께서 당신의 약속을 "언약"이라 하시고, 역시나 성례를 "언약의 표"라 부르신다.[459]

---

455) *Genesis*. 17:13. "And that, by the coming of Christ, external circumcision ceased, is plain from the words of Paul; who not only teaches that we are circumcised by the death of Christ, spiritually, and not through the carnal sign: but who expressly substitutes baptism for circumcision; truly baptism could not succeed circumcision, without taking it away."

456) 『존 칼빈의 신학과 경건』, 94.

457) John Calvin, *Calvin's Commentaries*. tr. Charles William Bingham (Grand Rapids: Baker Books, 2003), vol. XVII. Mark 14:24. "From which it is evident how much better our condition is than that of our fathers, since, in consequence of the sacrifice which was completed on the cross, we possess the truth in perfection."

458) John Calvin, *Calvin's Commentaries*. tr.Charles William Bingham (Grand Rapids: Baker Books, 2003), vol. XX. I Corinthians 11:25. "This will be of no small importance for understanding the nature of the sacraments; for if they are covenants, then they contain promises, by which consciences may be roused up to an assurance of salvation. Hence it follows, that they are not merely outward signs of profession before men, but are inwardly, too, helps to faith."

459) *Institutes*. IV.xiv.6.

이렇게 칼빈이 언약을 구약과 신약의 통일성과 할례와 세례의 연속성 속에서 강조하고 이를 그리스도께서 친히 이루신 성찬에게까지 연결하여 언약의 징표라는 설명을 하는 의도를 생각한다면, '유아세례를 부정하며 다시 세례를 받아야 한다' 는 재세례파의 주장460)은 신구약의 연속성 위에서 그리스도의 인치심까지 포괄하여 하나님의 언약을 이해할 때 받아들여질 수 없는 성경을 곡해한 내용이었던 것이다.

살펴본 것처럼 언약에 대해 이렇게 분명히 밝히고 있는 칼빈의 『주석』들을 염두에 둘 때, 일부 학자들이 그렇게 주장하는 바와 같이 칼빈이 언약신학자가 아니었다거나461) 후기 개혁신학자들이나 청교도들의 언약사상들과 칼빈의 언약이해가 전혀 다른 것이라는 판단은 옳지 못하고, 이를 정정하여 칼빈은 선명하게 언약사상 위에 신학을 제시하였다고 판단하여야 할 것이다.462)

(3) 구약주석들 : 이를 보다 더 확증키 위해 몇몇 칼빈의 성경주석 중에 먼저 구약주석들을 살펴보면, 이사야주석에서 칼빈은 "언약이란 말은 하나님께서 그의 백성을 받아들이시고 그가 그들의 하나님이 되시겠다고 약속하신 계약에 제한된다." 463) 또한 "상호계약, 아브라함이 하나님 앞에서

---

460) *Institutes*. IV.xvi.1. n2. 재세례파의 "세례는 회개하라는 가르침을 받고 그들의 죄가 예수 그리스도에 의해 씻음을 받는다는 것을 믿는 자들 에게 베풀어져야 한다. 그러므로 세례를 베풀되 그것을 스스로 요구하는 사람들에게 해야지 … 유아들에게 해서는 안된다."는 주장이다; 존 칼빈, 『칼뱅작품선집 V』 박건택 편역, (서울:총신대학교출판부,1998), "재세례파 논박 *Contre les erreurs des Anabaptistes* 1544", 104.

461) Osterhaven, 90. "It is incorrect to affirm without qualification then that Calvin was not a covenant theologian …."

462) 『칼빈의 언약사상』, 18-22. 릴백은 서론부분에서 4가지로 다양한 학자들이 칼빈의 언약사상 유무 혹은 경향에 대한 의견들이 다름을 제시하였기에, 여기서는 그것을 총괄하여 언급하는 바이다.

463) John Calvin, *Calvin's Commentaries*. tr. Charles William Bingham (Grand Rapids: Baker Books, 2003), vol.VIII. Isaiah.,170.

행하여 완전해야 한다는 조건으로 하나님께서 아브라함과 언약을 맺으셨기 때문이다."[464] "새 언약은 옛 언약에서 유래되었으므로 그것은 본질은 동일하지만 형태는 구별된다."[465]

또한 "하나님의 언약은 인간의 이해를 초월하는 은밀한 언약이다."[466] "언약이 기록된 율법에 의하여 승인되었을 때 말하자면 그것은 공적문서에 기록되었다."[467] "만일우리가 언약을 떠나서 하나님을 찾는다면, 결국 효과적으로 그를 찾는데 실패할 것이다."[468] "모든 약속은 한 언약에 기초를 두었는데 이는 하나님께서 그 백성을 입양하셨기 때문이다."[469] "구약의 선지서에서 종종 발견되는 약속들은 첫 샘, 곧 은혜로운 언약에서 흘러나온 시내와 같다."[470]

(4) 신약주석들 : 역시나 칼빈의 신약주석들에서도 언약에 대한 언급은 선명하게 나타난다, "하나님의 언약과 사람의 믿음에는 항상 상호 관계가 있다."[471] "요한복음 10:16절에 관하여 - 양의 문은 그리스도 안에서 확증된 영생에 관한 은혜로운 언약이다."[472] "하나님께서 세상 처음부터 끝까지 그의 종들과 맺으신 생명의 언약은 영원하고 변치 않고 중보자의 속죄는 언약에 기초한 것이다."[473] "히브리서 8:10절에 관하여 - 이 언약에는

464) *Jeremiah.*, 243.

465) *Ezekiel.*

466) *Psalms.*, 430.

467) *Psalms.*, 231.

468) *Habakkuk-Malachi.*, 542.

469) *Joel-Obadiah.*, 137.

470) *Habakkuk-Malachi.*, 355.

471) *Harmony of Matthew, Mark, Luke.*, 215.

472) *Harmony of Matthew, Mark, Luke, John1-11.*, 406.

473) *Hebrews.*,preface, xiii.

두가지 중요한 부분이 있다. 첫째는 죄에 대한 은혜로우신 용서에 관한 것이며 둘째는 마음의 내적 변혁이다. 둘째에 달려 있는 셋째도 있는데 그것은 하나님께 관한 지식에 관하여 마음에 조명을 받는 것이다."[474] "하나님께서 그들에게 자비로우시다는 것을 확신한다는 것은 그리스도 안에서 그들에게 제공된 언약을 즉시 받아들인 믿는 자들의 독특한 특권이다."[475]

이러한 성경주석에서의 칼빈이 언약에 대해 언급하는 내용을 결국 근원으로 돌아가 아브라함을 통해 이스라엘과 언약을 맺은 창세기주석에서 더욱 분명하게 드러남을 간과할 수 없다. "여호와께서 우리에게 약속하신 복들을 그가 인치시고 재가하시기 때문에 헛되게 끝나지 않는다."[476]

> 창 49:18에 관하여 - "여호와여 나는 주의 구원을 기다리나이다." 거룩한 조상들은 하나님의 은혜로운 언약이 자신과 자신의 자손들에게 기억되기를 간절히 바랬다 ... 야곱은 생명을 주는 하나님의 언약을 수많은 세대에까지 나타내어, 그의 사후에도 그의 약속에 대하여 신실하실 것이라는 자신의 확신을 입증한다.

그리고 이 내용은 마침내 그리스도와 연결된다. "언약은 오직 그리스도를 기초로 하여 이루어진다."[477] "양자는 언약의 기초였으며 그리고 그리스도는 언약의 증표이며 보증이시다."[478] 그리고는 그리스도를 머리로 하는 교회로까지 연결한다.[479]

> 언약에 관한 하나님과 그의 백성과의 관계는 상호적이다.그것은 하나님

---

474) *Hebrews*., 188.

475) *Hebrews*., 190.

476) *Genesis*., 427; 464-7.

477) *Jeremiah*., 249.

478) *Jeremiah*., 240.

479) *Habakkuk-Malachi*., 260.

의 언약이다. 이는 그것이 그로부터 나오기 때문이다. 그것은 교회의 언약이다. 이는 그것이 교회를 위하여 만들어졌기 때문이다.

이러한 증거들을 통해, 그러므로, 어느 누구도 칼빈에게서 언약사상이 없다고 감히 말하기 어려움을 입증하였다.

(2) 칼빈언약의 세 가지 특징 : 하나님중심, 상호성, 성화지향

그렇지만 초기의 칼빈의 저작들부터 『기독교강요 *Christianae Religionis Institutio*』 초판(1536)에서 최종판(1559)까지에서, 언약사상은 구약과 신약의 관련성 외에 다른 주제들에 비해서는 별로 다루어지지 않는다. 즉 주 예수 그리스도에 대한 믿음을 통해 은혜로 얻는 구원이라든가 하나님의 주권, 하나님의 나라, 교회, 죄의 심각성, 성령의 실존과 능력 등등과 같은 주제들이 더 주도적으로 나타난다.[480]

물론 칼빈은 『기독교강요 *Christianae Religionis Institutio*』(1559)에서 언약 자체에 관한 별도의 항목을 두지는 않아서 언약사상이 중심적이고 포괄적인 위치를 차지하고 있지 않은 것처럼 보이고 그렇게 주장하는 학자들이 있지만,[481] 『기독교강요 Christianae Religionis Institutio』(1559)를 깊이 있게 들여다보면 언약사상은 그의 사상에 있어서 아주 귀중한 역할을 담당하고 있음을 알 수 있다.[482] 이를 종합하여 평가하는 후크마 역시 칼빈의 언약사상

480) Osterhaven, 89-90. "It is not a dominant theme in the Reformer's writings, as are salvation by grace through faith in the Lord Jesus Christ, the sovereignty of God, the kingdom of God, the church, the enomity of sin, the reality and power of the Holy Spirit, and Scripture."

481) Ibid., 18-9. "페리 밀러(Perry Miller)와 세대주의자인 프렛 링컨(Fred Lincoln)과 찰스 라이리(Charles Ryrie) 등의 입장이다. 앞에서 살핀 것처럼, 이 입장은 칼빈의 신학이 언약신학과 근본적으로 정반대라고 주장한다.

482) Ibid., 190. "『기독교강요』에서 칼빈이 언약을 표시하기 위해 라틴 용어를 사용한 빈도(frequency)는 그가 언약 개념을 얼마나 중요하게 여겼는지를 잘 보여준다."

에 대해 "은혜의 언약교리는 칼빈 사상에 아주 중요한 자리를 차지"한다고 말함은,[483] 『기독교강요 Christianae Religionis Institutio』(1559)에 대한 전체적인 이해에서 비롯된 것이라 할 수 있다.[484]

이러한 주장은 릴백에게서 밝히 드러나서 『기독교강요 *Christianae Religionis Institutio*』(1559)에서의 언약연구를 통해 그간 충분히 연구되지 못했던 칼빈의 언약사상이 드러나고 확증되기를, 칼빈은 그의 저작을 통하여 여러 가지 주제 안에 폭넓게 언약용어를 사용한 용어사용례를 통해, 칼빈에게 언약신학은 그의 중요한 중심사상임이 응당 확증된다고 결론지어 말한다. 그간 논쟁이 계속 되고 있던 때에 릴백에 의해 칼빈의 언약신학에 대한 획기적인 연구가 이루어져서,[485] 칼빈이 참으로 강력한 언약사상 위에 『기독교강요 *Christianae Religionis Institutio*』(1559)를 저술하였음을 밝혀주었다.[486] 그 결과 칼빈 이후 언약사상은 지속적으로 기독교 역사에 계속적으로 영향을 미쳤고, 그때부터 신학자들은 언약신학으로 알려진 체계 속에서 "언약"이라는 말을 빈번히 사용하고 정의했음을 확증하게 된다.[487]

그래서 언약사상에 대한 직접적인 언급이 칼빈의 초기저서들에서는 언급되지 않을지라도, 1539년에 출판된 『기독교강요 *Christianae Religionis*

---

483) Anthony A. Hoekema, "Calvin's Doctrine of the Covenant of Grace," *The Reformed Review* 15.4 (May 1962): 3.

484) 『칼빈의 언약사상』, 192. "위 모든 것은 언약사상이 칼빈의 신학에 빠뜨릴 수 없는 필수적이었다는 논지를 확증한다."

485) 실로 이 작품 "*The Binding of God : Calvin's Role in the Development of Covenant Theology*"은 1985년에 Westminster Theological Seminary에서 취득한 박사학위논문을 그 개혁신학적 가치를 발견한 Texts and Studies in Reformation and Post-Reformation Thought 주관으로 출판한 것이다.

486) 『칼빈의 언약사상』, 126. "『기독교강요』(1559)에서 칼빈의 '언약' 이라는 라틴 단어의 빈번한 사용회수가 적어도 총 273회나 된다는 사실은 그의 언약사상에 대한 이해가 얼마나 큰 가를 보여준다 …." 이 계산은 『기독교강요』의 영어 번역자인 Ford Lewis Battle의 1559년판 기독교강요의 단어분석의 결과이다.

487) Palmer O. Roberston, *Christ of the Covenants* (NewJersey: Presbyterian Reformed Press, 1980), 54-7.

Institutio』 제3판에서는 한 장을 따로 할애하여 신 · 구약 언약관계를 다루고 있고, 같은 해에 출판된 『로마서주석』에서도 로마서 9장을 해석하면서 여러 차례 언약에 대해 언급하며,[488] 『기독교강요 *Christianae Religionis Institutio*』(1559)에 와서는 신구약성경의 유사성에 관한 부분[489]과 유아세례에서 "언약"에 관해 집중적으로 다루고 있음을 눈여겨볼 필요가 있다.[490]

루터와 비교할 때에, 칼빈이 언약에 대해 이렇게 풍성하게 사용하고 있음은 루터가 언약에 대해 관심을 기울이지 않음이 분명한 차이이며 동시에 칼빈이 루터의 다음세대 개혁자로써 발전된 개혁신학을 위해 어거스틴의 전통 가운데 언약적 기초 위에 신학을 구축하였음을 확인하게 된다.[491]

따라서 칼빈 언약의 특징들을 세가지 정리해보면 다음과 같다.

(1) 칼빈 언약의 특징1- 하나님 중심 : 칼빈에게 있어서 언약은 예정론적 입장에서 그리스도를 통하여 인간에게 구원을 베푸시는 하나님의 은혜의 도구라고 정의될 수 있다.[492] "언약"이라는 말을 사용할 때, 칼빈은 하나님께서 믿음의 조상인 아브라함과 그의 영적 후손들에게 주신 약속을 의미했다. 즉 하나님께서 그의 백성에게 하나님과 아버지가 되시며, 그들은 하나님의 거저 베푸시는 은혜를 힘입어 하나님 앞에 순종하는 가운데 살 것이라는 약속이다. 이 약속의 기초는 "하나님께서 우리 주 그리스도 예수 안에서 실현하신 영원하신 목적(엡 3:11)" 이다.[493]

---

488) John Calvin, *Calvin's Commentaries*. tr.Charles William Bingham (Grand Rapids: Baker Books, 2003), vol.XIX. Acts 14-28, Romans 1-16. 344-5, 348.

489) *Institutes*. II. ix-xi.

490) *Institutes*. IV. xiv-xvii.

491) 김인환, 56.

492) 『존 칼빈의 신학과 경건』, 121.

493) Osterhaven, 116.

그러므로 이것은 분명하게 하나님의 전적인 은혜요 일방적인 베푸심이다. 칼빈은 하나님께서 인간과 맺은 언약에 대해 그 약속의 근거에 있어서와, 그 유지에 있어서 그리고 그 내용에 있어서 전적으로 은혜에 기초하며 은혜로 유지되며 은혜 그 자체임을 분명히 밝히고 있다. 바로 이러한 특성 때문에, 칼빈에게는 은혜언약만 있다고 하는 주장들이 계속되었다.[494] 이에 대해,

> 칼빈의 가르침은 그의 예정론과 하나님 주권에 대한 강조로 인해 많은 오해와 편견을 불러일으켰다. 칼빈의 사상은 하나님과의 관계에서 인간의 책임과 역할을 모호하고 무기력하게 할 수 밖에 없고, 그것은 경건을 추구하는데 부정적인 역할을 한다고 생각했기 때문이다.[495]

라고 평가되기도 한다.

그러하였기에 칼빈에게 하나님의 은혜에 대한 인간의 반응을 의미하는 행위의 언약이 있느냐는 오랜 논쟁거리였다. 아니 달리 말하면, 칼빈신학의 예정론적 입장에 대한 이해 때문에 은혜에 대해서는 주목하되 언약적 관점으에 따라 칼빈이 인간편에서의 언약적 태도인 윤리적이며 구원론적으로 성화에서 책임을 강조하지 않은 점도 있었다고 하겠다. 여하한 모든 논쟁을 넘어, 한가지 확실한 것은 칼빈의 언약사상은 하나님 중심주의 사상에 견고히 서 있다는 사실이다. 이제는 칼빈의 예정론적 언약이해에 대

---

494) Lyle D. Bierma, "Federal Theology in the sixteenth century: Two tradions?" (*Westminster Theological Journal* 45(1983): 304-321), 305. 비어마는 칼빈의 언약신학에 대한 트린터루드의 견해를 "칼빈의 언약은 일방적인데 이는 하나님의 무조건적인 약속이다 (The covenant is unilateral: God's unconditional promise). 언약을 성취시키는 책임은 모두 하나님께 있다(The burden of fulfilling the covenant rests on God). 언약은 예수 그리스도의 성육신, 죽으심, 그리고 부활로 완성된다(The covenant is fulfilled in the incarnation, death, and resurrection of Jesus Christ)." 라고 소개한다.

495) 『칼빈의 언약사상』, 13. "역자서문"

한 연구를 통해 그것이 일방적이지 않고 상호적이라는 데까지 이르기를 원한다.

(2) 칼빈 언약의 특징2- 상호성 : 릴백의 연구를 통해 칼빈에게도 행위의 언약이 있다는 것이 학계의 인정을 받는 새로운 주장이 되었는데,[496] 이 연구를 통해 칼빈의 예정론이 가지고 있는 하나님의 은혜라는 전적 주권의 신학을 포기하지 않으면서, 인간의 반응 즉 상호성이라는 부분을 언약적 관점을 따라 칼빈에게서 드러낸다. 즉 "예정론과 하나님의 주권사상에도 불구하고 하나님과 인간 사이의 상호적이고 쌍무적인 언약관계가 칼빈 신학의 기반을 형성하고 있음을 보여준다."[497]

여기서 "상호성(mutuality)"라는 단어에 주목해야 하는데, 그 이유는 이 상호성이 릴백의 원저原著명인 『*The Binding of God* 하나님의 결속/묶으심』의 핵심이기 때문이다.[498] 이에 대한 칼빈의 말을 들어보면 다음과 같다.

> 성경에 하나님께서 거룩하시므로 우리는 거룩해야 한다는 경고의 말씀이 있다(레 19:2; 벧전 1:15-16). 의의 기초로서 이보다 더 훌륭한 것이 있는가? 참으로 우리는 길을 잃은 양들같이 흩어져서 이 세상의 미로를 헤매고 다녔지만 하나님께서 우리를 다시 모으셔서 자신과 만나게 하셨다. 우리와 하나님과의 연합이라는 말을 들을 때에, 우리는 거룩함이 그 줄(bond, 註. 결속)이 되어야 한다는 것을 기억해야 한다. 우리가 거룩하기 때문에 친교에 들어간다는 뜻이 아니다. 그렇지 않고 우선 우리는 하나님에게 굳게 결합되어야 하며, 그 결과로 그의 거룩하심이 우리에게 주입되어 그가 부르시는 곳으로

---

496) 원저의 제목을 유념할 필요가 있다. *The Binding of God : Calvin's Role in the Development of Covenant Theology*, cf. Lillback, A. Peter. "The Continuing Conundrum: Calvin and the conditionality of the covenant," *Calvin Theological Journal* 29(1994): 42-74.

497) 『칼빈의 언약사상』, 14.

498) Ibid., 137. "the essence of Calvin's conception of the covenant is the notion of the binding of God. This binding is God's own act of joining Himself with His creature."

우리가 따라갈 수 있도록 해야 한다.[499]

칼빈에게 있어서 언약은 결코 하나님께서 인간에게 묶이신 것만이 아니라, 언약관계를 통해 인간이 하나님께 굳게 결합 즉, 묶여야 하는 것임이 분명하고, 이는 다른 곳에서도 선명히 드러난다.

> 이 신성한 상징들은 무지개나 나무와 같이 단순한 표징이 아닌 의식이다. 혹은 여기서 주는 표징은 의식이라고 말해도 좋다. 그러나 이 표징들은 우리가 위에서 주에게서 오는 은혜와 구원의 증거라고 말한 것과 같이 우리 쪽에서는 고백의 표 즉 우리가 하나님께 충성을 공개적으로 서약하며 하나님께 충성하겠다는 의무를 지는 표지이다. 그러므로 크리소스톰은 이 의식들을 "언약들" 이라고 부르며, 이 언약들에 의해서 하나님께서 우리와 동맹을 맺으시고 우리는 순결하고 성결한 생활을 하겠다는 약속을 한다고 했다.[500]

바로 이러한 부분들을 통해 릴백은 칼빈이 상호적인 언약개념을 예증한다고 주장하는 내용을 받아들일만 하다. 그 결과로 하나님과 인간 사이의 이 상호적인 결합(binding) 즉 묶임으로 인해, 언약개념은 신자로 하여금 하나님께 대하여 철저한 "책임" 과 상호적 "의무" 에 붙들리게 했다는 사실을 확인 할 수 있다.[501]

---

499) Ibid., 250; Institutes. III.vi.2. "··· When we hear mention of our union with God, let us remember that holiness must be its bond; not because we come into communion with him by virtue of our holiness! ···." 『기독교강요』의 역자는 여기 "라틴어 *copula*" 를 단순히 "줄" 로 번역하였던 데 반해, 릴백의 역자는 저자의 본 의도를 따라 "bond-결속/묶으심" 으로 번역하여 의미가 더욱 선명하다.

500) Ibid., 250-1; *Institutes*. IV.xiv.19. "as we have stated above that they are testimonies of grace and salvation from the Lord, so from us in turn they are marks of profession, by which we openly swear allegiance to God, binding ourselves in fealty to him. In one place Chrysostom therefore has appropriately called them 'covenants,' by which God leagues himself with us, and we pledge ourselves to purity and holiness of life, since there is interposed here a mutual agreement between God and ourselves."

501) Ibid., 251.

(3) 칼빈 언약의 특징3- 성화 지향 : 이러한 상호적인 언약에 의한 인간 편에서의 의무와 책임감은 순종을 강조하게 되고,[502] 나아가 이는 칼빈에게 있어서 율법에 대한 철저한 준수에까지 적용되기를, "언약의 율법을 지키지 않는다면 즉 말씀에 순종하지 않는다면 유대인들은 언약의 이름으로 자랑할 이유가 없다"고 한다.[503] 이점에서 칼빈에게 있는 성화를 위한 언약적 율법 이해요 율법적 언약이해를 드러내고 있는데,[504] 이에 대해,

> 칼빈도 하나님과의 언약관계에 있어서 인간의 역할을 중시하는 면이 있다. 이것은 인간에게 윤리적 책임이 있음을 강조하는 측면이며, 곧 성화와 윤리의 강조로 연결된다. 즉 하나님과의 언약관계에 있어서 인간이 윤리적으로 올바르고 거룩해야 할 의무를 말하고 있는 것이다. 그러나 이 의무는 앞에서 말한 하나님의 은혜중심적 언약관계를 전제로 하는 것이다. 하나님께서 타락한 인간과 맺으신 언약관계는 근본적으로 은혜언약이고, 그리스도를 믿음으로 얻는 영생을 약속하신 언약이다. 그리스도는 하나님과 인간 사이에 중재자이시고, 아브라함에게 약속된 후손으로 언약관계의 기반을 이루고 계신다. 인간의 거룩과 윤리적 책임을 바로 이러한 하나님의 은혜언약하에서 칼빈은 말하고 있는 것이다.[505]

라고 설명된다. 그러므로 칼빈은 "참으로 주께서 그의 모든 자비의 언약으로 그의 종들이 바르고 성결한 생활로 보답할 것을 요구하신다"고 말하

---

502) Bierma, 314-5. 비어마는 다른 학자들의 견해에 반해 자신이 칼빈에게서 발견한 내용(롬 9:4 주석, 출 16:59 주석)이 바로 이러한 칼빈언약의 상호성이라고 밝힌다, "This was a mutual covenant, containg a mutual obligation and requiring mutual faith." 나아가 출 24:5의 칼빈 주석에서, 그 상호적 언약관계 속에서 하나님께서 그의 백성들에게 은혜를 받도록 초대하실 때에, 그는 강력하게 그들로 하나님께 신앙의 순종을 해야 하도록 하신다는 강조를 찾아낸다. 그 결과로 비어마는 칼빈의 언약에 대해 "쌍무적이며 동시에 조건적"이라고 결론내린다(There is a sense in which the covenant for Calvin is also bilateral and conditional).

503) *Institutes*. IV.xvi.14. "there is no reason for the Jews to preen themselves and boast in the name of the covenant unless they keep the law of the covenant, that is, obey the Word."

504) 『칼빈의 언약사상』, 404-8.

505) 『존 칼빈의 신학과 경건』, 85.

며, 하나님과의 은혜언약 속에서 인간의 거룩을 향한 지향과 더불어 윤리적 책임감에 대해 드러난다.[506]

이는 칼빈의 다음 언급으로 그 선명성을 더한다. "따라서 주께서는 언약으로 맺어진 자들이 항상 의무를 지키기를 원하신다."[507] 즉 칼빈 언약은 성화를 지향하고 있음이 확연한 사실인 것이다.

2. 칼빈언약의 배경과 그 핵심: 기독론적 성화 지향

종교개혁은 교회역사에 일어났던 어떤 사건들보다도 교회의 여러 방면에 걸쳐서 많은 영향을 끼쳤다. 그중에서도 신학에 끼친 영향은 아무리 강조해도 지나침이 없다고 할 수 있는데, 그 중의 하나가 언약사상이다. 성경적 언약사상은 종교개혁 때에 개혁자들이 성경의 가르침을 새롭게 발견하면서 나타나기 시작한 것이다.[508]

그러므로 종교개혁 전까지만 해도 크게 주목받지 못했던 이 언약사상은 16세기 들어서 종교개혁자들에 의해 드러나면서 교회의 신학에서 중요한 위치를 차지하게 되었다. 종교개혁자들, 특별히 칼빈과 그의 계승자들에 의해 주목받기 시작한 언약사상은 사실은 기독교인들에게 있어서 매우 중요한 사상이다.[509] 왜냐하면 구약과 신약에 그 깊은 뿌리를 두고 있는 이 사상은 그리스도인들의 구원이 전적으로 하나님께 달려 있다는 것과 하나

---

506) *Institutes*. III.xvii.5. "Indeed in all covenants of his mercy the Lord requires of his servants in return uprightness and sanctity of life …."

507) Ibid., "Consequently, in this way he wills to keep in their duty those admitted to the fellowship of the covenant …."

508) 『청교도 언약사상』,13.

509) 윤종훈 "뉴잉글랜드 청교도들의 언약 사상과 교회의 사회적 책임론의 상관관계 연구" 『성경과신학』 56권(2010:243－81), 246. "쯔빙글리(Zwingli, 1484~1531)를 비롯하여 우르시누스(Zacharius Ursinus, 1534~1583), 콕케이우스(Johnnes Coccejus, 1603-69) 그리고 불링거(Johann Heinrich Bullinger, 1504~1575) 와 칼빈(John Calvin, 1509~1564)으로 전개된 언약사상은 청교도 시대를 맞이하여 보다 발전된 언약이론으로 정착되었다."

님이 주시는 구원이기에 확실하다는 것을 잘 말해주고 있기 때문이다.[510] 실로 칼빈의 언약사상은 구원론과 핵심적 관계를 맺고 있기에, 그의 신학에서의 위치를 구원론에서 찾을 수 있다고 말할 수 있다.[511] 이는 아주 중요한데, 이러한 구원론적 언약이해가 비교대상인 퍼킨스와 동일한 관점이기 때문이다. 그래서 언약적 이해는 반드시 칭의와 성화와 연관되는 내용을 마주하게 되는데, 마이클 호튼은 이에 대해 적확하게 설명하기를,

> 언약신학은 하나님 앞에서의 개인의 칭의와 역사에 있을 가장 큰 대심판 때의 하나님의 칭의를 동전의 양면으로 본다. 또한 언약신학은 하나님의 칭의선언을 새로운 출생, 성화 그리고 마지막으로 영화와 밀접한 관계가 있는 것으로 본다.[512]

라고 하면서, 언약신학이 가진 구원론적 본질에 대해 이해를 제공해준다.이는 칼빈의 언약신학은 성경에 대한 전체적인 이해 가운데 삼위 하나님에 대한 이해가 성도들에게 구원론적으로 적용됨을 언약적 이해를 통해 정리하고 있음에 대한 중요한 발견이 된다.

(1) 칼빈 언약사상의 역사적 정황과 그 내용– 재세례파와의 논쟁

릴백은 "칼빈에게 '언약'이 무엇을 의미했는가를 이해하기 위하여 우리는 칼빈의 역사적 배경을 알아야 한다"고 말한다.[513]

---

510) 서요한,『언약사상사』(서울: 기독교문서선교회, 1994), 57.

511)『존 칼빈의 신학과 경건』, 98.

512)『언약신학』, 28.

513)『칼빈의 언약사상』, 41; Lillback, 29 "In order to understand something of what 'covenant' meant for Calvin, we must take into account Calvin's historical context. For it would have been odd indeed for an intellect such as Clavin's not to have been sensitive to nuances the term 'covenant' received from the forces emanating from the political and social arena."

사실 종교개혁을 통해 교회에 나타난 많은 신학적 공헌 가운데 하나가 언약사상이다. 이 신학사상은 이전 세기에는 발전되지 않은 채 남아 있다가 쯔빙글리와 불링거에 이르러 개혁교회에 처음 그 모습을 드러냈는데[514] 이들은 취리히와 그 주변의 재세례파 사람들 때문에 이 주제를 다루게 되었다. 그리고 이는 역시 칼빈에 의해서도 동일한 논쟁을 위한 대응으로 제시되면서, 구약과 신약의 통일성이라는 연속성을 통해 바른 성경적 교훈이 규명되게 된다.[515]

실제로 16세기 종교개혁이 시도되던 취리히에서는 쯔빙글리에게 재세례파 문제가 마지막까지 불편한 요소가 되었다.[516] 재세례파는 개혁자들과 함께 로마 교회를 반대하고 종교개혁자들과 함께 개혁을 추구하면서도 이면적으로 유아세례에 대해서는 인정할 수 없다고 반대하면서, 세례는 성인 스스로 신앙고백을 해야만 그 고백으로 인해 주는 것이기에 '신앙을 고백할 수 없는 유아들에게 주는 세례는 교회의 잘못된 관습 중의 하나' 라고 주장하기 시작하였다.[517] 그러한 재세례파의 주장을 담은 내용이 바로 1527년에 제정된 "슐라이트하임 Schleitheim" 신앙고백서인데[518] 재세례파는 유아세례에 대해 이렇게 주장한다.

> 세례는 회개하라는 가르침을 받고 그들의 죄가 예수 그리스도에 의해 씻음을 받는다는 것을 믿는 자들 ... 에게 베풀어져야 한다. 그러므로 세례를 베풀되 그것을 스스로 요구하는 사람들에게 해야지, 교황의 왕국에 행해지

---

514) 『언약사상사』, 70. "16세기 초에 언약의 통일성과 발전개념은 쯔빙글리에 의해 처음 제시되었고..."; 73. "불링거에 의해 조직화되었다."

515) 『존 칼빈의 신학과 경건』, 86.

516) George Richard Potter, *Zwingli* (Cambridge: University Press,1976), 206.

517) 『존 칼빈의 신학과 경건』, 83.

518) 존 칼빈, 『칼뱅작품선집 V』 박건택 편역, (서울: 총신대학교출판부, 1998), "재세례파 논박 *Contre les erreurs des Anabaptistes* 1544", 104.

는 것처럼 유아들에게 해서는 안 된다.[519)]

이 재세례파의 주장에 대해 쯔빙글리는 유아세례의 정당성을 수호하려고 유아세례의 성경적 근거를 구약에서 제시한 바가 바로 구약의 할례였는데, 할례가 신약의 세례와 다르지 않음이 하나님과 맺은 언약의 연속성이라는 이해 가운데 신구약의 통일성에 입각하여 설명되어질 수 있었다.[520)] 이러한 쯔빙글리의 신구약 통일성에 입각한 할례와 세례에 대한 언약적 이해는, 16세기의 상황 가운데서 칼빈에게도 동일하게 수납되어져서, 계속되는 재세례파의 주장들에 대한 논박에서 그 중요한 도구로 사용되었다. 이들 종교개혁자들의 재세례파와의 신학논쟁에서 "신구약 언약이 연속적이라는 입장"은, 유아세례 교리를 지켜내기 위한 결정적인 내용이었기 때문이다.

그래서 칼빈 역시 언약 통일성 이해를 위해서는 재세례파와의 논쟁에서의 명확한 논박이 중요했기에,[521)] 재세례파의 "슐라이트하임 Schleitheim 신앙고백"에 대해 직접적으로 논박한다.

> 우리는 하나님이 할례에 있어서 아브라함에게 동일하게 행하셨음을 본다. 왜냐하면 하나님께서 이 징표를 주시기 전에 그를 자신의 언약 안으로 받으시고 자신의 말씀으로 가르치셨기 때문이다 …. 신자들의 어린아이들은 그들의 아버지와 이루어진 이 언약 때문에, 그들의 이름으로 그들을 위해

---

519) *Institutes*. IV.xvi.1. 각주 2; "Baptism shall be given to all those who have been taught repentance and the amendment of life and [who] believe truly that their sins are taken away through Christ, … so that they might rise with Him; to all those who with such an understanding themselves desire and request it from us; hereby is excluded all infant baptism." www.anabaptistnetwork.com/schleitheimconfession

520) 『존 칼빈의 신학과 경건』, 84.

521) 『칼빈의 언약사상』, 220. cf. Peter A. Lillback, "Calvin's covenantal Response to the Anabaptist View of Baptism," in *The Failure of the American Baptist Culture*, vol. 1 of *Christanity and Civilization* (Tyler:Geneva Divinity School,1982), 185-232.

세례를 받는다. 그러므로 이곳이 재세례파가 실수하는 곳이다.[522]

> 세례가 예수 그리스도 안에 있는 우리의 신생과 영적 정결의 성례이기 때문에, 믿음이나 회개가 없는 어린아이들에게 세례를 주는 것은 이치에 맞지 않다고 주장하는 사람이 있다면, 나는 동일한 것이 할례에 대해서도 말해질 수 있다고 답한다. 그런데 하나님은 어린아이들이 할례받을 것을 여전히 명하셨다. 그러므로 회개와 구원의 증거인 성례가 어린아이들에게 베풀어지는 것을 이성에 모순된다고 주장하는 것은 하나님을 대적하여 주장하는 것이다.[523]

이뿐 아니라 『기독교강요 *Christianae Religionis Institutio*』(1559)에서 직접적으로 거친 표현을 통해 공박하며 유아세례의 정당성을 주장한다.

> 이제 우리는 미친 짐승같은 자들이 하나님의 이 거룩한 제도를 쉴새없이 공격하는데 쓰는 논법들에 대하여 검토하겠다 ... 언약이 서로 다르다는 주장을 하기 위해서 그들은 만용으로 성경을 남용하며 곡해한다. 그것도 한 구절만이 아니라 건드리지 않는 구절이 없다. 그들은 유대인들을 철저히 육적인 사람으로 그림으로써 사람이라기보다는 짐승같이 만든다. 그들과의 언약은 현세생활을 넘지 못했으며 그들에게 준 약속은 현세의 물질적 유익이었다고 한다. 이런 주장이 승인된다면, 유대민족은 하나님의 은혜(우리 안에 있는 돼지들을 살찌우듯이)로 일시 배부르다가는 영원히 멸망에 빠질 운명이라는 것 외에 무엇이 남겠는가?[524]

이러한 논박들을 통해, 칼빈은 분명하게 구약과 신약의 통일성과, 할례와 세례의 연속성을 통해 하나님의 구원역사가 연속적으로 진행됨을 가르

---

522) 『칼뱅작품선집 V』, 106-7.

523) Ibid., 110.

524) *Institutes*. IV.xvi.10.

치면서 자신의 언약사상을 선명하게 드러낸다. "한마디로 두 가지 점을 다 설명할 수 있다. 모든 족장들과 맺어진 언약과 우리와의 언약은 그 실질과 실상이 매우 같기 때문에, 실지는 이 둘이 하나다. 다만 처리방법이 다를 뿐이다."[525]

칼빈의 이러한 견해에 대한 릴백의 해설이 명료한데, 즉 칼빈의 염려는 재세례파의 입장을 받아들일 때 유아세례 교리뿐만이 아니라 성경 전체의 교리에 미칠 위험한 영향 때문이었다고 한다.[526] 그 이유로는, 만약 유아세례가 받아들여지지 않으면 결국 구약과 신약의 통일성과 연속성이 거부되는 결과까지 초래하게 될 것이기 때문에 칼빈은 결코 받아들일 수 없었다는 설명이다.[527] 사실 칼빈에게 있어서 "언약" 개념은 『기독교강요 *Christianae Religionis Institutio*』(1559) II권 9-10장에서, 신 · 구약 사이의 유사성과 통일성, 즉 연속성을 강조하면서 가장 뚜렷하게 나타나고 있는 신학주제이다.

> "신구약은 영생 문제에서 일치한다" 주께서 이스라엘 백성과 맺으신 구약, 즉 옛 언약은 땅에 붙이는 일에 국한된 것이 아니라, 영원한 영적 생명에 대한 약속을 포함했다는 것이 우리의 원칙이다. 이 언약에 참으로 찬동한 사람들은 모두 그 마음에 이런 생명에 대한 기대가 깊이 새겨져 있었다.[528]

---

525) *Institutes*. II.x.2. "Both can be explained in one word. The covenant made with all the patriarchs is so much like ours in substance and reality that the two are actually one and the same. Yet they differ in the mode of dispensation."

526) 『칼빈의 언약사상』, 220; Lillback, 146. "In the history of the Reformed conflict with the Anabaptists, the continuity of the covenants was pivotal for the defense of infant baptism. For Calvin, too, the Anabaptists are the parties most in need of understanding covenant unity."

527) William Balke, *Calvin and the Anabaptist Radicals* (Grand Rapids: Eerdmans, 1981), 315. "칼빈은 언약의 교리 위에서 성경의 통일성을 두었던 것이다."

528) *Institutes*. II.x.23. "the agreement of the Testaments on eternal life ··· Let us, therefore, boldly establish a principle unassailable by any stratagems of the evil: the Old Testament ot Covenant that the Lord had made with the Isrelites had not been limited to earthly things, but contained a promise of spiritual and eternal life."

그래서 유아세례를 반대하는 재세례파에 대한 칼빈의 공박은, 옛 언약이 물질적일 뿐 아니라 육적인 언약이며, 할례 역시 영적이지 않은 상징임을 요구하기 때문으로 재세례파에 의해 언약과 관련된 중요교리들이 심각하게 상처를 받았던 바, 참으로 중요한 일이었다. 그러므로 "언약의 연속성(the continuity of the covenant)"은 이러한 문제를 해결해주는 참으로 중요한 교리인 것이다.[529)]

이렇게 재세례파와의 성경교리 전체를 건 유아세례 논쟁으로 인해 언약사상은 칼빈을 통해서 더욱 발전되고 명료하여져 그 이후 17세기 개혁신학에서 주도적인 역할을 하게 되었다.

(2) 칼빈 언약사상의 율법에 대한 제3용법

그렇다면, 이러한 상호적 언약이해를 가진 칼빈은 율법인 십계명에 대해 어떠한 언약적 이해를 구체적으로 가지고 있었는가? 율법에 대한 칼빈의 이해를 신구약의 연속성 그리고 칭의와 성화의 관계 속에서 살펴봄으로써 성화진작의 도구로 사용된 칼빈의 율법적 언약을 밝혀보고자 한다.

칼빈의 언약사상은, 이미 살핀 바와 같이, 그 신학 전반에 잘 나타나 있다. 그가 특별히 언약사상을 적용한 분야가 있다면 그것은 바로 "율법"이다.[530)] 물론 칼빈에게 있어서 언약의 연속성은 신구약의 통일성과 같이, 율법과 은혜 사이에 결코 분리가 없다는 선언에서 시작한다, "영원한 언약

529) 『칼빈의 언약사상』, 225. 릴백은 딤전 4:12-3 설교를 인용하며 이 부분을 설명하기를, "율법과 구약은 전혀 불필요한 것이 아니고, 영구적인 것이며, 세상 끝날까지 그 힘을 항상 유지할 것임에 틀림이 없다."

530) 김재성, 『개혁신앙의 광맥』 (서울: 도서출판 이레서원, 2001). 447; 문병호, 38. "율법은 명령과 언약 백성이 하나님의 뜻에 살아갈 수 있도록 전가하시는 그리스도의 의에 대한 약속을 동시에 계시한다. 그러므로 율법은 언약의 법이고, 이러한 관점에서 모세법이 기반하고 있는 종교의 형식 즉 아브라함의 씨앗들과 맺은 은혜언약을 포함한다(강요 2.7.1.)."

의 역사에는 일관성이 있다. 율법과 은혜 사이, 율법과 복음 사이는 더 이상 축소할 수 없는 분리가 없다."[531] 그 이유는 이 두 가지가 본질상 동일하기 때문이다.[532]

그러므로 칼빈이 이해한 율법은 이러한 언약의 연속성이라는 이해 위에서 주어진 언약적 율법이라 할 수 있으므로, 율법은 언약관계에 있는 성도들로 윤리적 삶을 유지하게 하는 지침으로 사용되어져야 한다는 입장이었다.

(1) 칼빈의 율법에 대한 강조 : 먼저 성경적으로 다윗이 율법을 찬양했을 때의 의미를 칼빈은 "여호와의 율법은 완전하여 영혼을 소성케 하고 ... 여호와의 교훈은 정직하여 마음을 기쁘게 하고 여호와의 계명은 순결하고 눈을 밝게 하도다"(시 19:7-8)라고 되새긴다. 이뿐 아니라, "주의 말씀은 내 발에 등이요 내 길에 빛이니이다"(시 119:105) 등등의 무수히 많은 시편 119편의 구절들을 들어, 칼빈은 율법의 용법이 얼마나 중요한지를 밝힌다.[533]

그러기에 칼빈은 시편뿐 아니라 이 내용들을 바울의 언급들과 연결하여 율법적 교훈의 일관된 가르침을 부각한다. "사도는 중생한 사람들에 대해서 율법이 어떻게 이용될 수 있는가 하는 것이 아니라, 율법이 그 자체만으로서 사람에게 무엇을 줄 수 있는가 하는 것을 가르친다."[534]

신학적으로 칼빈은 이러한 율법의 용법들에 대해 조직신학의 체계를 세

---

531) 『칼빈의 언약사상』, 283.

532) *Institutes*. II.x.2. "Both can be explained in one word. The covenant made with all the partriachs is so much like ours in substance and reality that two are actually one and the same."

533) Many Lane Potter, "The whole office of the law in the theology of john Calvin," (*Journal of Law and Religion*, Vol.3, No.1.(1985), 117-139), 117.

534) *Institutes*. II.vii.12. "These do not contradict Paul's statements, which show not what use the law serves for the regenerate, but what it can of itself confer upon man."

운 멜랑흐톤에게서 배웠는데,[535] 멜랑흐톤은 『신학총론 *Loci communes*』에서 "하나님의 법의 삼중용법에 대해서"라는 항목에서 율법의 용도를 세 가지로 제시한다.[536] 즉 율법의 첫째 용도(혹은 용법)은 시민적 용도로 율법은 가르치고 두려움과 형벌로써 사람들로 하여금 그 율법의 제재 하에 있도록 하는 것이요, 두 번째 용법은, 하나님의 진노를 선포하는 용도(신학적 용도)인데, 율법의 선포를 통해서 하나님께서는 마음의 잘못을 지적하고 놀라게 하며 우리의 마음을 불안과 슬픔으로 몰아가는 것이다.[537] 그래서 멜랑흐톤은 이 두 번째 용법을 가장 중요하게 여긴다.[538] 또한 멜랑흐톤에게 율법의 세 번째 용도는 신자가 된 이들, 즉 하나님의 말씀과 성령으로 중생한 성도에 대한 것으로 그들의 마음에 당신의 율법을 두시겠다고 한 것과 같은 내용이다.

(2) 칼빈의 율법의 제3용법 : 이제 칼빈에게서는 이러한 멜랑흐톤의 영향을 넘어, 신자의 성화를 더욱 중히 여기는 율법의 제3용법에 대한 강조

---

535) *Institutes*. II.vii.12. 각주 19에서 멜랑흐톤의 *Loci communes* (1521)판이 근거로 제시되고, II.vii.6.각주 10에서 1535년판 이후에 칼빈이 이를 도용했다고 밝힌다. 이러한 영향에 대해서는 조엘 비키, 『개혁주의청교도영성』 김귀탁 역 (서울: 부흥과개혁사, 2009), 187.에서 *Loci communes* (1521)판이 칼빈에게 율법 3용법의 씨앗을 심은 것이라고 평가한다. 하지만 멜랑흐톤 신학에 있어 체계적인 내용이 *Loci communes* (1555)판에 정립되어 있어, 본고에서는 1555년판을 인용한다. 이하에서 『개혁주의청교도영성』으로 표기한다.

536) 필립 멜랑흐톤, 『신학총론 *Loci communes* (1555)』 이승구 역 (서울:크리스챤 다이제스트,2000), 252-60.

537) Ibid., 257. "우리가 도덕법(*lex moralis*)이라고 부르는 최고의 법은 하나님께서 우리에게 계시해주신 하나님 안에 있는 영원한 불변적 지혜와 의이다. 그 누구도 하나님 안에 있는 이 지혜와 의를 폐할 수는 없다. 그것은 그러한 모습으로 영원히 있으며, 그것은 언제나 그에 반하는 것을 정죄하는 것이다. 하나님 안에 있는 이 지혜와 의 때문에 우리의 죄에 대한 하나님의 무거운 진노가 주 그리스도께 쏟아 부어진 것이다."

538) 권호덕, "율법의 세가지 용법" 『칼빈신학 2009』 안명준 편집 (서울: 성광문화사, 2009:104-148), 130. "루터와 멜랑흐톤이 율법의 제2용도를 가장 중요한 것으로 여겼다면, 칼빈은 이들과 달리 제3용도를 가장 중요하고 본질적인 것으로 여겼다."

가 나타난다.[539] 즉, 칼빈에게서는 죄를 깨닫게 하는 율법의 용도가 신자의 성화에 결정적인 역할을 할 뿐 아니라, 신자로 하여금 하나님의 율법을 감사하는 순종에 힘쓰게 만들며, 이 모두 사랑으로 하나님을 섬기기 위해 거룩한 삶을 살도록 지시해주는 율법으로 신자에게 사용된다는 내용으로까지 발전된다.[540] 그래서 칼빈은 율법의 제3용법에 대해 가장 중점을 두며 이렇게 설명한다.

> 셋째 용도는 가장 중요한 것이며, 율법의 중심적인 목적에 더욱 가까운 것이다(*Tertius usus, qui et praecipuus est, et in proprium Legis finem propius spectat*). 이 용도는 하나님의 영이 이미 그 영혼 속에 사시며 주관하시는 신자들 사이에 발견된다. 그들의 마음속에는 하나님의 손가락으로 율법이 기록되고 새겨져 있지만(렘 31:33; 히 10:16), 바꿔 말하면 그들은 하나님의 영의 감동과 격려로 하나님께 복종하겠다는 열심히 있지만, 역시 두 가지 방면에서 율법의 혜택을 입는다. 그들이 앙모하는 주의 뜻의 성격을 매일 더욱 철저히 배우며 확고하게 이해하는데 율법은 가장 훌륭한 도구가 된다.[541]

여기서 칼빈은 왜 율법의 제3용법을 가장 중요하게 여겼는지 질문할 필요가 있다. 칼빈이 율법의 제3용법을 강조한 의도는, 이제 언약에 의해 주

---

539) I. John Hesselink, "Christ, the Law, and the Christian: An Unexplored Aspect of the third Use of the Law in Calvin's Theology," in *Readings in Calvin's Theology*, ed. Donald K. McKim (Oregon:Wipf and Stock Publishers, 1984), 179-80.

540) 『개혁주의 청교도영성』,186; 193-4.

541) *Institutes*. II.vii.12. "The third and principal use, which pertains more closely to the proper purpose of the law, finds its place among believers in whose hearts the Spirit of God already lives and reigns. For even though they have the law written and engraved upon their hearts by the finger of God (Jer. 31:33; Heb.10:16), that is, have been so moved and quickened through the directing of the Spirit that they long to obey God, they still profit by the law in two ways. Here is the best instrument for them to learn more thoroughly each day the nature of the Lord's will to which they aspire, and to confirm them in the understanding of it." 멜랑흐톤은 제2용법을 가장 강조한 데 반해, 칼빈은 이 제3용법을 가장 중요하게 여겼다.

어진 하나님 백성의 영적 특권을 강조할 뿐 아니라 그에 부응하는 책임을 강조하기 위해서였다. 칼빈은 이에 대해 "예언자는 율법의 위대한 이용가치를 선포한다. 하나님께서는 사람들에게 복종심을 불어넣으시고, 그런 사람들이 율법을 읽을 때에 그들을 가르쳐주신다는 것이다. 예언자는 교훈 뿐 아니라, 거기 동반하는 은총의 약속을 붙잡는다. 이 약속만이 쓴 것을 달게 만든다"라고 말한다.[542] 즉, 하나님의 백성 가운데 속하는 것은 인간 편에서는 말할 수 없는 은혜이다. 그런데 바로 여기서 언약에 딸린 믿음과 순종을 기대한다는 뜻이 함축되어 있어서, 칼빈의 언약적 율법이해는 당연스레 성화와 윤리의 강조로 연결되게 되는 것이다.[543]

그래서 『기독교강요 *Christianae Religionis Institutio*』(1559)의 바로 다음 장인 8장 12-50절까지 총 39절에 걸쳐 바로 "도덕적 율법(십계명)의 내용과 의미에 대한 설명"을 다룬다. 이렇게 언약적 관점에서 십계명을 보게 되면, 이미 3장에서 충분히 숙고한 것처럼 십계명은 단순한 계명만이 아니라 하나님의 언약적 도구임을 알게 된다.[544] 따라서 릴백은 율법에 담긴 복음의 성격을 구약과 신약의 연속성 속에서 잘 드러낸다.

> 칼빈은 영이 율법과 합치면 이 구별이 중단된다고 추가로 말한다. 그러면 그것은 더 이상 문자가 아니라, 실제로 영 또는 복음 그 자체이다. 사실 신 언약의 유익은 심지어 구 언약의 율법에도 존재했다 …. 그의 모든 가르침을 통해 모세를 잘 이해한다면, 그는 신 언약에서 발견되는 복음의 설교자이다.[545]

---

542) *Institutes*. II.vii.12. "Here the prophet proclaims the great usefulness of the law: the Lord instructs by their reading of it those whom he inwardly instills with a readiness to obey. He lays hold not only of the precepts, but the accompanying promise of grace, which alone sweetens what is bitter."

543) 『존 칼빈의 신학과 경건』, 84.

544) 문병호, 39. "이 자유는 언약의 백성으로서 구원받은 사람이 율법의 속박에서부터 벗어났을 뿐만 아니라 자신의 뜻을 다하여서 율법에 계시된 하나님의 뜻을 좇고 사는 것에 있다(강요 3.19.2-13.)."

545) 『칼빈의 언약사상』, 231.

그러면서 칼빈의 언약적 율법에 대해 직접적으로 십계명을 다룰때 아주 상세히 설명한다.

> 십계명 해설은 『기독교강요』 2권의 중요한 부분이다. 여기서 칼빈은 그리스도인으로 하여금 삶을 위한 규칙으로 하나님 언약적 율법을 직면하게 한다 …. 언약은 칼빈의 율법해설을 위한 배경이다. 십계명의 첫 번째 돌판에 대한 칼빈의 설명에서 언약의 구체적인 예들을 찾아볼 수 있다. 십계명 서문의 중요성은 이스라엘과 맺으신 하나님의 언약과의 연결에서 찾을 수 있다.[546)]

그리고는 칼빈의 율법에 대한 이해인 "율법 하에서 그는 그리스도를 생각한다"[547)]는 말로 그 율법관을 논평하면서, 칼빈은 율법이 그리스도를 포함하기 때문에 복음과 결코 상충되는 것으로 보지 않다고 언급한다. 여기에 칼빈의 기독론적인 언약관이 선명하게 드러난다. 즉, 구약과 신약, 율법과 복음 사이에 분명한 차이가 있지만 그리스도를 중심하는 언약적 관계 속에서 흐르는 연속성에 대한 이해는 결국 칼빈으로 하여금 십계명-율법에 대해 신자를 격려하고 자발적 순종을 촉진하여 마침내 성화의 도구로 사용하도록 돕는 제3용법적 율법이해로 제시되기까지 한 것이다.[548)]

---

546) Ibid., 404-5; Lillback, 265. "The exposition of the Ten Commandments is an important part of Book II of the Institutes. Here, Calvin brings the Christian face to face with the covenantal law of God as a rule for his life … The covenant, thus, is the context of Calvin's exposition of the law. Specific examples of the covenants in Calvin's explanation of the first table of the Decalogue can be observed. The importance of the preface to the Ten Commandments includes its connection with God's covenant with Israel."

547) Ibid., 233.

548) I. John Hesselink, 186. 헤세링크 역시 릴백과 같이, 칼빈의 율법-십계명 이해 속에 담긴 신약 그리고 그리스도와의 일관적 연속성을 이렇게 설명한다. "Not only does he conclude his exposition of the Decalogue with a discussion of the principles of the law in the light of Christ's teaching, but his whole treatment of the Decalogue us suffused with the spirit of the New Testament."

3. 종합

칼빈은 "하나님의 법에는 우리 안에 그의 형상을 회복시킬 수 있는 신선한 힘이 내포되어 있다"[549]고 말할 뿐 아니라, 더하여 칼빈이 이러한 칭의적 율법에의 강조와 더불어 제시하는 내용인 "우리는 하나님의 것이다. 따라서 그를 우리의 유일하고 합당한 목표로 삼고 생활의 모든 부분이 그를 향하여 경주하도록 노력하라"[550]와 "참으로 인생 자체가 경주다(참조, 고전 9:24-26). 경주로를 다 달린 때에, 지금 멀리 바라보면서 뛰어가는 그 목표에 우리가 도달하는 것을 주께서 허락하실 것이다"[551]라는 성화적 율법에의 권고가 자신이 가진 궁극적 지향임을 드러낸다. 즉 칼빈의 "율법의 제3용법" 에 대한 교리적 확인은, 결국 칼빈의 윤리라고 할 수 있는 "성화의 교리" 임을 확인케 하는 것이다.[552]

---

549) *Institutes*. III.vi.1. "The law of God contains in itself that newness by which his image can be restored in us."

550) *Institutes*. III.vii.1. "We are God's: let all the parts of our life accordingly strive toward him as our only lawful goal (Rom.14:8;cf. I Cor. 6:19)."

551) *Institutes*. II.vii.13. "Indeed, this whole life is a race(cf. I Cor. 9:24-26); when its course has been run, the Lord will grant us to attain that goal to which our efforts now press forward from afar."

552) Hesselink, 187. 재인용, Paul Jacobs, *Prädestination und Verantworlichkeit bei Calvin* (Darmstadt: Wissenschaftliche Buchgesellschaft, 1968 reprint), 103.

II부 | "칼빈-퍼킨스"의 개혁주의 언약사상

제7장

퍼킨스 언약사상의 개념과 내용

1. 퍼킨스의 언약사상

(1) 퍼킨스 언약사상의 집대성 : 『골든 체인 *Armilla Aurea*』(1590)

퍼킨스의 기독론적 구원론이 언약신학적으로 가장 잘 나타나있는 저작이 『골든 체인 *Armilla Aurea*』이다. 이 저작에서 퍼킨스는 어거스틴으로부터 이어지는 바, 철저히 칼빈주의적이고 예정론적인 입장에서 자신의 예정론을 전개하기 위해 언약사상을 도입하여 제시한다. 즉 성도들의 내면적 변화를 위한 가장 좋은 방법이 바로 이 언약신학이라고 생각했고 그 언약신학을 자신의 신학 가운데 체계적인 틀로 제시하였던 것이다.[553]

이 저작에서 퍼킨스는 바로 이렇게 구원론에 대하여 철저한 예정론의 입장에서 하나님의 예정을 견고히 주장하며, 나아가 그 예정이 성도들에게 미치는 의미가 무엇인가를 드러내려는 의지를 보여주고 있다.[554] 여기서 퍼킨스의 신학에 대한 정의가 주어지는데, "성경 전체는 바로 잘 사는데 적합한 교리"이며 동시에 "그 주된 원리가 바로 신학"이며 "그 신학이

---

553) Greve, 169-70.

554) 『칼빈과 청교도 영성』, 102.

바로 영원한 복된 삶을 사는 원리"임과 동시에 "그 복된 삶은 바로 하나님을 아는 지식에서 생겨난다"라고 분명히 말한다.[555)]

그러면서 논리전개 방식에 있어서는, 한 내용에 대해 설명하되 두 가지가 뻗어 갈라지는 방식인 라무스주의 방법론(Ramism)을 따라 제시된다. 퍼킨스는 바로 이 라무스주의를 이용하여, 자신이 다루려는 성경에 나타난 신학적 내용들을 두 가지로 설명한다. 첫째는 '하나님에 관하여(of God)'이고 다른 하나는 '하나님의 사역에 관하여(Of his workes)'가 그것이다.[556)] 이 두 요소가 각각 가지를 쳐서 '하나님의 사역'은 또한 '하나님의 작정(decree)'과 '그 작정의 실행(expecution of the decree)'으로 나뉘고,[557)] 또한 '하나님의 작정'은 '만물(All things)'과 '인간-예정(man-predestination)'으로 나뉘는 방식으로 계속 설명되어진다.[558)]

총 58장으로 구성된 『골든 체인 *Armilla Aurea*』의 내용에 대한 보다 전체적인 이해를 위해 주제별로 분류하여 목차를 큰 범주하에 소개하면 다음과 같은데, 범주를 나누는 것이 내용들이 구별된다는 의미가 아니며 모두는 일관된 신학사상 가운데 있다.[559)] 작품 전체를 볼 때, 58장의 내용 중에 장

---

555) *Workes*. I:11. chap.I. "The Bodie of Scripture is a doctrin sufficient to liue well … The principall science is Theologie. Theologie, is the science of liuing blessedly forwuer. Blessed life ariseth from the knowledge of God, Joh 17.3, Isa53.11."

556) *Workes*. I:11. "Theologie hath two parts: the first of God, the second of his workes."

557) 『청교도 언약사상』, 46.

558) *Workes*. I:16.

559) *Workes*. "The Contents" A. 하나님-인간-그리스도: 1-7장은 "하나님과 하나님의 사역: 본성, 작정, 예정"을 다루고 있고, 8-14장은 "인간: 천사, 타락, 불순종 그리고 죄-원죄와 범죄"를 다루며, 15-18장에서는 "그리스도: 선택, 그리스도 두 본성과의 연합"을 다룬다. B. 작정의 실행들: 그런 후에 이제 선택의 작정 실행의 수단들에 대해, 두 가지로 나누어 다룬다. 19-30장까지는 하나님의 작정의 외적 실행인 행위언약으로써의 십계명에 대해서 다루고, 31-34장은 하나님의 작정의 내적인 실행인 은혜언약인 성례를 다룬다. C. 구원의 서정: 35장에서 와서 하나님의 선택 실행의 작정 즉, 구원의 서정을 4단계로 다루겠다고 소개하고는 36장 하나님의 사랑의 첫번째 실행인 효과적 부르심(effective calling)을, 37장 두 번째 실행인 칭의(Justification)를, 38-47장 가장 길게 세 번째 실행인 성화(Sanctification)를, 48-50장 네 번째 실행인 영화(Glorification)를 다룬다. 그후에 51장에서는 성경적 구원

장 40장을 하나님 작정의 실행내용인 구원의 서정Ordo Salutis를 밝히는데 집중하고 있음을 볼 때, 퍼킨스의 구원론적 관심에 따라 하나님의 구원실행의 과정인 "구원의 서정"[560]을 드러내고자 했음을 알게 된다.

따라서 퍼킨스의 언약사상은 칼빈과같이 정통신학에서 나타나는 하나님 절대주권과 예정론을 벗어나지 않으면서도 인간적 의무와 책임을 강조하려는 상호적인 언약의 성격을 가지고 있기에,[561] 이를 칼빈의 사상 위에 기독론적 삼위일체신학의 기초를 세운 것이라고 말할 수 있다.[562] 이는 그가 펠라기우스주의자들와 루터주의자들, 교황주의자들에 반대하여 철저하게 칼빈주의적 예정론을 변호하는 데서 그 증거를 찾을 수 있다.[563] 이미 다룬 바 퍼킨스는 이 『골든 체인 *Armilla Aurea*』서문에서 펠라기우스주의, 루터교회, 그리고 로마교회의 오류에 대항하여 예정론을 수호하고자 한다

의 서정과는 다른 로마교회의 교리에 따른 구원의 서정을 소개함으로써, 자신이 주장하는 성경적 구원순서가 로마교회와 어떻게 다른가를 보여준다. D. 유기와 예정의 적용: 이제 52-57장에서는 유기(reprpbation)의 작정을, 그리고 마지막 58장에서는 이러한 예정의 적용에 대해 다루는 내용을 가지고 있다. E. 부록: 거기에 첨부하여 부록으로 베자가 안드레아스에게 보내는 편지(a letter of M. Beza to D. Andreas)를 소개한다. cf. 김홍만 "윌리암 퍼킨스의 칼빈 신학의 계승과 적용", 71. 이 『*Armilla Aurea*』의 구조를 또한 『기독교강요』(1559)와 같은 구조라는 주장도 있다. 즉 "신론, 인간론, 기독론, 성령의 유효한 역사, 그리고 예정의 적용"이라는 『*Armilla Aurea*』의 구조가, "1권 신론, 2권 인간론과 기독론, 3권 성령의 유효한 역사, 그다음이 예정론"이기 때문이라는 이유에서인데 흥미로운 주장이라 참조하라.

560) Muller, "Perkins' *A Golden Chaine*", 69. Muller는 퍼킨스의 『*Armilla Aurea: A Golden Chaine*』이라는 책 제목이 바로 로마서 8:29-30에 나타난 '구원의 서정' 에서 왔다고 설명한다. 이는 역시나 자신의 박사학위 논문의 출판물에서 잘 설명하고 있다(Muller, *Christ and the Decree*,130). 『*Armilla Aurea: A Golden Chaine*』의 원래 책제목은 『황금사슬 혹은 신학의 기술, 하나님의 말씀에 따른 구원과 저주에 대한 원인의 순서 포함 A GOLDEN CHAINE or THE DESCRIPTION OF THEOLGIE. Containing the order of the causes of salvation and damnation, according to God's word』이다.

561) Ibid., 47.

562) Muller, *Christ and Decree*, 164-5. 멀러는 이에 대해 "Trinitarian ground and Christological focus"라는 제하에 다루면서, "The definition of predestination given by Perkins looks directly to the christological focus of Calvin's theology." 라고 설명한다.

563) *Workes*. I:B2. "To the Christian Reader"

고 저술목적을 밝힌다.

> 오늘날 하나님의 예정질서에 대하여 4가지 견해가 있다 ... 네번째로, 하나님의 예정 실행의 원인은 그리스도 안에서 나타난 하나님의 자비뿐이라고 가르치는 자들이다. 즉, 그 안에서 구원받고 그 안에서 멸망하며, 인간의 타락과 부패한다고 말한다. 그러나 하나님의 작정과 영원하신 돌보심은 이 두 가지 모두에 연관되며, 그것은 하나님의 의지와 기쁨 외에는 다른 이유가 전혀 없다. 이 네 가지 견해 중에서 앞에서 언급한 세 가지는 이의를 가지고 반박하려는 것들이고, 마지막에 소개한 견해가 결코 양보할 수 없는 중대한 진리로 받아들이고 있는 것임을 밝힌다.[564]

바로 여기서 퍼킨스는 구원론에 대하여 철저한 예정론의 입장에서 하나님의 예정을 견고히 주장하며, 나아가 그 예정이 성도들에게 미치는 의미가 무엇인가를 드러내려는 의지를 보여주고 있다.[565] 이는 퍼킨스의 예정론이 구원받는 사람들이나 타락으로 멸망받는 사람들이나 모두 하나님의 긍휼을 따르는 것이며 하나님의 의지나 섭리를 떠나서는 이루어질 수 없다는 칼빈주의적 형태이다. 퍼킨스는 택자들에 관한 하나님의 작정에 관하여 명료하게 설명하려고 의도했다.

> 하나님의 예정의 실행의 원인은, 그리스도 안에 있는 그의 자비이고, 그것이 그들을 부르시는 원인이다; 그리고 멸망하는 자들 안에서, 그것은 인류의 타락과 부패이다: 그것은 그의 뜻과 즐거움을 제외한 그 어떤 원인도 갖고 있지 않는 것들과 관련된 것으로서, 하나님의 작정과 영원한 목적 같은 것이다.[566]

564) Ibid.

565) 『칼빈과 청교도 영성』, 102

566) *Workes*. I:B2. "The cause of the execution of God's predestination, is his mercy in Christ, in them which are caused; and in them which perish, the fall and corruption of man: yet so, as that the decree and eternall counsell of God, concerning them both hath not any cause besides his will and pleasure."

이러한 이유로 인하여, 퍼킨스는 먼저 신학의 정의를 다음과 같이 정확하게 지적한다: '신학은 두 부분들을 갖고 있다; 첫 번째는 하나님에 관한 것이고, 두 번째는 하나님의 사역들에 관한 것이다.' [567] 그것은 신학이 두 부분을 가지고 있다는 것인데, 하나는 하나님 자신에 관한 것이고, 다른 하나는 그의 사역에 관한 것이라는 의미이다. 다시금, 그는 두 번째 항목을 진술하면서, 하나님의 사역을 아래와 같은 것이라고 말한다.

> 하나님의 사역들은 모두가 하나님께서 자신으로부터 행하신 것인데, 즉 자신의 신적인 본질로부터 행하신 것들이다 ... 그 사역들은, 또는 하나님의 활동은 그의 작정이거나, 또는 그의 작정의 실행이다. 하나님의 작정은 하나님께서 자신 안에서 그것에 의하여 필연적으로 그렇지만 자유롭게 영원 전부터 모든 것들을 정하셨다는 것이다.[568]

여기에서 퍼킨스는 하나님의 사역을 하나님의 작정과 함께 기꺼이 제시하려고 한다. 그것은 예수 그리스도를 통하여 선택에 의하여 실행된다.[569] 그리고, 그 선택은 '작정을 실행하는 외적인 수단' 을 소유하며, 바꿔 말하면 선택의 외적인 수단은 '하나님의 언약이고, 또 그것에 의한 보증이다.' [570]

두 번째로 퍼킨스는 하나님의 선택의 작정을 드러내는 언약을 다룬다. 그는 언약의 일반적인 개념에서 "하나님의 언약은 분명한 조건 위에서, 영원한 생명을 얻는 일과 관련하여, 사람과 맺은 그의 언약" 인 것으로 주

567) *Workes*. I:11. 'Theologie hath two parts: the first of God, the second of God's workes,'

568) *Workes*. I:15. "The workes of God, are all those, which he doth out of himselfe, that is, out of his diuine essence ··· The worke, or action of God, is eyther his decree, or the execution of his decree. The decree of God, is that by which God in himselfe, hath necessarily, and yet freely, from al eternity determined al things."

569) *Workes*. I:24.

570) *Workes*. I:31. the election has 'ovtward meanes of executing the decree' , that is, the outward means of election is 'God's covenant, and the seale thereof' .

장한다.[571] 이점에서, 퍼킨스는 언약이란 하나님에 의하여 시작하시는 것이고, 하나님의 언약의 협력자는 사람이 된다. 언약의 개념은 사람의 사역이 아니라, 하나님의 사역으로부터 기원된다는 것은 명백하다. 그러므로 하나님의 사역, 즉 예정은 언약 개념의 기초가 된다. 마찬가지로, 프리브는 다음과 같이 말한다.

> 이점에서, 사람은 절대로 공덕을 얻을 수 있다거나 또는 어떤 선한 행위들을 통하여 은혜의 관계를 시작할 수 없는, 처음부터 전적으로 수용자이다. 언약관계는 사람을 향하여 그리고 사람에게 하나님의 은혜로운 실행에 의하여 언제나 시작되고 유지된다.[572]

그래서 언약을 상세하게 다루기 위하여, 퍼킨스는 예레미야의 말로부터 본질적으로 언약을 두 종류로 나눈다.

> 다시, 이 언약은 두 종류가 있다. 그것은 행위언약과 은혜언약이다. 예레미야 31:31-33절. "나 여호와가 말하노라. 보라, 날이 이르리니 내가 이스라엘 집과 유다 집에 새 언약을 세우리라. 나 여호와가 말하노라. 이 언약은 내가 그들의 열조의 손을 잡고 애굽 땅에서 인도하여 내던 날에 세운 것과 같지 아니할 것은 내가 그들의 남편이 되었어도 그들이 내 언약을 파하였음이니라. 나 여호와가 말하노라. 그러나 그날 후에 내가 이스라엘 집에 세울 언약은 이러하니 곧 내가 나의 법을 그들의 속에 두며 그 마음에 기록하여 나는 그들의 하나님이 되고 그들은 내 백성이 될 것이라."[573]

---

571) *Workes*. I:32. 'God's covenant is his contract with man, concerning the obtaining of life eternall, vpon a certaine condition.'

572) Priebe, 174. " in this moment, man initially is a totally passive recipient who can never merit or begin the grace relationship through any good deeds. The covenant relationship is always initiated and sustained by the gracious action of God toward and upon man."

573) *Workes*. I:32. "Againe, there are two kindes of this covenant. The covenant of workes, and the covenant of grace. Ieremie 31,31,32.33. beholde the dayes come, saith the Lord, that I will make a new covenant with the house of Israel, and with the house of Iudah, not according to the covenant, I made

이 주제에서, 먼저, 퍼킨스의 언약의 개념에 관한 성경적인 강조점이 예레미야 31:31-33절에 기초하고 있다는 것은 명백하다. 그리고 그것은 구약의 언약, 돌판들의 외면에 쓰였던 율법이 아니라, 새로운 언약에 초점을 맞추고 있는데, 곧 율법이 내면에, 사람의 마음에 기록된 것이다.[574] 그때까지, 퍼킨스에게 있어서 이러한 이분법은 수사학적으로 언급했었던 라무스 학파의 논리를 반영한다.[575] 라무스 학파에 대한 퍼킨스의 빚은 결정적이고 거대한 것이었다.[576] 이 라무스 학파의 유산으로 인하여, 퍼킨스 역시 언약의 개념을 라무스 학파의 이분법으로, 즉 행위언약과 은혜언약으로 적절하게 다룬다.[577]

퍼킨스에게 있어서, 그러므로 그가 그 주제에 전념했던 많은 장들에서 나타냈던 것처럼, 언약개념은 『골든 체인 *Armilla Aurea*』 전체에서 가장 중요한 주제이다. 『골든 체인 *Armilla Aurea*』의 19장에서부터 50장까지, 퍼킨스는 행위언약과 은혜언약 모두의 문맥에서 언약개념을 기술한다. 행위언약은 19장에서 30장까지, 은혜언약은 31장에서 50장까지에서 더 분명하게 다루고 있는 것이다.[578]

여기서 칼빈이 사용했던 언약의 형태와 같이, 퍼킨스는 언약을 두 가지 형태로, 즉 예수 그리스도의 순종으로 완성된 은혜언약과 하나님의 명령과 사람에게 정한 순종으로 맺은 행위언약으로 구분했다. 퍼킨스는 신자들로

---

with their fathers, when I took them by the hand to bring them out of the land of Egypt; the which my covenant they brake, although I was an husband to them, that I will make with the house of Israel: after those daies, saith the Lord, I will put my law in their inward parts, and write it in their hearts, and will be their God, and they shall be my people."

574) Ibid.

575) Jens. G. Moller, "The Beginnings of Puritan covenant theology," (*Journal of Ecclesiastical History* XIV, 1963, 46-47), 60.

576) McKim, "The Function", 504.

577) McKim, "William Perkins and the Christian Life", 137.

578) *Workes*. I:31-95.

하여금 언약개념에 의하여 그들 자신의 구원의 확고한 언약 아래에서 자발적인 행동으로 하나님의 은혜에 응답하도록 격려하였다. 이것은 신자들이 하나님의 은혜에 대한 반응으로서 율법을 지키도록 노력하는 일을 통하여 모든 그들의 마음으로 자기훈련을 시도하도록 하기 위한 것이었다.

결과적으로, 율법은 더 이상 행위언약으로 그들을 공격하는 율법이 아니었다; 그것은 신자들이 그들의 성화를 노력하도록 격려하는 그들의 동기부여가 되었다.

(2) 퍼킨스 언약사상의 특성– 행위언약과 은혜언약

퍼킨스는 4장에서 다룬 바와 같이 자신의 칼빈주의적이며 예정론적인 신학 가운데 언약신학을 가장 중요한 핵심으로 여겼으면서도, 자신의 특징으로 언약을 하나님과 인간 상호간의 양방(兩方 혹은 상호, 쌍무)적 형태로 제시했다.[579] 이에 대해 구체적으로 퍼킨스가 진술하기를,

> 하나님의 언약은 어떤 조건하에 영생을 얻는 것에 관한 인간과의 계약이다. 이 언약은 두 부분으로 이루어져 있는데, 하나님의 인간을 향한 약속과 인간의 하나님을 향한 약속이다. 하나님께서 인간에게 하시는 약속은 인간이 어떤 조건을 이행하면 당신은 그의 하나님이 되시겠다고 맹세하시는 것이다. 인간이 하나님에게 하는 약속은 그가 하나님에게 충성을 서약하고 그들 사이의 조건을 이행하겠다고 맹세하는 것이다.[580]

---

579) *Workes*. I:165 “Well, to conclude this point, in th making of the covenant there must bee a mutuall consent of the parties on both sides, & beside the promise on God’s part, there must be also a restipulation on mans part: otherwisw the covenant is not made.” ; 『청교도 언약사상』, 47.

580) *Workes*. I:32. “God’s covenant is his contract with man, concerning the obtaining of life eternall, vpon a certaine condition. This covenant consists of two parts: God’s promise to man, Man’s promise to God. God’s promise to man, is that, whereby he bindeth himselfe to man be his God, if he performe the condition. Man’s promise to God, is that, whereby he voweth his allegeance vnto his Lord, and to performe the condition betweene them.”

바로 이러한 언약에 대한 소개에서 퍼킨스는 자신이 가진 언약신학의 이해가 바로 양방兩方적임을 드러낸다. 여기에서 퍼킨스의 언약신학이 언약신학적인 면에서 칼빈을 계승하여 발전하는 형태를 보게 되는데, 바로 칼빈의 언약사상의 연속성 속에서 퍼킨스가 율법의 강조를 의미하는 행위언약을 가미하여 이중 언약사상을 제시한 점이 바로 그것이라 하겠다.[581]

(1) 퍼킨스의 행위언약 : 퍼킨스는 언약에 대해 자신이 가진 바 "하나님께서 인간에게 언약관계"와 "인간이 하나님께 대한 언약관계"라는 양방적이며 이중적인 이해에 대해, 이제 은혜언약과 행위언약로 구분하여 설명을 이어가기를 "다시 이 언약에는 두 종류가 있는데, 행위언약(The couenant of workes) 그리고 은혜언약(the couenant of grace)이다"라고 소개한다.[582]

퍼킨스는 두 언약의 구분적 이해 아래, 다음과 같이 행위언약에 대해 먼저 설명한다.

> 행위언약은 완전순종의 조건으로 만들어진 하나님의 언약이고, 이 조건은 도덕법으로 표현된다. 도덕법은 인간에게 그의 본질과 행동에서 완전한 순종을 명령하는 하나님 말씀의 부분이고, 그 이외에는 어떤 것도 금한다. 로마서 10:5; 디모데전서 1:5; 로마서 7:14. 율법은 두 부분으로 되어 있다. 그것은 순종을 요구하는 법과 순종과 결합되어 있는 조건이다. 그 조건은 율법을 완성하는 자들에게는 영생이고, 율법을 범하는 자들에게는 영원한 죽음

581) Lionel Greve, 169-70. "퍼킨스는 칼빈에 반대한 것은 아니지만 칼빈을 넘어서 자신의 역동적인 언약관을 내놓는다. 칼빈에게서 경건의 근원이 선택개념이었다면, 퍼킨스에게서는 언약이었다."

582) *Workes*. I:32. "Againe, there are two kindes of this covenant. The covenant of workes, and the covenant of grace. Jeremie 31,31,32,33." 퍼킨스의 해설에서는 행위언약과 은혜언약에 대한 설명이 십계명에 대한 설명보다 우선한다. 이는 그가 얼마나 언약신학에 기반하고 있는지 보여주는 바라 할 수 있지만, 반면에 본 논문에서는 성경에 대한 해설을 더 우선하기 때문에 이에 대한 설명이 순서상 늦게 나오는 것같은 느낌을 지울 수 없다.

이다. 십계명은 모든 율법의 축소판이요 행위언약이다. 출애굽기 34:27; 열왕기상 8:9; 마태복음 22:40.[583)]

여기서 퍼킨스가 사용하고 있는 "행위언약(The couenant of workes)"에 대한 설명은, 십계명 즉 율법과 관련된 모세와 맺은 언약(Mosaic covenant)임을 주목할 필요가 있다. 이를 구체적으로 다루어보자.

전통적으로 사용되는 "행위언약(the covenant of works)"은 아담과 맺은 언약을 의미한다. 바빙크는 이에 대해 이렇게 설명하기를 "하나님께서 아담에게 주신 계명은 그 사건의 본질로 보아 언약인 것이다. 하나님께서 이스라엘 백성으로 더불어 하신 것처럼 아담이 순종하기만 하면 영생을 얻도록 하는 언약인 것이다"라고 설명한다.[584)] 전통적으로 제시되는 "행위언약"에 대한 이해는 모두 "아담언약(Adamic covenant)"이라 할 수 있다. 즉, 아담과 하나님과의 관계는 인류를 대표하는 의미로써의 언약적 관계였고 그 언약관계는 아담의 순종을 통해 이어지는 행위언약적 관계였는데, 아담의 불순종으로 아담 뿐 아니라 우리 모두도 불순종의 결과인 타락과 영벌에 들어가게 되었다.

그 "행위언약(the covenant of works)"은 이제 효력을 상실한 언약으로, 더 이상 구원의 방도가 되지 못한다는 것이 우리의 "행위언약(the covenant of works)"에 대한 이해이다. 따라서 그러한 "행위언약(the covenant of works)"은 실패한 아담에게서 그리스도에게로 대입되어야 했기에, 이제는 그리스도

583) Ibid., "The covenant of workes, is God's covenant, made with condition of perfect obedience, and is expressed in the moral law. The Moral Law, is that part of God's word which commanundeth perfect obedience vnto man, as well in his nature, as in his actions and forbiddeth the contrarie. Romans 10.5. 1 Timothie 1.5. Rom. 7.14 The Law hath two parts. The Edict commaunding obedience, and the condition binding to obedience. The condition is eternall life to such as fulfill the law, but to transgressours, euerlasting death. Exod.34.27. 1 King 8.9. Matt. 22.40."

584) Herman Bavinck, *REFORMED DOGMATICS* Vol. II. ed. John Bolt, tr. John Vriend (Grand Rapids: Baker Academic, 2003), 564-5.

를 통하여서만 구원의 길이 열리게 되었고 그것이 바로 "은혜언약(the covenant of grace)" 인 것이다.[585)]

하지만 지금 퍼킨스가 사용하고 있는 단어가 분명히 "행위언약(The couenant of workes)" 임을 생각할 때, 우리가 전통적으로 생각하는 행위언약(the covenant of works), 즉 앞에서 설명한 하나님께서 아담과 맺으셨고 아담의 타락으로 실패한 "아담언약(Adamic covenant)" 과 구분할 필요가 있는 것이다. 이에 대해 칼스버그는 "모세언약(Mosaic covenant)" 이라는 용어를 사용하여, 이렇게 모세를 통해 맺어진 언약은 하나님의 언약백성들로 하여금 그리스도가 오시기까지 초등교사로써의 역할을 함으로써 백성들을 인도하는 역할을 하였다고 지적할 뿐 아니라,[586)] 이는 또한 맥기펠트에게서 아주 구체적으로 이해되며 제시되는데,

> 하나님께서 두 돌판에 양 당사자가 모두 동의하는 언약으로써 율법을 제시하신 후에, 그 책임은 모세를 통해 그 택하신 백성들에게 주어졌다. 그 결과 행위언약의 논리는 에덴(Eden)에서 시작되었지만, 율법적 전통에 따라 시내(Sinai)까지 이어졌음이 상식적인 이해라 하겠다.[587)]

현대학자들의 이러한 행위언약에 대한 모세언약(Mosaic covenant)적 용어 이해에 앞서서, 거의 400년 전에 퍼킨스에게서 "행위언약(The couenant of workes)" 에 대한 그러한 구분과 활용이 이루어졌음이 분명하다.

그런데 퍼킨스가 분명 칼빈의 예정론 위에 자신의 신학을 펼쳤음에도 불구하고, 과연 이렇게 모세언약적 행위언약 개념을 사용한 이유는 무엇이었을까 그것을 생각해보려고 한다. 간략하되 명료하게 그 역사적 배경

585) 박윤선, 『개혁주의 교리학』(서울: 영음사,2003), 194-5.

586) Mark W. Karlberg, "Reformed Interpretation of the Mosaic Covenant," (*Westminster Theological Journal*, 43:1[1980],1-57), 14.

587) Michael McGiffert, "From Moses to Adam: The Making of the Covenant of Works," (*Sixteenth Century Journal*, XIX/2 [1988]:131-155), 134.

과 의미에 대한 아래 설명은 유익하다.

> 영적 개혁과 경건에의 도전을 추구하고 있는 청교도들에게 십계명을 통하여 대표적으로 나타나는 '행위언약' 은 중요한 역할을 하기 시작했다. '은혜언약' 은 거듭난 자들과만의 관계를 위한 것이고, 이 사람들은 구약의 이스라엘에서 보듯이 항상 소수다. 영국교회에도 모든 사람들이 들어와 있지만 그 중 거듭난 자들은 소수고, 이 사람들만이 하나님과의 언약관계인 '은혜언약' 에 속하는 것으로 보았다. 그러나 지금 벌어지고 있는 청교도 개혁운동은 소수만을 대상으로 할 수는 없었다. 이것은 영국국민 모두를 포함하는 영적 대각성운동이고 개혁운동이 되어야 했다. 여기서 행위언약은 중요한 역할을 했다. 행위언약은 영국국민 전체를 대상으로 적용될 수 있었고, 이것은 영국 전체를 하나님과의 언약관계로 끌어드리는 것이었다. 은혜언약에 속하지 않는 사람들은 '행위언약' 을 통하여 깨닫고 회개하여 은혜언약으로 가도록 도전을 받고 각성하는 것이었고, 은혜언약에 속한 사람은 행위언약의 율법을 통하여 자신의 경건과 윤리를 더욱 온전케 하여 은혜언약에 속한 사실을 확신할 수 있었던 것이었다.[588]

실상 퍼킨스는 모세언약적 행위언약 이해와 그러하기에 율법에 반응하여 더욱 신실히 행하도록 하는 책임에 대한 강조를 통해, 예정론이 가지고 있던 인간의 수동성과 운명론에 의한 무기력증을 타파하고 하나님 앞에서 신자의 윤리와 경건을 촉구했던 것이다.[589] 따라서 퍼킨스의 행위언약 개념에서 중요한 내용은, 행위언약은 더 이상 구원을 위해서는 사용될 수 없음이 분명하지만, 율법의 기능상 회개하여 거듭난 자들을 순종을 이끌어 주는 중요한 도구라는 사실이다.[590]

---

588) 원종천, "16세기 영국 청교도 언약사상 형성의 역사적 배경" 『역사신학 논총』(서울: 이레서원, 1999), 244.

589) 『청교도 언약사상』, 48.

590) *Workes*. I:69-70. 여기서 행위언약의 내용인 율법의 3가지 용도가 나오는데, 첫째는 죄를 알게 하는 것이고, 둘째는 육신에 의한 죄를 더욱 크게 나타내는 것이고, 셋째는 불순종하는 자들에게 하나님의 영원한 형벌이 있다는 것을 알리는 것이다.

이는 나아가 퍼킨스 행위언약의 핵심인 다음 사항을 드러내 주는데, 은혜언약에 들어가기 전에 인간은 행위언약을 거치게 되어 있기에, 바로 행위언약을 통해서 자신의 부족함과 죄악을 깨닫고 마침내 회개하여 은혜언약으로 들어가는 것이다. 그러니 퍼킨스에게 있어서, 모세언약적 행위언약에 대한 제시는 중요한 의미를 가진다. 즉 행위언약의 율법은 회개를 통하여, 은혜언약의 주인공이신 그리스도에게 인도하게 되기 때문이다.

여기서 퍼킨스의 기독론적인 중심 역시 선명하게 드러난다. 퍼킨스는 "행위언약(The couenant of workes)" 에 대한 언급을 마치며 이렇게 말한다.

> 그러므로 만일 당신이 진정으로 영생을 갈구한다면: 첫 번째로 철저한 하나님의 율법으로 자기자신과 자기 삶의 모습을 자세히 점검하여 보고, 자신의 눈으로 하여금 죄의 마땅한 결과인 저주를 보게 하여 자신의 비참에 대해 애통해하며, 영원한 복락을 얻을 수 있는 자신의 힘이 없음에 대해 깨닫고 그로써, 자신을 부인하고 예수 그리스도를 찾으며 그분께로 가야한다.[591)]

(2) 퍼킨스의 은혜언약 : 이러한 퍼킨스의 행위언약은 당연스레 다음의 "은혜언약(The couenant of grace)" 으로 인도해준다. 퍼킨스는 이렇게 은혜언약에 대해 소개한다.

> 은혜언약은 하나님께서 자연스럽게 그리스도를 약속하신 내용인데, 이는 사람의 유익으로가 아닌 그분의 유익을 우리가 믿음으로 그리스도를 받아들이며 죄를 회개하는 것을 의미한다. 호세아 2:18-20; 에스겔 36:25; 말라기 3:1.[592)]

---

591) Ibid., "If therefore, thou desirest seriously eternal life: first, take a narrow examination of thy selfe, and the course of thy life, by the square of God's law: then set before thine eyes the curse that is due vnto sinne, that thus bewailing thy misery, & despairing vtterly of thine owne power, to attaine euerlasting happiness, thou maiest renounce thy selfe, and be prouoked to seeke and sue vnto Christ Iesus."

592) Ibid., "Hitherto concerning the covenant of workes, and of the Law, now followeth the covenant of grace."

전통적으로 은혜언약(the covenant of grace)은 인간의 불완전한 순종에 따르지 않고 충실하시고 변함없으신 하나님의 신실하심에 기반하는 것이며,[593] 하나님께서 베푸시는 자비로운 구원이 약속을 통해 베풀어지는 것이라는 이해가 청교도들의 사상 속에 담긴 내용이다.[594]

역시나 퍼킨스는 같은 맥락 속에서 은혜언약에 대해 설명을 더하길 "이 언약은 이름하길 유언遺言이라 한다. 왜냐하면 이의 일부는 본성적이며 동시에 유언이나 의지의 산물이기에 그러하다. 이는 바로 유언자의 죽음으로 확증된다. 히브리서 9:16-17"[595] 여기서 우리는 퍼킨스가 다루는 언약의 두 당사자를 생각할 필요가 있는데, 한쪽은 하나님이시고 다른 한쪽은 여전히 죄된 인간이다. 그러므로 이제 은혜언약에서는 인간에게 구속주이신 그리스도가 유언자가 되신다. 이미 살핀 바 그에 대한 퍼킨스의 주장을 옮겨보면 이러하다.

> 이 언약은 또한 이름하기를 유언이라 한다. 이는 부분적으로 유언이나 의지의 본성과 유산을 갖는다. 왜냐하면 이는 유언자의 죽음에 의해 확정되기 때문이고, 또한 복음이 하나님께서 친히 그 가치와 환영의 메시지 즉, 인류는 모두 하나님의 독생하신 자되신 그리스도의 피로 말미암아 구원함을 얻었기에 이름붙어진 내용을 포함한다.[596]

이러한 새 언약, 즉 은혜언약에는 분명하게 유언자요 구속자이신 그리

---

593) Berkhof, 278. "The covenant originated in the grace of God, is executed in virtue of the grace of God, and is realized in the lives of sinners by the grace of God. It is from the beginning to the end of for the sinner."

594) John von Rohr, *The Covenant of Grace in Puritan Thought* (Atlanta: Scholars Press, 1986), 10.

595) *Workes*. I:70.

596) Ibid., "this covenant is also named a Testament: for it hath partly the nature & properties of a testament or will. For it is confirmed by the death of the testatour,' but adds also that 'the Gospel is that part of Gods word which containes a most worthy & welcome message: namely, that mankind is fully redeemed by the blood of Iesus Christ, the only begotten Son of God⋯."

스도가 계시다. 그래서 퍼킨스는 바로 이 은혜언약에서는 하나님께서 하나님의 희생제물로써 구속자이신 그리스도로 인해 죄인들을 용서하실 뿐 아니라 그들을 자신의 복된 성찬을 통해 새롭게 하신다고하면서, 그러므로 이 은혜언약을 통해, 인간은 스스로는 구원을 얻을 수 없으되 오직 하나님과의 언약관계 안에서 유언자요 자신의 죽음을 통해 약속을 지키신 그리스도를 통해 회복되어질 수 있음이 드러내고 있는 것이다.

따라서 퍼킨스는 은혜언약에 대해, 이는 하나님께서 자연스럽게 그리스도를 약속하신 내용이요 그러하기에 사람의 유익으로가 아니라 그분의 유익을 우리가 믿음으로 그리스도를 받아들이며 죄를 회개함으로 얻게 되는 것을 언급했음을 기억할 필요가 있다.[597] 왜냐하면 퍼킨스는 철저하게 그리스도의 오심으로 그 내용이 채워진 언약 개념을 자신의 은혜언약으로 삼고 있기 때문이다. 이에 대해 빅터 프리브 또한, 퍼킨스 안에 있는 은혜언약 사상은 참으로 철저하게 그리스도의 인성과 사역에 기원하고 있으며, 그뿐 아니라 은혜언약을 언약의 핵심에 자유롭게 주어진 그리스도와 동일시하고 있음을 명확히 지적해 준다.[598] 즉 퍼킨스의 은혜언약은 언약관계에 들어감은 바로 오직 그리스도로만 얻는 영원한 삶과 더불어 영원지속적인 약속을 확증하는 것이라 정리할 수 있다.

그렇기에 이는 퍼킨스 이후에 그의 영향력 하에서 작성되는 웨스트민스터 대요리문답과 사상적 맥을 같이 한다고 말할 수 있을 것이다. 특별히 32문답의 은혜언약 내용은 동일한 언약이해를 보여준다.

두번째 언약(은혜언약)에 나타난 하나님의 은혜는 어떤 것입니까? 두번째

597) Ibid., "The covenant of grace, is that whereby God freely promising Christ, and his benefits, exacts againe of man, that he would by faith receive Christ & repent of his sins."

598) Victor Lewis Priebe, *"The Covenant Theology of William Perkins,"*(Drew University: Ph.D. Dissertation, 1967), 35-6.

언약에 나타난 하나님의 은혜는, 하나님께서 자의로 죄인들을 위하여 중보자를 마련해주시고, 중보자를 통하여 삶과 구원을 주시는 것입니다. 그리고 죄인들로 하여금 중보자와 관계를 갖도록 하시는데, 그 조건으로 믿음을 요구하시며, 택함을 받은 모든 사람에게 약속한 대로 성령을 주셔서 믿게 하시며 다른 모든 구원의 은혜를 주십니다.[599]

사실 퍼킨스의 은혜언약은 언약의 역사적 이해 속에서 기독론을 분명하게 드러내고자 하는 의도를 담고 있다고 이해될 수 있음을, 복음의 목표와 그 역할에 대해 설명하는 퍼킨스의 언급을 통해 더욱 확증할 수 있다. "복음의 목표와 사용은, 먼저 모든 법을 만족시키시고 구원을 이루신 그리스도 안에서 그 의를 드러냄이다." 그 결과 퍼킨스의 언약사상에서, 은혜언약은 오직 그리스도의 사역이라 인식하고 있음이 분명해질 뿐만 아니라, 그의 은혜언약은 하나님의 변함없으신 약속 위에 서 있는 신자들에게 오직 그리스도로만 구원을 확정하여주시는 하나님의 은혜의 선물이라 규정할 수 있는 것이다.

퍼킨스의 은혜언약에 대한 이해를 위해, 그 실행을 부가적으로 살펴보는 것이 도움이 되리라 싶다. 퍼킨스에게 있어서 하나님의 택함을 받은 자들을 위한 하나님의 작정과 은혜언약의 연결은 『*Armilla Aurea*』의 주된 주제임과 동시에, 그의 언약신학의 핵심적 방향이라고 할 수 있다. 이에 대해 조엘 비키는 이렇게 퍼킨스가 은혜언약의 실행에 대해 펼쳐보이는 내용에 대해 설명한다.

599) The Larger Catechism, "Q. 32. How is the grace of God manifested in the second covenant? A. The grace of God is manifested in the second covenant, in that he freely provideth and offereth to sinners a Mediator, and life and salvation by him; and requiring faith as the condition to interest them in him, promiseth and giveth his Holy Spirit to all his elect, to work in them that faith, with all other saving graces; and to enable them unto all holy obedience, as the evidence of the truth of their faith and thankfulness to God, and as the way which he hath appointed them to salvation."

> 퍼킨스는 하나님께서 그의 선택을 은혜언약을 통해 일하신다는 한 기본 원칙에 분명하다. 로마서 8:29-30절에 기록된 구원의 황금사슬(예정, 효과적 부르심, 칭의, 성화 그리고 영화)이 바로 택함받은 자들과 하나님의 은혜로 우신 언약의 선포라는 도구를 통해 연결되어 있기에 그러하다.[600]

그러하기에 퍼킨스는 이제 두가지로 은혜언약의 실행을 설명하는데, 하나는 성례로써 은혜언약의 실행이고 다른 하나는 구원의 순서로써 은혜언약의 실행이 그것이다.

(3) 퍼킨스 은혜언약의 적용 - 성만찬과 구원의 서정 :

먼저 성례로써의 은혜언약의 실행에 대해 살펴보려면, 『골든 체인*Armilla Aurea*』의 목차를 설명하면서 이미 "31-34장은 하나님의 작정의 내적인 실행인 은혜언약인 성례를 다룬다"라고 한 것처럼, 31장에서 은혜언약에 대한 위의 설명들을 한 후에 이제 은혜언약의 실행 중 하나인 성례에 대한 언급을 32장에서 34장까지 다루기 시작한다.

> 그리스도와 그의 구원의 은혜인 성례는 그리스도인에게 명확하게 서명되고, 증명되며 봉인되는 외적 의례이다. 하나님 홀로 그 성례의 저자이신데 이는 어떤 사인이 전체를 확증할 수 없지만 그 유효한 약속이 수납되어지는 자들의 손에 그의 동의와 약속을 통해 확증될 수 있다.[601]

물론 성례는 선택받은 자들에게 주어지지만 또한 은혜언약 아래 있는

600) Joel R. Beeke, "William Perkins and His Greatest Case of Conscience: 'How a man may know whether he be the child of God, or no'," *The Faith that Saves* (The Westminster Conference, 2004, 7-31), 13.

601) *Workes*. I:71. "A Sacrament is what, whereby Christ and his sauing graces, are by certaine externall rites, signified, exhibited and sealed to a Christian man. God alone is the author of a Sacrament, for the signe cannot confirme any thing at all, but by the consent and promise of him, at whose hands the benefite promised must bee receiued …."

자들에게도 주어지는데, 이는 퍼킨스가 성례를 설명할 때 그리스도가 분명코 은혜언약의 중심과 핵심임을 분명히 하는데 그 이해가 있다. '성례라는 것이 바로 우리의 구원과 관계된 그리스도와 그의 은혜에, 그의 살과 피에 참여함을 통해 주어지는 은혜' 라 하는 퍼킨스의 진술을 통해 분명하게 입증된다.[602] 따라서 멀러는, 이를 확대하여 퍼킨스에게서는 현실적 신앙의 확증과 유형교회의 한정, 그리고 다른 이들과의 그리스도와의 또한 그리스도 안에서의 신실한 연합이 바로 성례의 목표로 나타난다고 설명한다.[603]

그러므로 성례는 택자들에게만 적용되는 것이 아니라, 은혜언약 아래에 이미 있는 사람들에게도 주어진다. 퍼킨스가 성례를 설명할 때, 그는 의미심장하게 은혜언약의 중심과 본질로서 그리스도에게 초점을 맞춘다.[604]사실상, 퍼킨스는 '성례의 사역이 우리의 구원, 또는 그리스도와 관련된 활동이 관계가 있는 그리스도와 그의 은혜이다. 그 누구도 그리스도의 육체와 피에 진정한 참여자가 되지 않는다면, 그는 그리스도께로부터 은혜를 받을 수 없기 때문에, 나는 먼저 그리스도를, 그리고 다음에 그의 은혜를 말한다 ...' 라고 언급한다.[605] 퍼킨스가 개혁자들의 실천에 관하여 다음과 같이 숙고한 것은 덧붙여 말할 가치가 있다.

> 어거스틴이 증거하고 말한 것처럼, 하나님께서 성례전의 말씀으로 성례를 제정하셨다: 말씀이 빵과 포도주에 임하도록 하라. 그러면 성례가 이루어질 것이다 ... 성례의 집행에서 이 말씀은 명료하게 그리고 큰 소리로 선포되

602) Ibid.

603) Muller, "Perkins' *A Golden Chaine*", 78.

604) Priebe, 34.

605) *Workes*. I:71. "The thing of the Sacrament, is both Christ and his graces which concerne our saluation, or the action conuersant about Christ. I say first Christ, and then his grace, because no man received grace from Christ, vnlesse be made truly partaker of his very body and blood ⋯."

어야만 한다.[606)]

여기에서 퍼킨스는 성례에서 그 표지와 그 '실재' 사이를 구별하는 어거스틴의 전통 아래에 있다. 이어서 퍼킨스는 성례의 다섯 가지 목적을 다음과 같이 말한다.

> 첫째로, '성례는 우리의 믿음은 확신하게 하고...' , 둘째로, '그것은 그 신앙고백의 표지와 표시가 될 수 있다...' , 셋째로, '그것은 복음의 교리를 보존하고 널리 전파하는 수단일 수도 있다...' , 넷째로, '그것은 신자들을 견고하게 단결시키는 일에 유용하고, 그들은 그들의 주 하나님께 충성하고 또 감사하는 일을 지속한다.' 그리고 마지막으로 '그것은 신자들 사이에서 상호간의 친교와 관련된 끈이다.'[607)]

그는 신자들이 그리스도를 향하도록 자극하기 위하여 은혜언약으로 성례에 관한 그의 관심을 보여준다. 퍼킨스는 또한 은혜언약 안에서 성례와 구원의 관련성을 원칙적으로 다음과 같이 기술한다.

> 은혜언약은 절대적으로 구원에 필수적이다. 당연히 사람은 반드시 언약 안에 거해야 하고, 그곳으로부터 그리스도 예수의 바로 그 본질을 받아들여야 한다; 그렇지 않으면 영원히 멸망한다: 그러나 성례는 절대적으로 필수적

606) Ibid., "God did make a Sacrament, by the sacramental word, as August, witnesseth, saying: Let the word come to the element & there is made a Sacrament … this word in the administration of the Sacrament ought to be pronounced distinctly and aloud …."

607) *Workes*. I:72. firstly, 'a Sacrament doth confirme our faith …' , secondly 'That it may be a badge and note of that profession …' , thirdly 'That it might be a meanes to preserve and spread abroad the doctrine of the Gospel, by which the true church of God is distinguished from other congregations.' Fourthly, 'It serveth to binde the faithfull, that they doe continue both loyall and gratefull to their Lord God.' And lastly that, 'It is the bond of mutuall amity betwixt the faithfull.'

인 것은 아니다.[608]

분명히 퍼킨스에게, 비록 성례가 구원에 필수적인 것은 아닐지라도, 은혜언약은 본질적인 것이었다. 그것은 그리스도와 함께 하는 세례와 성만찬과 관련되어 있는 퍼킨스의 언약적인 결속의 가장 중요한 요점이다. 특히, 퍼킨스는 세례를 다음과 같이 기술한다.

> 그와 같은 것들은 성례에 의하여 언약 안에 존재하며, 성부와 성자, 성령의 이름으로, 물을 가지고 씻어내는 일인데, 그러므로 그것은 그리스도께 접붙여지는 것이며, 그들은 그와 더불어 영원한 친교를 나눌 수 있다.[609]

그는 계속해서 성도들을 위한 다른 성례로서 성만찬을 설명하고, 그것은 빵과 포도주의 표지이며, 그것을 통하여 영원한 생명의 보장으로 그리스도에게 접붙인다. 그러므로 세례와 성만찬의 성례는 은혜언약에서 절대로 분리할 수가 없다. 이 점에서 그리브는 퍼킨스의 주장에 대하여 가치있는 논평을 우리에게 제공한다.

> 성례에 관한 퍼킨스의 신학은 그의 예배 신학을 보충하고, 그의 경건에 보다 더 내적인 차원을 제공한다. 성례전은 하나님의 은혜를 받아들인 사람에게 확신을 주는 데 이바지하며, 언약 안에 포함된다. 그것들은 동시적으로 하나님을 향한 한 사람의 순종의 표시이며 또 하나님의 은혜에 속한 뛰어난

---

608) Ibid., "The covenant of grace is absolutely necessary to saluation: for of necessity a man must be within the covenant, and receiue Christ Iesus the very substance thereof; or perish eternally: but a Sacrament is not absolutely necessary …."

609) *Workes*. I:73. "A Sacrament, by which such as are within the covenant, are washed with water, in the name of the Father, the Son, & the holy Spirit, that being thus engraffed into Christ, they may haue perpetuall fellowship with him."

모범들이다.[610]

퍼킨스에게 있어서 이러한 성례교리는 참으로 그리스도와 그의 은혜에 의한 구원의 확신이고, 그리스도께서만이 은혜언약을 수단으로 하는 모든 그리스도인들의 구원을 위한 언약이 되신다는 확증이다. 이 점에서, 칼빈의 교리와 마찬가지로 성례에 관한 퍼킨스의 언약적인 관심을 주목하게 되, 나아가 언약에 의하여 충만하게 된다.[611] 즉 성례를 통하여, 신자는 예수와 그의 연합에 관하여 확신을 갖는다.

여기에서, 은혜언약 아래의 성례에서 그리스도에 대한 퍼킨스의 강조점을 확인하게 되는데, 이는 다름아니라 앞에 언급한 이유들에서 퍼킨스가 신자들로 하여금 성례를 통하여 자신들의 구원을 위해서는 오직 그리스도께만 초점을 맞추도록 설득하는 것과, 더불어 가톨릭교회의 의무처럼 순수하게 의로운 행위를 위하여가 아니라 오직 그리스도를 위하여 개인적으로 경건한 삶을 시도하려고 하는 것을 알 수 있다. 즉 기독론의 강조이다.

또한 구원의 서정을 위한 은혜언약을 살펴보면, 성례를 다룬 후에, 퍼킨스는 선택과 관련된 하나님의 작정을 시행하는 단계에 관하여 말하기 시작한다, '우리는 지금까지 외적인 수단들을 말했고, 그것으로 선택과 관련된 하나님의 작정이 실행된다. 이제 동일한 것을 실행하는 단계를 이해하도록 하자' 라고 한다.[612] 사실 퍼킨스에게 있어서 실패할 수 없는 구원의

---

610) Greve, 209. "Perkins' theology of the sacraments complements his theology of worship and gives his piety an even more inward dimension. The sacraments served to give assurance one received the grace of God and was included in the covenant. They were simultaneously an indication of one's obedience to God and an excellent example of God's grace."

611) Lillback, 263.

612) *Workes*. I:76. "we haue hitherto declared the outward meanes, whereby God's decree of election is executed. Now follow the degrees of executing the same."

확신은 바로 하나님의 구원 실행의 순서인 구원의 순서(Ordo Salutis)에 대한 지식을 갖는 것이었으니, 이는 그가 『골든 체인 *Armilla Aurea*』를 저술한 목적이기도 하다.[613)]

퍼킨스가 제시한 구원의 순서를 생각할 때, 하나님의 작정은 첫째 효과적인 부르심(Effective calling), 둘째 칭의(Justification), 셋째 성화(Sanctification), 넷째 영화(Glorification)인데, 이 모두 하나님의 사랑에 근원하는 것들이다. 퍼킨스는 『골든 체인』에서 이 네가지 과정들에 대해 상세히 설명하고 책 제목이 의도하는 바가 바로 이 구원의 순서를 알게 하고자 하는 것이다.[614)]

전체적으로 볼 때, 퍼킨스에게 구원의 순서에 대해 평가한다면, 퍼킨스는 실로 구원이라는 체계가 철저하게 하나님께 의존하고 있고 하나님께서는 사람들에게 당신의 언약에 기반하여 그리스도 안에서 당신을 제공하고 계신다라고 설명될 수 있다. 또한 퍼킨스의 구원의 순서는 교회나 성령에 대한 교리는 전혀 포함하지 않고, 오직 성도 개인의 구원에 대한 논리적 순서만을 다루고 있다는 제약에 대해 언급하지 않을 수 없다.[615)] 퍼킨스는 은혜언약을 다음과 같이 기술했다.

> 은혜언약은, 그것에 의하여 하나님께서 값없이 약속하신 그리스도, 그리고 그의 유익들을 사람에게 주셔서, 그가 믿음으로 그리스도를 받아들이고, 그리고 그의 죄들을 회개하는 것이다.[616)]

---

613) Muller, "Perkins' *A Golden Chaine*", 69.

614) *Workes*. I:77, 81, 83, 92. "The first degree, is an effectuall calling, whereby a sinner being seuered from the world, is entertained into Gods family.' … 'The second degree, is Iustification, whereby such as beleeue, are accounted just before God, through the obedience of Christ Iesus.' … 'The third degree, is Sanctification, whereby such as beleeue, being deliuered from the tyranneie of sinne, are by little and little renued in holinesse and righteousness … The fourth degree of the declaration of Gods loue, is Glorification, Rom.8.30. Glorification, is the perfect transforming of the Saints into the image of the Son of God."

615) Muller, "Perkins' *A Golden Chaine*", 70.

616) *Workes*. I:70. "The covenant of grace, is that whereby God freely promising Christ, and his benefits, exacts againe of man, that he would by faith receiue Christ, & repent of his sinnes."

행위언약과 달리, 은혜언약은 더 이상 사람의 어떤 순종에 기초하고 있지 않고, 오직 하나님의 완전한 신실하심에 기초한다.[617] 은혜언약에서, 퍼킨스는 먼저 '은혜언약이 부분적으로 유언의 특징이나 특성을 가지고 있기 때문에, 그것이 유언으로 불리고, 그것은 유언자에 의하여 확증된다'고 말한다.[618]

또한, 퍼킨스는 '이 은혜언약에서, 우리는 단지 받아들이는 방식이기 때문에, 하나님께 많은 것을 제공하거나 또는 어떤 위대한 것을 약속하는 것이 아니다: 사람의 마지막 유언이 유언자를 위한 것이 아니고, 상속자의 편리를 위한 것과 마찬가지이다.' [619] 우리가 퍼킨스에게서 은혜언약 안에 있는 당사자들의 계약을 다룰 때, 한 편은 하나님이시고, 다른 한 편은 여전히 죄인이다. 그러나 인간을 위한 은혜언약에서, 유언자, 즉 구속주로서 그리스도가 계신다. 퍼킨스는 다음과 같이 규정한다.

> 이 언약은 또한 유언으로 불린다. 그것이 부분적으로 유언의 특징과 특성을 가지고 있기 때문이다. 그것이 유언자의 죽음에 의하여 확증되지만, 복음은 가장 가치있고 환영받는 메시지를 포함하고 있는 하나님의 말씀의 일부분이라는 것이 추가된다: 즉, 인류는 예수 그리스도, 하나님의 독생자의 피에 의하여 전적으로 구속받는다.[620]

---

617) Berkhof, 276.

618) *Workes*. I:70. "the covenant of grace is called a Testament, which is confirmed by the death of the testator, because it has partly the nature and properties of a testament or will."

619) Ibid., "In this covenant we doe not so much offer, or promise any great matter to God, as in a manner onely receiue : euen as the last will and testament of a man, is not for the testators, but for the heires commodity."

620) Ibid., "this covenant is also named a Testament: for it hath partly the nature & properties of a testament or will. For it is confirmed by the death of the testatour,' but adds also that 'the Gospel is that part of Gods word which containes a most worthy & welcome message: namely, that mankind is fully redeemed by the blood of Iesus Christ, the only begotten Son of God ⋯."

여기 새로운 언약에서, 그리스도께서는 유언자와 구속주로 명백히 존재하신다. 이를 웨스트민스터 신앙고백은 동일하게 다음과 같이 말한다.

> 주님께서는 두 번째 언약을 맺으시기를 기뻐하셨고, 이것을 보통 은혜언약이라고 부른다. 그것으로 하나님은 죄인에게도 예수를 통한 생명과 구원을 값없이 제공하신다. 단지 그들에게 요구하는 것은 그들이 구원을 얻기 위해서 예수 그리스도를 믿으라는 것이다 ... 이 은혜언약은 유언자 예수 그리스도의 죽음과 관련하여, 계약이라는 이름으로 성경에 자주 기록되어 있다.[621)]

은혜언약에서, 하나님은 그리스도의 희생을 수단으로 하여 속죄주로서 그를 통하여 죄인들을 용서하시고 또 그의 은총의 교제에서 그들을 새롭게 하신다. 따라서, 스스로 구원을 획득할 수 없는 인간은 하나님과 언약관계를 회복하게 된다. 멀러가 지적한 것처럼, "언약의 근거와 기초 사역은 그리스도 예수 중보자이시고, 그 안에서 하나님의 모든 약속들이 예와 아멘이 된다."[622)] 즉, 웨스트민스터 총회원들은 '자신의 전적인 선한 기쁨으로부터, - 모든 영원한 진리에서- 영생으로 어떤 사람들을 선택하셨던 하나님께서 - 그들을 죄와 비참의 상태로부터 구원하시고, 또 그들을 구속주에 의하여 구원의 상태로 이끄시기 위하여- 은혜 언약을 맺으셨을 때, 하나님께서는, 위에서 언급했던 이유들 때문에, 은혜언약을 통하여 여전

---

621) *Westminster Confession of Faith*, Ch.7. III-IV. "the Lord was pleased to make a second, commonly called the covenant of grace: whereby he freely offereth unto sinners life and salvation by Jesus Christ, requiring of them faith in him, that they may be saved; ··· This covenant of grace is frequently set forth in the Scripture by the name of a testament, in reference to the death of Jesus Christ the testator ···."

622) Muller, "Covenant and Conscience", 309-10. "The foundation and ground work of covenant is Christ Jesus the Mediatour, in whom all the promises of God are yea and amen." 이것은 *사도신경에 관하여* 에서 인용되었다. Works. I. 165.

히 죄인인 우리를 대해주신다.[623] 따라서 퍼킨스는 약속에 대해 다음과 같이 해설한다.

> 은혜언약은, 그것에 의하여 하나님께서 값없이 약속하신 그리스도, 그리고 그의 유익들을 사람에게 주셔서, 그가 믿음으로 그리스도를 받아들이고, 그리고 그의 죄들을 회개하는 것이다.[624]

이 점에서, 스트렐은 퍼킨스의 신학에서 은혜언약이 그리스도와 그의 은혜와 압축된 관계처럼 존재하고 있는데, 그것은 사람 안에 있는 어떤 조건적인 공헌을 축소하면서도 믿음으로 그 허용을 전제조건으로 하고 있다고 논평한다.[625] 더욱이 퍼킨스는 확신하기를,

> 언약이, 그것이 본질에서는 하나일지라도, 옛 언약과 새 언약으로 구분된다' 고 확신한다. 옛 언약은 모형과 그림자로서 오셔서 계시될 그리스도를 예시하였다. 새 언약은 그리스도가 육체로 이미 임하셨고, 또 명백히 복음 안에서 보였다고 선언한다.[626]

이점에서, 이 요점에 대한 프리브의 의견은 '퍼킨스가 그리스도의 도래하는 사건으로부터 그 본질적인 의미와 내용이 수용되어진 언약 개념을

623) *The Shorter Catechism*, A. 20. "God having, out of His mere good pleasure, - from all eternity, - elected some to everlasting life, - did enter into a covenant of grace, - to deliver them out of the estate of sin and misery, and to bring them into an estate of salvation by a Redeemer."

624) *Workes*. I:70. "The covenant of grace, is that whereby God freely promising Christ, and his benefits, exacts againe of man, that he would by faith receive Christ & repent of his sins."

625) Stephen Strehle, *Calvinism, Federalism and Scholasticism* (Bern: Peter Lang, 1988), 330-1.

626) *Workes*. I:70. "the covenant, albeit it be one in substance, yet is it distinguished into the old and new testament. The old testament or covenant is that, which in types and shadowes prefigured Christ to come, and to be exhibited. The new testament declareth Christ already come in the flesh, and is apparently shewed in the Gospel."

믿는다' 는 그의 의도를 이해하는데 유용하다. 프리브에 따르면,

> 퍼킨스에게 있어서 언약 개념은 그리스도의 인격과 사역에 기원을 두고 있을 뿐만 아니라, 그것은 언약의 중심에 존재하는 값없이 주어진 그리스도와 같은 것이다. 그러므로 퍼킨스의 언약 신학은 그리스도의 성육신을 포함하는 은혜언약과 동일한 것이다. 결과적으로, 은혜언약에 들어간다고 하는 것은 영원한 생명을 얻는 것이고 또 오직 예수 그리스도에 의한 그 영원한 약속을 확신하는 것이다.[627]

은혜언약의 조건을 살펴보기 위하여 약속에 대한 퍼킨스의 언급을 다시 보면, "은혜언약은, 그것에 의하여 하나님께서 값없이 약속하신 그리스도, 그리고 그의 유익들을 사람에게 주셔서, 그가 믿음으로 그리스도를 받아들이고, 그리고 그의 죄들을 회개하는 것" 이다.[628]

(4) 퍼킨스 은혜언약의 본질- 기독론에 기반한 구원론적 은혜언약 :

이제 가장 핵심적인 내용에 도달했는데, 퍼킨스가 기독론을 언약의 역사적인 선상에서 제시하려고 의도했을 때,[629] 복음의 목적과 기능을 다음과 같이 정의한다. "복음의 목적과 사용은 먼저 그리스도 안에 있는 그 의를 분명하게 하고, 그것으로 전체 율법이 완전히 충족되고, 또 구원을 획득하게 된다."[630] 이것은 퍼킨스가 은혜언약을 위하여 그리스도의 사역을 강조한 것을 의미한다. 즉 퍼킨스에게 있어서, 그리스도만이 은혜언약의 조건이다.

---

627) Priebe, 35-6.

628) *Workes*. I:70. "he covenant of grace, is that whereby God freely promising Christ, and his benefits, exacts againe of man, that he would by faith receive Christ & repent of his sins."

629) Muller, *Christ and Decree*, 142, 146, and 172.

630) *Workes*. I:70-1. "The end and vse of the Gospel is, first to manifest that righteousness in Christ, whereby the whole law is fully satisfied, and saluation attained."

이 주제에 대하여, 대요리문답은 동일한 입장을 취하고 있다.

> 하나님의 은혜가 둘째 언약에 나타났으니 곧 죄인들에게 중보와 그에 대한 생명과 구원을 값없이 예비하시고 제공하신 것이다. 또 그들이 중보되신 그리스도와 관계를 맺게 될 조건으로서 신앙을 요구하시고 그의 모든 택한 자에게 성령을 약속하시고 주심으로써 다른 모든 구원 은총과 함께 그들 안에 신앙을 넣어주시고 저희로 모든 거룩한 순종을 할 수 있게 하신다. 이 순종은 저희 믿음과 하나님께 대한 감사의 참된 증거요 또는 하나님께서 그들을 구원에 이르도록 정하신 길이다.[631]

요약적으로, 은혜언약의 현존없이, 사람은 하나님의 요구를 만족시킬 수가 없다는 것은 분명하다. 그러나 그리스도에 의한 은혜언약으로, 그리고 성령의 은혜를 통하여, 사람은 그의 의지가 갱신되어서 그의 죄를 회개할 뿐만 아니라, 그의 죄로부터 그를 자유하게 했다는 것을 깨달아야만 한다.[632] 즉, 은혜언약은 오직 그리스도를 통하여 하나님의 변함없는 약속으로 신자들이 구원을 확신하도록 하는 하나님의 위대한 은사이다.

그러므로 퍼킨스에게, 은혜언약은 하나님의 최고의 계시였다. 찰스 먼슨에 따르면, '퍼킨스의 언약 신앙의 중심은, 행위언약에 대한 그의 강조에도 불구하고, 은혜언약에 대한 그의 가르침에서 발견되어야 한다.'[633] 마찬가지로, 조엘 비키도 정확히 지적하기를,

---

631) *The Larger Catechism*, A. 32. "The grace of God is manifested in the second covenant, in that he freely provideth and offereth to sinners a Mediator, and life and salvation by him, and requiring faith as the condition to interest them in him, promiseth and giveth his Holy Spirit to all his elect, to work in them that faith, with all other saving graces, and to enable them unto all holy obedience, as the evidence of the truth of their faith and thankfulness to God, and as the way he hath appointed them to salvation."

632) Ibid., 79.

633) Charles R. Munson, "*William Perkins: Theologian of Transition,*" (Case Western Reserve University: Ph.D Dissertation, 1971), 141.

> 퍼킨스는 하나님께서 자신의 선택을 수행해 나가시면서 사용하는 하나의 최우선적인 수단이 은혜언약이라고 가르쳤다. 로마서 8:29-30절에 기록된 것처럼(예정, 효과적인 부르심, 칭의, 성화, 그리고 영화), 구원에 관한 황금 사슬은 하나님의 은혜로운 언약을 설교하는 수단을 통하여 택자들에게 연결되어 있다.[634]

라고 한다. 그러므로, 퍼킨스에게는 택자들을 위한 하나님의 선택에 대한 은혜언약의 관련성이 중요한 주제일 뿐만 아니라 그의 언약신학에 나타나는 필수적인 특징이라고 평가할 수 있다.[635]

살펴보았던 것처럼, 행위언약과 은혜언약은 선택의 작정을 실행하는 외적인 또 내적인 수단들이다. 다음 단계로서, 선택에 관한 하나님의 작정을 실행하는 단계가 있다. 이 주제에 관하여, 먼슨은 다음과 같이 말한다.

> 은혜언약은, 그 모든 유익과 더불어, 퍼킨스의 신학에 신자의 확신에 대한 주요한 수단으로서 특별히 중요한 기능을 수행한다. 언약과 구원의 확신을 묶으면서, 퍼킨스는 구원에 관하여 개인들에게 위로를 제공하고 동시에 그들을 격려할 수 있었다.[636]

여기에서 언약개념을 적용하는 퍼킨스의 목적이 나타난다. 그것은 택자

---

634) Joel R. Beeke, "William Perkins and His Greatest Case of Conscience: 'How a man may know whether he be the child, or no' " *The Faith that Saves* (The Westminster Conference, 2004, 7-31), 13. "Perkins taught that one primary means God uses to work out his election is the covenant of grace. The golden chain of salvation as recorded in Roman 8.29-30 (predestination, effectual calling, justification, sanctification, and glorification) was linked to the elect through the instrument of preaching God's gracious covenant."

635) Muller, "Perkins' *A Golden Chaine*", 78.

636) Munson, 143. "The covenant of grace, with all of its benefits, performs a particularly important function in Perkins' theology as the chief instrument of assurance for the believer. By uniting the covenant with assurance of salvation, Perkins could offer comfort and at the same time encourage the individual with regard to his salvation."

들이 하나님의 은혜로운 언약에 근거하여 구원의 견고한 확신을 얻을 뿐만 아니라, 그의 삶의 모든 것에서 그리고 그의 공동체에서 하나님의 은혜에 응답하는 것이다. 퍼킨스에게 있어서, 구원의 명백한 확신을 소유하는 것은 구원의 서정(Ordo Salutis)에서 하나님의 실행의 단계를 인지하는 것이다. 이에 대한 비키의 의견을 더 청취하면 아래와 같다.

> 퍼킨스는 '그의 대단한 위업이, 하나님의 절대주권과 인간의 책임 사이에서 "성소 안에서 균형"을 유지하도록 하는 목회자의 근본적인 임무의 일부분으로서, 그리스도의 중보자적인 사역의 기초에 근거하여 그들의 영혼 안에서, 회심한 사람들과 회심하지 않은 사람들이 예정의 법과 관련된 사역을 계속적으로 찾도록 목회적으로 조언했던, 역동적인 구원의 서정과 균형을 유지하는 것으로 보았다.[637]

그러므로 퍼킨스는 선택에 관한 하나님의 작정의 과정, 즉 구원의 서정의 과정을 상세히 설명하고, 황금사슬은 그것을 해설하기 위하여 쓰였다.[638] 퍼킨스의 구원의 서정에서, 하나님은 첫째, 효과적인 부르심; 두 번째, 칭의; 세 번째, 성화; 네 번째, 영화로 작정하시고, 이 모든 것은 하나님의 사랑에 뿌리를 내리고 있다. 퍼킨스는 나아가 네 가지 단계를 다음과 같이 기술한다.

---

637) Joel R. Beeke, *The Quest for Full Assurance*. (Edinburgh: The Banner of Truth Trust, 1999), 85. "Perkins' viewed his daring feat to keep in equilibrium a lively *ordo salutis* which pastorally counselled converted and unconverted to continually search for the working of the law of predestination within their souls on the foundation of Christ's mediatorial work as part and parcel of the pastor's fundamental task to keep 'balance in the sanctuary' between divine sovereignty and human responsibility." 이 인용을 비키의 개정된 작품에서 가져와서 사용한 것이 아니고, 박사학위 논문(Westminster Theological Seminar, 1988)에서 간접적으로 가져와서 사용했었다. 왜냐하면 그 인용이 1998년의 개정된 책에서보다 1988년의 학위논문에서 더 상세하기 때문이다.

638) Muller, "Perkins' *A Golden Chaine*", 69.

> 첫 번째 단계는 효과적인 부르심이고, 그것으로 죄인은 이 세상에 구원을 받으며, 하나님의 가족으로 영접을 받는다.[639] 두 번째 단계는 칭의로서, 믿음으로 그리스도 예수의 순종을 통하여 하나님 앞에서 의로운 것으로 여겨진다.[640] 세 번째 단계는 성화로서, 믿음으로 죄의 억압으로부터 구원받고, 조금씩 거룩과 의에서 새로워진다.[641] 네 번째 단계는 하나님의 사랑의 선포의 단계로서 로마서 8:30절의 영화이다. 영화는 성도들이 하나님의 아들의 형상으로 완전히 변화되는 것이다.[642]

퍼킨스에게서, 구원의 서정은 속죄의 구조가 하나님께 의존하고, 그 언약은 그리스도 안에서 사람들을 자신에게 준비하기 위하여 값없이 선택하신 것으로 설명한다.[643] 그럼에도 불구하고, 퍼킨스의 "구원의 서정"은 교회와 성령의 교리를 포함하지 않고, 주의 만찬에 대해서 매우 제한된 주해를 할 뿐이다. 그렇지만, 그것은 개인 구원의 문제를 언급하기 위하여 모든 교리적인 중심을 다루고 있다.[644] 이점에서 비키는 이렇게 설명한다,

> 구원의 근거들에 관한 황금사슬은 (효과적인 부르심, 칭의, 성화, 영화) 하나님의 은혜로운 언약을 선포하는 수단을 통하여 택자들과 연결되었다 ... 그는 어떻게 택자들이 하나님의 제안과 활동에 응답하는지, 그리고 어떻게

639) *Workes*. I:77. The first degree, is an effectuall calling, whereby a sinner being seuered from the world, is entertained into Gods family.

640) *Workes*. I:81. The second degree, is Iustification, whereby such as beleeue, are accounted just before God, through the obedience of Christ Iesus.

641) *Workes*. I:83. The third degree, is Sanctification, whereby such as beleeue, being deliuered from the tyranneie of sinne, are by little and little renued in holinesse and righteousness.

642) *Workes*. I:92. The fourth degree of the declaration of Gods loue, is Glorification, Rom. 8.30. Glorification, is the perfect transforming of the Saints into the image of the Son of God.

643) Priebe, 131.

644) Muller, "Perkins' *A Golden Cahine*", 70. cf. 퍼킨스의 *loci*에 대해서는 다음 논문이 탁월하다. Young-Jae Song. "*System and Piety in the federal Theology of William Perkins and John Preston,*" (Westminster Theological Seminary: Ph.D. Dissertation, 1998).

은혜언약의 두 번째 측면이 - 사람의 의지 - 초기 신앙부터 완전한 확신에 이르기까지 경험적으로 발전하는지를 설명하기 원했다.[645]

구원의 서정을 제시하면서, 퍼킨스는 하나님의 섭리, 언약을 세우심, 중보자적인 속죄와 그리스도 안에서 성령의 역사하신 믿음에 대한 황금사슬을 택자들에게 확신시키기를 원한다. 퍼킨스는 하나님의 신실하심으로부터 신자들의 구원의 확신으로 의미있게 옮겨간다.[646] 그러므로, '황금사슬은 모든 사람들에게 그들이 은혜의 수단과 마주칠 때 그들 안에 선택의 표지들의 유무를 단순히 질문하는 것이다.[647]

결론적으로 퍼킨스는 언약의 개념을 은혜로우신 하나님 앞에서 자신의 상태에 관하여 스스로를 확신하려는 구도자를 위한 수단으로서 사용했음이 분명하다. 구원의 서정의 확신에 근거하여, 퍼킨스의 강조는 그가 최초의 은혜에 속한 수동적인 수용이 아니라, 첫 번째 믿음의 씨앗들을 육성하는 신자의 의무를 강조하면서, 신자의 하나님과 그의 은혜에 대한 우선성보다는 구원과 사람의 응답에 속한 정당성에 더 많이 있었다.[648]

그렇지만, 그는 그리스도로 말미암은 확신의 근거를 변경하거나, 또는 오직 은혜(sola gratia)를 절대로 포기하지 않았다.[649] 즉 그리스도의 구원을 요구하기 위하여 효과적인 부르심에서 영화에 이르기까지 그리스도의 명백한 근거 위에서 언약에 관하여 정리하려는 노력은 신자의 책임이다. 이

645) Beeke, *The Quest for Full Assurance*, 86-7. "the golden chain of the causes of salvation (effective calling, justification, sanctification, glorification) was linked to the elect through the instrument of preaching God's gracious covenant ··· He wanted to explain how the elect responded to God's overtures and acts, and how the second side of the covenant of grace -the will of man-developed experimentally from early faith to full assurance."

646) Ibid., 92.

647) Muller, "Perkins' *A Golden Chaine*", 80.

648) Beeke, *The Quest for Full Assurance*, 97, n.69.

649) Ibid., 98.

결단이 그의 전 인생을 헌신했던 모든 순종과 영적인 위로의 기초가 되었다.[650] 따라서 그의 언약신학을 규정한다면 바로 기독론적인 기반 위에 구원론적 언약을 담아내었다고 총평할 수 있겠다.

(3) 퍼킨스 언약신학의 세가지 특징

퍼킨스의 기독론적 구원론이 언약신학적으로 가장 잘 나타나있는 『골든 체인 *Armilla Aurea*』에서 언급한 바와 같이 그의 언약사상의 특징 세가지를 살펴본 후에, 칼빈과 비교하기 위해 율법의 3가지용법에 대한 퍼킨스의 설명을 살펴봄으로써 그가 가진 언약적 율법이해를 드러내고자 한다.

⑴ 퍼킨스 언약신학의 특징1- 상호성 : 주목할 점은 퍼킨스가 밝히는 그의 언약신학의 특징은 상호적 언약형태를 띠고 있다는 사실이다.[651] 이에 대해 퍼킨스는 이와 같이 설명한다.

> 하나님의 언약은 어떤 조건 하에 영생을 얻는 것에 관한 인간과의 계약이다. 이 언약은 두 부분으로 이루어져 있는데, 하나님의 인간을 향한 약속과 인간의 하나님을 향한 약속이다. 하나님께서 인간에게 하시는 약속은 인간이 어떤 조건을 이행하면 당신은 그의 하나님이 되시겠다고 맹세하시는 것이다. 인간이 하나님에게 하는 약속은 그가 하나님에게 충성을 서약하고 그들 사이의 조건을 이행하겠다고 맹세하는 것이다.[652]

---

650) Munson, 144.

651) 안상혁, 241.

652) *Workes*. I:32. "God's covenant is his contract with man, concerning the obtaining of life eternall, vpon a certaine condition. This covenant consists of two parts: God's promise to man, Man's promise to God. God's promise to man, is that, whereby he bindeth himselfe to man be his God, if he performe the condition. Mans promise to God, is that, whereby he voweth his allegeance vnto his Lord, and to performe the condition betweene them."

즉, 언약에 대한 소개를 통해 퍼킨스 자신이 가진 언약신학의 이해가 바로 상호적相互的임을 드러내는데, 이 상호적 언약이해는 결국 하나님과의 언약관계에 있는 인간의 신실한 의무와 책임이해를 강조하는 성격이라 혹이나 이러한 상호성이 없으면 언약이 성사되지 않는다고 까지 말한다.[653]

바로 여기에서 퍼킨스의 언약신학이 칼빈의 언약신학에서 발전된 형태를 보게 되는데,[654] 바로 칼빈이 하나님의 주권적 언약이해 가운데 펼쳐낸 전통적 은혜언약 위에 그에 반응하는 언약적 관계에 속한 중생한 신자의 반응을 강조하는 반면, 퍼킨스는 전통적 은혜언약에 당시 영국상황에 맞게 퍼킨스만의 행위언약 개념을 모든 교회구성원 -중생하지 않은 자와 중생한 자로 나누어- 에게 맞추어 강력하게 반응할 뿐 아니라 구체적으로 행동하도록 촉구하기 위하여 언약사상을 강력하게 제시하였다.

그래서 퍼킨스에게 있어서 언약에는 두 부분이 있다. 하나는 하나님이고, 다른 하나는 그의 응답자로서 사람이다. 게다가, 그는 '이 언약이 두 부분으로 구성되어 있다. 하나님의 사람을 향한 약속은 하나님을 향한 약속에 영향을 준다.'[655] 언약 관계 안에서, 한 편은 십계명 수여자와 율법을 명하시는 분으로서 하나님이시고, 다른 한 편은 순종의 조건으로 율법을 받아들이는 사람이다. 퍼킨스는 택자들에게, 즉 중생하지 못한 사람과 중생한 사람 모두에게, 적용되는 율법의 사용을 강조했고, 그래서 그는 사람들이 행위언약을 인식하도록 강하게 의도했다.

---

653) *Workes*. I:165. "Well, to coclude this point, in the making of the covenant there must bee a mutuall consent of the parties on both sides & beside the promise on Gods part, there must be also a restipulation on mans part; otherwise the covenant is not made."

654) Greve, 170. 그리브는 이것이 청교도 특유의 신학이 경건과 삶에 직결되는 방식이었다고 평가한다.

655) *Workes*. I:32. "this covenant consists of two parts: God's promise to man, operate promise to God."

따라서 행위언약은 위대한 약속, 즉 영원한 생명을 갖고 있다.[656] 퍼킨스에게 있어서, 약속은 '하나님의 언약이 어떤 조건에 의하여 영원한 생명을 얻는 일과 관련하여 사람과 계약을 맺는다' 는 것을 분명히 계시하였다. 사실상, 언약을 맺는 일에서 하나님의 목적은 사람들에게 영원한 생명을 제공하는 것이다. 퍼킨스는 그의 사고에서 '사람을 향하신 하나님의 약속은, 만일 그가 그 조건을 수행한다면, 그 약속으로 인하여 그는 스스로 사람들에게 그의 하나님이 되시는 계약을 맺는다. 하나님을 향한 사람의 약속은 그가 자신의 충성을 그의 주님께 맹세하는 것이고, 그들 사이의 조건을 성취하는 것' 이 언약의 두 당사자들 사이의 약속인 것을 설명한다.[657]

퍼킨스는 사람이 계명들에 완전하게 순종하는 것이 불가능한 것을 알고 있었지만, 그는 행위언약을 위하여 교회 안에서 십계명을 수단으로 하여 활동적인 경건과 자기훈련을 증진하려는 의도를 갖고 있었다. 퍼킨스에게 칼빈이 말한 율법의 제3기능의 이해가 있고, 그가 이러한 율법을 통하여 영국 교회의 타락을 개혁하기를 원했던 것처럼, 그것은 신자들의 내적 존재가 일반적인 수준보다 더 높은 영적 상태의 경건을 추구하도록 자극하려는 것이었다.

사람은 실제적으로 스스로 율법을 만족시킬 수 없고, 그리스도께서 이미 갈보리의 십자가에서 스스로 율법을 만족시키셨기 때문에, 그러므로 사람은 그리스도 예수의 순종으로 가려질 필요가 있다. 맥킴은 '하나님의 도덕법이 구원이 임하는 예수 그리스도의 복음을 통하여 존재하기 때문에, 퍼킨스가 하나님의 도덕법은 그것에 의하여 죄인들의 구원이 성취될

---

656) Ibid., "God's covenant, is contract with man, concerning the obtaining of life eternal, vpon a certaine condition."

657) Ibid., "God's promise to man, is that, whereby he bindeth himselfe to man to be his God, if he performe the condition. Man's promise to God, is that, whereby he voweth his allegiance vnto his Lord, and to performe the condition between them."

수 있는 자체적으로 불완전한 수단으로 보았다' 라고 논평했다.[658] 사실상, 퍼킨스는 사람이 행위언약을 지키는 그의 무능력함을 인지하면서 그리스도께로 향하여 나아가야만 한다고 강조한다.

이를 정리하면, 퍼킨스의 언약신학에서 도덕법의 사용은 사람 자신이 그 법을 만족시키는 일에 무능함을 깨닫는 것일 뿐만 아니라, 은혜언약으로 그리스도인의 삶에 관한 속죄의 필요성을 강조하는 것이다. 그것은 율법이 신자로 하여금 이 본래적인 무능함으로 인하여 성령을 따라서 하나님께 순종하도록 감동하신다는 것을 의미한다. 그때까지, 퍼킨스는 도덕법을 통하여 사람의 경건한 반응을 증진하려고 행위언약의 중요성을 강조한다. 여기에서 우리는 퍼킨스에게서 칼빈의 영향력을 볼 수 있으며, 그래서 언약이 신자들에게 매우 열정적으로 영향을 미쳐서 그들이 성령을 따라서 하나님의 의를 향하여 분투할 수 있게 하는 요소가 됨을 역시나 보게 된다.[659]

(2) 퍼킨스 언약신학의 특징2- 자발성 : 그러므로 여기서 퍼킨스가 왜 그토록 행위언약을 강조했는가를 볼 수 있는데, 그 이유는 "당시 청교도들의 눈에 영국이 절대적으로 필요한 것은 철저한 영적이고 윤리적인 개혁과 거룩한 삶의 추구였다 …. 이제 필요한 것은 영적이고 내면적이며 윤리적이고 개인적인 경건추구의 개혁운동이었다. 이것을 위하여 행위언약의 활용이 매우 중요한 역할을 했" 기 때문이었던 것이다.[660]

이제 더 자세히 살펴보려는 내용은, 퍼킨스가 다루는 거듭나지 않은 자들에게 대한 율법의 용법이다. 후에도 다루겠지만, 퍼킨스에게서 율법이

---

658) McKim, "William Perkins and the Christian Life", 129. "Perkins saw that the moral law of God was in and of itself an insufficient means by which the salvation of sinners could be attained. For it is through the Gospel of Jesus Christ that salvation comes."

659) *Institutes*. II.vii. 12.

660) 『청교도 언약사상』, 56.

행하는 3가지 역할 중에 첫 용법은 "죄를 철저하게 드러내는 것(롬 3:20)"이라는 점에서는 칼빈과 비슷하고(*usus theologicus* : 신학적 용법),[661] 두번째 용법 역시 "사람으로 하여금 명령된 것은 하지 않도록 하고 금지된 것은 하게끔 야기하는 것(롬 7:8)"이라고 할 때에, 칼빈과 유사하다(usus civilis : 시민적 용법).[662]

그런데 여기서 율법의 제3용법에서 칼빈과 차이가 나타난다. 즉 퍼킨스의 율법의 셋째 용도는 "가장 작은 불순종에도 어떤 용서의 소망이 없이 영원한 형벌을 선언하는 것(롬 3:19)"이기에, 칼빈의 제3용법이 "그들이 앙모하는 주의 뜻의 성격을 매일 더욱 철저히 배우며 확고하게 이해하는데 율법은 가장 훌륭한 도구가 되는 것(렘 31:33; 히 10:16)"이요[663] 이는 중생한 신자들을 위한 생명의 규칙의 역할을 더욱 한다는 면(*usus pedagogics* : 교훈적 용법)에서 내용적으로는 같으나 대상적으로 차이를 발견케 된다.

왜 이러한 차이가 생기는가 하면, 칼빈은 제2용법에서 비중생자들에 대한 율법의 용법을 언급하지만,[664] 주로 중생한 자들을 대상으로 하여 율법의 1용법부터 3용법까지를 다룬데 비해, 퍼킨스는 신자들이지만 혹 중생하지 않은 자들을 대상으로 하고 있다는 점을 주목해야 한다. 물론 칼빈주의 예정론에서는 인간은 스스로 자신과 타인의 중생을 알 수 없다. 여기에

---

661) *Institutes*. II.vii.6. "첫째 부분은 하나님의 의 - 즉 하나님이 받아주시는 유일한 의- 를 밝히는 동시에, 우리 각 사람의 불의를 경고하며, 알리며, 책하며, 결국 정죄한다."

662) *Institutes*. II.vii.10. "율법의 둘째 기능은 적어도 벌을 받으리라는 공포심을 일으켜 일부 사람들을 억제하는 것이다."

663) *Institutes*. II.vii.12. "셋째 용도는 가장 중요한 것이며, 율법의 중심적인 목적에 더욱 가까운 것이다. 이 용도는 하나님의 영이 이미 그 영혼 속에 사시며 주관하시는 신자들 사이에서 발견된다."

664) *Institutes*. II.vii.11. "율법은 중생하지 않은 사람들을 억제한다 … 둘째 종류의 인간들은 굴레가 필요하다. 그들이 육의 정욕이 날뛰는 대로 버려두어 의를 전연 추구하지 않게 되는 것을 굴레로 억제하는 것이다 … 율법이 굴레가 되어 하나님께 대한 두려움과 공경을 유지하다가, 드디어 성령으로 중생해서 충심으로 하나님을 사랑하기 시작했다는 것을 모두 인정할 것이다."

퍼킨스는 충실하면서도 당시 시대적 이해를 따라 "확신"이라는 신학적 개념을 신자들로 등한히 하지 않고 스스로 묻고 확인하도록 함을 통해, 구원의 문제와 성화의 문제를 연결하고 있다.[665)]

다시 말하면, 퍼킨스는 언약적 율법이해를 따라 칼빈의 율법에 대한 1~3용법을 사용하여 중생하지 않은 자들과 중생한 자들을 의도적으로 구별하여 설명하면서, 1~2용법을 통해 중생하지 않은 자들에게도 동일하게 율법을 통한 죄에의 각성과 더불어 죄에 대한 두려운 자각을 갖게 할 뿐 아니라 이제 주되게 제3용법을 통해서 자신이 처한 상황에 맞게 그 내용을 바꾸어 아직 거듭나지 않은 자들이라면 "가장 작은 불순종에도 어떤 용서의 소망도 없는 영원한 형벌을 선언"하는 일을 통해 영적으로 돌이키기를 촉구하였고 자신이 거듭난 자라는 확신이 있다면 응당 변화된 모습으로 새로운 순종을 자발적으로 감당하기를 촉구하였던 것이다.

이러한 이해 속에서 퍼킨스의 율법의 3용법에 대한 설명을 다시 살펴보면 익숙한 교회문화로부터 개인적인 신앙에 대한 각성을 통해, 회개와 경건에의 열망이 일어나서 그 결과로 교회가 개혁되기를 바라는 목적을 가지고 언약신학을 통해 영혼의 강렬한 각성을 촉구하는 퍼킨스의 신학적 적용과 그 열정을 발견하게 된다.

> 죄인이 회개하지 않는 한 율법의 이러한 힘은 계속되는데, 그래서 그를 자유롭게 하는 회개의 첫 행위로 말미암아 더 이상 율법 아래가 아니라 은혜 아래 있게 된다 …. 그러므로 만일 당신이 진정 영생을 갈구한다면: 첫째, 철저한 하나님의 율법으로 당신 자신과 자신의 삶의 모습을 자세히 점검하고, 당신의 눈으로 하여금 죄의 마땅한 결과인 저주를 보도록 하여, 당신 자신의 곤경을 통곡하며 영원한 행복을 얻을 수 있는 자신의 힘이 없음을 깨달아,

665) Muller, "Perkins' *A Golden Chaine*", 80-1. 멀러는 퍼킨스가 기독교교리를 이토록 분명히 구원의 확신문제와 연관짓고 있기 때문에, Heinrich Heppe가 퍼킨스에 대해 "경건주의의 아버지"라고 불렀다고 소개한다.

어서 자신을 부인하고 예수 그리스도를 찾고 그분께 가야만 한다.[666)]

여기서 확인하는 퍼킨스 언약신학의 특징은 그의 행위언약이 구원을 위해서는 사용될 수 없지만, 이제 율법의 기능상 거듭나지 않은 자들로 회개하도록 촉구하고 또한 거듭난 자들에게는 철저히 순종하도록 함으로써, 신자로 하여금 은혜언약에 들어가기 전에 행위언약을 거쳐 행위언약 하에서 영적인 부족과 죄악을 깨닫고 회개하여 다시금 은혜언약으로 들어가도록 하는 신학적 과정을 제시하였다는 사실이다.[667)]

(3) 퍼킨스 언약신학의 특징3- 능동성 : 이제 마지막으로 퍼킨스가 이해한 행위언약은 칼빈과 유사점도 있으면서 차이점도 있기는 한데, 나름대로 자신의 율법 3용법에 대한 이해를 제시하고 있다. 이를 위해 퍼킨스의 "행위언약적 십계명 이해" 에 대한 내용을 통해 살펴보면 그의 행위언약은 엄연한 율법으로 두 부분을 가지고 있다고 생각하였다. 하나는 순종을 지시하는 칙령(edict)이며, 다른 하나는 그 순종에 이르는 조건(condition)이다. 이 조건은 율법을 성취하는 사람들에게는 영생이 되지만 반면에 어기는 사람들에게는 영멸이 되는 것이다.[668)]

행위언약은 하나님이 인간을 그에게 묶어두시는 도구라는 점이 퍼킨스

---

666) *Workes*. I:70. "The continuance of this power of the law is perpertuall, vnlesse a sinner repent: and the very first act of repentance so freeth him, that he shall no more bee vnder the law, but vnder grace … If therefore, thou desirest seriously eternal life: first, take a narrow examination of thy selfe, and the course of thy life, by the square of God's law: then set before thine eyes the curse that is due vnto sinne, that thus bewailing thy misery, & despairing vtterly of thine owne power, to attaine euerlasting happiness, thou maiest renounce thy selfe, and be prouoked to seeke and sue vnto Christ Iesus."

667) 『청교도 언약사상』, 50.

668) *Workes*. I:32. "The Law hath two parts. The Edict, commaunding obedience, and the condition binding to obedience. The condition is eternall life to fuch as fulfil the law, but to tranfgreffours, euerafting death."

에게도 발견된다. 곧바로 이어가는 설명이 바로 율법 즉, 십계명에 대한 것으로, "십계명 혹은 10개의 계명들은 모든 법의 축약이자 행위언약이다."[669] 따라서 퍼킨스에게 십계명은 분명하게 "행위언약"인데, 여기서 사용하고 있는 "행위언약(The couenant of workes)"은 전통적인 행위언약(the covenant of works), 즉 하나님께서 아담과 맺으셨고 아담의 타락으로 실패한 언약(Adamic covenant)과는 다른 모세와 율법을 통해 맺으신 언약(Mosaic covenant)임을 기억할 필요가 있다.[670] 다음에는 그 십계명 즉 율법에 대한 사용을 이제 대상을 둘로 구분하여 제시한다. 먼저는 거듭나지않은 자들과 그리고 중생한 신자들에 따라, 각각 다른 이해를 제시한다.

바로 여기 거듭나지 않은 자들에 대해서, 퍼킨스는 자신이 이해한 율법의 용법을 3가지로 제시한다.

> 첫째는 죄를 철저하게 드러내는 것이고(롬 3:20), 둘째 용도는 사람으로 하여금 명령된 것은 하지 않도록 하고 금지된 것은 하게끔 야기하는 육신의 이유로 죄를 더욱 크게 나타내는 것이고(롬 7:8), 셋째 용도는 가장 작은 불순종에도 어떤 용서의 소망이 없이 영원한 형벌을 선언하는 것이다. 이 선고로 율법을 범하는 자들을 향하여, 부분적으로 위협하고 부분적으로 공포를 자아내게 하며, 그것은 인간 위에 군림하고 통치한다(롬 3:19; 갈 3:10; 고후 3:7). 죄가 인간에 군림하는 목적은 죄인으로 하여금 그리스도에게로 도피하도록 한다(갈 3:22; 히 12:18-20). 죄인이 회개하여 그를 자유롭게 하는 회개의 첫 행위로 말미암아 더 이상 율법 아래 있지 않고 은혜 아래 있지 않으면 율법의 이러한 힘은 계속된다(삼하 12:13) ... 그러므로 만일 당신이 진정으로 영생을 갈구한다면: 첫째, 철저한 하나님의 율법으로 당신 자신과 자신의

---

669) Ibid., "The Decalogue, or ten commandements, is an abridgement of the whole law, and the covenant of workes."

670) Karlberg,14; John Murray, *Principles of Conduct* (London:The Tyndale Press,1957),187; Michael McGiffert, "From Moses to Adam:The Making of the Covenant of Works," (*Sixteenth Century Journal*, XIX/2 (1988): 131-155), 134

> 삶의 모습을 자세히 점검하고 당신의 눈으로 하여금 죄의 마땅한 결과인 저주를 보게 하여 당신의 곤경을 통곡하며, 영원한 행복을 얻을 수 있는 자신의 힘이 없음을 깨달음으로, 자신을 부인하고 예수 그리스도를 찾고 그에게 가야만 한다.[671]

전체적으로 볼 때, 이러한 십계명에 대한 퍼킨스의 해설은 행위언약이 구원을 위해서는 사용될 수 없음은 분명하지만, 율법의 기능상 거듭나지 않은 자들로 회개하도록 하고 또한 거듭난 자들에게는 순종으로 이끌어 주는 중요한 도구라는 사실이다. 그래서 이어 설명하기를, "거듭난 자들을 위한 율법의 용도는 매우 다른데, 믿는 자들로 하여금 그들의 삶에서 그리스도를 통하여 하나님께 받아들여지는 새로운 순종의 길로 인도하기 때문이다."[672] 실상 퍼킨스는 행위언약 이해가 이러하였기에, 신자들로 율법에 반응하여 더욱 신실히 행하도록 하는 책임에 대한 강조를 통해, 예정론에 대한 잘못된 이해로 일어났던 인간의 수동성을 극복하고 하나님 앞에

---

671) *Workes*. I:69-70. "The vfe of the Law in vnregenerate perfons, is three fold. The firft, is to lay open finne, and make it knowne. Rom.3.20 ⋯ The fecond vfe, is accidentarily to effect and augment finne, by reafon of the flefh, the which caufeth man to decline from that which is commanded, and euer to incline to that which is prohibited. Rom. 7.8 ⋯ The third vfe, is to deniunce eternall damnation for the leaft difobedience, without offering any hope of pardon. This fentence the law pronunceth againft offendours, and by it, partly by threatning, partly by terrifying, it raigneth an ruleth ouer man. Rom.3.19. The end why finne raigned in amn, is to vrge finners to flievnto Christ. Gal.3.22. Heb12.18,19.20. The continuance of this power of the law is perpetuall, vnleffe a finner repent: and the very firft act of repentance fo freeth him, that he shall no more bee vnder the law, but vndergrace. 2 Sam.12.13, Rom.6.14. If therefore, thou defireft ferioufly eternal life: firft, take a narrow examination of thy felfe, and the courfe of thy life, by the fquare of God's law: then fet before thine eyes the curfe that is due vnto finne, that thusbewailing thy mifery,& defpairing vtterly of thine owne power, to attaine euerlafting happines, thou maieft renounce thy felfe, and be poruoked to feeke and fue vnto Chrift Iefus."

672) *Workes*. I:70. 여기에 거듭난 자들을 위한 율법의 용도를 추가하자면, "The vfe of the Law in such as are regenerate, is far otherwife: for it guideth them to new obedience in the whole courfe of their life, which obedience is acceptable to God by Christ. Rom 3.31, 시편 119.24;105."

서 신자의 능동적인 경건이요 자발적 순종을 촉구하려했던 것이다.[673)]

2. 퍼킨스 언약사상의 배경과 그 내용

(1) 퍼킨스 언약사상의 역사적 정황 – 영국교회의 개혁

여기에서, 왜 퍼킨스가 그의 신학적인 선배들이 했던 것보다 더 많이 언약 이론을 강조했는가의 이유를 고려하는 것은 중요한 일이다. 퍼킨스가 언약개념을 사용한 이유를 인지하기 위하여, 첫 번째 단계에서처럼, 그가 살았던 교회의 환경을 충분히 고려할 필요가 있다.

역사적으로, 영국교회는 엘리자베스 시대에 복음과 관련하여 모든 개혁교회들을 대적하는 부끄러운 분리주의를 지지하고 있었다.[674)] 종교개혁으로 인하여, 영국의 개혁자들은, 즉 청교도들은 교회의 타락과 영적인 죽음에 기인하는 교회의 무기력함에 대항하여 청교도 형태에 속한 개인의 경건과 도덕적인 모임을 추구하려고 했던 사람들이었다. 프리브는 퍼킨스가 직면했던 오래된 문제를 설명한다.

하나님의 자유롭고 절대적인 주권의 교리에 대한 보존에 대하여 확고하게 전념하면서, 그렇지만 퍼킨스는 언약 관계에서 사람의 의무 또는 능동적인 관련성을 위한 수용 가능한 공간을 찾아야만 했다. 그 또는 다른 누구도 사람을 지속적으로 전체적으로 수동적인 수용자로 기꺼이 간주하려고 하지 않았다.[675)] 이점에서, 콜린슨은 '청교도들과 그들의 대적자들에 의

---

673) 『청교도 언약사상』, 48.

674) Patrick Collinson, *The Elizabethan Puritan Movement* (Oxford: Clarendon Press, 1967), 464-5.

675) Priebe, 73. "Committed unswervingly to the preservation of the doctrine of God's free and absolute sovereignty [,] Perkins, nevertheless, must find an acceptable place for man's responsibility or active involvement in the covenant relation. For neither he or anyone else was willing to consider man a continuously totally passive recipient."

한 오래된 논의의 일시적인 탈진은 가장 중요한 구원의 본질적인 문제를 초래했다' 고 언급한다.[676] 그들은 정치적인 패배로 인하여 교회와 신자들에게 경건 운동을 시도하려는 기회를 갖게 되었다. 그것이 발전함에 따라서, 그들은 신자들을 내적으로 활성화시키기 위하여 언약개념을 이용하기 시작했다. 퍼킨스가 언약개념을 통하여 예정과 구원의 확신의 교리를 확고히 하기 위하여 『골든 체인 *Armilla Aurea*』을 출판한 것이 바로 이때였다. 그러므로 퍼킨스는 강조하기를 신앙의 본질적인 질문은 어떻게 사람이 자신의 구원을 확신할 수 있는가 하는 것이고, 칼빈주의자들에게 속한 그 대답은 그의 선택에 관한 확신을 소유해야만 하는 것이었다.

물론, 언약개념은 퍼킨스가 예레미야로부터 논증했던 것처럼, 구약성경에만 우세하게 존재했던 것이 아니고, 퍼킨스보다 앞서, 영국에서 윌리암 틴데일(William Tyndale, 1500-1536)의 가르침의 특징이기도 했다.[677] 실제로, 틴데일은 언약으로 성경을 설명하고는 했다. '그러므로 당신이 성경을 읽을 때에, 먼저 율법을, 하나님께서 우리에게 무엇을 행하기를 명하시는지를 성경에서 찾으라. 그리고 둘째로, 하나님께서 우리들에게 더하여 약속하신 언약들을, 우리 주 그리스도 예수 안에서, 성경에서 찾으라.'[678] 틴데일의 언약 사용을 언급하면서, 트린테루드(Trinterud)는 '윌리암 틴데일의 다양한 작품들이 그의 전체적인 종교적 조망의 기초로서 율법-언약의 개요에 관하여 전심을 다하는 그리고 조직적인 채용을 보여주고 있다' 고 논평한다.[679] 틴데일과 함께 존 프리스(John Frith, 1503-1533)도 있었는데, 그는

---

676) Collinson, 434.

677) Ibid., 435.

678) William Tyndale, *Select Works of the William Tyndale* (Kent: Focus Christian Ministries Trust, 1986), 276. "Seek therefore in the scripture, as thou readest it, first the law, what God commands us to do; and secondly, the promises, which God promises us again, namely in Christ Jesus our Lord."

679) Leonard J. Trinterud, "The Origin of Puritanism." *Church History* 20 (April 1951), 39. "The various writings of William Tyndale show a whole-hearted and systematic adoption of the law-covenant scheme as the basis of his entire religious outlook."

1533년 이전에 틴데일과 함께 언약개념들을 분명하게 나타냈다. 프리스는 실제로 다음과 같이 주장했다.

> 만일 하나님의 자비하신 호의가 우리의 죄로부터 우리를 구속하시려고 그의 가장 소중한 아들을 주셨다는 것을 우리가 믿는다면; 만일 그가 우리의 죄들을 우리에게 전가하지 않고 그의 진노가 그리스도와 그의 피로 진정된다는 것을 우리가 믿는다면 ... '그러므로 어떤 사람이 나의 영혼에 도움을 얻기 위하여 말하거나 또는 행해야만 한다는 그 의향에 대하여 나는 나의 능력의 어느 부분도 사용할 수 없다: 왜냐하면 그점에서 나는 오직 그리스도의 약속들만을 신뢰하기 때문이다.[680)]

그러므로 틴데일과 프리스 모두는, 그들의 시대에서, 언약개념을 통하여 하나님과 신자의 보다 깊은 결합을 명백히 하는 사역에 헌신했다. 비록 퍼킨스가 위에 기록한 것처럼 언약 신학을 형식화하는 일에 첫 번째 인물은 아니었지만, 그가 수행했던 일이 당대의 영국교회에서 선택과 유기에 관한 하나님의 작정의 구조 안에서 언약적인 개념을 세웠다.[681)] 결과적으로, 퍼킨스는 청교도 신학을 명료하게 하는 위치에 있었다.[682)] 그리브에 따르면,

> 칼빈이 은혜와 훈련의 관점에서 하나님과 인간 사이의 역동적인 관계를 남겨놓았던 반면에, 퍼킨스는 한 걸음 더 나아가 보다 실체적인 원칙에 의하

---

680) Marcus Loane, *"John Frith" in Pioneers of The Reformation in England* (London: The Church Book Room, 1964), 13-16. "If we believe that of merciful favour God gave His most dear Son to redeem us from our sin; if we believe that He imputeth not our sins unto us but that His wrath is pacified in Christ and His blood ⋯ and 'Therefore will I bestow no part of my goods for that intent that any man should say or do to help my soul; for therein I trust only to the promises of Christ."

681) Munson, 116.

682) Michael McGiffert, "Covenant, Crown, and Commons in Elizabethan Puritanism," (*The Journal of British Studies*, Vol.20, No.1 (Autumn, 1980: 32-52), 48.

> 여 선택을 가시화하였다 ... 퍼킨스는 칼빈에 동의하지 않았고, 언약에 관한 자신의 역동적인 관점으로 그를 넘어서 나아갔다. 칼빈에게 있어서, 경건의 원천이 선택이었던 반면에, 퍼킨스에게 있어서 그것은 언약이었다. 동시에, 칼빈과 퍼킨스는 훈련을 동반하는 은혜에 관한 그들 각자의 이해에서 서로 관련되어 있었다.[683]

참으로, 칼빈과 퍼킨스의 차이점은, 다른 점에서는 칼빈과 동일했지만, 언약개념과 관련된 새로운 적응에 있었다. 퍼킨스는 자신의 언약개념에서 하나님의 은혜의 우선성을 유지하기를 원했다.[684] 맥기퍼트(McGiffert)에 따르면, 퍼킨스는 청교도 신학을 행위와 은혜의 이중-언약 방식 안에 고정시켰을 뿐 아니라,[685]

> 그리고 그의 청중들이 하나님의 율법에 비추어 자신들의 죄를 찾아내고 또 그들의 굳은 마음이 율법의 고통에 시련을 겪을 것을 요구했다. 퍼킨스는 아담의 언약을 제기했을 뿐만 아니라, 고대와 영국 모두에서, 은혜언약을 이스라엘의 민족적인 언약과 대조하였다.[686]

라고 평가한다. 여기에 대한 다른 평가가 있을 수 있지만, 실상 퍼킨스를 구원의 확신에 관한 인격화된 양상에 끌어들인 것은 하나님의 언약에

---

683) Greve, 169-170. "Whereas Calvin left the dynamic relationship between God and man in terms of grace and discipline, Perkins went one step further and visualized election by a more tangible principle ··· Perkins had not disagreed with Calvin but had gone beyond him with his dynamic view of covenant. While for Calvin, the source of piety was in election, for Perkins it was in the covenant. At the same time, both Calvin and Perkins correlated their respective understanding of grace with discipline."

684) Ibid., 173.

685) McGiffert, 48.

686) Ibid., 49. "enjoined his hearers to search out their sins by the light of God's law and try their hard hearts on the law's rack. Not only did Perkins bring in the Adamic covenant, but he also contrasted the covenant of grace with the national covenant of Israel, both ancient and English."

대하여 사람의 자발적인 의무를 강조하려는 그의 강렬한 바람이었다.[687] '퍼킨스와 그의 동시대 사람들은, 유럽 다른 지역에서 칼빈주의 교사들 2세대들과 같이, 복음에 대해서만큼 율법에 대하여 전념하면서, 자기훈련의 방법을 설교와 저작을 통하여 제공하기 시작했다.' [688]

이러한 다소 인간중심의 차원에도 불구하고, 퍼킨스는 사람이 하나님의 주권 아래에서 행동한다고 강조했다. 따라서 역사적 상황을 따라 다시 생각해보면, 당시 영국교회의 신자들 중에는 교회에 속해 있으므로 예배와 성례에 참여함으로써 당연스레 자신이 구원받았다고 생각하지만 그런 외적인 요소에 의한 잘못된 자신감으로부터 행위언약적 자기점검 통해 자신을 철저하게 돌아보아 다시금 영적인 각성을 통하여 자발적으로 돌이키기를 바라는 퍼킨스의 지향이 담겨있다고 말할 수 있다.

(2) 퍼킨스 언약사상의 율법에 대한 제3용법

이제는 중점적으로 퍼킨스의 언약사상 안에 나타난 율법의 제3용법을 살펴보고자 한다. 율법이 행하는 3가지 역할 중에 퍼킨스에게서도 제1용법이 "죄를 철저하게 드러내는 것(롬 3:20)" 이라는 점에서는 칼빈과 비슷하고(*usus theologicus* : 신학적 용법)[689] 또한 두번째 용법 역시 "사람으로 하여금 명령된 것은 하지 않도록 하고 금지된 것은 하게끔 야기하는 것(롬 7:8)" 이

687) Greve, 214. cf. Mark R. Shaw, "William Perkins and The New Pelagians," 290ff. In this article, Shaw presents Perkins' struggles against the new Pelagians in order to establish the true doctrine of salvation based on the Bible.

688) Collinson, 435. "Perkins and his contemporaries, like the second generation of Calvinist teachers elsewhere in Europe, began to apply their attention to the Law as much as to the Gospel and to provide through their preaching and writing a means of self-discipline."

689) *Institutes*. II.vii.6. "첫째 부분은 하나님의 의 - 즉 하나님이 받아주시는 유일한 의- 를 밝히는 동시에, 우리 각 사람의 불의를 경고하며, 알리며, 책하며, 결국 정죄한다."

기에 칼빈의 제2용법과 유사하다(*usus civilis* : 시민적 용법).[690] 이러한 이해 속에서 퍼킨스의 율법의 3용법에 대한 설명을 살펴보면 익숙한 교회문화로부터 개인적인 신앙에 대한 각성을 통해, 회개와 경건에의 열망이 일어나서 그 결과로 교회가 개혁되기를 바라는 목적을 가지고 언약신학을 통해 영혼의 강렬한 각성을 촉구하는 퍼킨스의 신학적 적용과 그 열정을 발견하게 된다.

> 죄인이 회개하지 않는 한 율법의 이러한 힘은 계속되는데, 그래서 그를 자유롭게 하는 회개의 첫 행위로 말미암아 더 이상 율법 아래가 아니라 은혜 아래 있게 된다 …. 그러므로 만일 당신이 진정 영생을 갈구한다면: 첫째, 철저한 하나님의 율법으로 당신 자신과 자신의 삶의 모습을 자세히 점검하고, 당신의 눈으로 하여금 죄의 마땅한 결과인 저주를 보도록 하여, 당신 자신의 곤경을 통곡하며 영원한 행복을 얻을 수 있는 자신의 힘이 없음을 깨달아, 어서 자신을 부인하고 예수 그리스도를 찾고 그분께 가야만 한다.[691]

여기서 확인하는 퍼킨스 언약신학의 특징은 그의 행위언약이 구원을 위해서는 사용될 수 없지만, 이제 율법의 기능상 거듭나지 않은 자들로 회개하도록 촉구하고 또한 거듭난 자들에게는 철저히 순종하도록 함으로써, 신자로 하여금 은혜언약에 들어가기 전에 행위언약을 거쳐 행위언약 하에서 영적인 부족과 죄악을 깨닫고 회개하여 다시금 은혜언약으로 들어가도록 하는 신학적 과정을 제시하였다.[692] 이제 퍼킨스는 행위언약을 다음과 같이 정의한다.

---

690) *Institutes*. II.vii.10. "율법의 둘째 기능은 적어도 벌을 받으리라는 공포심을 일으켜 일부 사람들을 억제하는 것이다."

691) *Workes*. I:70.

692) 『청교도 언약사상』, 50.

행위언약은, 하나님의 언약이고, 완전한 순종을 조건으로 만들어졌다. 그리고 그것은 도덕법에서 나타난다. 율법은 두 부분을 가지고 있다. 순종을 요구하는 명령과 그리고 순종에 묶인 조건이다.[693]

(1) 거듭나지 못한 사람들과 관련된 도덕법 : 이제 행위언약으로서 도덕법의 사용을 정의하는 일에서, 그 대상을 설정하면서 무엇보다도 먼저 퍼킨스는 거듭나지 못한 사람들과의 관계를 분명하게 한다.

> '거듭나지 못한 사람들 사이에서 율법의 사용은 세 가지로 구성된다.'[694] 첫 번째로, '죄인의 눈을 열어서, 그것이 알려지도록 하고,' 두 번째로 '사람이 받은 명령에서 타락하도록 하는, 그리고 항상 금지된 것들로 기울어지도록 하는 육체에 속한 이유로 인하여 부수적으로 죄인들에게 영향을 미치고,' 그리고 마지막으로 '어떤 용서의 소망을 제공하는 일 없이, 최소한의 불순종에 대해서도 영원한 저주로 고소한다.'[695]

퍼킨스는 신자들이 자신을 성찰할 뿐만 아니라, 자신의 영적인 상태를 회개하여 그것을 새롭게 할 수 있는 기회를 가지기 위하여 거듭나지 못한 사람들과 거듭난 사람들을 구별하려고 했다. 그러므로 퍼킨스는 '죄인이 회개하지 않는다면, 율법의 이런 능력의 지속성은 영구적인 것이다: 그리

---

693) *Workes*. I:32. "the covenant of workes, is God's covenant, made with condition of perfect obedience, and is expressed in the moral law. The Law hath two parts. The Edict, commanunding obedience, and the condition binding to obedience … The Decalogue, or ten commandements, are an abridgement of the whole law, and the covenant of workes."

694) *Workes*. I:69-70. "the vse of the Law in vnregenerate persons, is three fold."

695) Ibid., "The first, is to lay open sinne, and make it knowne. Rom3.20 … The second vse, is accidentally to effect and argument sinne by reason of the flesh, the which cause man to decline from that which is commanded, and ever to incline to that which is prohibited. Rom.7.8 … The third vse, is to denounce eternall damnation for the least disobedience, without offering any hope of pardon. This sentence the law pronounceth against offendours, and by it, partly by threatning, partly by terrifying, it ragneth and ruleth ouer man. Rom. 3.19 …."

고 회개의 바로 그 최초의 행동은 그를 자유롭게 하고, 그래서 그는 더 이상 율법 아래에 머물지 않고 은혜 아래에 머물 것이다.' [696] 퍼킨스는 다음과 같이 거듭나지 못한 사람들을 언급한다.

> 그러므로 만일 당신이 진지하게 영원한 생명을 바란다면, 먼저, 하나님의 율법의 눈으로 당신 자신과 당신의 삶의 여정에 대하여 엄밀한 검사를 하라: 그리고 당신의 눈앞에 죄인에게 마땅한 저주를 두고, 그래서 당신의 비참함을 통곡하고, 당신 자신의 능력에 대하여 완전히 절망하라. 영원한 행복에 이르기 위하여, 당신은 자신을 부정해야 하고, 그리스도 예수를 구하고 간원하도록 이끌어야만 한다.[697]

퍼킨스에게 있어서, 도덕법의 기준으로 인한 하나님의 율법은 거듭나지 못한 사람들이 언약관계에 응답하고 또 그것을 더 강하게 수행하도록 이끄는 것이다. 요약하면, 거듭나지 못한 사람들에게, 퍼킨스는 그들이 자신의 위치를 깨닫도록 돕기 위하여 도덕법에 초점을 맞추었고, 그들이 율법의 기준에 반응하도록 재촉하였고, 그래서 그는 거듭나지 못한 사람들이 회개하여 구원을 위하여 주님의 면전에 나아가기를 원했다.

⑵ 거듭난 사람들과 관련된 도덕법 : 그렇지만, 퍼킨스에게는, 거듭나지 못한 사람들에 대한 그 관계와 대조하여, 거듭난 사람들을 위하여, 행위언약으로서 도덕법의 사용이 있었다: '거듭난 사람들인 그와 같은 사람들 안

---

696) *Workes*. I:70. "The continuance of this power of the law is perpetuall, vnlesse a sinner repent: and the very first act of repentance so freeth him, that he shall no more bee vnder the law, but vnder grace."

697) Ibid., "If therefore, thou desirest seriously eternal life: first, take a narrow examination of thy selfe, and the course of thy life, by the square of God's law: then set before thine eyes the curse that is due vnto sinne, that thus bewailing thy misery, & despairing vtterly of thine owne power, to attaine euerlasting happiness, thou maiest renounce thy selfe, and be prouoked to seeke and sue vnto Christ Iesus."

에서의 율법의 사용은 매우 달랐다: 왜냐하면 그것은 그들을 그들의 삶의 전 과정에서 새로운 순종으로 인도하기 때문이고, 그 순종은 그리스도에 의하여 하나님께 받아들여질 수 있는 것이었다.[698]

퍼킨스는 거듭난 사람들을 위하여 다른 율법적인 방식을 제안하는데, 그것은 도덕법의 기능이 그들을 더 이상 구원하지는 않지만, 그들을 성화와 기독교인의 삶에 관련된 주요한 요소인 새로운 순종으로 이끌어가는 것이다. 퍼킨스는 구속이 오직 예수 그리스도의 복음을 통하여 주어지기 때문에, 도덕법이 그것에 의하여 죄인의 구속이 획득될 수 있다는 불충분한 방식인 것을 이미 인지하고 있었다.[699]

이 사실에서 보면, 믿음이 순종과 함께 활동하는 구조에 기인하여, 영국 개혁 신학의 교리적인 논리는 도덕적인 양심과 깊은 결속을 갖도록 의도된 것이었다.[700] 퍼킨스는 행위언약의 목적이 거듭난 사람들을 그리스도께 새로운 순종으로 인도하는 것이라고 주장한다; 그는 그들의 최초의 순응으로 율법을 유지하도록 권고하고 있다. 아마도 행위언약은 거듭난 사람들이 성화의 삶을 수행하도록 돕는 것이라고 말하는 것이 정확할 것이다.

(3) 퍼킨스의 제3용법과 칼빈의 제3용법과의 차이 : 퍼킨스의 율법 제3용법에서 칼빈과 차이가 나타난다. 즉 퍼킨스의 율법의 셋째 용도는 "가장 작은 불순종에도 어떤 용서의 소망이 없이 영원한 형벌을 선언하는 것(롬 3:19)"이기에, 칼빈의 제3용법이 "그들이 앙모하는 주의 뜻의 성격을 매일 더욱 철저히 배우며 확고하게 이해하는 데 율법은 가장 훌륭한 도구가 되

---

698) Ibid., "the vse of the Law in such as are the regenerate, is far otherwise: for it guideth them to new obedience in the whole course of their life, which obedience is acceptable to God by Christ."

699) *Workes*. I:129.

700) Richard A. Muller, "Covenant and Conscience in English Reformed Theology," (*Westminster Theological Journal*, 42 (1980), 308-334), 308.

는 것(렘 31:33; 히10:16)" 이요[701] 이는 중생한 신자들을 위한 생명의 규칙의 역할을 더욱 한다는 면(usus pedagogics: 교훈적 용법)에서 내용적으로는 같으나 대상적인 차이라고 할 수 있다.

이러한 차이의 이유는, 칼빈은 물론 제2용법에서 비중생자들에 대한 율법의 용법을 언급하지만,[702] 주로 중생자를 대상으로 하여 율법의 1용법부터 3용법까지를 다룬데 비해, 퍼킨스는 신자들인데 혹 중생하지 않은 자들을 대상으로 하고 있다는 점을 주목해야 한다. 사실 칼빈주의 예정론에서는 인간은 스스로 자신과 타인의 중생을 알 수 없다. 여기에 퍼킨스는 충실하다. 그러면서 "확신" 이라는 신학적 개념을 신자들로 등한히 하지 않고 스스로 묻고 확인하도록 함을 통해, 구원의 문제와 성화의 문제를 연결하고 있는 것이다.

다시 말하면, 퍼킨스는 언약적 율법이해를 따라 칼빈의 율법에 대한 1~3용법을 사용하여 중생하지 않은 자들과 중생한 자들을 의도적으로 구별하여 설명하면서, 1~2용법을 통해 중생하지 않은 자들에게도 동일하게 율법을 통한 죄에의 각성과 더불어 죄에 대한 두려운 자각을 갖게 할 뿐 아니라 이제 주되게 제3용법을 통해서 자신이 처한 상황에 맞게 그 내용을 바꾸어 아직 거듭나지 않은 자들이라면 "가장 작은 불순종에도 어떤 용서의 소망도 없는 영원한 형벌을 선언" 하는 일을 통해 영적으로 돌이키기를 촉구하였고 자신이 거듭난 자라는 확신이 있다면 응당 변화된 모습으로 새로운 순종을 자발적으로 감당하기를 촉구하였던 것이다.

---

701) *Institutes*. II.vii.12. "셋째 용도는 가장 중요한 것이며, 율법의 중심적인 목적에 더욱 가까운 것이다. 이 용도는 하나님의 영이 이미 그 영혼 속에 사시며 주관하시는 신자들 사이에서 발견된다."

702) *Institutes*. II.vii.11. "율법은 중생하지 않은 사람들을 억제한다 … 둘째 종류의 인간들은 굴레가 필요하다. 그들이 육의 정욕이 날뛰는 대로 버려두어 의를 전연 추구하지 않게 되는 것을 굴레로 억제하는 것이다 … 율법이 굴레가 되어 하나님께 대한 두려움과 공경을 유지하다가, 드디어 성령으로 중생해서 충심으로 하나님을 사랑하기 시작했다는 것을 모두 인정할 것이다."

3. 종합

이제 퍼킨스의 언약신학 전체에 대한 평가를 한다면, 역시나 두 언약구분과 더불어 그 안에서도 "행위언약에 대한 강조"라는 사실을 발견하게 된다. 물론 앞에서도 언급하였지만, 퍼킨스는 자신을 통해 제시된 행위언약에 철저하게 반응하는 신자의 책임에 대한 강조를 통해, 예정론이 가지고 있던 인간의 수동성과 운명론에 의한 무기력증을 타파하여 하나님 앞에서 신자의 윤리와 경건을 일으키려는 의도였다.

이는 물론 역사적으로 퍼킨스가 제시한 언약사상은 영국국민 모두를 포함하여 개혁을 지향하는 영적 대각성운동을 위한 신학적 도구로써 행위언약의 중요한 역할을 통해 그것을 일으키려했음을 생각할 때, 행위언약은 영국국민 전체를 대상으로 적용될 수 있었으며 그러한 새로운 언약관계의 제시를 통해 영국 전체를 하나님과의 언약관계로 끌어드리게 되었던 것이다. 역사적 배경하에서 퍼킨스가 왜 행위언약을 강조했는지를 연구한 원종천의 견해에 따르면, 다음과 같이 설명될 수 있다.

> 퍼킨스는 신학적으로는 칼빈의 입장에 서 있었고, 언약신학을 전개해 나갈 때에도 그 기본신학에는 변함이 없었다. 알미니안주의가 나타나는 상황에서 퍼킨스에게 하나님주권과 은혜의 강조는 성경적인 것이었고 필수불가결한 것으로 보였다. 그러나 또 한 측면에서 보았을 때, 당시 청교도들의 눈에 영국이 절대적으로 필요한 것은 철저한 영적이고 윤리적인 개혁과 거룩한 삶의 추구였다 ... 영국교회는 개혁다운 개혁이 없었고, 신앙적으로 윤리적으로 허약하기 이를 데 없었던 것이다. 교회정치 제도를 개혁하기 위한 반체제운동은 가능성이 희박해 보이고, 이제 필요한 것은 영적이고 내면적이며 윤리적이고 개인적인 경건추구의 개혁운동이었다. 이것을 위하여 행위언약의 활용이 매우 중요한 역할을 했다.[703]

703) 『청교도 언약사상』, 56.

이 역사적 분석에 동의하면서, 퍼킨스가 은혜언약 위에서 칼빈이 율법의 제3용법을 사용한 것과 같이 행위언약을 신자들로 하여금 더욱 철저한 순종을 위한 도구로 사용하였음을 분명히 인식할 필요가 있다.[704] 이는 퍼킨스가 칼빈의 전통 하에 있음을 드러내는 것임과 동시에, 상황에 맞는 용어적 선택과 그 제안을 통해 신학이 목회뿐 아니라 교회 전체를 개혁하는 원동력을 제공하는 역할을 하였음을 보게 된다.

물론 퍼킨스는 타락 이후 인간은 결코 율법을 완전히 순종할 수 없음을 알고 있으면서도, 오직 그리스도로만 완전하게 되는 율법의 완성에 대해 경건의 촉구를 위한 도구로써 율법을 사용하여 개인적 경건을 강력히 요구하였다. 이를 통해 행위언약을 통한 실천적 경건이, 퍼킨스 안에서는 결국 은혜언약을 더욱 풍성하고 온전하게 하는 역할을 하게 하였다고 평가할 수 있다.

그 결과 퍼킨스의 두 언약사상 중에 특별히 하나님의 은혜에 기초한 "행위언약을 강조한 언약사상"을 통해, 영국교회는 그 시대의 새로운 신학운동이며 실천적인 경건운동인 청교도운동을 맞이하게 되었고, 그래서 그는 청교도운동의 아버지라 불리우게 된다.[705]

---

704) *Institutes*. II.vii.12. "셋째 용도는 가장 중요한 것이며, 율법의 중심적인 목적에 더욱 가까운 것이다. 이 용도는 하나님의 영이 이미 그 영혼 속에 사시며 주관하시는 신자들 사이에서 발견된다 … 그들이 앙모하는 주의 뜻의 성격을 매일 더욱 철저히 배우며 확고하게 이해하는데 율법은 가장 훌륭한 도구가 된다."

705) Lee Nam Kyu, 105.

〈Ⅲ부〉

“칼빈-퍼킨스” 의개혁주의 결실(Legacy)

제8장

"칼빈-퍼킨스" 언약의 영향 - 에임스의 언약사상

언약사상의 연속성에 있어서 어거스틴으로부터 이어지는 "칼빈-퍼킨스 체인(the Calvin-Perkins chain)" 의 영향이며 동시에 귀중한 산물인 윌리암 에임스(William Ames)[706] 의 언약사상은, 유럽대륙과 미국의 개혁주의 신학형성

706) 윌리암 에임스 *William Ames* (라틴어 *Amesius*)는 1576년 이후 청교도운동의 중심지가 된 Suffolk의 Ipswich에서 태어났고, 청교도에 대해 심정적으로 동감하던 아버지의 영향과 더불어 부모의 이른 소천 후에, 조카 에임스의 교육을 위해서는 돈을 아끼지 않은 삼촌에 의해 당시 청교도운동의 본거지로 여겨졌던 Cambridge의 Christ's college에서 1594년부터 공부하게 되었다. 그곳에서 1598년의 학사, 1601년의 석사학위를 취득하는 동안, 윌리암 퍼킨스(William Perkins)의 감동적인 설교를 듣고 극적으로 회심을 체험하게 되었다. 바로 이러한 극적인 회심체험을 통해, 에임스는 "외적 행실로 신앙의 마음과 실천을 표현함으로써 외적으로 훌륭한 모습을 보여줄 수는 있지만, 그렇다고 할지라도 진실하고 참된 그리스도인이 아닐 수도 있다" 는 사실을 깨닫게 된다. 그 결과 그의 평생에 마음의 내적 경건이 녹아 있는 실천적 기독교를 실제적인 삶에서 드러내고 제시하는 것을 일생의 관심사요 연구과제로 삼게 되었다. 이는 그로 하여금 경건을 강조하게 되었고 성경의 인도를 받지 않는 신앙행동을 반대하는 입장에 서게 하였다. 이러한 입장은 이후에 청교도 핍박으로 인하여 네델란드에 망명하게 된 1610년 이후, 도르트회의에서 의장의 신학고문 겸 비서로 일한 후에 1622년부터 프라네커 대학에서 재직하면서 에임스는 신학과 윤리학이라는 두 학문의 관계를 규명하기를 "이 두 학문은 그리스도인으로 하여금 참된 경건의 삶을 살도록 도움을 주는 하나의 통일된 체계" 로 보도록 하는 배경이 되었다. 그 때 저술한 작품이 바로 『신학의 정수*Marrow of Theology*』(1627)와 『양심론 *Conscience with the Power and cases Thereof*』(1630)이다. 특별히 스승 퍼킨스로부터 전수받은 바, 당대의 수사법인 라무스주의(Ramism)을 통해, 신학과 윤리학을 아주 자연스럽게 순종적이고 언약적인 삶의 프로그램 속에 짜넣게 되었다. 그의 영향력을 살펴보자면, 언약신학을 견고

에 지대한 영향을 미쳤음에도 불구하고 많이 알려지지 않아 주되게 다루어지지 않았다.

하지만 객관적으로 평가할 때 퍼킨스의 학문적이며 신앙적인 제자일 뿐 아니라 전통적 언약사상의 계승자로써 그 존재감이 참으로 위중하다 하겠다.[707] 다시말하면, 에임스는 단순히 퍼킨스의 제자일 뿐 아니라, 영국교회

하게 세운 에임스를 통해 배출된 학생 중에 독일 태생의 요하네스 코케이우스(Johannes Cocceius, 1603-1669)는 윌리암 퍼킨스-윌리암 에임스의 계보를 이어서, 마침내 언약신학의 대가로써 자신의 스승인 에임스를 크게 능가하는 '언약신학의 아버지' 라 불리우기 까기에 이르게 되어 언약신학을 발전시키게 된다. 뿐만 아니라 에임스는 마침 1618-9에 지속된 도르트회의(Synod of Dort)에서 망명자로써 공식적인 대표는 되지 못하였지만 회의 의장인 요한네스 보게르만의 신학고문으로 일함으로써 도르트 회의의 총회원들이 이후에도 지속적으로 알미니안주의에 대해 분명한 한계와 문제를 지적하는, 기념비적인 결과인 칼빈주의 5대교리를 구축하는 데 일조했다. 그에 더하여 초기 미국의 신학과 지성사에 미친 에임스의 영향에 대해 말하자면, 미국 대학의 청빙을 받고는 마침 강의 범람으로 급거 사망하게 되면서 미국으로 이주하지 못하지만 그의 아내가 이주하게 되면서 기증하게 된 그의 도서들이, 하버드대학 도서관의 최초의 장서를 이루게 되었으며 대부분의 미국 대학의 도서관에 그의 책들이 소장됨으로써, 앞에서 서술한 바 에임스의 언약신학은 조나단 에드워즈(1703-1758)에까지 영향을 미쳤다. 이는 단순한 영향만이 아니고, 뉴잉글랜드의 신학이 사변화되어 교회의 침체기를 가져오고 있던 그 시기였기에 그 영향을 받은 에드워즈를 통하여 에임스의 신학이 확산됨으로 인해 대각성운동이 일어나도록 하는 원동력을 교회에 제공하였다고 평가된다.

707) 주도홍, "윌리암 에임스" 『칼빈 이후의 개혁신학자들』, 135. 한국에서는 잘 알려지지 않았지만 유럽과 미국에서는 에임스의 교회사적 중요성 때문에 이미 오래전부터 연구되어왔다. cf.Hugo Visscher, *Guilemus Amesius,* Zijn Leven en Werken, Haarlem 1894; Wihelm Goeters, *Die Vorbereitung des Pietismus in der reformierten Kirche der Niederlande bis zur Labadistischen Krisis 1670*, Leipzig 1911; Karl Reuter, *Wilhelm Amesius, der fuehrende Theologe des rewachenden reformietren Pietismus*, Neukirchen 1940; Keith L. Sprunger, *The learned doctor William Ames. Dutch Backgrounds of English and American Puritanism*, Urbana 1972; Boerkoel, Benjamin J., Sr. *William Ames(1576~1633): Primogenitor of the Theologia-Pietatis and English-Dutch Puritanism*. Th.M. thesis, Calvin Theological Seminary, 1990; Jan Van Vliet, *William Ames: Marrow of the Theology and Piety of the Reformed tradition* (Ph.D. Dissertation, Westminster Theological Seminary, 2002). 또한 저널수록논문으로는 Charles N. Pickell, "The Freedom of the Will in William Ames and Jonathan Edward." *Gordon Review* 5(1959:168-174); Douglas Horton, "Let Us Not Forget the Mighty William Ames." *Religion in Lift* 29 (1960: 434-442); Keith L. Sprunger, "Ames, Ramus, and the Method of Puritan Theology." *Harvard Theological Review* 59(1966:133-151); LEE W. Gibbs,"The Puritan natural law theory of William Ames." *Harvard Theological Review* 64 (1971:37-57) 등이다.

상황의 어려움으로 인해 화란으로 망명함으로 그의 활동은 영국을 넘어 유럽대륙 전체에 미치는 영향력을 발휘하였고, 심지어 사후死後에 저작들을 통해 그의 영향이 뉴잉글랜드의 조나단 에드워즈에게까지 미쳤다.[708]

따라서 기억할 만한 에임스의 업적으로는 역사적인 개혁주의 신앙고백서의 하나인 "도르트 신조(The Canon of Dordt)"를 작성한 도르트회의(an international Synod in Dortrecht, 1618-1619)에서 의장이었던 요하네스 보게르만(Johannes Bogerman)의 신학고문 겸 비서로 일함으로써,[709] 아르미니우스를 철저하게 대항하는 개혁주의 교리정립을 위한 중요한 역할을 하였다.[710] 그뿐 아니라 에임스의 그 막중한 영향력을 통해 스승 퍼킨스로부터 에임스 자신을 이어, 배출된 학생 중에 독일 태생의 코케이우스(Johannes Cocceius, 1603-1669)로 하여금 "언약신학의 아버지"로 불리게 하는 연결통로의 역할을 한다.[711] 이뿐 아니라 에임스를 통하여 종교개혁과 청교도의 전

---

708) 양낙흥, 『조나단 에드워즈의 생애와 사상』 (서울: 부흥과개혁사, 2003), 122. "예일대학은 하버드대학보다 더 포괄적인 원리들 위에서 건립되었다 … 학교의 규칙은 웨스트민스터 요리문답과 윌리암 에임스의 「신학의 정수」를 성경적 진리에 대한 가이드로 정해 놓고 있었다."

709) 『개혁주의 청교도영성』, 225. 비키는 이에 대해 설명을 덧붙이기를, "도르트 총회의 회원들은 아르미니우스주의자들이 제시한 다섯 가지 요점에 대해 역사적인 칼빈주의 입장을 지지했고, 에임스에게는 이것이 큰 기쁨이었다." 도르트 회의의 결과로 알미니안들이 추방되자, 에임스는 레이덴대학 교수로 임명되었다.

710) Joel Beeke & Randall J. Pederson, *MEET the PURITANS* (Grand Rapids: Reformation Heritage Books, 2006), 41. "This crisis among the Dutch pitted the Remonstrants (Arminians), promoters of the doctrine of the free will, against the Contra Remonstrants (Calvinists), who maintained the orthodox doctrine of predestination. Ames's sill as a systematic theologian in this debate won him considerable acclaim as the "Augustine of Holland" and "the hammer of the Arminians". Eventually, the Arminian issue was adressed at an international Synod in the Dutch city of Dordrecht (1618-1619). Because of his expertise in addressing issues of the Arminian struggle, Ames, while a non-voting member of the synod, was called to be the chief theological advisor and secretary to Johannes Bogerman, the presiding officer. The synod ruled in favor of the historic Calvinist position on all five points raised by the Arminians."

711) 코케이우스의 *The Doctrine of the Covenant and Testament of God*는 언약신학의 집대성이라 평가받는다. cf. Vliet, *William Ames: Marrow of the Theology and Piety of the Reformed tradition*, 102.

통이 유럽 대륙과 심지어 뉴잉글랜드 신대륙으로 이어져가게 한 지대한 영향을 미쳤다. 그러하기에 이러한 에임스의 중요성을 간파한 조엘 비키는 그의 언약사상에 대해 다음과 같이 극찬한다.

> 비록 언약신학이 칼빈과 다른 개혁자들에게서도 나타나기를 해도, 에임스는 그들을 능가하며 언약적 신학(covenantal theology, 즉 언약을 신학의 한 중요 요소로 다룬 신학)을 언약신학(theology of the covenant: 즉 언약을 신학이 포괄적 원리와 구조로 삼는 신학)으로 바꾸어 놓았다.[712]

이 평가는 에임스가 이제껏 살핀 바 칼빈과 퍼킨스에게 나타나는 그리스도를 중심한 구원론적인 언약에서, 이를 포함하되 교회론적인 언약까지 포함된 더욱 부요한 언약신학으로 확장하였음에 대한 인정이라 할 수 있다. 즉 에임스는 언약사상에 있어서 어거스틴과 칼빈과 퍼킨스로부터의 연속 및 발전 뿐만 아니라 교리의 중요성에 대하여 분명하게 인식하고 "하이델베르그요리문답" 의 성경각주에 대한 해설서인 *A Sketch of the Christian Catechism*를 저술하기까지 하였다.[713]

사실 에임스는 청교도운동의 본거지로 여겨졌던 Cambridge의 Christ' s college에서 공부하면서,[714] 퍼킨스의 감동적인 설교를 듣고 극적으로 회

712) 『개혁주의 청교도영성』, 222.

713) William Ames, *A Sketch of the Christian Catechism*. trans. Todd Rester (T. Mabb. 1659 1st ;Grand Rapids: Reforemed Heritage Books, 2008 2nd). "Ames's method in this book is not an analysis of the Catechism itself. Rather, he chooses a particular text of Scripture that supports the main thoughts for a given Lord s Day. While the exposition is directly from the Bible, Ames's doctrinal conclusions interact with the corresponding Questions and Answers of the Heidelberg Catechism. Joel R. Beeke and Todd M. Rester's introduction provides valuable background on Ames and his work. Rester s fresh translation from the Latin opens several avenues of interest for modern day English readers. Historians of 16th and 17th century thought will value the critical English translation of a much neglected text, and the fact that it demonstrates the interaction between English Puritanism and the Dutch Further Reformation. Reformed pastors will also take interest in this, as it provides another important resource on a classic doctrinal standard."

714) 제임스 패커, 『청교도 사상』 박영호 역 (서울: 기독교문서선교회, 1992), 88.

심을 체험하게 되었다.[715] 이러한 극적인 회심체험과정에서, "외적 행실로 신앙의 마음과 실천을 표현함으로써 외적으로 훌륭한 모습을 보여줄 수는 있지만, 그렇다고 할지라도 진실하고 참된 그리스도인이 아닐 수도 있다"는 사실을 깨닫게 된다.[716] 그 결과 그의 평생에 마음의 내적 경건이 녹아 있는 실천적 기독교를 실제적인 삶에서 드러내고 제시하는 것을 일생의 관심사요 연구과제로 삼게 되었다. 그 스스로 경건을 강조하게 되었고 성경의 인도를 받지 않는 신앙행동을 반대하는 입장에 서게 하였다.

그러므로 이 8장에서는 어거스틴으로부터 시작하여 그 연속성을 밝혀온 바 "칼빈-퍼킨스 체인(the Calvin-Perkins chain)"을 따라 그것이 에임스에게까지 연결되고, 나아가 에임스를 통해 하나님의 주권을 온전히 드러냄으로써 구원론적인 견고함을 보여준 도르트 신조와, 하나님의 영광을 위한 신학을 지향했던 에드워즈에까지 각각 연결되는 바 즉 "칼빈-퍼킨스 체인(the Calvin-Perkins chain)"의 연속과 발전을 살펴보려고 한다.[717]

1. 에임스의 언약사상

이제 에임스의 주저主著 『신학의 정수 *Medulla Theologiae*』[718]에 나타난 에임스의 언약사상을 살펴보면, 에임스의 주된 저술인 『신학의 정수 *Medulla*

---

715) 『칼빈 이후의 개혁신학자들』,135. 재인용, Martin Schmit, *Pietimus*, 25. 에임스에 대해 "Der groesste Schueler von William Perkins, Willam Ames -퍼킨스의 가장 거대한 제자, 에임스"라 평가한다.

716) 『개혁주의 청교도영성』, 223.

717) Vliet, *William Ames: Marrow of the Theology and Piety of the Reformed tradition*, 102. 그래서 에임스까지 이어지는 연속성에 대해, Vliet는 "the Calvin-Perkins-Ames line"라고 명명한다.

718) William Ames, *Marrow of Theology*, tr. John D. Eusden (GrandRapids: BakerBooks,1968) 『신학의 정수』 서원모 역 (서울:크리스챤다이제스트,1992): https://archive.org/details/guilielamesiimed00ames에서 *Medulla Theologiae* (1656)의 스캔된 원문을 볼 수 있다.

Theologiae』는 1627년에 처음 출판되기는 하였지만 그 책에 담긴 핵심사상은 그 출판시기보다 먼저 알려졌다.[719] 즉 에임스가 라이덴(Leiden)에서 가정교사로 학생들을 가르쳤던 신학강의들이 그는 의식하지 못할 때 정리되어서 알려지기 시작했고, 프라네커(Franeker)대학에서 단편적으로 작성되어 라틴어로 공개된 것이 1623년인데 대학교수로서의 학문적인 안정을 찾은 후에야 직접 손질하여 출간한 것이 바로 *Medulla Theologiae* (1627)이고, 이의 영문판 *Marrow of Theology*는 1642년에야 출간되었다.

두 권으로 구성된 『신학의 정수 *Medulla Theologiae*』에서 에임스는 가장 우선되이 "신학 Theologia에 대해 "하나님을 위해 사는 것(*Theologia est doctrina Deo vivendi*)"이라 규정하고,[720] 제1권에서 총 41장에 걸쳐 "신앙(Faith in God)"에 대해 다루고, 제2권에서 총22장에 걸쳐 "순종(Observance)"에 대해 다룬다.[721]

제1권 "신앙 Faith in God" 부분에서 다루어지는 내용들로는, 1장 신학의 정의 혹은 본질, 2장 신앙의 구분 혹은 부분들, 3장 신앙, 4장 하나님의 그의 본체, 5장 하나님의 실체, ... 8장 창조, 9장 섭리, ... 11장 인간의 배교 및 타락, 12장 죄의 결과들, 13장 원죄, ... 18장 중보자 그리스도의 인격, 19장 그리스도의 직분, ... 24장 그리스도의 적용, 25장 예정, 26장 부르심, 27장 칭의, 28장 양자됨, 29장 성화, 30장 영화, 31장 신비적인 교회, ... 34장 성경, ... 36장 성례들, 37장 권징, 38장 그리스도의 강림 이전 은혜언약의 시행, 40장 세례와 성찬, 41장 세계의 종말 등이다.

---

719) 『개혁주의 청교도영성』, 230.

720) 『신학의 정수』,109; *Marrow* I.i.1. "Theology is the doctrine or teaching of living to God."; 주도홍, 『칼빈 이후의 개혁신학자들』, 139. "경건한 윤리적 삶을 추구한 신학자로서 평가받는 에임스는 계속되는 개혁교회 경건주의 핵심인 살아계신 하나님을 향한 교리(*doctria Deo vivendi*)에 영향을 주었다."

721) *Marrow*, 72-3. chart. 여기서 책의 전체 구조를 라무스주의를 따라 그린 도표로 보여준다.

제2권 "순종Observance"을 내용으로 하는 제2권의 내용을 역시나 몇몇 소개하자면, 1장 일반적인 순종, 2장 덕목, 3장 선행들, ... 8장 말씀의 청종, 9장 기도, ... 13장 제정된 예배(공예배), 14장 신적 예배의 방법, 15장 예배시간, 16장 정의와 이웃에 대한 사랑, 17장 우리의 이웃에 대한 존경, ... 22장 만족 등이다.

전체적으로 볼 때 이 두 핵심범주인 "신앙(Faith in God)"과 "순종(Observance)"은 에임스의 전체 신학세계가 흘러나오는 원천을 형성하고 있는데,[722] 1권 "신앙"부분에서는 "우리가 무엇을 믿는가"라는 신앙핵심사상을 본질적으로 규명하고 있고, 2권 "순종" 부분에서는 그러므로 "우리가 어떻게 신앙을 실천하고 하나님에 대해 순종하여 이웃에서 선을 행하는가"라는 실제적인 신앙윤리의 내용을 다룬다. 따라서 이러한 책 구성에 대해, 전체적인 조망을 제시하는 비키의 설명은 귀 기울일 만하다.

우리는 『신학의 정수』1권에 언약적 구조에 따라 설명된 에임스의 신학적 가르침이 신앙에서 시작된다는 것을 확인했다. 제2권은 라무스주의에 입각한 에임스의 신학체계의 나머지 절반 곧 신앙을 동반하는 순종 또는 준수에 대한 내용을 다룬다. 순종은 미덕과 선행을 통해 이루어지고, 종교(하나님에 대한 사랑) 속에서 뿐만 아니라 정의와 자선(이웃에 대한 사랑)으로 표현된다. 여기서 에임스는 십계명의 첫 번째 돌판과 그 신학적 덕목이 어떻게 신앙과 하나님에 대한 경배의 기초가 되었는지, 그리고 십계명의 두 번째 돌판과 그 자비로운 덕목이 어떻게 사람 사이의 행실의 본보기를 구성하는지 설명했다. 그리스도인의 삶에 대한 이 청사진은 십계명에 규정된 것처럼, 하나님에 대한 그리고 서로에 대한 행실로 그려진다.[723]

이렇게 신학체계를 "신앙"과 "순종"으로 나누는 방식은 퍼킨스가 사용

722) Roderick Martin, *Lutheran Quarterly*, ns12 no.3. Aug 1998, 362-4.

723) 『개혁주의 청교도영성』, 236.

한 수사법과 동일한 내용을 이어받은 라미즘(Ramism) 방법론을 사용한 것인데,[724] 이 수사법을 사용하여 신학에 있어 신학은 결코 이론학문이 아니라 기독교적 삶을 위한 학문이라는 견고한 확신을 제시하고자 했던 것이다.[725] 따라서 참으로 에임스에게 있어서 신학은 결코 진공된 상태나 이론적 사고에 의해서 제공되고 진행되는 것이 아닌, 신앙의 내용을 통해 하나님께 순종하는 형태로 나타나야 된다는 의식이 분명했음을 알 수 있다. 즉 에임스는 확고히 "신학은 기독교의 실천을 촉진한다"고 믿었고, 순종 즉 신앙에 기반한 윤리적 실천을 중요히 제시했던 것이다.[726]

그래서 이 『신학의 정수 *Medulla Theologiae*』에서 보여지는 에임스의 신학사상의 핵심은 다름 아닌 바로 "언약사상"이다. 유스든은 에임스가 "인간이 신실한 삶에서 최고로 기대할 수 있는 것이 언약사상에 나타난다"고 생각했음을 지적한다.[727] 물론 에임스가 "그리스도의 적용(The Application of Christ)"이라 이름 붙은 제1권 24장에 가서야 비로소 "이는 확고한 약속을 의미하므로 언약이라 불린다(*Foedus deictic, quia firma est promissio*)"라고 언급함으로 언약에 대해 후반부에서 다루는 것처럼 보이지만,[728] 실제로는 『신학의 정수 *Medulla Theologiae*』전체가 어거스틴으로부터 종교개혁자들과 청교도들, 특별히 "칼빈-퍼킨스 체인(the Calvin-Perkins chain)"의 언약적 연장선 위에 저술되고 있음이 확실하다.[729]

에임스는 당연히 여러 곳에서 언약을 논하지만 주되게 제1권 10장 지성

---

724) Robert T. Hardy, *Union Seminary Quarterly Review*, 24 no.1. Fall 1968, 114-5.

725) 『개혁주의 청교도영성』, 231.

726) Ibid., 232.

727) 『신학의 정수』,79 ; *Marrow*, 51. "Intoduction". "What man could expect in a life of faithfulness was best described, Ames believed, in the idea of covenant."

728) Ibid., I.xxiv.11; *Marrow*, 151. "It is called a covenant because it is a firm promise."

729) 『개혁주의 청교도영성』, 234. 이에 대해 비키는 "처음부터 에임스의 신학은 암묵적으로 언약 노선에 따라 세워진다"라고 단언한다.

적 피조물에 대한 특별한 통치, 24장 그리스도의 적용, 32장 제도로서의 교회, 38장 그리스도 강림이전의 은혜언약의 시행, 그리고 39장 그리스도의 강림으로부터 세계종말까지의 언약의 시행에서 등등 이미 내용상 중점적으로 언약사상이 다루어진다.[730] 아래의 에임스 언약사상에 대한 전반적인 평가는 유용하다.

> 언약개념은 에임스의 신학에서의 중심적인 개념들 중의 하나이며, 본 개념의 활용과 해석에 있어서 에임스 역시 17세기 초엽 청교도들의 범주 내에 속하면서도 자신의 독특한 성격을 유지하고 있다.[731]

그래서 여기에서 발견할 수 있는 에임스 언약사상의 정점은 하나님과 인간의 개별적인 관계인 구원론과 더불어 교회적 삶을 언급하는 교회론적 은혜언약에서 발견될 수 있다.[732]

2. 에임스 언약의 특징

실상 에임스의 신학사상이 언약론을 그 기반으로 하고 있음은 "언약 노선에 따라 세워졌다"라고 평가에 동의하며,[733] 에임스의 『신학의 정수 *Medulla Theologiae*』가 개혁신학의 전통 위에 있음을 밝히는 훌리에트(Jan Van

730) 『신학의 정수』,79; *Marrow*, 51. "The discusses covenant in many places, but especially in book one, chapters 10, 24, 32, 38 and 39 which deal with the governing of men and angels, the application of Christ, the organized church, and the meaning of covenant itself."

731) Ibid., 79; *Marrow*, 51. "It is clearly one of the central concepts in Amesian theology and its use and interpretation mark Ames again with a uniqueness among early seventeenth-century Puritans."

732) Ibid., 80; *Marrow*, 52. "For Ames, however, the covenant idea finds its principal meaning and reaches its apex in the covenant of grace, reforring to ma's individual relation with God and to the life of the church."

733) 『개혁주의 청교도영성』, 234.

Vliet)가 소개한 "에임스는 언약신학의 수석건축가(chief architecture of federal theology)"라는 평가는 실로 에임스에게 있어서 언약사상은 핵심적인 신학 사상이었음을 받아들이게 된다.[734)]

이제 에임스의 언약사상에 대한 내용을 직접 살펴보고자 할 때, 그에게는 퍼킨스와 같이 의도적으로 두 언약을 구분하는 모습보다는 도리어 하나님의 은혜에 기반한 은혜언약을 분명히 드러낸다.[735)] 이러한 에임스의 언약에 대한 진술을 먼저 들어보자.

> 10. 하나님께서 이전에 맺어지고 파기된 언약 안에 포함된 모든 것을 가장 확고하게 성취하는 이러한 적용을 성경에서는 새 언약(히 8:8,10); 생명과 구원과 은혜의 언약(롬 4:16; 갈 3:18)이라고 부른다. 동일한 의미에서 이는 또한 복음(롬 1:16); 하나님의 선한 말씀(히 6:5); 모든 사람이 받을 만한 이 말(딤전 1:15); 선한 교훈(딤전 4:6); 생명의 말씀(빌2:16); 화목하게 하는 말씀(고후 5:19); 평안의 복음(엡 2:17; 6:15); 구원의 복음, 진리의 말씀(엡 1:13); 여호와의 팔(사 53:1); 생명을 좇아 생명에 이르는 냄새(고후 2:16)로 불려진다. 11.이는 확고한 약속을 의미하므로 언약이라고 불린다.[736)]

---

734) Jan Van Vliet, "William Ames: Marrow of the theology and piety of the reformed tradition." *Westminster Theological Journal*, 64 no.1 (Spring 2002),193. cf. Perry Miller, *The New England Mind: From Colony to providence* (Cambridge: Harvard University,1953), 54.

735) Jan Van Vliet, "Decretal Theology and the development of covenant thought: an assessment of Cornelis Graafland's thesis with a particular view to federal architects William Ames and Johaness Cocceius." *Westminster Theological Journal*, 63 no.1 (Fall 2001), 402.

736) 『신학의 정수』, I.xxiv.10-11; *Marrow*, 150. "10. The application by which God fulfills with greatest firmness what was contained in a covenant formerly made and broken is called in the Scriptures *the New Testament*, Heb. 8:8,10; A covenant of life, salvation, and grace, Rom. 4:16; Gal. 3:18. In the same sense it is also called the Gospel, Rom. 1:16; The good word of God, Heb. 6:5; A faithful saying and worthy of all acceptation, 1 Tim. 1:15; a good doctrine, 1 Tim.4:6 The word of life, Phil. 2:16; The world or reconciliation, 2 Cor. 5:19; The gospel of peace, Eph. 2:17 and 6:15; The gospel of salvation. The word of truth, Eph. 1:13, The arm of God, Isa. 53:1; The fragance of life to life, 2 Cor. 2:16. 11. It is called a covenant because it is a firm promise ⋯."

(1) 그리스도 중심의 은혜언약에 대한 강조와 그 효용

에임스의 『신학의 정수 *Medulla Theologiae*』 제I권 24장의 "그리스도의 적용(De Applicatione Christi)" 에서, 에임스는 하나님과 그리스도 간의 구속언약을 실현시키는 수단으로써 새 언약 즉 "은혜언약"을 다루고 있다. 바로 이러한 그리스도의 신자에게의 적용은 바로 이 은혜언약을 통해 이루어짐을 말하고 있으므로, 에임스의 언약사상 또한 그리스도를 중심하여 펼쳐지고 있는 "기독론적 언약" 임을 입증하는 것이다.

> 모든 구원에 관련된 일들은 머리이신 그리스도 안에서 전달된다. 이는 그리스도로 인해, 즉 그리스도의 공로로 인해, 우리에게 전달된다. 그리고 이는 그리스도를 통해 우리에게 전달된다. 즉 그리스도를 통해 이들은 효과적으로 적용된다(엡 1:3,5,11).[737]

이를 위해 제24장 "그리스도의 적용" 에서 총 9가지로 새 언약과 옛 언약의 차이점을 설명한 후에, 결론적으로 은혜언약에 대한 설명을 덧붙이기를, "현존하는 언약은 존속기간에 있어서도 영원하며 그 적용에 있어서도 영원하다. 왜냐하면 본 언약의 은혜는 한번 진정으로 언약 안에 있는 자들에게 영원히 지속되기 때문이다" 라고 한다.[738]

이러한 언약의 적용은, 제24장 이후에 구원의 순서들인 예정(25)- 부르심(26) - 칭의(27) - 양자됨(28) - 성화(29) - 영화(30) 그리고 교회(31-37)에 대한

---

737) Ibid., I.xxiv.6; *Marrow*, 149-150. "All things are said to be communicated to us In Christ, as in the head, Because of Christ, as the one through whom they are effectually applied, Eph.1:3,5,11.(*omnia salutaria communicari novis dicuntur in Christo, ut in capite, propter Christum, merito suo impetrantem; & per Christum, ut efficaciter applicantem. Eph.I,3,5,11.*)"

738) Ibid., I.xxiv.22; *Marrow*, 152. "The present covenant is everlasting, both in its own duration, since it admits of no end or change in substance, and in its application, for the grace of this covenant continues forever with those who are once truly in it."

내용들을 모두 다룬 후에, 다시금 제38장에 와서 "그리스도 강림 이전의 은혜언약의 시행"이라는 제목하에 다루어지는데, 여기서는 "하나님의 자유롭고 은혜로운 언약이 처음부터 동일한 하나의 언약이지만 그리스도의 적용방식 혹은 새 언약의 시행방식은 항상 그런 것은 아니다. 이는 교회가 회집하는 구체적인 시대에 따라 다양했다"라고 기독론적인 언약이 이후에 교회론적으로 적용될 것을 염두에 두고 있음을 드러낸다.[739] 또한 제39장에서도 "그리스도의 강림으로부터 세계 종말까지의 언약의 시행(*De administratione Foederis a Christo exhibito ad finem usque mundi*)"이라는 제하에 다룬다.

> 1. 그리스도께서 오신 시점에서 언약의 시행방식은 이중적이다. 하나는 세계종말까지 지속되는 것이며 다른 하나는 종말 자체에 있다. 2. 그리스도의 시대로부터 세계 종말까지는 완전히 새롭고 따라서 신약이라고 부르기에 합당한 하나의 언약의 시행이 존재한다. 3. 이는 완전하므로 끝도 교체도 없다....[740]

이를 정리하면, 사실 에임스에게 있어서 은혜언약의 본질은 모든 구원론적 적용은 이미 그 기반하고 있는 은혜언약 위에서 그리스도를 통해 적용되는 내용이요 심지어 마지막 날에 신자들이 영광 가운데 들어갈 때까지도 은혜언약은 다양한 역사를 거쳐서도 변함없이 지속되는 효력을 가지

---

739) Ibid.,I.xxxviii.1; *Marrow*, 202. "Although the free, saving covenant of God has been one and the same from beginning, the manner of the application of Christ or the administration of the new covenant has not always been so. It has varried according to the times during which the church has been in process of being gathered."

740) Ibid., I.xxxix.1-2; *Marrow*, 205. "1. The manner of administration of the covenant, now Christ has appeared, is twofold: the one lasting until the end of the world and the other at the end itself. 2. From the time of Christ to the end of the wolrd there is a n administration of one kind which is altogether new and is rightly called the New Testament. 3. it is of one kind without end or alteration because it is perfect …."

고 있다라고 할 수 있다. 즉 이 말은 시작부터 종말까지 신자의 구원은 철저하게 그리스도 중심의 은혜언약에 기반하고 있음이 에임스의 언약이해인 것이다.

그러므로 『신학의 정수 *Medulla Theologiae*』에서 에임스는 아주 간단히 행위언약의 한계를 언급하고는 은혜언약의 효력에 대해서 주력하여 다룬다.[741] 퍼킨스와 달리 행위언약을 인정하면서도, 은혜언약에 대한 주된 관심과 강조를 한다.

> 본 언약은 모세시대로부터 존재했던 것과는 조상들에게 맺어진 약속과 관련해서 새롭다. 하지만 이는 본질에 있어서는 새로운 것이 아니며 다만 형태에 있어서만 새롭다. 이전의 상황에서 시행형태는 행위언약의 형태를 띠고 있는데 본 언약은 이와는 본질적으로 상이하다. 새 언약과 옛 언약의 완전한 차이는 전자는 오직 그리스도 이후에서만 시행된다는 것에 있고 따라서 이러한 시행은 새로운 언약과 증언이라고 명명되는 것이 타당하다.[742]

지금 주어지는 새 언약, 즉 은혜언약은 과거의 행위언약과는 전혀 다른 것이요 그러므로 이제는 옛 언약인 행위언약에 더이상 매이지 않고, 새 언약인 은혜언약의 수혜 가운데 그리스도의 재림 때까지 누리게 될 자유가 신자들에게 주어졌다는 은혜언약의 효력에 대해 에임스는 강조한다. 그러

---

741) Vliet, *WILLIAM AMES*, 51. 에임스의 다른 작품인 『양심, 그 능력과 사례들 *Conscience with the power and cases thereof*』에서는 이를 보다 더 구체적으로 다루고 있다.

742) 『신학의 정수』, I.xxxix.4; *Marrow*, 206. "4. The testament is new in relation to what existed from the time of Moses and in relation to the promise made to the fathers. But it is new not in essence but in form. In the former circumstances the form of aministration gave some evidence of the covenant of works, from which this testament is essentially different. Since the complete difference between the new covenant and the old appeared only in the administration which I came after Christ, this administration is properly termed the covenant and testament which is new."

면서 두 차이를 이렇게 간단히 정리한다, "6.양적인 차이는 명확성과 자유이다 ... 9. 자유는 첫째, 율법에 의한 통치 즉 고대인들을 일정하게 구속한 행위 언약의 혼합물을 제거하는데서 나온다."[743]

바로 이렇게 에임스는 행위언약과 은혜언약을 간단하게 구분하고, 퍼킨스보다는 더욱 은혜언약에 대한 강조 위에 그리스도 중심적인 언약신학을 펼쳐간다. 유스든은 이에 대해, "우리가 언약이라는 단어를 후자(인간에 대한 하나님의 완전하고 궁극적인 관계- 註: 은혜언약)로만 사용한다면 에임스를 잘 파악한 것이라고 볼 수 있다"고 하면서,[744] 다음과 같이 에임스의 언약사상을 잘 정리해준다.

> 에임스는 아마도 무조건적인 은혜언약을 가장 중요한 성경적 가르침이라고 생각했을 것이다 ... 본 언약의 가장 명백한 표현은 로마서에서 잘 나타난다. 우리가 이미 보아왔듯이 여기서는 주요 논증이 파악될 수 있다. "우리가 아직 죄인되었을 때 그리스도께서 우리를 위하여 죽으심으로"(롬 5:8) 로마서는 『신학의 정수』에서 가장 많이 인용된 성경책이다. 따라서 에임스는 그리스도 사건을 은혜언약의 구약적 형태와 신약적 형태의 경계선으로 본다. 구약은 그리스도께서 오실 것을 약속했다면 신약은 그가 오셨다는 것을 증거한다.[745]

이렇게 철저한 은혜언약의 기반 위에서 새롭게 언약사상을 이해하고 펼

---

743) Ibid., I.xxxix.6-9; *Marrow*, 206. "6. Its difference in quality is in clarity and freedom ··· 9.Freedom comes, first, in dong away with government by law, or the intermixture of the covenant of works, which held the ancient people in a certain bondage."

744) Ibid., 81; *Marrow*, "Introduction".

745) Ibid., 82-3; *Marrow*, 54. "Ames sees the unconditional covenant of grace as perhaps the single most important biblical teaching ··· The clearest expression of the covenant is found in Paul's letter to the Romans, where the main 'argument' to be grasped, as we have seen, is 'When we were yet sinners Christ died for us'(Rom. 5:8)." 로마서는 *Marrow* 에서 성경 중에서 가장 많이 인용된 책이다. 그러므로 에임스는 은혜언약의 옛 형태와 새 형태가 그리스도의 사건으로 구분된다고 생각한다. 구약은 그리스도의 오심을 예언하고 신약은 그분이 오셨음을 증거한다.

쳐나간 공헌으로 의해, 에임스는 개혁주의 전통 가운데서 그리스도를 중심하는 기독론적 은혜언약의 중요성을 포착한 최초의 인물들 중에 속해 있는 신학자라고 평가될 뿐만 아니라 그래서 제자들에게 은혜 언약에 대한 열정을 전해주었기에, 그 제자들은 은혜언약을 17세기 후반 청교도주의의 신학적 증명서로 만들었다고까지 평가된다.[746)]

(2) 그리스도 중심의 은혜언약에 대한 교회론적 적용

이제 조금 더 들어가 보면 에임스의 기독론적 언약사상은 특징적으로 교회-공동체에 대한 관심이 이러한 은혜언약과 연관되어 나타난다. 이는 논리방식에 있어, 언약사상에 대한 논의를 신학적인 논의의 앞부분에서는 절제했다가, 교회 내의 생활에 대한 논의 부분에서 주로 다루고 있음에서 그 단초를 찾을 수 있다.[747)] 분석적으로 볼 때, 제1권의 내용이 제1장 "신학의 정의 혹은 본질"에서 출발해서 제24장의 "그리스도의 적용"에 이를 때까지는 에임스는 언약에 대한 논의를 하지 않는다. 그러다가 앞서 살핀 것처럼 "그리스도의 적용"에서 비로소 하나님과 그리스도 간의 구속언약을 실현시키는 수단으로써 "은혜언약"을 다루고, 바로 이 은혜언약을 통해 그리스도의 신자에게의 적용이 이루어짐을 말하기 시작한다.

> 10. 하나님께서 이전에 맺어지고 파기된 언약 안에 포함된 모든 것을 가장 확고하게 성취하는 이러한 적용을 성경에서는 새 언약(히 8:8,10); 생명과 구원과 은혜의 언약(롬 4:16; 갈 3:18)이라고 부른다 …. 11. 이는 확고한 약속

---

746) Ibid., 84; *Marrow*, 55. "Ames is trasitional figure-one of the very first in the Reformed tradition to seize upon the centrality of the covenant of grace. He bequeathed his enthusiasm to those whom he taught who were in turn to make the covenant of grace a theological hallmark of mid-and late - seventeenth-century Puritanism."

747) Ibid., 84; *Marrow*, 55. "Although the meaning of covenant is alluded to early in the *Marrow*, its major treatment is reserved for the chapters following the discussion of the church."

을 의미하므로 언약이라고 불린다. 성경에서 확고한 결정은 생명이 없는 것들과 관련된다고 할지라도 언약이라고 불린다 …. 12. 그럼에도 불구하고 이는 값없는 선물이며 선사자의 죽음으로 인해 확증되기 때문에 이를 언약 대신 유언이라고 명명하는 것이 보다 타당하다(히 9:16). 이러한 의미는 언약이라고도, 유언이라고도 명명될 수 없는 확고한 결정에서는 발견될 수 없다.[748]

이 내용이 『신학의 정수 *Medulla Theologiae*』의 제25장부터 제30장까지 예정 - 부르심 - 칭의 - 양자됨 - 성화 - 영화라는 구원론적인 순서, 즉 구원의 서정(Ordo Salutis)을 따라 다루어진다. 그런 후에 이제 제31장에서부터는 그러한 언약의 관점에서 교회론적 논의를 이어간다. 제31장 신비적인 교회, 제32장 제도로서의 교회, 제33장 교회의 비상직원들 ... 제35장 통상직원들과 설교직, 제36장 성례들, 제37장 권징 ... 제40장 세례와 성찬, 그리고 마지막 제41장 세계의 종말이 그것이다. 따라서 방금 순서를 살핀 것처럼, 교회론적 언약이해(제31장 - 제41장)가 구원론적인 언약(제24장 - 제30장)에 대한 언급이 마치자마자 제31장 "신비적인 교회" 부터 나타난다.

구속의 적용 자체에 대해서는 충분히 논의되었다. 이제 구속이 적용하는 주체와 그 적응방식의 문제를 다루어보자. 1. 주체는 교회다 ... 2. 교회는 주체이며 구속의 결과이다. 왜냐하면 교회는 먼저 교회이고 나중에 그리스도와 연합하고 교제하는 것이 아니기 때문이다. 교회는 그리스도와 연합하기 때문에 그리스도의 교회이다. 3. 따라서 그리스도의 적용과 관련된 것

748) Ibid., I.xxiv.10-11; *Marrow*, 150. "10. The application by which God fulfills with greatest firmness what was contained in a covenant formedly made and broken is called in the Scriptures the New covenant, Heb.8:8,10; A covenant of life, salvation, and grace, Rom.1:16; Gal.3:18 … 11.It is called a covenant because it is a firm promise. In the Scriptures every firm determination, even through pertaining to lifeless things, is called a covenant … 12. Yet because it is a free gift and confirmed by the death of the giver, it is more properly called a testament, not a covenant, Heb.9:16. This sense is not found in a firm determination, which is not so properly called a testament as a covenant."

을 먼저 인지하고 설명하지 않고서는 교회의 본성을 설명하거나 이해할 수 없다.[749)]

이뿐 아니라 언약적 교회이해는 제32장 "제도로서의 교회" 에서는 더욱 본격적으로 드러난다.

17. 어느 누구도 신앙고백과 순종에의 약속 이외에는 교회에 입교할 수 없다. 18. 이러한 언약에 의한 결합은 성도의 교제를 지향할 때에만 교회를 건설할 수 있다. 왜냐하면 신자들은 그들의 당면 관심이 시민적 선에 있을 때에는, 도시 혹은 어떤 시민사회를 만들자고 언약을 맺을 수도 있기 때문이다.[750)]

이에 더하여 성례를 다루는 제36장 "성례(De Sacramentis)" 에 가면 구원받은 신자들이 모인 공동체 속에서의 성례라는 내용으로 논의가 고조되어, 바로 에임스 언약사상의 교회론적 이해가 나타난다.

10. 하나님의 언약을 인치는 표징은 성례라고 불린다(롬 4:11) ... 12. 따라서 새 언약의 성례는 감각으로 지각될 수 있는 표징들을 통해 새 언약의 축복들이 대표되고 현존되며 적용되는 신적 제도이다. 13. 이러한 성례는 이차

---

749) Ibid., I.xxxi.1-3; *Marrow*, 175. "So much for the application of redemption considered in itself. Now we take up the matter of eth subject to which and the way in which it is applied. 1. The subject is the church...2.The church is both the subject and an effect of redemption. For it is not first actually and later joined in union and communion with Christ; it is the church of Christ because it is united to Christ. 3. And this is the reason why we can neither explain nor understand the nature of the church unless we first perceive and explain the things which have to do with the application of Christ."

750) Ibid., I.xxxii.17-18; *Marrow*, 180. "Therefore, no one is rightly admitted into the church except on confession of faith and promise of obedience. This joining together by covenant makes a church only as it looks toward the excising of the communion of saints. For the same believing men may join themselves in covenant to make a city or some civil society when their immediate concern is for the common civil good …."

> 적인 신적 증거의 의미를 가지고 있다. 여기서는 일차적인 증거인 언약 자체가 우리를 위해 특별히 확증된다 ... 31. 성례의 최우선적인 목적은 언약을 인치는 것이다. 그리고 이는 하나님 편에서만 일어나는 것이 아니라 부차적으로 우리에게도 일어난다. 왜냐하면 하나님의 은혜와 약속이 우리에게 인쳐질 뿐만 아니라 우리의 감사와 하나님에 대한 순종도 인 쳐진다.[751]

이러한 내용들을 볼 때 에임스는 은혜언약에 대한 이해와 교회생활을 구분하지 않고 있음을 볼 수 있다. 다시 말하면, 교회는 바로 그리스도를 통한 은혜언약이 경험되는 곳이어야 한다는 사상을 에임스가 가지고 있다고 평가할 수 있다. 그러므로 그에게서는 구약적, 신약적인 언약의 현현들을 설명하기 위해, 교회는 은혜언약 안에 살고 있는 백성들의 집단(the idea of the church as a group of people living in the covenant of grace)이라고 정의된다.[752] 따라서 에임스의 언약사상은 신자 개인에게도 그리스도를 통하여 구원론적으로 적용될 뿐만 아니라 더욱 지향적으로 교회에 적용되어서는 결국 교회론적 언약으로 나타난다고 할 수 있다.[753] 그러하기에 언약의 실천적

---

751) Ibid., I.xxxvi.10-13,31; *Marrow*, 197. "A sign sealing the covenant of God is called a sacrament, Rom.4:11 ··· 12. A sacrament of new covenant, therefore, is a divine institution in which the blessings of the new covenant are represented, presented, and applied through signs perceptible to the senses ··· 31.The primary end of a sacrament is to seal the covenant. And this occurs not on God's part only but secondarily on ours, for not only are the grace and promises of God sealed to us but also our thankfulness and obedience towards him."

752) Ibid., 84-85; *Marrow*, 55-56. "In Amesian thought the covenant of grace is inextricably bound up with the life of the church. Although the meaning of covenant is alluded to early in the *Marrow*, its major treatment is reserved for the chapters following the discussion of the church. Ames insisted that it was impossible to separate a knowledge of the covenant of grace from life within the church-the *Marrow*, and the *Conscience* typically speak of how something takes place before turning to its definition. So the church is discussed before the covenant, being the place where the covenant is grasped ··· Ames adds to all this the point that the church must be the place where the covenant of grace is experienced. He uses the idea of the church as a group of people living in the covenant of grace to explain the Old and New testament presentations of the covenant."

753) Lee W. Gibbs, "The Puritan Natural Law Theory of William Ames,"(*Harvard Theological Journal*, Vol. 64, No.1 Jan. 1971), 52.

적용에 있어서 에임스의 진정한 강조점은 이제 교회론적 은혜언약 속에서 신자의 자발적이고 구체적인 참여와 실천이라고 하는 부분으로 나타나고 있음을 보게 된다.[754] 이러한 확대는 다음과 같이 나타난다.

> 34. 성례의 이차적 목적은 신앙과 사랑의 고백이다. 성례를 받아들이는 것은 우리가 그리스도 안에 있는 하나님과 맺은 연합과 동일한 연합에 참여한 모든 자들과 가지는 교제, 특히 동일한 교회의 지체들과의 교제를 상징한다.[755]

여기서 "우리가 그리스도 안에 있는 하나님과 맺은 연합과 동일한 연합에 참여한 모든 자들과 가지는 교제"라는 표현은 '언약의 신자 개인에게 미치는 그리스도의 적용'과 같이, 이제 "언약의 공동체에 미치는 그리스도의 적용"을 생각하게 한다. 이러한 에임스의 교회론적인 언약 이해는 38장 "그리스도 강림 이전 은혜언약의 시행"에서 더욱 구체적으로 설명된다.

> 4. 언약의 시행은 이중적이다. 하나는 오실 그리스도를 지시하는 것이죠, 다른 하나는 오신 그리스도를 지시하는 것이다. 5. 구약과 신약은 이러한 일차적인 주제로 환원될 수 있다. 구약은 그리스도의 오심을 약속하고 신약은 그리스도가 오셨음을 증거한다. 6. 그리스도가 강림하기 전에는 모든 것이 보다 외적이고 육적이었지만 그가 오신 후에는 보다 내적이고 영적인 것이

---

754) 주도홍, 155. "그의 신학이 확실히 개혁신학에 서 있으면서도 그 신학의 근저를 손상시키지 않고 실천적이기를 여러 가지로 시도하고 있다는 사실이다."

755) 『신학의 정수』,I.xxxvi.34; *Marrow*,199. "A secondary end is the profession of faith and love. Taking the sacraments symbolizes the union we have with God in Christ and the communion we hold with all those who are partakers of the same union, especially with those who are members of the same church. (*Finis secundarius est prosessio fidei & charitatis: repraesentantur enim in sus sacramentorium, & communio illa quam habemus cum Dei in Christo, & communio illa colimus cum omnibusis, qui sunt ejusdem unionis consortes, praecipuo cum iis, qui sunt ejusdem ecclesiae membra.*)"

> 되었다(요 1:17), 율법은 모세로 말미암아 주신 것이요, 은혜와 진리는 예수 그리스도로 말미암아 온 것이니라. 7. 교회도 이중적 국면을 지니고 있다. 첫째는 상속자로서 둘째는 어린아이로서이다(갈 4:1ff). 유업을 이을 자가 모든 것의 주인이나 어렸을 동안에는 종과 다름 없어서. 8. 상속자로서 교회는 자유롭다. 어린아이로서 교회는 어떤 면으로는 자유롭지 않다(갈 4:1). 9. 상속자로서의 교회는 영적이다. 어린아이로서 육적이며 지상적이다(히 9:10; 롬 9:7).[756]

이뿐 아니라, 에임스는 이제 "그리스도의 강림으로부터 세계종말까지의 언약의 시행"에 대해 역시나 교회론적 언약관계 속에서 설명한다.

> 1. 그리스도께서 오신 시점에서 언약의 시행방식은 이중적이다. 하나는 세계종말까지 지속되는 것이며 다른 하나는 종말 자체에 있다. 2. 그리스도의 시대로부터 세계 종말까지는 완전히 새롭고 따라서 신약이라고 부르기에 합당한 하나의 언약의 시행이 존재한다 ... 14. 이러한 새 언약의 시행은 매우 완전하므로 새 언약에 따라 조직체로서(제도적) 교회 내에서의 성도의 교제는 매우 완전하다. 15. 따라서 새 언약의 모든 교회에서 하나님에 대한 장중하고 질서정연한 예배 전체와 하나님의 거룩한 모든 규례들은 그 교회의 모든 구성원들이 동시에 상호간의 교제를 발견할 수 있도록 준수될 수 있고 준수되어져야 한다.[757]

---

756) Ibid., I.xxxviii.4-9; *Marrow*, 202-203. "4. The manner of administration of the covenant is twofold: One points to the Christ who will appear and the other to the Christ who has appeared. 5. The Old and New Testaments are reducible to these two primary heads. The old promises Christ to come and the New testifies that he has come. 6. While Christ was still to appear, all things were more outward and carnal, afterwards more inward and spiritual. John 1:17, The law was delivered by Moses; grace and truth came by Christ. 7. The church then had a double aspect: first as an heir and second as a child. Gal.4:1 ff., So long as the heir is an infant he differs not at all from a servant, though he be lord of all. 8. As an heir the church was free; as a child, in a certain way, not free, Gal. 4:1. 9. As an heir it was spiritual; as a child carnal and earthly, Heb.9:10; Rom. 9:7."

757) Ibid., I.xxxix.1-2,14-15; *Marrow*, 205-6. "1. The manner of administration of the covenant, now Christ has appeared, is twofold: the one lasting until the end of the world and the other at the end itself.

그러므로 이러한 교회론적 언약관을 총괄하듯이, 에임스는 2권 순종을 다루는 실천 부분에서 "언약"을 "혼인관계(foederis)"로 설명한다.

> 34. 결혼의 영속성은 당사자들의 의지와 언약에 근거하지 않는다. 왜냐하면 그렇게 된다면 이렇게 시작된 언약의 동의는 주인과 종의 경우처럼 파기될 수 있을 것이기 때문이다. 오히려 본 언약의 규범과 결속은 하나님의 제정에 있고 따라서 혼인은 때때로 성경에서 하나님의 언약이라고 불린다(잠 2:17).[758)]

하지만 이러한 혼인관계 속에서의 언약이해는 에임스가 2권 "순종"이라는 신학의 실천부분에서 "언약"이라는 단어를 직접적으로 사용한 일례일 뿐, 그의 신학 전체가 바로 은혜언약적에서 비롯된 윤리적 내용으로 가득차 있다. 다음의 두 경우가 바로 그러한 에임스 언약사상의 공동체적인 실천모습을 잘 보여준다고 볼 수 있다.

> 정의와 이웃에 대한 사랑 1. 정의는 우리가 우리의 이웃에 대한 의무를 수행하도록 하는 덕목이다. 따라서 자녀들이 부모에게 순종해야 한다는 것은 정의롭다고 말할 수 있다(엡 6:1). 그리고 주인들이 종들을 대하는 방식은 정의롭고 공정해야 한다(골 4:1). 그리고 딛 2:12에 따르면 우리가 우리의 이웃

---

2. From the time of Christ to the end of the world there is an administration of one kind which is altogether new and is rightly called the New Testament … 14. Since this new administration is so perfect, it follows that the communion of saints in the church instituted according to the New Testament should be most perfect. 15. Therefore, in every church of the New Testament the whole solemn and ordered worship of God and all his holy ordinances can and ought to be observed in such wise that all members of that church may find their communion in them at the same time."

758) Ibid., II.xix.34; *Marrow*, 140. "The perpetuity of marriage does not depend only upon the will and covenant of the persons contracting, for then by consent of both a covenant so begun might be broken, as is the case between master and servant. Rather, the rule and bond of this covenant is the institution of God and thus it is sometimes called in the Scriptures the covenant of God (*sed hujus foederis regula & vinculum est institutio Dei, unde etiam in scripturis nonnunquam appellatur foedus Dei*), Prov. 2:17."

에게 마땅히 해야 할 모든 것들은 정의로운 삶에서 수행된다.[759] 우리의 이웃에 대한 자애 10. 당면한 목적과 관련해서는 영적인 의무란 사랑의 일반적 의무들을 의미한다. 하지만 소원하고 간접적인 목적과 관련해서 이들은 우리의 이웃의 영적 생명을 유지하는 것과 관련된다(약 5:20). 11. 마찬가지로 우리의 이웃의 구원을 지향하는 의무들을 포기하고 그들의 죄에 동참하고 다른 사람들을 실족케 하는 것 - 이는 모두 우리의 의무들과는 반대된다 - 은 항상 우리의 이웃의 영적인 생명을 손상시키는 것이다(겔 3:18; 13:19; 33:6,8; 롬 14:15; 고전 8:11).[760]

즉 하나님과 우리의 관계 속에서 우리가 어떻게 행해야 하는지, 그리고 우리가 이웃과의 관계 속에서 어떻게 신학적 이해를 따라 기독교인답게 행해야 하는지를 "언약"적 이해 가운데 지도해주는 내용들이다. 이 내용들은 "순종은 미덕과 선행을 통해 이루어지고, 종교(하나님에 대한 사랑) 속에서 뿐만 아니라 정의와 자선(이웃에 대한 사랑)으로 표현" 될 뿐 아니라, "그리스도인의 삶에 대한 이 청사진은 십계명에 규정된 것처럼, 하나님에 대한 그리고 서로에 대한 행실" 즉 공동체적 윤리실천의 내용으로 나타나기 때문에, 에임스가 의도적으로 기독교인으로써 공동체적 윤리를 위한 구체적인 적용을 시도한 것이라 평가할 수 있다.[761]

---

759) Ibid., II.xvi.1; *Marrow*, 300. "JUSTICE AND CHARITY TOWARD OUR NEIGHBOR 1. Justice is the virtue by which we are inclined to perform our duty to our neighbor. That children should obey their parents is thus said to be just, Eph.6:1. And the way that masters should treat servants is named just and fair, Col. 4:1. and all those things which we owe to our neighbor are carried out in just living, acoording to Titus 2:12."

760) Ibid., II.xviii.10-11; *Marrow*, 314-5. "HUMANITY TOWARD OUR NEIGHBOR 10.With regard to their immediate end, these are the general duties of charity, but with regard to their indirect and remote end, they have to do with the maintenance of our neighbor's spirit life, Jas. 5:20. 11. Likewise giving up duties which look to our neighbor's salvation, consenting with others in their sin, and giving offense to others-all sins opposed to our duties-always hurt the spiritual of our neighbor, Ezek. 3:18; 13:19;33:6,8; Rom. 14:15; 1 Cor. 8:11."

761) 『개혁주의 청교도영성』, 236.

이러한 이해 가운데 다시금 2권의 내용들을 보면 더 확고한 입증을 하게 된다. 즉 에임스가 다루는 내용들이, 1장 순종, 2장 덕목, 3장 선행들 ... 7장 사랑, 8장 말씀의 청종, 9장 기도 ... 13. 제정된 예배(공예배), 14장 신적 예배의 방법, 15장 예배시간, 16장 정의와 이웃에 대한 사랑, 17장 우리의 이웃에 대한 존경, 18장 우리 이웃에 대한 자애, 그리고 22장 만족 등, 모두 교회 공동체 속에서 은혜언약 위에 기반한 신자들이 어떻게 행해야 하는지를 가르쳐주는 내용들이다.

에임스의 언약사상은 실천적 기독교신학이며 공동체적 윤리를 위한 신학이라 할 수 있는데, 그 이유는 에임스에게 있어서 언약이란 그저 지식적인 신학이 아니라 행동에 대한 학문이었고, 나아가 기독교적 실천과 공동체적 윤리를 위한 촉진적 내용이기 때문이었다.[762] 따라서 에임스가 교회의 신학자로서 은혜언약을 저술했다는 평가는 적절할 뿐 아니라,[763] 이 교회언약이 뉴잉글랜드의 사회언약 형성에 큰 영향을 미친 것이 바로 에임스 언약사상의 공헌이라 하겠다.[764]

여기서 그리스도 중심의 교회론적 언약사상은 칼빈과 퍼킨스의 그리스도 중심의 상호적 언약 위에 견고하게 서서 실천적으로 발전시킨 것으로 "칼빈-퍼킨스-에임스 라인(the Calvin-Perkins-Ames line)"을 확인하게 한다.[765] 이 책이 주장하는 이들 간의 언약적 연속에 대한 중요한 증거이다.

---

762) 주도홍, 155. 이러한 교회언약적 신학 특성으로 인해, 에임스에 대해 17세기 개혁신학에 입각한 최초의 "윤리신학자" 요 또한 "개혁주의 실천적 신학자"라고 평가된다.

763) 『신학의 정수』, 85; *Marrow*, 56. "Ames could write about the covenant of grace only as a church theologian."

764) Miller, *The New England Mind*, 402.

765) Vliet, *WILLIAM AMES*, 98. "For Calvin, the church is essential to the covenant community. Perkins echoes this as well, if less assertively, choosing rather to emphasize the church as a product of God's predestinating work. But we have shown that Ames practically identifies the one with the other. If for Calvin the church and covenant are closely related, for Ames that are synonymous."

3. 에임스 언약의 유산 : 도르트 신조와 조나단 에드워즈의 언약

에임스가 어거스틴으로부터 "칼빈-퍼킨스 체인(the Calvin-Perkins chain)"을 통해 이어받은 그리스도 중심의 상호적 언약사상을, 그 자신이 그리스도 중심의 교회론적 언약사상으로 실천적으로 발전시킨 것뿐 아니라[766] 이제는 에임스를 통해 다음 세대 즉 17세기 네델란드의 "도르트신조(The Canons of Dordt)"와 18세기 뉴잉글랜드의 "조나단 에드워즈(Jonathan Edwards)"의 언약사상으로 각각 이어져가게 하였다.

(1) 도르트 신조(The Canons of Dordt)의 언약사상

중요한 개혁교회 신앙고백 중의 하나가 "도르트신조(The Canons of Dordt)"인데,[767] 어거스틴으로부터 칼빈을 거쳐 퍼킨스 그리고 에임스에 이르는 개혁주의 전통 속에서 동일한 언약적 신앙고백을 보여주는 문서라 할 수 있다.[768] 즉 개혁주의전통에 대해 반대하며 알미니우스의 신학을 받아들

---

766) Ibid., 102. "A happy peripheral result of this study has been to demonstrate the Trinterud thesis as being without foundation with respect to its applicability to what can be designated the Calvin-perkins-Ames line."

767) *Acta Synodi Nationalis*, In Nomine Domini Nostri Iesu Christi, Autoritate … Ordinvm Generalivm Foederati Belgij Prouinciarum, Dordrechti Habitae Anno M.DC.XVIII. & M.DC.XIX. Accedunt plenissima, de Quinque Articulis, tam Exterorum quam Prouincialium Theologorum Iudicia; Accessit In Calce Index Cvm Rervm tum verborum Locorumque communium in hoc opere contentorum locupletissimus, Hanoviae 1620. 이 회의록은 총 3부분으로 구성되어 있는데, 1부(*Acta* I)는 순수한 회의록이고, 2부(*Acta* II)는 국외 총대들의 평가문을, 3부(*Acta* III)는 네델란드 국내 총대들의 평가문을 모은 내용이다. cf. 이남규, "예정인가 후정인가" 『도르트 회의와 한국교회』 한국장로교신학회 제23회 학술발표회 (2014,3), 44.

768) 김영재 편저, 『기독교 신앙고백』 (수원: 영음사, 2011), 182-3; 김병훈, "도르트신경이 고백하는 성도의 견인교리," 『도르트 회의와 한국교회』, 105. "도르트신경은 개혁파 구원론을 대표하는 신조로 널리 알려져 있다. 그것은 개혁파의 하나님의 주권과 작정에 따른 구원론을 논리적 체계로 제시한다고 말한다."

였던 항변파들(Remonstrants)의 오류에 대해 정죄한 도르트총회의 결정인 도르트신조(The Canons of Dordt)는,[769] 총 6번의 "언약"에 대한 언급과 설명이 나온다.[770]

물론 이러한 언약에 대한 언급은 마치 칼빈의 『기독교강요』(1599)가 그런 것처럼 다른 신앙고백서들과 같이 별도로 구별되거나 지배적인 항목은 아니지만, 하나님과 그 택하신 백성 사이의 관계가 "언약적 관계"를 확인하게 해주는 중요한 내용이라 할 수 있다.[771] 아래와 같이 비키는 도르트신조(The Canons of Dordt)가 가진 언약적 핵심을 잘 밝혀준다.

> 하나님은 주권적이고도 은혜롭게, 오직 언약의 방식으로만 스스로 의무에 묶이시고, 언약 안에서 우리를 향하여 하나님으로서 의무와 책임을 지신다. 물론 이것은 제1원인이시오 만물의 궁극적 목적이 되시는 하나님의 존재를 손상시키지 못한다. 우주는 우연이나 운명이 아니라 하나님의 완전하고도 주권적인 법칙에 의해 통치될 뿐이다.[772]

따라서 도르트신조(The Canons of Dordt)에 나오는 언약 내용들을 간략하게 소개하면 다음과 같다.

---

769) Herbert D. Foster, "Liberal Calvinism; The Remonstrants at the synod of Dort in 1618," *Harvard Theological Review*, XVI. (January 1923, no.1), 4-13.

770) Muller, *Christ and Decree*, 158. 이에 대해 이미 Muller는 도르트신조에 대해 선택과 유기라는 이해만 갖지 말고, 삼위일체적인 기독론의 입장에서 보자고 제안한 바 있다. 이는 결국 본 논문의 기독론적 언약사상과 연결된다. "We may safely say that the positive doctrinal development of early orthodoxy prior to Dort-as distinct though never separate from its polemics-was not the development of a speculative doctrine of election and reprobation per se but of the elaboration of the double decree in the light of more encompassing theological, in this case, trinitarian and Christological concerns."

771) 비키, 『칼빈주의』, 84. "개혁주의 신학에서는 하나님과 사람 사이의 언약관계가 매우 강조되지만, 이것이 지배적인 개념은 아니다. 모든 인간은 실제로 하나님과 언약관계에 있든지 아니면 언약의 파괴자라는 위치에 있든지 둘 중의 하나이다."

772) Ibid., 88.

(1) 언약적 유아세례 이해(1장 제17항)

우리는 하나님의 뜻을 따라 그 말씀으로 심판을 받게 된다. 그러므로 믿는 자의 자녀는 그 본성에 의해서가 아니라 은혜로운 언약으로 인하여 그 부모의 믿음을 따라 거룩한 것이기 때문에, 경건한 부모들은 자녀들에게 이 거룩한 믿음을 따라 하나님을 기쁘게 하도록 하기 위하여 자녀들이 택함을 받아 구원되었다는 사실을 의심해서는 안된다(창 17:7; 행 2:39; 고전 7:14).[773)]

(2) 언약을 위한 그리스도의 중보(2장 2절 반박)

반박 / '항론파의 잘못된 주장 : 그리스도께서 죽으신 목적은 그의 보혈을 통하여 새로운 은혜 계약을 이루기 위해서가 아니라, 그 죽으심으로 인간과 함께 계약을 세우기 위한 단순한 권리를 아버지를 위하여 얻으심으로 은혜로든지 또는 행위로든지 간에 하나님을 기쁘시게 하기 위한 것이었다.' - 이러한 주장은 다음과 같은 성경의 가르침과 모순되는 것이다. "이와 같이 예수는 더 좋은 언약의 보증이 되셨느니라 ... 영원한 기업의 약속을 얻게 하려 하심이니라. 유언은 그 사람이 죽은 후에야 견고한즉" (히 7:22; 9:15, 17).[774)]

(3) 율법의 순종이 아닌 오직 그리스도로 맺어진 언약(2장 4절 반박)

반박 / '항론파의 잘못된 주장 : 하나님 아버지께서 그리스도의 죽으심의 중보를 통하여 인간과 맺은 새로운 은혜 계약이란, 우리가 그리스도의 공로

---

773) *Canons of Dordt*. I: Article 17. The Salvation of the Infants of Believers "Since we must make judgments about God's will from his Word, which testifies that the children of believers are holy, not by nature but by virtue of the gracious covenant in which they together with their parents are included, godly parents ought not to doubt the election and salvation of their children whom God calls out of this life in infancy."

774) *Canons of Dordt*. II: Paragraph 2. " 'Who teach that the purpose of Christ's death was not to establish in actual fact a new covenant of grace by his blood, but only to acquire for the Father the mere right to enter once more into a covenant with men, whether of grace or of works.' - For this conflicts with Scripture, which teaches that Christ has become the guarantee and mediator of a better - that is, a new - covenant (Heb. 7:22; 9:15), and that a will is in force only when someone has died (Heb. 9:17)."

를 받아들임으로써 믿음으로 하나님 앞에서 의롭다 칭함 받으며 구원 얻는 데 있는 것이 아니다. 하나님께서는 믿음의 완전한 순종을 요구하시는데 믿음, 그 자체와 믿음의 순종이라는 것을-비록 불완전하긴 하지만-율법의 완전한 순종으로 여기셔서, 은혜를 통하여 영생을 얻을 가치 있는 것으로 여기신다.' - 이 주장은 성경과 모순된다. "그리스도 예수 안에 있는 구속으로 말미암아 하나님의 은혜로 값없이 의롭다하심을 얻은 자 되었느니라. 이 예수를 하나님이 그의 피로 인하여 믿음으로 말미암는 화목 제물로 세우셨으니 이는 하나님께서 길이 참으시는 중에 전에 지은 죄를 간과하심으로 자기의 의로우심을 나타내려 하심이니" (롬 3:24-25). 따라서 위의 주장은 온 교회가 가르치는 교훈의 내용과 어긋나는 것이며, 마치 그릇된 소시누스(Socinus)의 가르침과 같이 하나님 앞에서 인간이 의롭다 칭함을 받는 문제에 있어서 전혀 잘못된 것을 주장하고 있다.[775)]

(4) 하나님의 언약에 대한 약속(3장 8항)

제8장 : 진실하게 부름을 받은 사람들은 모두가 복음에 의해 부름 받은 사람이다. 왜냐하면 하나님께서는 그가 받으실 만한 것이 무엇인가를 그 말씀 안에서 참되고 진실하게 선언하셨는데, 즉 부름을 받은 사람들은 하나님께 나와야 한다는 것을 말씀하셨던 것이다. 그는 그에게로 나와서 믿는 모든 사람들에게 영혼의 안식과 영생을 분명히 약속해 주셨다.[776)]

---

775) *Canons of Dordt.* II: Paragraph 4. " 'Who teach that what is involved in the new covenant of grace which God the Father made with men through the intervening of Christ's death is not that we are justified before God and saved through faith, insofar as it accepts Christ's merit, but rather that God, having withdrawn his demand for perfect obedience to the law, counts faith itself, and the imperfect obedience of faith, as perfect obedience to the law, and graciously looks upon this as worthy of the reward of eternal life.' - For they contradict Scripture: They are justified freely by his grace through the redemption that came by Jesus Christ, whom God presented as a sacrifice of atonement, through faith in his blood (Rom. 3:24-25). And along with the ungodly Socinus, they introduce a new and foreign justification of man before God, against the consensus of the whole church."

776) *Canons of Dordt.* III: Article 8. The Serious Call of the Gospel "Nevertheless, all who are called through the gospel are called seriously. For seriously and most genuinely God makes known in his Word what is pleasing to him: that those who are called should come to him. Seriously he also promises rest for their souls and eternal life to all who come to him and believe."

(5) 언약에 대한 인간의 반응(3장 9항)

제9장 : 말씀으로 부름을 받았으나 깨닫지 못하고 회개하지 않는 사람은, 복음이 잘못되고 그리스도께서 그들에게 주시고자 하는 은사가 잘못되어서가 아니고 그 인간 자체에 잘못이 있다. 부름을 받았을 때에 어떤 이는 급박한 상황에 있음에도 불구하고 생명의 말씀을 거부하며, 또 어떤 이들은 즉시 기쁨으로 받되 그 속에 뿌리가 없어 잠시 견디다가 말씀을 인하여 환난이나 핍박을 당할 때는 곧 넘어지고, 다른 이들은 세상의 염려와 재리의 유혹에 말씀이 막혀 결실치 못하는 것이다. 주님께서는 이것을 씨 뿌리는 자의 비유에서 가르쳐 주셨다(마 13장).[777]

(6) 언약적 성례(5장 14항)

복음을 외침으로 하나님을 기쁘시게 했던 것같이 우리 속에서 이 은혜가 역사함으로써 하나님은 우리를 보존해 주시되 그 말씀을 듣고, 보고, 묵상하며 또한 이 말씀에 의하여 권면하고 책망하며, 그 말씀의 약속에 의지하여 성례를 행하게 하심으로 그의 성도들을 지켜 주시는 것이다.[778]

이렇듯 도르트신조(The Canons of Dordt)에 외적으로 강하게 드러나지 않지

---

777) *Canons of Dordt*. III: Article 9. Human Responsibility for Rejecting the Gospel "The fact that many who are called through the ministry of the gospel do not come and are not brought to conversion must not be blamed on the gospel, nor on Christ, who is offered through the gospel, nor on God, who calls them through the gospel and even bestows various gifts on them, but on the people themselves who are called. Some in self-assurance do not even entertain the Word of life; others do entertain it but do not take it to heart, and for that reason, after the fleeting joy of a temporary faith, they relapse; others choke the seed of the Word with the thorns of life's cares and with the pleasures of the world and bring forth no fruits. This our Savior teaches in the parable of the sower (Matt. 13)."

778) *Canons of Dordt*. V: Article 14. God's Use of Means in Perseverance "And, just as it has pleased God to begin this work of grace in us by the proclamation of the gospel, so he preserves, continues, and completes his work by the hearing and reading of the gospel, by meditation on it, by its exhortations, threats, and promises, and also by the use of the sacraments."

만, 하나님의 택하신 백성과의 언약적 관계와 그로 인한 신자의 반응에 대한 교훈이 언약적으로 주어져 있음을 부인할 수 없다.

특별히 1조 17항에서 살핀 내용인 언약적 유아세례의 내용인 "유아기에 죽은 신자들의 자녀"에 대한 내용은,[779] 이미 본 논문 2.1에서 살핀 바어거스틴의 *De Civitate Dei* 제16권 27장인 "제8일에 할례를 받지 않은 아기는 하나님의 언약을 배반했기 때문에 그 영혼이 멸망한다는 뜻"과 내용적으로 언약관계를 따라 설명되어야 하는 동일문제임을 알 수 있다. 즉 언약의 자녀들에 대한 구원문제가 그것이다. 이에 대해 "믿는 자의 자녀는 그 본성에 의해서가 아니라 은혜로운 언약으로 인하여 그 부모의 믿음을 따라 거룩한 것이기 때문에, ... 자녀들이 택함을 받아 구원되었다는 사실을 의심해서는 안된다"라고 분명히 밝히고 있다. 이러한 신앙고백의 근거는 삼위하나님의 경륜 가운데 오직 그리스도로 말미암는 언약관계이다.[780]

도르트신조(The Canons of Dordt)에서 직접적으로 이러한 기독론적 언약론을 밝히지 않지만, 같은 개혁주의 신학의 맥락에 있는 가진 웨스트민스터 신앙고백에서 이를 선명히 밝혀준다.[781]

> 택함받은 영아가 영아시기에 죽을 경우에 그리스도로 말미암아 성령에 의해 중생하게 되어 구원을 받는다. 이 경우에 중생케 하시는 성령께서 언제, 어디서, 어떤 방법으로 역사하시든지 그의 임의로 하신다. 그밖에도 택

779) *Canons of Dordt*. I: Article 17. The Salvation of the Infants of Believers.

780) Cornells P. Venema, "The election and salvation of the children of believers who die in infancy: a study of article 1/17 of The Canons of Dort," *MID-AMERICA JOURNAL OF THEOLOGY* 17 (2006), 58. "Despite this common prejudice and misrepresentation, a cursory reading of *the Canons of Dort* (the most definitive and universally received statement of the Reformed view) indicates that the key notes throughout this confession are praise toward the Triune God for his amazing, undeserved grace in Christ, and a remarkable confidence in his invincible favor."

781) 코르넬리스 프롱크, 『도르트 신조강해』 황준호 역(서울: 그책의 사람들, 2012), 124.

함을 받기는 하였지만 하나님 말씀의 사역에 의한 외부적 부르심을 받지 못한 사람들도 마찬가지이다.[782]

그러므로 도르트신조(The Canons of Dordt)에서 다루는 바 "유아기에 죽은 신자들의 자녀"는 주관적으로 거룩하다는 의미가 아닌, 언약적으로 거룩하다는 의미이기에 하나님 앞에 성별된 것이다. 이에 대해 코넬리스 프롱크(Cornelis Pronk)는 이렇게 해설해준다.

언약의 자녀들은 모두 죄 가운데 잉태하고 태어났습니다. 그래서 우리의 영아들도 포함해서 누구든지 거듭나지 않고는 하나님 나라에 들어갈 수 없습니다. 하지만 우리의 자녀들은 이방 자녀들이 아니라는 것을 아는 것 역시 중요합니다. 죄 가운데 잉태하고 태어났지만 우리의 자녀들은 언약의 자녀입니다. 신자의 자녀는 언약의 후손이며 이마에 복음의 약속이 표시되어 있고 인쳐졌습니다.[783]

그러면서 토마스 맨튼(Thomas Manton)의 설교를 인용해, 선택의 은혜가 다른 곳이 아닌 언약의 통로를 통해 가장 호의적으로 연결되기에 그러한 소망이 더욱 크기 때문이라고 덧붙여 설명한다.[784] 이는 결국 The Canons of Dordt의 마지막 5조인 성도의 견인교리(Perseverance of the Saints)에 가서, 언약관계 속에서 성도가 마땅하게 반응해야 할 선행善行적 태도를 촉구하는 것으로 그 종합이 된다.

그러므로 성도를 인내하게 해주시는 하나님의 은혜를 생각할 때 날마다

---

782) *Westminster Confession of Faith*. X.3. "Elected infants, dying in infancy, are regenerated, and saved by Christ, through the Spirit, who works when, and where, and how He pleases: so also are all other elect persons who are incapable of being outwardly called by the ministry of the Word."

783) 프롱크, 124-5.

784) Ibid., 129. 재인용. Thomas Manton, *Complete Works*, Vol 14, Sermons upon Hebrews XI, verse 6, sermon 25, 87.

하나님께 감사하고 선한 일을 행함으로 이 은혜에 보답해야 마땅한데, 이는 성경이 증거하는 바이며 성도들이 체험한 신앙이었던 것이다.[785]

즉, 도르트신조(The Canons of Dordt)는 하나님과의 언약관계 속에서 신자가 행하여야 마땅한 역할과 책임을 분명하게 강조하고 있다. 그런데 도르트신조(The Canons of Dordt)의 언약적 배경에는 비록 망명한 영국인이었기에 의결권은 없었지만, 마침 도르트 총회 의장의 신학고문으로 일하며 항변파들(Remonstrants)의 사상에 대해 한계를 지적하면서 하나님의 예정과 섭리에 대한 교리를 견고하게 했던 에임스가 있었던 것을 분명히 기억할 필요가 있다.

그러므로 에임스의 영향으로 인하여 언약관계에 있는 신자들에 대해 하나님의 주권을 강조했던 도르트신조(The Canons of Dordt)의 내용인 칼빈주의 5대교리(T.U.L.I.P.)가 정립되었다.[786]

(2) 조나단 에드워즈(Jonathan Edwards)의 언약사상

이제 초기 뉴잉글랜드의 신학과 지성사에 미친 에임스의 영향에 대해 말하자면, 하버드대학의 청빙을 받았지만 급거 사망하게 되어 사후에 부인을 통해 기증된 그의 도서들이 대학도서관 최초의 장서를 이루게 되고 또한 대부분의 대학도서관들에도 그의 책들이 소장되게 된다. 그래서 에

---

785) *Canons of Dordt.* V: Article 12. This Assurance as an Incentive to Godliness "··· Reflecting on this benefit provides an incentive to a serious and continual practice of thanksgiving and good works, as is evident from the testimonies of Scripture and the examples of the saints."

786) Ibid., 27-8. "구원에서 하나님의 주권이라는 귀에 거슬리는 모서리를 깎아내고 인간과 인간의 역할에 대한 여지를 더 넓히려는 많은 시도가 교회 역사 속에서 있었습니다. 구원에서 하나님의 주권이 아닌 인간의 역할에 대한 여지를 더 넓히려고 노력했던 사람들은 마치 도르트 신조가 인간의 역할을 부정하고 인간의 책임에 대한 어떤 여지도 남겨놓지 않는 것처럼 말합니다. 하지만 사실을 그렇지 않습니다. 도르트 신조는 인간의 역할과 책임을 분명히 강조합니다."; 비키, 『칼빈주의』, 67.

임스의 '언약론과 그 실천' 이라는 균형 잡힌 내용으로 인해 『신학의 정수 *Medulla Theologiae*』는 뉴잉글랜드에서 영향력을 강력히 발휘하기를 하버드와 예일대학의 필독서로서, 교회지도자들이었던 토마스 후커(Thomas Hooker)와 코튼 매더(Cotton Mather) 그리고 조나단 에드워즈(Jonathan Edward) 등에게 애용되었던 것이다.[787]

이에 대하여 에드워즈의 『신앙감정론 *Religious Affections*』을 편집한 존 스미스(John Smith)는 에임스의 작품들이 에드워즈 시대에 얼마나 풍미했으며 그 내용이 어떠했는지에 대해 이렇게 설명해준다.

> 에임스의 작품들은 초창기부터 뉴잉글랜드에 널리 알려졌다. 『신학의정수』(Medulla)와 『양심의 문제들』(Cases of Conscience)은 지난 세기에 구피독본이 평범한 학생들에게 잘 알려진 것만큼 당시의 신학자들과 설교자들에게 잘 알려 있었다 ... 뉴잉글랜드 신학에서 이 작품의 가치는 대부분 언약사상의 해설에 있으며, 그 가운데서도 특별히 언약적인 형식으로 맺어지는 협약의 자발적인 성격을 강조한 점에 있었다.[788]

심지어 에드워즈는 예일대학 재학시절 에임스의 『신학의 정수 *Medulla Theologiae*』를 지침서로 여기며 신학훈련을 하였을 뿐 아니라, 대학 동료들과 에임스의 책을 서로 암송하기까지 하였고,[789] 이후 자신의 작품들에서 종종 인용하면서 자신이 에임스의 청교도사상과 언약사상의 영향하에 있음을 스스로 밝히기까지 하였다.[790] 따라서 에드워즈는 에임스를 통해 체

---

787) 『개혁주의 청교도영성』, 239.

788) 존 스미스, "학문적 배경:에드워즈가 참고한 저작들" 『신앙 감정론 *Religious Affections*』 정성욱 역 (서울: 부흥과 개혁사, 2005), 107.

789) 양낙홍, 122. "예일대학은 … 웨스트민스터 요리문답과 윌리암 에임스의 「신학의 정수」를 성경적 진리에 대한 가이드로 정해 놓고 있었다."

790) 조나단 에드워즈, 『신앙감정론 *Religious Affections*』, 262. 각주 165. 에드워즈는 "에임스 박사는 그 사실 때문에 사악한 자의 평강이 신자의 평강과 구별될 수 있다고 말하면서…"라고 에임스의 『양심론 case of conscience』을 인용하여 설명한다.

계를 세운 언약적 이해와 그것을 이루고 있는 칼빈주의 신학을 통해, 당대에 몰아닥친 알미니안신학과의 투쟁에 자신의 신학적 견해를 분명하게 하며 맞설 수 있었던 것이다.

즉 초대교회 때부터 있었고 루터의 시대에도 모습을 드러내었던 자들인 복음과 율법의 관계를 왜곡시킨 반율법주의(Antinomianism)가 에드워즈의 시대에도 동일하게 모습을 드러내면서,[791] 1749년 에드워즈는 이 반율법주의가 뉴잉글랜드에 나타난 심각한 아주 신학적 오류임을 지적하게 되었던 것이다. 실로 이들은 성경이 교훈하는 율법과 은혜의 참된 관계를 바르게 이해하지 못하고, 율법을 희생하며 은혜만을 강조하고자 하였기 때문인데, 그 결과 율법은 제거되어야 하고 은혜만이 그 자리를 대신할 실체로 인정하였다. 뿐만 아니라 이들은 신자가 마땅히 감당해야 할 칭의 이후의 성화를 간과하게 하였고 나아가 신자 개인의 윤리와 거룩함을 이루는 공동체로써의 교회를 인간의 본성에 내어맡기는 종교 집단화하였고 마침내 교회를 분리주의화하는 폐해를 가져왔던 것이다.[792]

그러므로 에드워즈는 이들이 확신의 직접성을 강조하고 칭의를 성화된 순종과는 별개의 것으로 여기게 함으로써 믿음의 실천적 측면을 간과하게 할 뿐 아니라, 하나님의 율법에 대한 회피를 가져온다는 문제점을 제기하였다. 이를 다시말하면 신자가 믿음을 통해 내면적 경건을 실천하여야 하는 것이 종교개혁 전통과 청교도전통을 따르는 길인데, 실로 반율법주의는 이를 가로막는 위험한 사상이기에 이를 지적하였던 것이다.[793] 따라서 그러한 반율법주의를 논박하기 위해 에드워즈가 저술한 *Freedom of the*

791) Jong-Chun, Won "Luther and Puritans against Antinomianiam," 94-95. "Antinomianism had bun in the early 16th century at the time of Luther, continued through the times of 17th century English Puritans down to John Wesley in the 18th century, even unto the present time."

792) 콘라드 체리, 『조나단 에드워즈의 신학』, 주도홍 역(서울:도서출판 이레서원, 2001), 340.

793) Ibid., 324.

*Will*에 대해,[794] 앨렌 구엘조가 평가한 다음 설명은 에드워즈의 역사적 위치를 확인케 되는 유익한 내용이다.

> 에드워즈는 자유의지문제 전체에 대한 포괄적이고 중립적인 연구에는 관심이 없었다. 에드워즈가 정말 원했던 일은 훨씬 더 구체적인 일이었다. 그것은 아르미니우스주의를 가능한 대안으로 보는 관점을 무너뜨리고, 칼빈주의적 신학을 하나님의 주권을 이해하는 유일한 길로 입증하는 일이었다 ... 에드워즈는 사람들이 사상의 정원을 한가롭게 거닐기보다는 칼빈주의자가 되길 원했다.[795]

그러기에 에드워즈에 대한 에임스의 역할은 단순한 영향이 아니고, 뉴잉글랜드의 신학이 사변화되어 교회의 침체기를 가져오고 있던 그 시기였기에 그 영향을 받은 에드워즈를 통하여 에임스에 의한 칼빈주의 신학이 확산됨으로 인해 당시 격변하던 계몽주의와 거센 반反칼빈주의 신학의 물결을 막아내고, 마침내 영적 대각성운동이 일어나도록 하는 신학적 원동력을 미국교회에 제공하였다고 평가된다.[796]

에드워즈에게는 종교개혁자들 그리고 청교도들과 같은 언약사상이 있었음을 주목해야 한다. 그는 자신의 "신학묵상일기 *Miscellanies*" 에서 언약

---

794) Jonathan Edwards, *Freedom of the Will*, ed. Paul Ramsey (NewHaven and London: Yale university Press,1957). 이하 Freedom 이라 표기한다. http://www.reformedreader.org/rbb/edwards/foreindex.htm

795) 구엘조, 237.

796) Benjamin. B. Warfield, *Studies in Theology* (NewYork: Oxford University Press,1932), 532. 벤자민 워필드는 그러므로 에드워즈가 알미니안 신학에 대항하여 개혁주의 신학을 견고히 세움으로 뉴잉글랜드의 신학이 백 년이상 시류적 사상에 휩쓸리지 않고 그 정신을 간직할 수 있도록 하였다는 평가를 내린다, "The movement against Calvinism which was overspreading the land was in a great measure checked, and the elimination of Calvinism as a determining factor in the thought of New England, which seemed to be imminent as he wrote, was postponed for more than a hundred years."

에 대해 다룬다.[797] 즉, (1) Miscellanies 2에서는 "은혜언약(Covenant of Grace)"에 대해 다루고,[798] Miscellanies 367에서는 "행위언약(Covenant of Works)"에 대해 다룬다.[799] (2) Miscellanies 617과[800] Miscellanies 825와[801] Miscellanies 1091에서는[802] "여러 가지 언약들(Covenants)"에 대해 몇 차례 설명한다. 그리고 (3) Miscellanies 1062에서는 "삼위일체 하나님의 경륜과 구속언약(Economy of the Trinity and Covenant of Redemption)"을 다룬다.[803] 이중에

---

797) Jonathan Edwards, Vol.18-21. *Miscellanies*, ed. Amy Plantinga Pauw (NewHaven and London: Yale university Press, 2002).

798) *Miscellanies*, 2. "Covenant of Grace. Many difficulties used to arise in my mind about our being saved upon the account of faith, as being the condition upon which God has promised salvation, as being that particular grace and virtue for which men are saved."

799) *Miscellanies*, 367. "Covenant of Works. The angels had eternal life by a covenant of works, upon condition of perfect obedience. They all of them performed the same condition, and they all thereby obtained complete blessedness, that everyone should be filled, but yet we are made acquainted that there are degrees amongst the angels, because God gave them their capabilities as he pleased."

800) *Miscellanies*, 617. "Covenants. It seems to me, there arises considerable confusion from not rightly distinguishing between the covenant that God made with Christ and with his church or believers in him, and the covenant between Christ and his church, or between Christ and men …."

801) *Miscellanies*, 825. "Covenants. There are two covenants that are made, that are by no means to be confounded one with another: 1. The covenant of God the Father with the Son, and with all the elect in him, whereby things are said to be given in Christ before the world began, and to be promised before the world began … 2. There is another covenant, that is the marriage covenant between Christ and the soul: the covenant of union, or whereby the soul becomes united to Christ. This covenant before marriage is only an offer or invitation: 'Behold, I stand at the door and knock,' etc. In marriage, or in the soul's conversion, it becomes a proper covenant. This is what is called the covenant of grace, in distinction from the covenant of redemption."

802) *Miscellanies*, 1091. "Covenants. The due consideration of these things …."

803) *Miscellanies*, 1062. "[this is a long entry on the Trinity saying that the economy of the Trinity] … Another argument that shows the covenant of redemption to be entirely a distinct establishment from that which is the foundation of the economy of the persons of the Trinity … From the things that have observed it appears to be unreasonable to suppose as some do that the SONSHIP of the second person in the Trinity consists only in the relation he bears to the Father in his mediatorial character that his generation or proceeding from the Father as a Son consists only in his being appointed constituted & authorized of the Father to the office of a Mediatour and that there is no other priority of the Father to the Son but that is voluntarily established in the covenant of redemption."

서 Miscellanies 1091에 나타난 에드워즈의 언약사상을 소개하면 이러하다.

> 은혜언약에 대해 그 해당자들에 따라 구분하는 것에 대한 합당한 고려는, 구속언약과 은혜언약이 같다고 생각하는 신학자들과, 그 두가지 언약들이 다르다고 생각하는 신학자들간에 발생되는 차이점을 조정함에 있게 되리라 여겨진다. 하나님 아버지께서 신자들과 맺으신 언약은 세상의 창조 전에 그리스도로 인하여 맺어진 구속언약과 같은 것이고, 아니면 적어도 그 안에 모두 포함된 것이다. 여기에는 중보자가 있거나, 그 중보자의 손에 의해 기름부음받은 것이다. 하지만 그리스도 자신과 그와 하나된 신자들에 의해 맺어진 언약은 이와 다른 언약이고, 중보자에 의해 맺어진 언약도 다르다. 중보자는 죄인들과 아버지 사이에 있는데 이들은 오직 언약적 일치에 따라서 되어진 것이나, 그리스도와 죄인 간에는 그리스도와 그들의 영혼 사이에 결혼을 맺어줄 중보자는 없다 ... 우리가 은혜언약을 성부와 그리스도 안에 있는 신자들의 언약으로 이해하면, 성부가 중보자의 손에서 베푸신 언약이 되고, 그 약속은 그리스도 안에 있는 우리에게 베풀어질 때 은혜언약이야말로 우리에게 행해지는 바 조건없는 언약이 된다. 믿음이 이 언약의 정당한 조건이 아니라, 오직 그리스도의 의만이 조건이 된다 ... 하지만 그리스도 자신과 그의 교회 그리고 지체들 사이에의 언약으로 이해하면 은혜언약은 조건적이 된다. 이것의 정당한 조건은 그리스도의 구애에 순응하는 것이요 그의 제안을 받아들이는 것인데, 그러하기에 그리스도를 구속자이시며 영적인 남편으로 맞아들이는 것이 된다.[804)]

---

804) *Miscellanies*, 1091. "Covenants. The due consideration of these things may perhaps reconcile the difference between those divines that think the covenant of redemption and the covenant of grace the same, and those that think them different. The covenant that God the Father makes with believers is indeed the very same with the covenant of redemption made with Christ before the foundation of the world, or at least is entirely included in it. And this covenant has a Mediator, or is ordained in the hand of a Mediator. But the covenant, by which Christ himself and believers are united one with another, is properly a different covenant from that, and is not made by a Mediator. There is a Mediator between sinners and the Father, to bring about a covenant union between them but there is no Mediator between Christ and sinners, to bring about a marriage union between Christ and their souls...The covenant of grace, if thereby we understand the covenant between God the Father and believers in Christ, the covenant that he 'ordains in the hand of [a] mediator,' and the promises given us in him, is

이 내용 안에 그리스도를 중심으로 하는 하나님과 신자간의 구원론적인 언약관계가 제시되고, 또한 그리스도를 중심으로 하는 신자간의 교회론적 언약관계 또한 설명되고 있다. 즉 그리스도가 신자를 대표하여 성부와 맺은 구속언약에서 약속으로 받게 된 내용은 영생, 견인, 칭의, 중생, 회심 등이 포함되기에 이는 당연스레 구원론적 언약임을 알게 된다.[805] 뿐만 아니라 에드워즈는 신자들(believer)과 그리스도의 교회와 그의 지체들(his church or his members), 그리고 그리스도의 신부(his spouse)를 같은 의미로 사용하여, 자신의 언약사상 안에 담긴 교회론적 언약을 드러내어준다.[806]

이렇게 그리스도 중심의 언약사상을 가졌던 에드워즈는, 그러므로 당시 알미니안주의자들의 그리스도가 아닌 신자들 자신의 믿음으로 구원 얻는다는 주장에 대해, *Freedom of the Will*를 저술하여 반박하였다.[807] 즉 에

---

indeed without any proper condition to be performed by us. Faith is not properly the condition of this covenant, but the righteousness of Christ … But the covenant of grace, if there we understand the covenant between Christ himself and his church or his members, is conditional to us: the proper condition of it, which is a yielding to Christ wooings and accepting his offers and closing with him as a redeemer and spiritual husband, is to be performed by us … But in the covenant between Christ and his members or spouse, she is by herself a party in the covenant, and that in this party which alone, according to the tenor of the covenant, she is interested in the benefit of union and propriety in Christ (which is the benefit directly conveyed in this covenant) is her believing in Christ, or her soul's active union with him."

805) 정요석, 『삼위일체 관점에서 본 조나단 에드워즈의 언약론』 (경기 용인: 킴덩북스, 2011), 192.

806) Ibid., 198-9.

807) 조지 마스덴, 『조나단 에드워즈 평전』, 한동수 역 (서울: 부흥과 개혁사, 2006), 636. 마스덴은 조나단 에드워즈가 자기 시대에 일어난 사상적 조류에 맞서 싸우기 위해 저술한 *Freedom of the Will* 를 소개하면서, 그를 기독교 신학사에서 어거스틴과 루터를 잇는 개혁신학자로서 알미니안주의에 대한 투쟁자로 소개한다, "자유와 결정론에 대한 논쟁은 철학 역사만큼이나 오래되었으며, 기독교 역사에도 친숙한 주제였다. 어거스틴이 이 주제에 대해 펠라기우스를 공격한 것은 유명하다. 또한 루터도 에라스무스에 대항했었다. 그러나 18세기 중반에 에드워즈가 그 위기를 더 심각하게 보는 이유가 있었다. 항상 그랬듯이, 에드워즈의 첫 번째 관심은 신학적이었다. 즉 하나님의 주권의 함축적 의미를 논증하는 것이었다."

드워즈는 철저하게 인간의 전적인 타락과 오직 하나님의 은혜만을 붙잡음으로, 자신이 종교개혁의 신학과 청교도 및 신앙고백의 결집인 도르트 신조(The Canons of Dordt)의 정신을 계승한 자임을 분명히 드러내었던 것이다. 이에 대한 콘라드 체리(Conrad Cherry)의 다음 설명은 에드워즈가 그러한 언약사상을 통해 감당했던 그의 사명의 역사적 의의를 새삼 확인하게 해준다.

> 에드워즈는 칼빈주의자들의 도르트총회(Synod of Dort)의 다섯 가지 논점들에 대한 아르미니우스주의자들의 반대를 침묵시키기 위해서 『의지의 자유』를 썼다. 그것은 인간의 완전한 타락, 거역할 수 없는 은혜, 어떤 사람들을 구원으로 선택하시는 하나님의 주권적 자유, 제한적 대속, 그리고 성도의 견인에 반대였다. 에드워즈는 도르트의 다섯 가지 논점들이 인간의 구원에 있어서 하나님의 권능과 영광을 수호하는 데 반드시 필요하며, 권능과 영광을 인간에게 돌리는 것을 막는 데 필요한 수단이라고 주장했다.[808]

따라서 이러한 에드워즈의 투쟁배경에는 역사적으로 에임스의 조력에 의해 열매 맺은 "도르트 신조(The Canons of Dordt)"와 에드워즈와의 신학적 연대가 있음을 주지할 필요가 있다. 즉 에임스의 언약사상은 17세기뿐 아니라 18세기에도 신학적 영향을 통해 그 사상이 연속되는 결과를 미쳤던 것이다.[809] 이를 통해 이미 앞에서 다룬 바 된 어거스틴으로부터 시작하여 이어지는 "칼빈-퍼킨스 체인(the Calvin-Perkins chain)" 이후에도, 바로 에임스를 통해 17세기 화란의 도르트신조와 18세기 뉴잉글랜드의 조나단 에드워즈까지 각각 영향을 미쳤음을 통해 "칼빈-퍼킨스 체인(the Calvin-Perkins chain)"의 견고함은 그들 이후에 기독론적인 언약사상의 연속성을 따라 지

808) 체리, 306; 정요석, 194.

809) Conrad Wright, "Edwards and the Arminians on the Freedom of the Will," *Harvard Theological Review*, XXXI(October 1942), 241.

속되는 것을 확증하게 된다.[810]

4. 종합 : "퍼킨스-에임스" 언약의 연속

에임스가 그렇게 퍼킨스와 같은 은혜언약의 기반 위에서 그보다 더 강조하여 행하고자 했던 내용은 무엇이었는가에 대한 이유를 생각해봄으로써 그 연속과 발전을 이해하고자 했다.

에임스에게서 윤리적 실천에 대한 강조가 나타나는 이유를 생각하자면, 에임스는 영국에서 교회개혁이나 신자의 경건운동에 참여한 것이 아니라, 영국에서 화란으로 망명하여 퍼킨스와는 다른 환경 가운데 있게 되었던 것이다. 즉, 본국本國인 영국에서 겪었던 종교적 핍박은 없었던 타국他國 화란에서, 이제 그들은 개인경건을 넘어서 진리 가운데 어떻게 살아야하는가를 교회적으로 고민해야하는 위치에 있게 되었다.[811]

실제적으로는 화란의 영국인 회중교회에서 공동사역을 하게 되면서 그 교회가 "거듭난 신자들에게 순결교육을 힘쓰는 한편 독립적, 언약 중심적 회중 주의적 사상"을 가지고 있기에,[812] 이 교회와의 만남은 마침 동료들

---

810) Muller, *Christ and Decree*, 132. "Stoeffler finds the work 'Calvinistic' to the core as witnessed by its 'hard doctrine of predestination'. but the difference between Perkins' and Calvin's perspective appears not as a hardening of the doctrine of destination but instead as a greater emphasis on Christian life and practice." 각주 13에서는 이 F. Ernest Stoeffler의 저작인 *The Rise of Evangelical Pietism* (Leiden,1973)과 *German Pietism During the Eighteenth Century* (Leiden,1973)을 소개하면서, 두 번째 책에서 저자가 Perkins와 Ames의 연결을 다루고 있음을 멀러가 밝힘으로써 이들의 연속성을 보여준다. "Perkins' and Ames' views of theology and its purpose" wedded now to the Cocceian methodology "was instrumental in the formulation of Lampe's theology."

811) 『기독교 교리사 강의』, 17. "정통주의적인 개혁신학을 가졌던 영국 청교도들은 국교인 앵글리칸교회가 더 철저하게 개혁되어야 한다고 끊임없이 주창한 까닭에 오랜 핍박을 받았지만 생동성을 잃지 않고 경건한 삶을 살았으며, 네델란드에서 일어난 경건주의 운동에 영향을 주었다."

812) 『개혁주의 청교도영성』, 229.

이나 신학생들에게 신학의 실천과 실현을 강조하여야 할 책임감을 가지고 있던 에임스에게 더더욱 언약사상 위에서 공동체적 윤리실천과 경건훈련에 대한 강조점을 두게 하였던 요소가 되었다고 여겨진다.[813)]

그 결과, 에임스는 칼빈이 (성경의 가르침과 어거스틴으로부터) 도입하여 제시한 언약사상을 계승하였을 뿐 아니라 스승 퍼킨스가 그 언약사상의 중요성을 자각하고 그 내용을 보다 더 신학적으로 발전시킨데 이어서, 이제 자신의 위치에서 언약사상을 실천적 사상으로까지 적용하여 이를 건축하기까지 하였다.[814)] 이러한 신학적 배경으로는 이미 에임스의 언약사상 근원에 퍼킨스에게서 전수받은 기독론적 언약신학 즉 하나님과 맺은 은혜언약에 순종하는 진실한 신앙과 생명력 있는 경건 그리고 교회공동체에 대한 은혜언약적 이해가 위치하고 있기 때문이었다고 결론내릴 수 있다.[815)]

---

813) Vliet, *WILLIAM AMES*, 23. "The state of moral decay in his home country, the barren intellectual orthodoxy of the university, the lack of heart religion that Ames detected in the Dutch church and the unethical and impious life styles of colleagues and undisciplined students motivated Ames to focus on practical divinity and the disciplined life."

814) Ibid., 101. "Coming after Calvin and no doubt inspired by him, Perkins demonstrates clear awareness of and subscription to the theology of covenant as well, but shows ambiguities in area where covenant thought still needed streaming and structuring. Strictly speaking, however, while Calvin introduced the conceptional formulation of covenant and used it as a guiding principle, its essential feature as architectonic of developing system was really not evident until the work of William Ames."

815) Muller, *Christ and Decree*, 29. "In other words, Calvin's Christology and, I believe, much of the Reformed Christology after him is neither a traditional 'Christology from above' nor a modern 'Christology from below' but a Christology developed out of the histological line of the covenant-promise which points, as by a soteriological necessary, to the concrete, historical person of the God-man."

제9장

에임스의 영향 : 에드워즈의 언약적 개혁주의

이제 에임스가 뉴잉글랜드의 조나단 에드워즈에게 미친 영향에 대해 더 구체적으로 살피고자 할 때, 먼저 에드워즈의 저작 중의 하나인『의지의 자유 *Freedom of the Will*』저술 이유에 대해 제시한 체리의 역사신학적인 설명을 다시 듣는 것은 저작 전체의 큰 흐름을 재확인하도록 하는 요소가 된다.

> 에드워즈는 칼빈주의자들의 도르트총회(Synod of Dort)의 다섯 가지 논점들에 대한 아르미니우스주의자들의 반대를 침묵시키기 위해서『의지의 자유』를 썼다 ... 에드워즈는 도르트의 다섯 가지 논점들이 인간의 구원에 있어서 하나님의 권능과 영광을 수호하는데 반드시 필요하며, 권능과 영광을 인간에게 돌리는 것을 막는 데 필요한 수단이라고 주장했다.[816)]

즉 당시 뉴잉글랜드에 일어난 알미니우스주의에 대해 심각한 위협을 느

---

816) 체리, 306.

겼던 에드워즈는, 『의지의 자유 Freedom of the Will』(1754) 저술을 통해 다음 두 가지의 책무를 다하려고 하였다.[817] 먼저는 인간의 의지가 일종의 독특한 자율성, 즉 자기 결정력(Self-determining Power)을 가지고 있다는 주장들을 반박하는 일이었고, 다음은 만사가 하나님에 의해 결정되는 우주는 인간의 자유이나 도덕적 책임과 전혀 모순되지 않는다는 일이었다. 사실 그 이전에는 자유의지 문제에 대한 포괄적이고 중립적인 연구에 관심이 없었던 에드워즈였는데, 그가 이 저술을 통해 정작 원했던 일은 알미니우스주의를 가능하다고 여기는 왜곡된 인본주의적 신학을 철저히 반박하고 하나님의 주권을 이해하는 유일한 길로 개혁주의 칼빈신학을 입증하는 일이었던 것이다.

그래서 『의지의 자유 *Freedom of the Will*』를 저술한 목적이 바로 "인간의 책임이라는 성경적 가르침을 인정하면서, 동시에 인간이 자신의 의지를 결정할 능력을 가진다는 알미니우스 교리를 어떻게 부정할 수 있는가를 보여주는 것"[818]이라고 할 때에, 그 작품은 칼빈주의 신학에 철저하게 입각한 변증서라고 하는 것이 맞다.[819] 에드워즈의 이 저술은 그가 하나님 중심적인 신본주의적 인간이해에 있어서,[820] 어거스틴이나 루터, 칼빈 그리고 그 외의 다른 개혁주의 신학자들과 같은 깊은 이해를 가지고 있음을 보여주는 좋은 징표가 된다.[821]

또한 이뿐만 아니라 앞에서 살펴본 어거스틴과 더불어 칼빈과 퍼킨스과 같이 그리스도를 중심으로 하는 칭의교리에 견고하게 뿌리내린 에드

817) 앨렌 구엘조, 229.

818) 양낙흥, 687.

819) 구엘조, 237.

820) 신복윤, 229.

821) John H. Gerstner, 292.

워즈에게, 칭의교리적 연속성이 가진 중요성은 다음과 같이 설명되어질 수 있다.[822]

> 바울이 의미하는 것은, 사람이 믿음 안에서의 행위를 포함해서 그가 행한 어떤 것에 의해서가 아니라 믿음을 통한 하나님의 값없는 은혜로 구원받는다는 것이다 ... 죄인을 그의 구원과 연결시킬 때 무엇이 믿음을 가장 중요한 연결고리로 구별시키는가? 바로 여기서, 즉 믿음과 실체 사이를 연결하는 지점에서, 에드워즈는 칭의 교리의 본질을 해석하고 믿음에 의한 구원의 의미를 서술했다.

조나단 에드워즈에게 있어서, 이 칭의교리는 자신이 직면했던 18세기의 미국 해변가에 거세게 밀려오는 알미니안주의에 대항하고 그 오류를 극복하기 위해서 반드시 붙잡고 사수해야 했던 신학적 핵심이었던 것이다.[823] 마치 방파제와 같이 에드워즈의 개혁신학 수호를 위한 수고가, 지금까지도 우리로 하여금 참되고 바른 칭의교리를 갖게 하는 결과를 가져왔다.

물론 16세기의 종교개혁은 특별히 칭의에 대하여 바울신학 이해의 부요함을 통해 "구원"에 대한 개념의 견고한 정립을 가져왔는데 "은총에 의한 구원(Salvation by faith, 엡 2:8)"라는 전통적 칭의이해가 "믿음에 의한 칭의(Justification by faith, 롬 5:1)"라는 칭의에 대한 이해의 확대로 나타났다고 이해된다.[824] 하지만 이는 원래부터 교회역사 속에 계속되었던 그리스도를 통한 칭의 즉 기독론적 칭의에 대한 이해를 간과하였기에 그렇게 보인 것이지, 본 연구를 통해 드러내려는 바는 원래부터 칭의교리는 계속적으로 그리스도의 의를 핵심으로 하였고, 하고 있다. 그럼에도불구하고 시간이 지남에 따라 이러한 종교개혁의 재발견인 칭의교리에 대한 강조가 곳곳에서

822) 체리, 162.

823) Ibid., 164.

824) 맥그래스, 18.

공격을 받고 있던 중에도 여전히 에드워즈를 통해 이 칭의교리가 견고히 수호되었음을 기억해야함을 거듭 강조한다.

하지만 이러한 영향력이 약해져가던 19세기말에 칭의교리에 대한 왜곡된 주장들이 일어나기를 샌더스(E.P.Sanders)의 "바울에 대한 새관점-New Perspective on Paul"이 부각되어 그 악영향이 지금껏 미치고 있음을 생각할 때,[825] 역사적으로 유지되어온 칭의교리에 대한 바른 견해를 유지하고 보수할 책임이 참으로 크다는 사실을 통감하는 바이다.

그러므로 성경의 가르침에 기반하고 앞선 개혁자들과 청교도들에 따라, 거센 인본주의 물결에 대항했던 조나단 에드워즈의 그리스도 중심적 칭의교리의 연관성을 역사적 연속성 속에서 일치됨을 우선해서 살펴보려고 한다. 그 핵심은 역시나 에드워즈가 어거스틴부터 종교개혁자들과 청교도들을 따라 기독론적 칭의이해를 풍성히 계승, 수호하였다는 사실을 입증하려는데 있다. 따라서 이러한 연구를 격려하는 제임스 패커의 칭의교리에 대한 강조로, 이에 대한 논의를 확장하려고 한다.

> 지난 수세기 동안 우리가 칭의교리를 홀대해왔다는 것을 깨닫는다면, 우리는 이미 이 세기야말로 종교적 배교이자 쇠퇴의 시기이며 우리가 이미 이 교리적 배교의 시기를 살고 있다는 결론을 내려야 한다 ... 믿음으로 말미암는 칭의교리는 마치 대들보와 같습니다. 칭의교리는 구원의 은혜에 대한 전체 복음적 지식이라는 세계를 그 어깨에 짊어지고 있는 것과도 같다. 선택, 유효적 소명, 중생, 회개, 양자, 기도, 교회, 사역, 성례 교리와 같은 모든 기독교 교리들이 오직 믿음으로 말미암는 칭의 교리의 견지에서 해석되고 이해되어야 한다.[826]

---

825) Ibid., 20.

826) 제임스 뷰캐넌, 『칭의교리의 진수』 신호섭 역 (서울: 지평서원, 2002), 17. 제임스 패커 "칭의교리에 대한 가장 방대하고 독보적인 명저"

1. 에드워즈의 기독론적 칭의론

"내가 복음을 부끄러워하지 아니하노니 이 복음은 모든 믿는 자에게 구원을 주시는 하나님의 능력이 됨이라 첫째는 유대인에게요 또한 헬라인에게로다. 복음에는 하나님의 의가 나타나서 믿음으로 믿음에 이르게 하나니 기록된바 오직 의인은 믿음으로 말미암아 살리라 함과 같으니라"(롬 1:16-17).

이 바울의 고백 즉 이신칭의(Justification by faith alone)의 교리는 마틴 루터로 하여금 16세기 종교개혁이라는 새로운 시대를 열도록 했고 그 중요성으로 인해 이 교리로 인해 "교회가 서기도 하고 넘어지기도 한다(*articulus stantis et cadentis ecclesiae*)"라고 힘주어 말하게 했다.[827] 바울의 고백과 더불어 "그러므로 사람이 의롭다 하심을 얻는 것은 율법의 행위에 있지 않고 믿음으로 되는줄 우리가 인정하노라"(롬 3:28)와 "일을 아니할찌라도 경건치 아니한 자를 의롭다 하시는 이를 믿는 자에게는 그의 믿음을 의로 여기시나니"(롬 4:5)는 고백은 나아가 초대교부시대부터 종교개혁, 청교도시대뿐 아니라 특별히 에드워즈 시대를 거쳐 지금의 우리에게까지도 여전히 중요하다.

조나단 에드워즈는 당시 미국에 거세게 밀려오던 알미니안주의에 반대하면서 그에 대항하여,[828] 그리스도의 전가의 교리 즉 구원은 인간의 노력이 아닌 하나님의 주권에 의존함을 분명하게 주장하기 위하여 1738년 로마서 4:5절의 "일을 아니할찌라도 경건치 아니한 자를 의롭다 하시는 이를 믿는 자에게는 그의 믿음을 의로 여기시나니" 말씀을 따라, 『이신칭의

---

827) 『하나님의 칭의론』, 8.

828) Samuel T Logan, Jr. "The Doctrine of Justification in the theology of Jonathan Edwards," *Westminster Theological Journal*, 46 (26-42, 1984), 26. "Edwards's own sermons … sermons consciously preached to counter the perceived Arminian threat."

Justification by faith alone』이라는 설교집을 발간한다.[829] 사실 이미 1723년에 석사학위 심사논문으로 "죄인은 믿음으로 얻는 그리스도의 의로 말미암지 않고는 하나님보시기에 의롭다 함을 받지 못한다"(A Sinner is not justified in the sight of God except through the righteousness of Christ obtained by by faith)"를 발표하였다.[830] 그래서 1738년에 사용한 칭의 개념과 논거의 내용들이 그 논문 발표에 다 포함되어 있었는데, 즉 "에드워즈는 분명 죄인들이 자신이 이룬 공로를 통해서가 아니라 오직 그리스도 안에서 하나님의 값없는 은혜를 통해서만 하나님께 의인으로 인정받는 자는 바울과 종교개혁의 원칙에 충실하고자 했다"라고 설명된다.[831]

(1) 에드워즈의 『Justification by faith alone 이신칭의』

에드워즈는 이신칭의교리를 전개하면서, 다음과 같은 논리적 순서를 사용한다.[832] 우선 로마서 4:5절의 본문을 관찰하고, 그를 통해 교리를 도출해내기를, 앞에서 살핀 바 "우리는 그리스도 안에서 오직 믿음으로 말미암아 의롭다함을 얻는다. 결코 우리 자신의 선함이나 미덕으로 의롭다함을 얻는 것이 아니다"라고 선명한 정의를 통해 이신칭의의 교리를 제시한다. 그리고는 이 교리진술을 주축으로 5단계에 걸쳐 다음의 내용들을 다루겠

---

829) Jonathan Edwards, *JUSTIFICATION BY FAITH ALONE* [1734], Sermons and Discourses, 1734-1738 (WJE Online Vol. 19) , Ed. M. X. Lesser [word count] [jec-wjeo19]; 조나단 에드워즈, 『기독교중심』 이태복 역 (서울:개혁된신앙사, 2002) "이신칭의".

830) 이상현 편저, 『조나단 에드워즈의 신학』 이용중 역 (서울:부흥과개혁사, 2008), 263. "은혜와 이신칭의".

831) Ibid., 264.

832) Logan, 30-42. 사무엘 로간은 『Justification by faith alone 이신칭의』에 대해 책 전체에 대해 12항목으로 설명하는데, 도움을 받아 본 논문에서 소개하는 방식으로 일부 적용하였다.

다고 말한다.[833)]

I. 이신칭의 교리의 의미(Explain the meaning of it, and show how I would be understood by such an assertion)
II. 이신칭의 교리의 참됨을 증명하는 논증(Proceed to the consideration of the evidence of the truth of it)
III. 복음적 순종과 칭의의 관계(Show how evangelical obedience is concerned in this affair)
IV. 반론들에 대한 답변(Answer objections)
V. 이신칭의 교리의 중요성(Consider the importance of the doctrine)

(2) 에드워즈의 『Justification by faith alone 이신칭의』 논제

그후에 에드워즈는 이신칭의 교리의 의미를 설명하고, 어떤 의미로 이 교리를 주장하는지 설명하고자 다음과 같은 두가지 질문을 제시한다.[834)]

질문 1. 의롭다함을 얻는다는 것은 무엇을 의미하는가? 질문 2. "우리는 오직 믿음으로 말미암아 의롭다함을 얻는다. 결코 우리 자신의 선함이나 미덕으로 의롭다함을 얻는 것이 아니다"라는 말은 무슨 뜻인가?

위의 질문에 대해 각각 답변하기를 먼저[835)]

---

833) *JUSTIFICATION BY FAITH ALONE*, 149; 『기독교중심』, 34. "DOCTRINE.: We are justified only by faith in Christ, and not by any manner of virtue or goodness of our own. Such an assertion as this, I am sensible, many would be ready to cry out of as absurd, betraying a great deal of ignorance, and containing much inconsistence; but I desire everyone's patience till I have done. In handling this doctrine I would,"

834) *JUSTIFICATION BY FAITH ALONE*, 149; 『기독교중심』, 37. "first, what is meant by being 'justified'; second, what is meant when it is said that this is 'by faith alone,' without any manner of virtue or goodness of our own?"

835) *JUSTIFICATION BY FAITH ALONE*, 150; 『기독교중심』, 38. "A person is said to be justified when he is approved of God as free from the guilt of sin, and its deserved punishment, and as having that righteousness belonging to him that entitles to the reward of life."

답변 1. 하나님께서 어떤 사람에 관하여 다음과 같은 사실을 인정하실 때, 즉 그 사람이 죄로 인해 응당 받아야 할 형벌과 죄책으로부터 벗어났으며 영원한 생명이라는 상급을 얻을 수 있는 자격인 의를 소유하고 있다는 사실을 하나님께서 인정하실 때, 그 사람은 의롭다함을 얻었다고 말할 수 있다.

또한 두 번째 질문에는 두 번에 나누어 답하기를[836)]

답변 2. 이제 한 걸음 더 나아가 두 번째 질문에 대해 말씀드리겠다. 두 번째 질문은 칭의가 결코 우리 자신의 그 어떤 미덕이나 선함으로 말미암지 않고 오직 믿음으로 말미암는다는 말이 무슨 뜻이냐는 질문이었다. 이 질문은 두가지 질문으로 나누어서 생각해볼 수 있다. 질문(1) 어떤 이유로 칭의는 믿음으로 말미암는가? 질문(2) 어떤 이유로 칭의는 우리들의 선함을 모두 배제하고 오직 믿음으로만 말미암는가?

그러면서 이제 이 질문들에 대한 답을 명료하게 제시하길, 질문 2-1. 어떤 이유로 칭의는 믿음으로 말미암습니까?에 대해서,[837)]

그 진리는 다른 것이 아니다. (값을 치르고 칭의를 사신 중보자가 계시며) 신자들은 중보자에 대한 믿음을 가지고 있는데, 이 중보자에 대한 믿음 때문에 하나님께서는 중보자가 값주고 사신 그 은혜를 다른 사람들이 아닌 신자

---

836) *JUSTIFICATION BY FAITH ALONE*, 151; 『기독교중심』, 43. "Second. To show what is meant when it is said that this justification is by faith only, and not by any virtue or goodness of our own. This inquiry may be subdivided into two, viz. (1) first, how 'tis by faith; (2) second how 'tis by faith alone, without any manner of goodness of ours."

837) *JUSTIFICATION BY FAITH ALONE*, 153-4; 『기독교중심』, 48-9. "that, the case being as it is (there being a Mediator that has purchased justification), faith in this Mediator is that which renders it a meet and suitable thing, in the sight of God, that the believer rather than others should have this purchased benefit assigned to him … To be justified is to be approved of God as a proper subject of pardon, and a right to eternal life; and therefore when it is said that we are justified by faith, what else can be understood by it than that faith is that by which we are rendered approvable, fitly so"

들에게 부여하는 것이 적당하고 합당하다고 여기시게 된다는 것이다. 하나님께서 그 일을 합당하다고 여기시게 되는 이유는 다른 것이 아니라 중보자에 대한 믿음 때문이라는 것이다 ... 믿음이라는 이 자격 안에 신자가 의롭다함 얻는 것을 합당하게 만들어 주는 무엇인가가 있기 때문에, 하나님께서는 그것을 보시기 때문에 신자를 의롭다 하신 것이다. 의롭다함을 얻는다는 것은 영원한 생명에 대한 권리와 함께 죄사함을 받기에 합당한 사람으로 하나님의 인정을 받는다.

이에 더하여 질문 2-2.어떤 이유로 칭의는 우리들의 선함을 모두 배제하고 오직 믿음으로만 말미암습니까?에 대해서,[838]

우리가 우리 자신의 의로움이나 선함으로 의롭다함을 얻는 것이 결코 아니라는 말의 의미는, 그리스도의 이 은혜가 우리에게 주어지는 것이 합당하다는 하나님의 판단이 우리 안에 있는 그 어떤 자격이나 그 어떤 행동의 탁월함이나 선함을 고려해서 이루어지지 않는다. 믿는 신자가 그리스도의 이 은혜를 받는 것이 합당하다고 하나님께서 판단하시는 이유는 결코 믿음 안에 존재하는 그 어떤 탁월함이나 가치 때문이 아니라, 이 은혜의 주인이신 예수 그리스도와 믿음이 맺고 있는 관계 때문이다. 다시말하자면, 예수 그리스도 안에서 그리고 예수 그리스도로 인하여 의롭다함을 얻는데, 믿음은 바로 그 중보자 예수 그리스도에게 연합한다. 그렇기 때문에 결국 믿음으로 말미암아 의롭다함을 얻는다고 말할 수 있다.

그러므로 에드워즈가 가진 칭의에 대한 이해는, 성경을 관찰하여 도출

838) *JUSTIFICATION BY FAITH ALONE*, 155; 『기독교중심』, 51-2. "When it is said that we are not justified by any righteousness or goodness of our own, what is meant is that it is not out of respect to the excellency or goodness of any qualifications, or acts, in us, whatsoever, that God judges it meet that this benefit of Christ should be ours; and it is not, in any wise on account of any excellency, or value that there is in faith, that it appears in the sight of God, a meet thing, that he who believes should have this benefit of Christ assigned to him, but purely from the relation faith has to the person in whom this benefit is to be had, or as it unites to that Mediator, in and by whom we are justified."

해낸 내용인 "우리는 그리스도 안에서 오직 믿음으로 말미암아 의롭다함을 얻는다. 결코 우리 자신의 선함이나 미덕으로 의롭다함을 얻는 것이 아니다"라는 교리로 정리된다.[839)]

(3) 에드워즈가 이신칭의 교리의 참됨을 증명한 논증들

그러면서 에드워즈는 다음의 4가지 논증들을 통해 이신칭의 교리가 참되는 것을 입증하고자 한다.

I. 첫째 논증에서 에드워즈는 타락하고 부패한 자들의 상태가 얼마나 심각한지, 사람이 그리스도와 연합하는 길을 제외한 다른 길로도 구주를 소유하고 그것으로 인하여 구주의 모든 은혜에 대한 권리를 소유하는 것을 합당하게 할 수 없다고 말하면서, 그 이유에 대해 한 죄인이 실제로 의롭다함을 얻기 전까지는, 그 사람 안에 있는 어떤 것이라도 하나님께 그의 탁월함이나 사랑스러움으로서 인정받는 것은 타당하지 않기 때문이라고 설명한다.[840)]

II. 둘째 논증으로, 오직 믿음으로 말미암아 의롭다함을 얻는다는 칭의 교리는, 성경 곧 하나님께서 자신의 마음과 의지에 관해 계시에 수없이 기

---

839) *JUSTIFICATION BY FAITH ALONE*, 149; 『기독교중심』, 34. "DOCTRINE.: We are justified only by faith in Christ, and not by any manner of virtue or goodness of our own."

840) *JUSTIFICATION BY FAITH ALONE*, 161; 『기독교중심』, 69-70. "First. Such is our case, and the state of things, that neither faith, nor any other qualification, or act, or course of acts does, or can render it suitable or fit that a person should have an interest in the Savior, and so a title to his benefits, on account of any excellency therein, or any other way than only as something in him may unite him to the Savior. It is not suitable that God should give fallen man an interest in Christ and his merits, as a testimony of his respect to anything whatsoever as a loveliness in him; and that because 'tis not meet till a sinner is actually justified, that anything in him should be accepted of God, as any excellency or amiableness of his person."

록된 교리이다. 그래서 에드워드는 만일 하나님께서 당신의 마음과 의지를 계시하여 주시지 않으셨더라면, 범죄한 인류가 어떻게 하나님께 인정될 수 있고 어떻게 의롭다함을 받을 수 있었는지 결코 알 수 없었다고 말한다. 하지만 하나님께서는 성경에 당신의 마음과 의지를 계시하여 주셨기에 성경을 통해 알 수 있게 되었다고 부언한다.[841]

III. 셋째 논증으로는, 우리의 신실한 순종이나 선함으로 의롭다함을 얻는다고 생각하는 것은 복음의 은혜를 명백하게 훼손하는 것이라고 에드워즈는 말한다. 그래서 이러한 생각은 하나님의 은혜를 명백하게 훼손하거나 평가절하하기 때문에 반드시 거부되어야 한다고 강조한다. 그러면서 거부해야할 이유를 설명하기를, 복음 안에서 선언된 하나님의 목적은 죄인을 의롭다 하시는 하나님의 방식과 죄인들을 인도하여 하나님의 은총과 복음이 선포하는 복된 열매들로 이끌어 들이시는 하나님의 방법에 있어서, 하나님의 은혜가 얼마나 값없고 크며 풍성한지를 찬양하는 것이기 때문이라고 분명하게 밝힌다.[842]

IV. 이제 마지막 네번째 논증으로, 사람이 자신의 미덕이나 순종으로 의롭다함을 얻는다는 생각은 중보자의 영광을 훼손하고, 오직 그리스도의 의에만 속하는 것을 사람의 미덕으로 가로채는 것이라고 에드워즈는 말한다. 왜냐하면 이러한 생각은 그리스도의 자리에 사람을 대신하게 하거나,

---

841) *JUSTIFICATION BY FAITH ALONE*, 167; 『기독교중심』, 88. "Second argument, which is, that this is a doctrine which the Holy Scripture, he revelation that God has given us of his mind and will, by which along we can never come to know how those who have offended God can come to be accepted of him, and justified in his sight, is exceeding full in."

842) *JUSTIFICATION BY FAITH ALONE*, 183; 『기독교중심』, 133. "Third argument, viz. that to suppose that we are justified by our own sincere obedience, or any of our own virtue or goodness, derogates from gospel grace. That scheme of justification that manifestly takes from, or diminishes the grace of God, is undoubtedly to be rejected; for 'tis the declared design of God in the gospel to exalt the freedom and riches of his grace, in that method of justification of sinners, and way of admitting them to his favor, and the blessed fruits of it, which it declares."

사람 자신을 스스로의 구주가 되게 하는 것이기 때문이요 오직 그리스도만이 구원자이시기 때문이다. 그 결과 사람이 자신의 미덕이나 순종으로 의롭다함을 얻는다는 교리는 복음의 본질과 목적에 합당하지 못한 교리임을 분명히 밝힌다.[843)]

그러면서 에드워즈는 "그리스도의 의의 전가"에 대해 설명을 더하기를, 넓은 의미로는 그것이 그리스도의 속죄와 순종을 모두 우리에게 넘겨주는 것이지만, 에드워즈 본인이 전하고자하는 바 좁게는 그리스도의 의가 우리 것으로 하나님 앞에서 받아들여지고 우리에게는 완전한 내적 의로움을 대신 인정받게 된다는 의미임을 밝힌다. 그래서,

> 그리스도의 의가 우리에게 전가됨으로써 그리스도께서 이루신 완전한 순종은 우리 것으로 간주되고, 그 결과 우리는 마치 우리 자신이 직접 완전한 순종을 이행한 것처럼 그에 따르는 혜택을 받게 된다. 그러므로 영생에 대한 권리가 이렇게 전가된 의에 대한 상으로 주어진다.[844)]

라고 분명한 그리스도를 통한 칭의교리를 굳건히 세우고 있는 것이다.[845)]

---

843) *JUSTIFICATION BY FAITH ALONE*, 185; 『기독교중심』, 139. "Fourth argument, for the truth of the doctrine, that to suppose a man is justified by his own virtue or obedience, derogates from the honor of the Mediator, and ascribes that to man's virtue, that belongs only to the righteousness of Christ: it puts man in Christ's stead, and makes him his own savior, in a respect, in which Christ only is his Savior."

844) *JUSTIFICATION BY FAITH ALONE*, 185-6; 『기독교중심』, 140. "that that righteousness of Christ is accepted for us, and admitted instead of that perfect inherent righteousness that ought to be in ourselves: Christ's perfect obedience shall be reckoned to our account, so that we shall have the benefit of it, as though we had performed it ourselves: and so we suppose that a title to eternal life is given us as the reward of this righteousness."

845) Logan, 34-5. 사무엘 로간은 에드워즈의 칭의론 안에 있는 "그리스도와 밀착됨(close with Christ)"을 주된 핵심으로 파악한다. 그래서 에드워즈 안에 있는 그리스도를 받아들이는 그 믿음과 그리스도와 연합됨으로 비로소 우리가 하나님께로부터 의롭게 됨을 선언받는다는 요점을 강조한다.

(4) 에드워즈가 이신칭의 교리의 중요성에 대해 제시한 이유들

그러한 그리스도로 말미암는 의에 대한 성경적 논증들에도 불구하고 부정하는 6가지 반론들에 대해 답변한 후에[846] 에드워즈는, 이제 마지막 장에서 이신칭의 교리가 중요한 6가지 이유를 제시한다.

I. 첫째 이유는, 성경이 이 교리를 매우 중대한 교리로 취급하고 있기 때문이다.[847] 그러면서 덧붙이기를, "사도 바울은 이신칭의와 반대되는 교리를 영혼에 치명적이고 파괴적인 교리로 언급한다"고 로마서 9-10장을 따라 말한다.[848]

II. 둘째 이유는, 오직 믿음으로 말미암은 칭의 교리와 반대되는 교리 체계는 인간의 구원을 위해 하나님께서 세워 놓으신 기초와 전혀 다른 기초를 세우기 때문이다.[849] 즉, "이신칭의와 반대되는 교리 체계는 그리스도를 구원의 초석의 자리에서 몰아내고 그 자리에 인간 자신의 미덕을 놓게 되기 때문이다."[850]

III. 셋째 이유는, 은혜 언약과 첫 언약을 비교할 때 가장 본질적인 차이점이 발생하는 곳이 바로 이신칭의 교리이기 때문이다.[851] 이에 대해 에드

---

846) *JUSTIFICATION BY FAITH ALONE*, 208-37; 『기독교중심』, 203-83. 논문의 분량과 주제를 생각하여 여기서는 다루지 않는다.

847) *JUSTIFICATION BY FAITH ALONE*, 237; 『기독교중심』, 286. "First. The Scripture treats of this doctrine, as a doctrine of very great importance."

848) Ibid., "He speaks of the contrary doctrine as fatal and ruinous to the souls of men, in the latter end of the Romans 9-10."

849) *JUSTIFICATION BY FAITH ALONE*, 238; 『기독교중심』, 288. "The adverse scheme lays another foundation of man's salvation than God hath laid."

850) Ibid., " on the contrary, that scheme supposes it to be men's own virtue; even so, that this is the ground of a saving interest in Christ itself. It takes away Christ out of the place of the bottom stone."

851) *JUSTIFICATION BY FAITH ALONE*, 238; 『기독교중심』, 289. " 'Tis in this doctrine, that the most essential difference lies, between the covenant of grace, and the first covenant."

워즈는 부가적으로 설명하기를 "첫 언약과 은혜 언약 사이에는 중요하고도 가장 두드러진 차이점이 있다. 그것은 은혜 언약의 경우, 우리가 의롭다함을 얻는 것은 결코 우리 자신의 미덕 때문이 아니라 오직 예수 그리스도를 믿는 믿음 때문이라는 사실이다." 따라서 새 언약을 은혜 언약이라고도 불러도 좋은 이유이다.[852)]

IV. 넷째 이유는, 이 교리는 타락한 인류가 하나님의 계시를 필요로 하는 내용 중에서도 중심적인 내용이기 때문이다. 왜냐하면 하나님의 계시인 이 교리는 범죄한 우리가 어떻게 다시 하나님으로부터 옳다 인정받을 수 있는지, 또는 같은 말이지만 죄인이 어떻게 의롭다함을 얻을 수 있는지를 가르쳐주기 때문이다.[853)] 그러므로 "이신칭의 교리는 하나님께서 주신 모든 계시의 중심 내용이요, 그 모든 계시가 증거하는 모든 신비의 중심 내용이며, 본성의 빛을 초월하여 특별히 계시에 속하는 모든 위대한 교리들의 중심 내용" 이라고 에드워즈는 강조한다.[854)]

V. 다섯째 이유는, 이신칭의 교리와 반대되는 교리 체계는 하나님과 중보자의 영광을 크게 훼손하기 때문이다.[855)] 그래서 에드워즈는 "오직 그리스도의 의와 가치에 속한 것을 인간의 미덕과 선함으로 돌리게 될 경우,

---

852) *JUSTIFICATION BY FAITH ALONE*, 239; 『기독교중심』, 291. "The great and most distinguishing difference between that covenant and the covenant of grace is, that by the covenant or grace we are not thus justified by our own works, but only by faith in Jesus Christ. 'Tis on this account chiefly that the new covenant deserves the name of a covenant of grace."

853) *JUSTIFICATION BY FAITH ALONE*, 239; 『기독교중심』, 292. "This is the main thing for which fallen men stood in need of divine revelation for, to teach us how we that have sinned, may come to be again accepted of God; or which is the same thing, how the sinner may be justified. Something beyond the light of nature is necessary to salvation, chiefly on this account."

854) Ibid., "This seems to be the great drift of that revelation that God has given, and of all those mysteries it reveals, all those great doctrines that are peculiarly doctrines of revelation, and above the light of nature."

855) *JUSTIFICATION BY FAITH ALONE*, 240; 『기독교중심』, 294. "The contrary scheme of justification derogates much from the honor of God, and the Mediator."

그리스도의 필요성이 없어진다"고 힘주어 말한다.[856]

VI. 이제 마지막 여섯째 이유는, 이신칭의 교리와 반대되는 교리 체계는 사람들로 하여금 칭의를 위해서 자기 자신의 의를 신뢰하도록 만드는 경향이 매우 강하기 때문인데, 이렇게 자기 자신의 의를 신뢰하는 것은 영혼에게 있어서 치명적이기 때문이다.[857]

그러면서 이를 강조하고자 에드워즈는 "설사 자신의 의를 의지하고자 하는 본성적인 경향을 전혀 가지지 않다고 해도, 이런 종류의 교리체계를 수용해 그대로 행동한다면, 분명코 그 사람은 자기 자신의 의를 의지할 것이다 ... 성경은 우리가 우리 자신의 의를 의지할 경우 그리스도는 우리에게 아무런 유익도 주시지 못하며 아무런 효력도 베푸시지 못한다고 말한다"고 설명한다.[858]

사실 바로 이렇게 그리스도만을 근거로 한 에드워즈의 칭의교리는 이미 앞에서 다룬 바 칼빈의 중심적 견해를 철저하게 계승하고 있는 것이다.

> 프랑소아 벤델(Francis Wendel)이 말하듯이, 칼빈에게 있어서 그리스도와의 연합을 의의 전가의 원인으로 간주할 수 없다 할지라도, "전가는 우리와 그리스도 사이의 연합을 통해서만 가능하며, 바로 그 순간에 우리가 그 몸의 지체가 되기 때문이다. 전가와 그리스도와의 연합은 동일한 신적 은혜의 두

856) Ibid., "By the Apostle's sense of the matter it renders Christ needless."

857) *JUSTIFICATION BY FAITH ALONE*, 241; 『기독교중심』, 297. "The opposite scheme does most directly tend to lead men to trust in their own righteousness for justification, which is a thing fatal to the soul."

858) Ibid., "So that if a man had naturally no disposition to trust in his own righteousness, yet if he embraced this scheme, and acted consistent with it, it would lead him to it. But that trusting in our own righteousness, … is what the Scripture plainly teaches us: it tells us that it will cause that Christ shall profit us nothing, and be of no effect to us."; *Logan*, 31,40. 사무엘 로간은 이 부분에서 인간의 의지에 대한 에드워드의 역작 *Freedom of Will*을 다룬다. 이 부분의 이해를 위해서는 본인의 졸고 "『의지의 자유 *Freedom of the Will*』에 나타난 에드워즈의 하나님 중심주의 신학에 대한 연구"를 참조하기 바란다.

> 가지 불가분의 관계다. 다른 하나가 없다면 또 다른 하나도 존재할 수 없다." 에즈워드에게는 믿음도 그리스도와의 관계인데, 믿음을 통해서 그리스도의 의가 인간 자신의 의로 전가되어진다. 그리스도와의 결합(tie), 결속(bond), 연합(union)을 통해서 그리스도의 구원적 유익이 전달되어진다.[859]

뿐만 아니라 퍼킨스뿐 아니라 청교도의 황태자인 존 오웬(1616-1683)과도 맥을 같이하며,

> 사람들은 그들이 그리스도의 의의 전가의 교리를 부인한다 할지라도, 그 은혜를 통해 하나님께 받아들여지고 참되게 구원받을 수 있을 뿐 아니라 그들이 전가된다는 그것을 인정하지 않는다 할지라도 바로 그 의의 전가를 통해 의롭게 될 수도 있다.[860]

뿐만 아니라 "첫째, 믿음은 그리스도를 바라보아야 한다. 둘째, 믿음은 그리스도를 위해 은혜를 바라보아야 한다. 셋째, 믿음은 그리스도 아래에서 그분과 은혜를 받아야하고 이를 영혼에 적용해야 한다"라는 청교도 조지 스윈녹(1627-1673)의 기독론적 중심에 명확히 잇대어 있다.[861]

그러므로 에드워즈가 종교개혁자들과 청교도들을 따라 기독론적 칭의 이해로 더욱 견고하게 지켜냈고, 그러한 견고함을 통해 미국에 밀려오던

---

859) 체리, 173.

860) John Owen, *The Doctrine of Justification by Faith*, ch. VII, "Imputation and the nature of It," *Works*, vol.5 (Edinburgh, The Banner of Truth, 1965),163. "They do not think nor judge that all those are excluded from salvation who cannot apprehend, or do deny, the doctrine of the imputation of the righteousness of Christ, as by them declared; but they judge that they are so unto whom that righteousness is not really imputed: nor can they do otherwise, whilst they make it the foundation of all their own accpetation with God and eternal salvation."; 존 파이퍼 『칭의논쟁』 신호섭 역(서울:부흥과개혁사, 2009), 29. 각주 30.

861) George Swinnock, *The Works of George Swinnock* (Edinburgh: The Banner of Trust, 1868; rep.1992), 1:203-5. "1. Faith must look out for Christ … 2. Faith must loo up to Christ for grace … Faith must receive Christ, and apply him ti thy soul."

알미니안의 물결을 100년이상 시류적 사상에 휩쓸리지 않고 그 정신을 간직할 수 있도록 하였다는 B.B. 워필드의 평가는 결코 과장되지 않다.[862) 이를 요약하자면 분명코 에드워즈의 칭의교리는 오직 그리스도에게만 근거를 두는 것임을 성경적이며 역사적 연속성을 통해 확증된 것임을 분명히 확인할 수 있다.[863)]

2. 에드워즈의 칼빈주의 신학

에드워즈의 칼빈주의 신학이 가장 집대성되어 있는 『의지의 자유 *Freedom of the Will*』의 내용을 살펴보면 다음과 같다. 에드워즈는 서론에서 알미니우스신학의 구조 속에서 많은 오류들을 발견해내었다고 말하면서, 축약하기를 "진리에 대한 신실한 사랑하는 분들의 기도"로 힘입어 겸손히 진리와 그 체계들을 제시하게 되었다고 하면서, 내용들을 소개한다.[864)]

(1) 『의지의 자유 *Freedom of the Will*』

1부는 "계속해서 발생하는 담화의 주제에 속하는 다양한 것들과 용어들은 어디에서 설명되고 진술되는가"(PART I. WHEREIN ARE EXPAINED AND

862) Benjamin. B. Warfield, *Studies in Theology* (NewYork:Oxford University Press,1932), 532. "The movement against Calvinism which was overspreading the land was in a great measure checked, and the elimination of Calvinism as a determining factor in the thought of New England, which seemed to be imminent as he wrote, was postponed for more than a hundred years." 이하에서 *Studies in Theology*라고 표기한다.

863) 강웅산, "조나단 에드워즈의 그리스도의 의의 전가교리" 한국개혁신학 17([2005.4], 105-31), 107. "결국 에드워즈에게 있어서 인간의 도덕적 상태, 즉 도덕적 결함은, 의의 전가를 필요로 하게 되는데, 인간의 부적격함을 대신 할 수 있는 존재는 자기의 무한대한 가치(의)로 인간의 무한대한 악을 덮을 수 있는 분이어야 만하는 것이다. 그 존재에 대한 에드워즈의 답은 그리스도이다."

864) Duane. M Smets, "A Course Outline" on Jonathan Edwards' *Freedom of the Will*, unpub. (2004), 9 ff.

STATED VARIOUS TERMS AND THINGS BELONGING TO THE SUBJECT OF THE ENSUING DISCOURSE)라는 제하에 다음과 같이, 에드워즈가 용어들을 정의하고 관련된 이슈들을 정의하는 내용으로 되어 있다.[865]

에드워즈는 여기 1부에서 의지를 정의하면서, 의지를 몰아가는 어떤 것이 있는데, 의지로 하여금 이것 대신 다른 것을 택하게 만드는 것이 있다고 한다. 그래서 의지는 결정하는 것이 아니고 결정되는데, 바로 가장 강력한 동기인 우리 본성이 그것을 결정한다고 말한다. 다시말하면, 도덕적 무능 즉 바울이 죄의 본성이라 부르는 것이 의지를 지배하는데, 이러한 의미에서 의지가 자유하다고 할 수 도 있다. 반면 이 죄 때문에 도덕적으로 무능하게 되는데 바로 이 도덕적 무능이 의지를 지배한다는 것이다. 이를 조금 더 살펴보면, 에드워즈는 자연성 필연성과 도덕적 필연성을 구분한다. 우선 자연적 필연성은 사물들 사이에 필요한 인과 관계와 관련이 있고, 도덕적 필연성은 성향과 동기들의 힘인 도덕적 원인들과 결과적 행위에 관한 것들이다. 물론 에드워즈는 이 두 필연성을 동일하게 여기면서도, 두 용어간의 차이를 구별하는 이유는 바로 알미니우스주의자들이 도덕적 필연성과 자유가 양립불가능하다고 주장하기 때문인데, 에드워즈에게 있어서는 그러하지 않고 자유란 사람이 기뻐하는 대로 행할 기회를 의미하기에 그 자유는 사람에게 속한 것이지 의지에 속하지 않았다고 한다.

그래서 "자기 결정적 의지"라는 개념은 앞뒤가 맞지 않는 것인데, 이는 그것이 어떠한 선행하는 조건으로부터도 독립된 것이기 때문이다. 그래서 이는 무한한 복귀로 연결되는데, 즉 어떤 자유로운 행위가 있기 전에 다른

865) 각 절들은 다음과 같다. 1. 의지의 본질에 관하여 *Concerning the Nature of the Will* 2. 의지의 결정에 관하여 Concerning the determination of the Will 3. 필연성, 불가능성, 무능력성 등의 의미와 우연성의 의미에 관하여Concerning the meaning of the terms, Necessity, Impossibility, Inability, &c. and of Contingence 4. 자연적인 필연성과 도덕적인 필연성, 무능력의 구분에 관하여 Of the distinction of natural and moral Necessity, and Inability 5. 자유의 본질과 도덕적 행위자의 본질에 관하여 Concerning the notion of Liberty, and of moral Agency.

자유로운 행위가 있어서 계속된다는 것이다. 그러므로 그 복귀를 정지시키기 위해서는 자유롭지 못한 첫 행위가 있어야, 그 다음의 후속 행위도 자유로울 수 없게 된다. 바로 이러한 논리가 에드워즈가 책 전체에서 밝히고자 하는 주장의 기초내용이 된다.

이제 제2부에서는 "알미니우스주의가 모든 도덕적인 행위들에 관하여 자유의 본성을 주장하였듯이 과연 그러한 종류의 자유 의지가 어디에 존재하는지 아니면 존재할 수 있는지 탐구해 보아야 한다"(PART II. WHEREIN IT IS CONSIDERED WHETHER THERE IS OR CAN BE ANY SORT OF FREEDOM OF WILL, AS THAT WHEREIN ARMINIANS PLACE THE ESSENCE OF THE LIBERTY OF ALL MORAL AGENTS; AND WHETHER ANY SUCH THING EVER WAS OR CAN BE CONCEIVED OF)라는 제하에, 에드워즈는 알미니우스주의의 입장을 공격적으로 고찰하면서 자유에 대한 알미니안적 관점이 타당하지 않음을 드러내는데 주력한다.[866] 자유에 대한 알미니우스적 관점이 타당하지 않음을 밝히기 위해,

---

866) 1.의지가 자기 결정 능력이라고 주장하는 아르미니우스학파의 의지자유의 모순에 관하여Showing the manifest inconsistence of the Arminian notion of Liberty of Will, consisting in the Will's self-determining Power 2.앞서 논의된 논점들을 피하는 몇 가지 방법들에 관하여 Several supposed ways of evading the foregoing reasoning considered 3.어떤 사건들과 개별적인 의지작용은 그 존재 원인없이 발생 할 수 있는 가에 관하여 Whether any event whatsoever, and Volition in particular, can come to pass without a Cause of its existence 4.의지작용은 어떠한 원인도 없이 정신적인 본성의 활동을 통하여 발생할 수 있는지에 관하여 Whether Volition can arise without a Cause, through the activity of the nature of the soul 5.앞서 제시된 변명(辨明)이 맞다면 그것은 모두 일관성이 없을뿐더러 아르미니우스학파의 의지의 자기 결정성에 관한 논변을 해결해 주지 못하며 더욱 불일치성 만을 제공해 줄 뿐이다 Showing, that if the things asserted in these Evasions should be supposed to be true, they are altogether impertinent, and cannot help the cause ofArminian Liberty; and how, this being the state of the case, Arminian writers are obliged to talk inconsistently 6.정신의 조망(眺望)속에 나타난 것들에 대한 정신의 무관심 상태에서의 의지의 결정에 관하여 Concerning the Will determining in things which are perfectly indifferent in the view of the mind 7.무관심(indifference)속에서 성립하는 의지자유의 개념에 관하여 Concerning the Notion of Liberty of Will, consisting in Indifference 8.모든 필연성이 배제(排除)된 의지의 자유에 관한 논의 Concerning the supposed Liberty of the will, as opposite to all

인간이 자기결정의 자유가 있는지 혹은 있을 수 있는지에 관한 사색을 여기서 다루는데 이는 자기결정의 자유야말로 알미니우스주의자들이 칭찬이나 책망을 위해 필수적이라 간주하는 요소들이기 때문이다. 여기 2부에서 에드워즈는 "자기결정의 의지(Will' s self-determining power)"에 대해 주장하는 알미니우스의 자유개념이 결국 자기 결정력과 동시에 우연성(contingence)에 기반을 두는 모순을 가지고 있음을 지적하면서, 그들의 자유개념에 대하여 논박할 요소인 하나님의 예지(God' s certain foreknowledge)와 작정들을 제기한다.

알미니우스주의자들이 주장하는 두 요소 즉, "자기 결정력(self determining power)"이란 의지가 그 스스로에 대해, 그리고 그 자신의 행위에 대해 가지는 어떤 주권을 말하는데, 의지는 그것에 의해 그 자신의 의사를 결정한다고 그들은 주장함을 에드워즈는 지적하고, 또한 "우연성(contingence)"이란 모든 필연 혹은 어떤 그 전의 근거나 그 존재이유와의 고정되고 확실한 연관과 반대되는 것들이라고 에드워즈는 지적한다. 그래서 알미니우스주의자들이 이 두 가지 요소 즉, 자기 결정력과 우연성이 "자유의 본질"을 제공한다고 주장하면서 이것이 없으면 인간은 아무 참된 자유가 없다고 말하는데, 바로 이러한 자유에 대한 이해는 도덕적 행위자와 그

Necessity 9.오성(悟性)의 지시(指示)와 의지행위의 연관성에 관하여 Of the Connexion of the Acts of the Will with the Dictates of the Understanding 10.동기(motives)의 영향에 연관된 의지작용의 필연성 ; 의지자유에 관하여 처브(Mr. Chubb)의 주장과 추리의 불일치(不一致)에 대한 탐구 Volition necessarily connected with the influence of Motives: with particular observations on the great inconsistence of Mr. Chubb's assertions and reasonings about the Freedomof the Will 11.미래의 도덕적 행위들의 의지작용을 위한 최고 존재의 확실한 예지에 관하여 The evidence of God's certain Foreknowledge of the volitions of moral Agents 12.우리는 도덕적 행위들의 의지작용들을 선행하는 어떤 것과 연관시켜야 하는지 아니면 그렇지 말아야 하는지에 관하여 God's certain foreknowledge of the future volitions of moral agents, inconsistent with such a contingence of those volitions as is without all necessity 13.그럼에도 불구하고 알미니안주의의 자유의 개념을 포기해야만 한다는 의미에서 그 행위들은 필연적이어야 한다는 논의에 관하여 Whether we suppose the volitions of moral Agents to be connected with any thing antecedent, or not, yet they must be necessary in such a sense as to overthrow Arminian liberty

책임에 대한 알미니우스적 개념에 서 있는 것이다. 다시 말하면 절대적으로 자유로운 도덕적 행위자들만이 그들의 행위에 대해 책임을 질 수 있다는 것이다. 하지만 에드워즈는 이러한 알미니우스들의 주장은 의지에 대한 죄의 영향을 너무 간과하여 진정한 자유의 의미를 잃어버리는 것이라고 평가한다.

과연 자유가 선택 및 자기 결정력 외에 어떤 것에 관련되어 있다면 어떻게 되는지? 그리고 인간이 가장 여유로운 때는 언제인지? 에드워드는 인간이 가장 자유롭게 되는 때는 다름 아닌 하늘나라에서 영화로운 상태에 있게 될 때라고 말하면서, 덧붙이기를 "성화된 성도는 어떤 면으로든 자신의 자유가 조금도 감소되지 않는다라" 고 말한다. 그리고 가장 큰 자유를 소유한 존재는 다름아닌 하나님이시라고 말한다.

이 두 가지 내용을 생각할 때, 자유는 자기결정력이나 우연성이라는 의미의 인간적 선택과는 무관하고, 오히려 자유는 인간이 그 죄 된 본성을 따라 행동하는 것과 관련된다고 볼 수 있다. 그래서 에드워즈는 만일 자유가 자기결정력이나 우연성과 무관하다면, 도덕적 행위자들도 그것을 요하지 않는다고 말하면서, 도덕적 행위자가 되는 것은 "도덕적 질, 즉 도덕적 의미에서나 선이나 악이라 이름붙일 수 있는 행위들을 할 수 있는 존재" 그리고 "도덕적 선악, 혹은 공과나 합당함과 같은 것, 칭찬이나 책망, 상이나 벌에 대한 감각" 을 가진 존재를 필요로 한다고 말한다.

에드워즈는 하나님을 도덕적 행위자로 봄으로써 이것을 예증하는데, 이는 에드워드가 하나님을 도덕적 행위자의 최고 모범으로 보기 때문이다. 바로 이 과정에서 필연성과 우연성을 대조시키는데 우연성은 선택을 포함하나 필연성은 그렇지 않기에,결국 도덕적 행위자는 우연성에 근거하지 않게 된다.

3부는 "알미니우스주의가 주장하는 의지의 자유는 어디에서 탐구되어야 하며, 그리고 그 자유는 도덕적인 작인作人, 덕과 악, 칭찬과 비난에 관해 필연적으로 관여할 수 있는가 없는가" (PART III. WHEREIN IT IS CONSIDERED WHETHER THERE IS OR CAN BE ANY SORT OF FREEDOM OF WILL, AS THAT WHEREIN ARMINIANS PLACE THE ESSENCE OF THE LIBERTY OF ALL MORAL AGENTS; AND WHETHER ANY SUCH THING EVER WAS OR CAN BE CONCEIVED OF)인데, 진정한 책임은 선택에 의해 정의된 자유를 논한다는 반론에 대한 답변을 다룬다.[867)]

여기 제3부에서 에드워즈는 "만일 모든 인간의 행위들이 필연적이라면 미덕과 악덕은 공허한 말들이 될 것이다. 하지 않을 수 없는 일을 한다고 어떻게 탓할 것인가? 회피할 수 없는 일을 한다고 누가 그를 칭찬할 것인가"라는 대니얼 휘트비의 말을 인용하여, 노예상태에 있는 의지에 책임을 물을 수 있는가 하는 문제를 논한다. 에드워즈는 책임성과 심판이 공정하기 위해서 자유가 필요하다는 알미니우스적 견해에 대해 문제를 제기하는

---

867) 1.최고 존재의 도덕적 필연성, 덕과 가치에 대하여 God's moral Excellency necessary, yet virtuous and praiseworthy 2.필연성으로 신성한 예수 그리스도(Jesus Christ)의 인간적인 마음으로부터 나온 의지의 행위들과 덕스러운 것, 보상받을 가치가 있는 것에 대하여 The Acts of the Will of the human soul of Jesus Christ, necessarily holy, yet truly virtuous, praiseworthy, rewardable, &c 3.일반적으로 신으로부터 죄에로 양도된 경우와 타락한 인간의 사례(事例)는 곧 도덕적 필연성과 무능함이 책망받을 가치가 있음과 부합한다는 것을 입증한다. The case of such as are given up of God to sin, and of fallen man in general, proves moral Necessity and Inability to be consistent with Blameworthiness 4.도덕적 무능력에 일치하는 명령(command)과 복종에 대한 의무에 관하여 Command and Obligation to Obedience, consistent with moral Inability to obey 5.성실한 노력과 욕망은 선 그 자체의 비실행 속에서 변호되는 것으로 생각되며 그리고 그것들은 개별적인 것으로 숙고된다. That Sincerity of Desires and Endeavours, which is supposed to excuse in the non-performance of things in themselves good, particularly considered 6.무관심의 자유는 덕에 필연적이 아니며 또한 거기에 양립하지 않는다. 그리고 덕스런 습관이든 악한 습관이든 알미니안의 자유의 개념과 도덕적인 행위들에 일치하지 않는다. Liberty of indifference, not only not necessary to Virtue, but utterly inconsistent with it; and all, either virtuous or vicious habits or inclinations, inconsistent with Arminian notions of Liberty and moral Agency 7.알미니안의 도덕적인 개념은 덕스런 행위든 악스런 행위든 동기와 권유의 모든 영향과 양립하지 않는다. Arminian notions of moral Agency inconsistent with all Influence of Motive and Inducement, in either virtuous or vicious actions.

데, 이에 대한 반대의견은 역시나 성경과 반대가 되기 때문이다. 그래서 결국 알미니우스주의자들이 말하는 자기 결정은 도덕적 책임의 목적을 증진시키는데 아무런 기여를 하지 못한다는 사실을 보여준다.

마지막 제4부에서 에드워즈는 자유의지에 대한 알미니우스적 인식에 대한 최종적 답변을 제시하면서, 하나님의 뜻이 모든 것을 결정한다고 강조한다. 즉 하나님의 주권적 의지가 그분 자신의 무한한 지혜에 의해 결정되며, 그러므로 하나님은 모든 것이 합력하여 선을 이루게 하신다. 그래서 4부의 제목은 "앞서 언급된 자유의 개념概念, 도덕적인 행위를 옹호하고 지지하는데 있어서 알미니우스의 이론적 토대土臺와 그 반대적인 원리原理는 어디에서 숙고될 수 있는가?"(PART IV. WHEREIN THE CHIEF GROUNDS OF THE REASONINGS OF ARMINIANS, IN SUPPORT AND DEFENCE OF THE FOREMENTIONED NOTIONS OF LIBERTY, MORAL AGENCY, &c. AND AGAINST THE OPPOSITE DOCTRINE, ARE CONSIDERED)이다.[868] 여기 4부에서 에드워즈는 일

868) 1.심적(心的) 성향(性向)에 대한 덕과 악의 본질과 의지의 행위들은 그 원인에 놓여 있는 것이 아니라 그 본능에 놓여 있다는 논의에 관하여 The essence of the virtue and vice of dispositions of the heart, and acts of the will, lies not in their cause, but their nature 2.도덕적인 작인(作因)과 자유에 관하여, 알미니안의 원리를 옹호하는 자들은 작인과 행위에 대한 형이상학적인 개념의 오류를 범하고 있고 그리고 그들의 주장은 일관성 이 결여되어 있다. The Falseness and Inconsistence of that Metaphysical Notion of Action and Agency Which Seems to be Generally Entertained by the Defenders of the Arminian Doctrine concerning Liberty, Moral Agency, &c 3.어떤 사람들이 필연적인 것들을 칭찬이나 비난의 대상으로 생각하는 것은 상식적인 의미에서 모순된다고 간주하는 이유들에 관하여 The Reasons Why Some Think It Contrary To Common Sense, To Suppose Those Things Which Are Necessary, To Be Worthy of Either Praise Or Blame 4.도덕적인 필연성이 칭찬과 비난, 보상과 체벌에 일치한다고 생각하는 것은 인간의 선천적인 개념과 일반적인 의미에 합당하다. It Is Agreeable To Common sense, And The Natural Notions of Mankind, To Suppose Moral Necessity To Be Consistent With Praise And Blame, Reward And Punishment 5.필연성에 관한 이 체계는 죄악을 피하기 위한 모든 수단들과 노력들을 헛된 것으로 만들거나 혹은 덕과 신성함을 획득하는 것을 무산시키고 있다는 알미니안의 주장에 반대함에 관하여 Concerning Those Objections, That This Scheme Of Necessity Renders All Means and Endeavours For The Avoiding Of Sin, Or The Obtaining Virtue And Holiness, Vain And To No Purpose; And That It makes Men No More Than

련의 반대 입장들에 대해 검토하면서 거기에 답변을 제시함과 동시에, 마침내 칼빈주의 입장이 성경적이고 이성적이며 일관성있는 것임을 보인다. 바로 이 결론부분에서 "칼빈주의자와 알미니우스주의자들 사이의 논쟁에 있어서 대부분의 쟁점들의 결론은 도덕적 행위자에게 필수적인 의지의 자유에 관한 이 항목을 어떻게 결정하느냐에 달려 있다" 고 에드워즈는 자신의 주장을 요약한다.

사실 에드워즈는 만일 자신이 자기결정적 의지라는 개념의 오류를 밝힐 수 있다면 그 알미니우스들의 입장을 무너뜨릴 수 있다고 생각했는데, 이는 알미니안의 오류가 바로 하나님의 주권을 거부하는데서 비롯된다고 간파하였기 때문이다. 알미니우스들은 자기결정적 의지의 교리에 철저하게 의존하고 있었기 때문에, 에드워즈는 바로 그 자유의 개념을 파괴하면 알미니우스주의를 무너뜨릴 수 있다고 믿었다.

이러한 자기 결정과 자기 의존의 기념들은 죄인들로 하여금 회심시키는 은혜를 위해, 하나님께 기도하는 것을 방해하고 약화시키는 경향이 있어서 마침내 회심이라는 개념 자체를 파괴시킨다고 에드워즈는 파악했던 것이다. 그래서 그는 덧붙여 말하기를, "요구되거나 기대되는 전부가 자기

Mere Machines In Affairs Of Morality And Religion 6.숙명에 대한 스토아학파의 원리(Stoical doctrine)와 홉즈(Hobbes)의 논리를 반대함에 관한 고찰에 관하여 Concerning That Objection Against The Doctrine Which Has Been Maintained, That It Agrees With The Stoical Doctrine O Faith, And The Opinions of Mr. Hobbes 7.신성한 의지의 필연성에 관하여 Concerning The Necessity Of The Divine Will 8. 숙고된 신의 의지작용들의 도덕적인 필연성에 대한 반대에 관하여Some Further Objections against the Moral Necessity of God's Volitions, Considered 9. 신을 죄의 창시자로 만든다는 앞서 주장된 원리들에 대한 반대적인 의견들에 관하여 Concerning That Objection against the Doctrine Which Has been Maintained, that It Makes God the Author of Sin 10. 세상에서 최초의 죄의 출현에 관하여 Concerning Sin's First Entrance into the World 11. 신의 도덕적인 성격과 이 원리들과의 불일치성에 관하여 Of a Supposed Inconsistence of These Principles with God's Moral Character 12. 무신론과 방종(放縱)에 대한 전제된 이 원리들의 경향에 관하여 Of a Supposed Tendency of These Principles the Atheism, and Licentiousness 13. 칼빈주의가 유지되고 있는 ,매우 형이상학적이고 심원한 추리에 대한 반대에 관하여 Concerning That Objection against the Reasoning by which the Calvinistic Doctrine Is Supported, That it Is Metaphysical and Abstruse.

결정의 많은 행위들에 의해 점점 더 선해지는 것뿐이라면, 성경이 회심, 마음의 변화, 중생 등으로 말하는 것이나 그와 유사한 어떤 것도 존재할 수 없다"고.[869]

그 결과 조나단 에드워즈와의 만남을 통해 자신의 신학과 목회인생이 하나님의 영광만을 위해 살게 된 존 파이퍼는, 이 『의지의 자유 *Freedom of the Will*』에 대해 몇 가지 평가하기를 먼저 "「의지의 자유」는 칼빈주의 신학에 대한 방어"라고 이야기하고, 또한 이 책은 에드워즈가 개혁주의 즉 어거스틴주의 전통에 서 있음을 보여주는 작품이라고 말한다. 그뿐 아니라,

> 만일 그리스도인들이 이 책을 읽고 그 진리를 받아들인다면, 우리는 지금과는 다른 그리고 더 나은 복음주의 세계에서 살게 될 것입니다. 인간의 의지 위에 있는 하나님의 주권에 대한 흔들리지 않는 성경에 대한 확신과 마찬가지로 이 책보다 더 탁월하게 모든 것 위에 뛰어난 하나님의 주권에 대한 진리를 확고히 하는 책도 없을 것입니다.[870]

라고 평가하기를 주저하지 않는다.

(2) 『의지의 자유 *Freedom of the Will*』의 개혁주의

이미 살핀 바처럼, 『의지의 자유 *Freedom of the Will*』는 용어에 대한 정의, 도덕적 행위자들의 자유가 어떤 종류의 자유의지에 근거되어 있는지, 의지의 자유가 도덕적 행위에 필요한가, 그리고 마지막으로 결정론에 대한 방어라는 4가지 요소를 다루면서, 크게 두 개의 기둥을 의존하면서 자신의 주장을 전개해 나갈 뿐 아니라 몇몇 선명한 이해가 필요한 용어들을 사용

---

869) 양낙흥, 692. 재인용

870) 파이퍼, 129-34.

하고, 그것을 다루어가되 성경의 기반에 따라 반증과 입증을 사용하는 논증법을 통해 알미니우스들을 반박한다.

① 사상적 두 핵심요소 : 우선 살펴볼 에드워즈가 본 변증을 진행하면서 붙잡는 두 개의 핵심요소들은, 먼저 성경계시에 대한 증거이고 또 하나는 이성(혹은 지성)에 의한 증거이다.[871)]

> 이런 것들이 성경(Scripture)에 맞는지의 여부를 모든 신자들과 성경을 읽는 모든 사람들에게 판단하게 하자 : 또한 그들이 일반적인 판단양식(common sense)에 맞는지 실제적인 삶에 있어서 지성(human understanding)을 가진 모든 자들로 판단하도록 하자

에드워즈가 어디에서나 언제나 그렇듯이, 자신의 사상은 오직 성경에만 철저하게 기반하고 있기에 "성경을 하나님의 말씀으로 인정하는 척하는 사람들(some that pretend to believe the Scripture to be the Word of God)" 에 대해서 결코 받아들일 수 없다는 입장을 밝힌다.[872)] 즉 이 말은 역설적으로 자신은 성경의 진리를 철저히 인정한다는 말이다. 그러므로 성경에 대한 중심성이 얼마나 그에게 중요한 요소인가를 더욱 분명하게 하는 내용이다.

또한 에드워즈는 이성(혹은 지성, human understanding)에 대한 인정을 다른 핵심요소로 제시한다. 그러나 이는 자율적인 이성이 아니라 도덕행위자이신 하나님의 인도에 따라 판단하는 지성을 의미한다. 이를 역시나 인간 자체에 대한 불확실을 통해 역설적으로 설명함으로써 주장을 드러낸다.[873)]

---

871) *Freedom.*, 326. "Whether these things are agreeable to Scripture, let every Christian, and every man who has read the Bible, judge: and whether they are agreeable to common sense, let everyone judge, that have human understanding in exercise."

872) *Freedom.*, 239.

873) *Freedom.*, 326. "for the exercise of bias is not the exercise of *free self-determining will*, and so there is no exercise of liberty in it. Consequently no man is virtuous or vicious ⋯."

더 깊은 이해를 위해 이렇게 우선적으로 두 기둥을 파악한 후에, 다시 1부로 돌아가 에드워즈가 사용하는 용어에 대한 설명을 하면 이렇다.

첫 번째 용어는 "의지(the Will)"인데, 에드워즈에게 있어서 "의지란 마음이 어떤 것을 선택하는 것이다. 그 의지의 능력은 선택할 수 있는 마음의 능력이나 힘이나 원리이다. 즉 의지의 행위란 선택의 행위와같은 것이다."[874] 물론 여기서 에드워즈가 사용하는 "선택(choosing or choice)"라는 단어는 매우 폭넓은 개념을 가지고 있는데, "우리가 의지의 행위라고 명명하는 것은 다음의 무엇이라 부르든 결국 선택하는 것이 될 것이다 - 선택하기, 거절하기, 시인하기, 불찬성하기, 좋아하기, 싫어하기, 용납하기, 부인하기, 결정하기, 지시하기, 명려하기, 금하기, 마음에 내키거나 꺼리기, 즐거워하거나 불쾌해 하는 것 등은"[875] 즉 이러한 표현을 통해 에드워즈는 "의지(the Will)"란 바로 "정서(Affection) 혹은 감정"에 속한 것임임을 밝힌다.[876]

따라서 그렇다면 그 의지를 결정하는 것이 무엇인가라고 할 때에, 에드워즈는 '의지를 결정하는 것은 분명한 원인 즉, 결정자에 의해서' 라고 밝힌다.[877] 바로 이러한 에드워즈의 의지에 대한 개념은 알미니우스주의자들의 우연성과 인간 자율성에 대해 분명한 반박의 의사를 담고 있음이 여기 보이고 있다.

---

874) *Freedom.*, 137. "the will is plainly, that by which the mind chooses anything. The faculty of the will is that faculty or power or principle of mind by which it is capable of choosing: an act of the will is the same as an act of choosing or choice."

875) Ibid.

876) *Freedom.*, 309. "정서란 확실한 의지의 실행의 모습일 따름이다(the affections are only certain modes of the exercise of the will)" 라고 밝힘으로써 에드워즈의 개념 속에서는 의지와 정서가 유관한 개념임을 알 수 있다.

877) *Freedom.*, 141. "To talk of the determination of the will, supposes an effect, which must have a cause. If the will be determined, there is a determiner." 동일의미로 동기(motive)라고 에드워즈는 이어서 설명하는데, 논의를 축약하기 위해 앞의 설명만을 여기서는 다룬다.

이 의지에 대한 이해는, 자연스럽게 두 번째 용어인 "필연성(Necessity)"을 생각하게 한다. 에드워즈는 이 필연성이라는 이론이 입증될 때까지 칼빈주의에 대한 알미니안의 공격이 계속될 것이라는 사실을 알고 있었다. 그럼에도 불구하고 "필연성"에 대한 분명한 이해가, 역시 그 공격을 극복하게 할 것이라는 입장이 분명했다, "본래적 의미에서 볼 때, 필연적이라는 것은 상상할 수 있는 모든 반대에도 불구하고 그것들을 헛되게 버리거나 바꾸어버리도록, 존재하거나 존재하게 될 것들을 의미한다."[878]

또한 에드워즈는 "철학적 필연성이라 실제로 참된 것이라고 긍정하는 어떤 명제의 술어와 주어로 표시된 것들 사이의 완전하고 확고한 관련 이외에 다른 것이 아니다"라고 말하면서, 어떤 것들의 완전하고 확고한 관련이 모든 필연성에 속하는 본질적 특질임을 분명히 한다.[879] 그런 후에 "도덕적 필연성"이라는 용어가 쓰이는 몇 용례를 들고는, 왜 자신이 그 용어를 사용하게 되었는지를 말한다. 즉, 도덕적 필연성이라는 용어가 때로는 도덕적 의무라는 필연성에 대해 사용되기 때문이요, 따라서 사람이 의무와 양심의 속박 아래 있을 때, 바로 그 필연성 아래 있다고 설명한다.[880]

이제 에드워즈는 가장 중요하게 다루고자 하는, "의지의 자유 Freedom of the Will"에 대한 설명을 이어간다. "자유의 명료한 의미는 일반적으로 어떤 사람이 자기가 기뻐하는 대로 하기 위한 능력이나 기회나 유익이라 하겠

---

878) *Freedom.*, 149. "The word 'necessary,' as used in common speech, is a relative term; and relates to some supposed opposition made to the existence of the thing spoken of, which is overcome, or proves in vain to hinder or alter it."

879) *Freedom.*, 152. "Philosophical necessary is really nothing else than the full and fixed connection between the things signified by the subject and predicate of a proposition, which affirms something to be true …."

880) *Freedom.*, 156. "That necessary which has been explained, consisting in an infallible connection of eth things signified by the subject and predicate of a proposition, as intelligent beings are the subjects of it, is distinguished into moral and natural necessary."

다. 달리 말하면, 그가 의지하는 대로 행동하는데 있어서 방해가 없다는 말이다."[881] 그에 따르면, 자유는 결코 의지 자체에 속한 것이 아님이 분명하다. 즉 선택하는 능력 자체는 선택 능력을 갖지 못하기 때문이다. 의지를 가지고 행할 자유를 가진 사람은 의지를 가진 행위자이지, 결코 의지 자체가 행위자는 아닌 것이다.[882]

여기서 이러한 질문을 제기해볼 필요가 있다. 인간은 그 의지에 있어서 자유하며 그 의지작용에 있어서 자유를 가지고 있는가? 에드워즈는 인간이 가진 의지의 자유를 부인하지 않는다.[883] 인간은 자기의 선택에 따라 행동할 자유가 있는 것이다. 바로 여기서, 알미니우스주의자들이 자유에 대한 일반적인 개념이 그릇된 점들을 에드워즈는 지적해낸다.[884]

> 칼빈주의자들과 달리 알미니우스주의자들과 펠라기우스주의자들은 1.자유는 의지의 자기결정력(self-determining power)을 가졌다. 2.무관심(indifference)이 자유에 속해 있다. 3.그 자유의 본질적 요인은 다름아닌 우연성(contingence)이다라고 한다.

에드워즈는 알미니우스주의자들이 자유의 본질이 이것들, 즉 자기결정

881) *Freedom*., 163. "The plain and obvious meaning of the words 'freedom' and 'liberty,' in common speech, is power, opportunity, or advantage, that anyone has, to do as he pleases. Or in other words, his being free from hinderance or impediment in the way of doing, or conducting in any respect, as he wills."

882) Ibid., "For the will itself is not an agent that has a will: the power of choosing, itself, has not a power of choosing."

883) Ibid.

884) *Freedom*., 164. "the word, as used by Arminians,Pelagians and others, who oppose the Calvinists, has an entirely different significatin.These several things belong to their notion of liberty: 1. That is consists in a self-determining power in the will, or a certain sovereignty the will has over itself, and its own acts, whereby it determinations, on any cause without itself, nor determined by anything prior to its own acts. 2. Indifference belongs to liberty in their notion of it, or that the mind, previous to the act of volition be, in *eqilibrio*. 3. Contingence is another thing that belongs to is essential to it; not in the common acceptation of the word …."

력, 무관심, 우연성 속에 있다고 생각하며 인간의 의지가 그런 의미에서 자유하지 않다면 의지대로 행하는데 있어서 아무리 자유하다고 할지라도, 그 실상은 아무런 자유를 가진 것이 아니라고 지적하기를 주저하지 않는다.[885] 그러면서 "도덕적 행위자(moral agent)"라는 표현을 사용하여, 이는 선이나 악, 덕스러움이나 사악함, 칭찬받을만한 것이나 비난받을 만한 것 등등으로 명명되는 이른바 도덕적 특질을 가진 행동을 할 수 있는 존재들인데, "통치자(ruler)의 도덕적 행위"와 "주체자(governor)의 도덕적 행위" 사이에는 차이가 있을 수 있기에 이러한 상황적 차이를 인정하되 그 원인에 대해서는 상황들의 차이에서 생기는 도덕적 동기들의 차이 때문이라고 설명한다.

여기서 주목해야 하는 것이, 피조물들에 대해 통치자의 능력 속에서만 행위하는 그 통치자는 도덕법이나 명령, 약속, 위협, 상과 벌 등의 제재나 규약에 의해 영향을 받지 않고, 최고 존재의 도덕적 행위는 그런 점에서 피조된 지적 존재의 도덕적 행위와는 전혀 다른 것임을 밝힌다.[886] 이러한 논리적 설명들은 점점 모든 도덕적 근원이요 기준이 되시는 어떤 분을 생각하게 한다. 에드워즈가 밝히기를, "사실 그분은 모든 도덕적 능력과 행위의 원천이시며 모든 덕과 도덕적 선의 근원과 기준이시다. 도덕적 행위의 본질적 특질들이 모두 그분 안에 있다"라고 설명하기에 이른다.[887] 그리고 하나님께서 인간들을 동물들과 구별시켰던 그 "하나님의 형상(the

---

885) *Freedom.*, 165. "They suppose the essence of liberty so much to consist in these things, that unless the will of man be free in this sense, he has no real freedom, how much soever he may be at liberty to act according to his will."

886) *Freedom.*, 165-6. "therefore the moral agency of the supreme Being, who acts only in capacity of a ruler towards his creatures, and never as a subject, differs in that respect from the moral agency of created intelligent beings."

887) *Freedom.*,166. "therefore he is, in the most proper sense, a moral agent, the sourse of all moral ability and agency, the foundation and rule of all virtue and moral good; through by reason of his being supreme over all …."

image of God)"을 따라, 인간들은 도덕적 행위를 할 수 있게 되었는데 이를 자연적 형상(natural image)이라고 한다면, 그 도덕적 행위를 실천하는 데 있어서 도덕적 탁월성으로 부여받은 것이 하나님의 영적, 도덕적 형상이 된다고 할 수 있는 것이다.[888] 바로 그 도덕적 행위자요 절대적 기준이 바로 하나님이심을 드러내고 있는 것이다.

② 논증법 : 이러한 용어 해설적 전제 위에 성경과 이성이라는 두 핵심 요소를 밝힌 에드워즈는, 이제 필연론에 대한 적극적 입증을 하는 방식과 더불어 이 교리들에 대해 알미니안들이 제기하는 반대들에 대한 논증을 통해, 알미니안들의 주장을 불식시켜 나간다.

이 두 논증법에 있어, 에드워즈가 제시하는 근본적인 가정은 "모든 사건은 원인이 있다"라는 전제이다. 알미니안들이 가진 우연성(contingence)에 기반을 둔 자유의지 주장에 대한, 에드워즈의 분명한 논제는 바로 "어떠한 것도 원인없이는 일어나지 않는다"는 필연론이다.[889] 여기서 에드워즈가 사용하는 "원인"은 자연적이던 도덕적이건, 아니 부정적이건 모두 어떤 사건이 의존하고 있는 "선행적인 것"이라는 의미로 사용되고 있는 것이다.[890] 다시 말해서 후속사건이 연결되어 있고, 그것이 적극적인 영향이든 아니든 그 사건을 확인하는 명제가 왜 진실이 되는가에 대한 이유를 지닌 어떤 선행적인 것을 의미한다.[891] 바로 이런 입장에서 에드워즈가 "원인

888) Ibid., "Herein very much consists the natural image of God; as his spiritual and moral image, wherein man was made at first, consisted in that moral excellency, that he was endowed with."

889) *Freedom.*, 181. "I assert, that nothing ever comes to pass without a cause."

890) *Freedom.*, 180. "Therefore I sometimes use the word 'cause,' in this inquiry, to signify ay antecedent, either natural or moral, positive or negative, on which an event, either a thing, or the matter and circumstance of a thing, so depends, that it is ground and reason …."

891) *Freedom.*, 181. "any antecedent with which a consequent event is so connected, that it truly belongs to the reason why the proposition which affirms that event, is true; whether it has any positive influence, or not …."

없이는 어떤 것도 일어날 수 없다"고 말한 것이다.

따라서 "영혼, 천사, 지구, 우주 등이 원인없이 생긴다고 하는 것이 모순이듯이 의지의 행위가 원인없이 존재한다고 생각하는 것은 참으로 이성에 모순된다"고 결론짓는데,[892] 이를 통해 에드워즈의 사상은 인과율에 대해 분명하며 또한 원인과 근원에 대한 개념이 그의 사상체계를 이루고 있음을 확증하게 된다. 바로 이러한 에드워즈의 "원인을 분명코 인정하는 필연성(Necessity)"에 대한 사상은 알미니우스주의의 "우연성(contingence)"과 같은 주장의 허점과 약점을 드러내는 데 중요한 역할을 한다.

3. 에드워즈의 알미니우스주의 반박

에드워즈는 알미니우스주의에 대해 이미 이렇게 지적한 바 있다, "칼빈주의자들과 달리 알미니우스주의자들과 펠라기우스주의자들은 자유는 의지의 자기결정력을 가졌다. 무관심은 자유에 속해 있다. 그 자유의 본질적 요인은 다름아닌 우연성이다."[893] 그래서 이러한 알미니우스주의의 구체적인 내용들을 하나하나 반박한다.

(1) 의지의 자기결정력(self-determining power in the Will) 반박

알미니우스주의자들은 의지의 자유가 칼빈주의와는 달리 인간의 자기

892) *Freedom.*, 185. "So that it is indeed as repugnant to reason, to suppose that an act of the will should come into existence without a cause, as to suppose the human soul, or an angel, or the globe of the earth, or the whole universe, should come into existence without a cause."

893) *Freedom.*, 164. "the word, as used by Arminians,Pelagians and others, who oppose the Calvinists, has an entirely different significatin.These several things belong to their notion of liberty: 1. That is consists in a self-determining power in the will, ··· 2. Indifference belongs to liberty in their notion of it, ··· 3. Contingence is another thing that belongs to is essential to it; not in the common acceptation of the word ···."

결정력에 의해 이루어진다고 주장한다.[894] 그들은 의지 자체가 의지의 자유로운 행위를 결정한다고 하면서, 그 의지 속에 주권이 있다고 한하는데,[895] 에드워즈가 보기에는 이는 자기모순을 내포하고 있다고 지적한다.

그 이유는 시작하는 첫 행동에 있어서 그 자체에 의해 결정되어지기 위해서 선택하거나 거절하는 선행의지를 생각해야 되기 때문인데, 첫 행동에 대한 의지의 선행행위가 있음을 인정해야 하기 때문이다. 그래서 그 첫 행동을 의지가 결정한다면 그 의지를 결정할 이전의 의지가 있어야 하는데, 인간의 자유의지는 그에서 모순에 빠지게 된다. 그렇다면 첫 행동을 결정하는 것이 무엇이냐는 질문이 제기된다.[896] 알미니우스 구조에 의하면 그것은 "선행행위에 의한 의지(the will that by a foregoing act)"라고 하겠지만, 이는 또 다시 그 행위를 결정하는 것이 무엇이냐는 질문을 제기하게 한다. 만일 의지가 그 과정에서 그 자체를 결정한다고 하면, 그것은 그 결정행위에 선행하는 의지의 다른 행위가 있어야만 되는 자가당착에 빠지게 된다.[897] 그러므로 에드워즈는 의지가 그 자신의 선택을 선택한다면, 이 선택을 선택하는 것을 선택할 것으로 기대되어야 한다는 말을 하고 싶은 것이다.

하지만 이러한 첫 의지작용이 의지의 어떤 선행된 행동에 의해 되는 일은 불가능하기에, "첫 행위는 결코 자유의지에 의해 결정될 수 없다"는

---

894) *Freedom.*, 191-2. "This being the true state of the Arminians notion of liberty ··· Dr.Whitby ;he in his 'Discourse on the freedom of the Will,' opposes the opinion of the Calvinist, who place man's liberty 'only in a power of doing what he will' ··· that 'liberty is a power of acting from ourselves, or doing what we will'."

895) *Freedom.*, 30. Editor's Introduction "Their notion of liberty is, that there is a sovereignty in the will and that the will determines itself, so that its determination to choose or refuse this or that, is primarily within itself ···."

896) Ibid., "Therefore I inquiry what determines that first act of the will viz. its determination of its own act? It must be answered ···."

897) *Freedom.*, 31. "I inquiry what determines the first act of the will determining or directing to determine and direct as it does? If it be said, the will determines itself in that ···."

결론으로 인해 알미니안의 의지의 자유에 대한 개념은 부정되게 되는 것이다.[898]

(2) 무관심(indifference) 반박

알미니우스주의의 두 번째 자유의지 개념은 무관심(indifference)으로써의 자유인데, 찬송가 작가로 잘 알려진 아이작 와츠의 주장이다. 에드워즈는 와츠의 개념에 대해, '의지는 어떤 동기에 의해서도 전혀 움직여질 수 없고 선호의 근거나 동기 없이도 행동할 수 없다' 는 주장이라 파악한다.[899] 이는 와츠의 『자유의지론 *Essay on the Freedom of the Will*』에서 말한 내용에 기초하는데,[900]

> 영혼은 어떤 다른 영향에 의해 이 행동 또는 저 행동을 의지하지 않는다. 그리하여 나는 나의 얼굴을 북쪽 또는 남쪽으로 돌릴 수 있고 또 하나의 손가락을 위 또는 아래로 가리킬 수 있다. 그리하여 상당한 경우에 의지는 주도적으로 이해로부터 온 어떤 근거없이 그 자체를 결정한다. 이리하여 의지는 그 자체로부터 나오고 동시에 어떤 종류의 영향이나 제약에서도 벗어난 완전한 선택력을 노출시키고 있다.

하지만 이런 주장은 듣기에 그럴듯하지만, 사실은 모순이 내재되어 있는 견해이다. 왜냐하면 만일 의지가 선택을 하게 된다면, 그것은 이미 어

---

898) *Freedom.*, 173. "there is no other way of the will's determining, directing or commanding anything at all."

899) *Freedom.*, 195. "wherein no prevailing motive is presented: the will has its choice to make between two or more things …."

900) Ibid., "the soul does not will this or that action, in some cases, by any other influence, but because it will … without a reason borrowed from the understanding: and hereby it discovers its own perfect power of choice, rising from within itself, and free from all influence or restraint of all kind."

떤 선호를 가지고 있는 것이기에 더 이상 무관심할 수 없기 때문이라고 보면서, 에드워즈는 의지가 선택할 때는 절대로 무관심할 수 없음을 분명히 지적한다.[901] 그러면서 알미니안들이 주장하는 바에 대해 마음의 자유는 무관심에 있는 것이 아닐 뿐 아니라 무관심이 그 자유에 필수적이거나 본질적은 결코 아니라는 입장을 분명히 밝힌다.[902]

(3) 우연성(contingence) 반박

마지막으로 알미니우스주의자들이 주장하던 세 번째 자유 개념은 "우연성(contingence)으로서의 자유"인데, 이는 의지작용이나 의지행위들은 모두 우연히 발생한 사건이라는 것이다.[903] 이 우연성으로 이루어지는 자유 개념에 대해서, 에드워즈는 단호한 비판을 한다, 그러한 비판의 근거는 앞에서 살핀 바와 같이 "원인이 없이 일어나는 것은 아무 것도 없다"는 입장이다.[904]

따라서 의지의 행위가 결코 우연일 수 없고 필연성이 없이는 성립될 수 없는 것이라는 것이 에드워즈의 주장이다. 왜냐하면 에드워즈에게 있어서, 어떤 사건이 그 원인에 의존하지 않는다는 것은 전혀 합리적일 수 없기 때문이다.[905] 그런데 아이러니하게도 알미니우스주의자들안에서도 의지의 행위가 이해에 의해 지시된다는 주장을 하는 자들이 있음은, 이러한

---

901) *Freedom.*, 197. "therefore the will don't act at all in indifference; not so much as in the first step it takes, or the first rise and beginning of its acting."

902) *Freedom.*, 212. "On the whole, 'tis exceeding manifest, that the liberty of the mind does not consist in indifference, and that indifference is not essential or necessary to it, or at all belonging to it, as the Arminians suppose; that opinion being full of nothing but absurity and self-contradiction."

903) *Freedom.*, 213. "volitions, or the acts of the will, are contingent events …."

904) *Freedom.*, 181. "I assert, that nothing ever comes to pass without a cause."

905) *Freedom.*, 214. "the event is not dependent on its cause, is absurd …."

그들의 주장에 더더욱 불안전한 내용임의 증거가 된다.[906] 심지어 턴벌은 자신의 저서 『기독교철학 *Christian philosophy*』에서,[906]

> 의지 자체는 아무리 그것이 절대적이고 제어할 수 없는 것이라 할지라도 이해의 지시에는 반드시 순종한다 ... 실로 사람의 마음속에 있는 개념들과 표상들은 그 마음을 끊임없이 좌우하는 보이지 않는 힘이다. 그리고 그 마음은 예외없이 그 개념들과 표상들에 대해 순종을 신속히 한다.

라고 저술함으로써, 스스로 우연성을 무너뜨린다. 역시나 휘트비도 다음과 같이 말한다. "의지로 하여금 선택하도록 하는 것은 이해에 의해 인정된 것일 뿐 아니라 궁극적으로 영혼에도 선하게 여겨진 것이라 하겠다."[908] 그러므로 휘트비도 이렇게 의지의 행위와 결정이 언제나 가장 강한 선을 취하고 악은 피하려는 이해를 따른다고 생각하는 것을 볼 때,[909] 우연성 이론은 알미니우스주의자들 자체 내에서 설 자리를 잃어버렸다고 판단할 수 있다. 즉 모든 의지 행동 즉 선택과 거절의 행위는 필연적으로 어떤 선행원인에 의존할 뿐 아니라, 거기에 연결되어 있음을 확증하게 된다.

따라서 에드워즈는 결론을 이끌어내기를, '그 원인은 모든 행위에 있어서 의지 이전에 선행된 어떤 것이요 의지 이외의 다른 능력에 속하는 것이

906) *Freedom*., 217. "the acts of th will have some connection with the dictates or views of understandings, so this is allowed by some of the chief the Arminians writers: particularly by Dr.Whitby, Dr.Samuel Clarke, Dr.Turnbull, through a great enemy to the doctrine of necessity, allows the same thing."

907) Ibid., "The will itself, how absolute and incontrollable soever it may be thought, never fails in its obedience to the dictates of the understanding ··· in truth, the ideas and images in men's minds are the invisible powers that constantly govern them; and to these they all pay universally a ready submission."

908) Ibid., "what makes the will choose, is something approved by the understanding; and consequently appearing to the soul as good."

909) Ibid., "And whatsoever it refuseth, is something represented by the understanding, and so appearing to the will, as evil."

다' 라고 논증함으로 해서,[910] 결국 휘트비의 의지의 자유에 대한 주장이 무너져버리게 한다.

4. 종합 : 퍼킨스-에임스의 언약과 개혁주의신학 계승과 발전

이러한 알미니우스주의 논박은, 논박에서 규명으로 방향을 전환하기를, 도덕적 행위자의 의지 행위가 우연한 사건이 아니라는 것은 그 사건에 대한 "하나님의 확실한 예지(God' s certain foreknowledge)" 라는 하나님 중심의 개혁주의적 칼빈신학으로 인도한다.[911] 에드워즈는 이 주제를 언급하면서 다음 두 가지 사항을 증명하는데,[912] 첫 번째로, 하나님은 도덕적 행위자의 자발적 행위들에 대한 확실한 예지를 가지고 계신다. 두 번째로, 도덕적 행위자의 의지작용은 결코 우연적이지 않다(필연적이다)는 내용이다.

(1) 두가지 가설

그러면서 이러한 논의를 위해 두 가지 가설을 세우는데,[913] 먼저 하나님께서 예지하지 못하시다면 하나님은 그 사건을 예언하실 수 없고, 다음은 하나님께서 도덕적 행위자의 미래의 의지작용을 예지하지 못하신다면 그

910) *Freedom.*, 220. "all its acts, every act of choice and refusal, depend on, and is necessarily connected with some antecedent cause; which cause is not the will itself, nor any act of its own, nor anything pertaining th that faculty ⋯."

911) *Freedom.*, 239. "That the acts of the wills of moral agents are not contingent events, in that sense, as to be without all necessity, appears by God's certain foreknowledge of such events."

912) Ibid., "In handling this argument, I would in the first place prove, that God has a certain foreknowledge of the voluntary acts of moral agents; and secondly, show the consequence, or how it follows from hence ⋯."

913) Ibid., "My first argument shall be taken from God's prediction of such event ⋯ 1.If God don't foreknow he can't foretell such events ⋯ 2. If God don't certainly foreknow the future volitions of moral agents ⋯."

는 의지작용에 의존해 있고 거기 수반되는 사건들을 결코 확실히 예지하실 수 없으시다.

그 후에, 이 가설들을 성경의 사례들을 통해 구체적으로 증명해 나간다. 먼저 에드워즈는 인간이 도덕적 행위, 선악, 상벌을 받을 일 등이 하나님에 의해 자주 예언되었다고 말하면서, 일례로 바로의 도덕적 행위, 요시아의 도덕적 행위, 아합의 죄된 행위, 하사엘의 도덕적 행위, 고레스와 수많은 남북 왕국의 왕들의 도덕적 행위, 그리고 베드로와 유다의 행위 등등이 분명히 예언되었다고 말한다.[914] 이뿐 아니라 특별한 사람의 도덕적 행위에 의존해 있는 많은 사건들도 하나님에 의해 예언되어져 왔는데, 그 사례들도 많다고 하면서 백성들, 국가들의 미래의 도덕적 행위들, 그리고 인간의 계승과 상속에 대해 얼마나 많은 예언을 하셨는지를 수많은 성경적 사례들을 통해 말해준다.[915] 예를 들면, 바벨론 유수의 예언과 바벨론의 멸망, 귀환, 그리고 메시야의 고난과 유대인의 메시야 배척과 그로 인한 이방에의 복음전파 등등이 모두 예언되어 있음을 또한 언급한다.[916]

이런 사례들을 통해, 에드워즈는 인간의 행위와 의지작용을 하나님께서 예지하지 못하셨더라면 하는 가정상황을 통해 말하면서 그러하기에 더더욱 하나님의 예지와 그로 인한 필연적 결과들을 강조한다. 이는 역설적으로, 자유로운 행위자의 미래에 대한 도덕적 행위에 대한 지식이 없이 성경의 예언들이 하나님에 의해 예고되었다고 생각한다면 이 얼마나 불합리한 생각인지를 분명히 밝혀준다.[917]

따라서 에드워즈는 성경을 통해 부인할 수 없는 사실에 대해 강력하게

914) *Freedom.*, 240-1.

915) Ibid.

916) *Freedom.*, 242-5.

917) *Freedom.*, 246. "to suppose, all these are predicted by God without any certain knowledge of the future moral behavior of free agents, would be to the utmost degree absurd."

말하기를, 그 사실은 세상을 당신 자신을 위해서 만드신 하나님께서 창조와 그의 모든 사역에서 전혀 오류없이 그의 목적을 달성하셨다는 것이다. 왜냐하면 성경에 기록된 대로 그분이 알파와 오메가이고, 처음이고 나중이시라는 사실이 하나님께서 그의 모든 사역 속에서 좌절하고 실망하기 쉬운 존재라는 주장과 일치될 수 없기 때문이다.[918]

(2) 의지의 필연성

이렇게 하면서, 에드워즈는 도덕적 행위자의 의지행위에 대한 하나님의 예지와 관련하여 결과적으로 그 사건들은 필연적이라는 두 번째 사항을 증명한다. 물론 이것도 인간중심적 신학인 알미니우스주의자들의 주장을 논박하여, 하나님 중심적인 개혁주의 칼빈신학을 펼쳐내는 내용이다.

여기서는 에드워즈가 세가지 사실을 진술하는데, 첫째는 어떤 것의 실체가 이미 존재했던 어떤 것들과 전혀 오류없이 그리고 확실하게 연결되어 있는 것에 관하여 그것의 실체는 필연적이라는 것이 분명한 사실임을 밝히는 것이다.[919] 둘째는, 미래사건이 필연적이지 않고 우연적인 것은 어떤 것도 확실하게 예지될 수 없다.[920] 셋째는, 도덕적 행위자의 미래에 대한 의지작용은 필연적인 사건이 아니라고 생각하는 것은, 하나님의 예지

---

918) *Freedom.*, 256. " 'Tis represented often in Scripture, that God who made the world for himself, and created it for his pleasure, would infallibly obtain his end in the creation, and in all his works; that as all things are of him, so they would all be to him, and that in the final issue of things, it would appear that he is the first, and the last.Rev.21:6. But these things are not consistent with God's being so liable to be disappointed in all his works, nor indeed with his falling of his end in anything that he has undertaken, or done."

919) *Freedom.*, 257. "I. 'Tis very evident, with regard to a thing whose existence is infallibly and indissolubly connected with something which already hath, or has had existence, the existence of that thing unnecessary."

920) *Freedom.*, 258. "II. that no future event can be certainly foreknown, whose existence is contingent, and without all necessity …."

그 자체를 모순이라고 생각하는 것이다.[921]

이러한 세 가지 내용이 입각하여, 에드워즈는 몇 가지 추론을 덧붙이는데 그중의 하나가 하나님의 절대명령은 그것이 하나님의 절대의지와 모순되지 않음과 같이 인간에게 주신 자유와도 모순되지 않는다는 사실이다. 그 이유는 그 사건과 확실한 예지 사이의 연관이 그 사건과 절대명령 사이에서처럼, 전혀 오류가 없기 때문이다.[922]

(3) 하나님 중심주의–신본주의

충분한 논박과 그에 대한 논증이 되었기에, 이제는 본 저작의 핵심적 주제인 에드워즈에게서 분명하게 보이는 하나님 중심주의-신본주의 칼빈신학을 정리해보도록 하자. 사실 에드워즈는 결론에 와서 자신이 가진 하나님중심주의 사상에 대해 세 가지를 분명하게 선언한다.

가장 먼저는 인간에 대해 하나님께서 부여해주신 도덕적 정체성 즉 인간을 도덕적 행위자로 다루시고 당신의 명령, 권고, 부르심, 경고, 충고, 약속, 위협, 상벌의 대상으로 만드신 사실은 그의 섭리 속에서 이루시는 모든 사건의결정적 처분과 결코 모순되지 않는다고 하겠다.[923] 이를 바꾸어 말하면 "하나님의 주권교리(God' s sovereignty)"라 할 수 있는데, 에드워즈는 이를 "도덕적 행위자에게 주신 의지의 자유(the freedom of the will requisite to moral agency)라고 표현한다.

---

921) *Freedom.*, 260. "To suppose the future volitions of moral agents not to be necessary events …."

922) *Freedom.*, 261. "From what has been observed it is evident, that the absolute decrees of God are no more inconsistence with human liberty, on account of any necessity of the event which follows from such decrees, than the absolute foreknowledge of God. Because the connection between the event and certain foreknowledge, is as infallible and indissoluble, as between the event and an absolute decree."

923) *Freedom.*, 431.

두 번째로는 "인간의 전적 타락교리(total depravity and corruption of man' s nature)" 인데, 인간은 그 마음이 전적으로 그의 세력 아래 있어서 주권적인 은총의 개입이 아니고서는 절대로 스스로 하나님을 사랑하고 그리스도를 믿으며 하나님 보시기에 합한 어떤 행동을 할 수 없다는 교리이다.[924)]

마지막으로, "유효한 은혜(efficacious grace)" 와 "항거할 수 없는 은혜(irresistable grace)" 교리가 그것인데,[925)] 이 교리에 대한 알미니우스주의자들의 반대를 보면 이 교리가 의지의 자기결정적 자유와 모순되는 것을 발견하게 된다. 그러므로 에드워즈가 이미 밝힌 바, 도덕자의 자유는 자기결정력에 의해서 이루어지는 것이 아니라는 사실이 더더욱 분명해진다.

이외에도 에드워즈가 필연적 논증에 의해 지지되고 있다고 말하는 칼빈주의 교리 가운데는, 하나님의 작정에 대한 교리, 절대적이고 영원하고 인격적인 선택에 대한 교리 그리고 실패할 수 없고 절대필요한 성도의 견인 교리 역시 포함되어 있음을 볼 때,[926)] 에드워즈의 신학은 하나님의 주권을 철저히 인정하는 하나님 중심의 개혁주의 칼빈신학으로써[927)] 인간 중심의 신학에 기반한 알미니우스신학을 대적하여 무너뜨림으로해서[928)] 하나님 중심주의의 칼빈주의적 개혁신학을 견고히 하였음을 확증하게 된다.[929)]

---

924) *Freedom.*, 432.

925) *Freedom.*, 433.

926) *Freedom.*, 434-5. "The things which have been said, do likewise answer the chief objections against the doctrine of God's universal and absolute decree, and afford infallible proof of that doctrine; and of the doctrine of absolute, eternal, personal election in particular ··· the doctrine of the infallible and necessary perseverance of saints, and some of the main foundations of this doctrine are established."

927) Benjamin. B. Warfield, *Studies in Theology*, 531. "This is true even of his great treatise on the Will ··· The doctrine of this treatise is precisely the doctrine of the Calvinistic schoolmen."

928) John S. Feinberg, "God, Freedom, and Evil in Calvinist Thinking," *The Grace of God, The Bondage of the Will*, vol.2, (Grand Rapids: Baker Books, 1995), 459.

929) Conrad Wright, "Edwards and the Arminians on the Freedom of the Will," *Harvard Theological Review*, XXXV(October 1942, 241-61), 241.

결론적으로 조나단 에드워즈가 어거스틴을 위시하여 칼빈과 같은 종교개혁자들과 퍼킨스, 에임스 등 청교도들의 개혁신학 그리고 도르트 신조 등의 신앙고백서의 정신을 올곧게 계승한 결과로, 유럽 전역과 더불어 뉴잉글랜드에까지 밀려가던 알미니우스주의의 물결을 100년 이상 시류적 사상에 휩쓸리지 않도록 막아내었다는 칼빈주의자 B.B. 워필드의 평가를 거듭 반복해도 결코 과찬이 아니라 하겠다.[930]

930) *Studies in Theology*, 532. "The movement against Calvinism which was overspreading the land was in a great measure checked, and the elimination of Calvinism as a determining factor in the thought of New England, which seemed to be imminent as he wrote, was postponed for more than a hundred years."

제10장

결론 : "칼빈-퍼킨스" 개혁주의 언약신학의 연속성에 대한 평가

칼빈과 퍼킨스의 언약사상에 대해 특별히 은혜언약 하에서의 율법의 제3용법 사용에 대한 이해라는 주제는 충분히 드러났다. 즉 칼빈의 언약사상에는 인간의 순종을 촉구하는 언약적 요소가 있음을 보면서 그 내용이 바로 율법의 제3용법을 통해 성화에 대한 강조로 나타남을 살펴보았고, 역시나 퍼킨스의 언약사상에서도 마찬가지로 그러한 순종에 대한 촉구와 더불어 그에 자발적으로 참여하는 언약적 강조가 있음을 살펴보았다. 그 결과 이들의 차이가 근본적 신학의 차이가 아니고,[931] 앞에서 살펴본 바와 같이, 각각 처한 시대에의 요구와 상황이 그들로 적용점과 강조점을 다르게 했었음을 유념해야 한다.[932]

따라서 결론에서는 앞에서 각각 연구하여 이미 제시한 칼빈과 퍼킨스의 성경해석과 그 언약사상을 정리하려 하는데, 여기서는 율법의 제3용법 사

931) 『칼빈 이후 개혁신학』, 445-6. "칼빈의 언약개념 안에는 쌍방적인 의미도 지니면서 동시에 일방성의 강조가 짙은 언약이 발견되고, … 퍼킨스 안에서는 두 종류의 개념을 모두 가진 언약이 발견된다. 이처럼 언약의 개념들은 다양하나 그 모든 것들은 정확하게 동일한 목적을 지향하고 있다."

932) 『칼빈과 청교도 영성』, 100.

용에 대한 이해라는 신학주제를 통해 이미 드러난 각각의 언약신학에서 두 신학자가 가지고 있는 공통점과 차이점을 비교분석함으로써 그러한 일치에 따른 언약적 연속성과 그 발전에 대해 정리하고자 한다. 이에 대해, 언약사상 자체의 연속성에 대해 오베르만이 언약사상이야말로 쯔빙글리, 칼빈 그리고 콕세이우스의 신학에 매우 기본적이고 뚜렷한 주제였으며, 이는 유럽에서 영국으로 전해졌을 뿐 아니라 마침내 그것은 뉴잉글랜드 청교도신학에서 꽃을 피웠다라는 평가는 언약사상의 역사적인 연속성을 잘 정리해준 귀중한 통찰이라 여겨진다.[933)]

1. "칼빈-퍼킨스" 연속성과 발전의 모습들

칼빈과 퍼킨스 두 언약사상에서의 연속성과 그 발전의 모습들을 찾아보자면 다음 세 가지를 발견할 수 있다.

(1) 첫번째로, 칼빈과 퍼킨스 모두 재세례파에 대한 논박을 통해, 언약의 연속성을 인정하면서 후자인 퍼킨스에게서는 이에 더하여 신자의 자발적 반응인 성화에의 강조로 발전한다. 즉 칼빈이 재세례파에 대해 반대한 내용은 그가 맞섰던 역사적 정황 가운데서 충분히 살펴보았다. 칼빈은 재세례파와 같이 유아세례를 부정하게 되면, 결국 성경의 연속성과 통일성이 훼손되고 그러므로 교리 체계전체가 무너질 것에 대해 우려하면서, 유아세례가 신약과 구약이 연속성 가운데 분명하게 인정된다는 입장을 분명하게 하기를 "모든 족장들과 맺어진 언약과 우리와의 언약은 그 실질과 실상이 매우 같기 때문에, 실지는 이 둘이 하나다"라고 하였다.[934)]

퍼킨스에게도 역시 칼빈과 같이 재세례파에 대해 언약신학을 통해 반대

933) 『칼빈의 언약사상』, 29.

934) *Institutes*. II.x.2.

입장을 분명히 밝혔다. 퍼킨스는 그러면 영국 교회 상황에만 맞추어 언약 개념을 제시하였는가 하면 그의 역사적 정황을 살피기 위해 그러한 배경을 설명한 것이고, 이러한 자신의 입장을 유아세례의 부분에서 분명히 밝히기를,

> 언약 안에 있는 유아세례는 적어도 그 아기들의 신실한 부모에게 주어진 언약과 동일한 것이다 …. 그러므로 그 부모들의 신앙은 그들의 자녀들로 비록 그들이 아직 실제로 믿음을 갖지 못한다하더라도, 언약 가운데 있다고 인정된다 …. 재세례는 그러므로 전혀 인정되지 않는데, 이는 실제 탄생에 있어서 한 번만 태어나는 것처럼 영적인 중생도 그러하기 때문이다.[935)]

라고 하면서, 퍼킨스 역시 유아세례에 대한 확고한 입장을 통해 교리적으로 부모가 맺은 언약이 자녀에게 연결되는 것처럼 믿음의 조상들이 맺은 구 언약(율법)과 그리스도를 통해 맺은 새 언약(은혜) 역시 동일한 효력을 가지며, 그러기에 구약과 신약의 연속성 또한 퍼킨스에게서 분명하게 드러나고 있음을 보여준다.[936)]

그러므로 이러한 연속성 위에서 퍼킨스는 언약적 율법이해와 더불어 언약적 구원의 서정을 통하여, 성도가 자신의 구원의 서정에 대한 자각을 가지면서 이제는 수동적으로 구원을 받아들이는 것이 아닌 자신의 구원과정에 능동적으로 참여하도록 주신 “성화”에의 능동적인 촉구로 이를 발전시킨다. 이제 이것을 퍼킨스는 언약개념의 제시-예정론 위에서 두 언약의 개념제시, 행위언약 가운데 언약적 율법(십계명) 이해, 은혜언약 가운데 성례

---

935) *Workes*. I:73-4. “Infants within the Covenant, are fuch as haue one at the leaft of their parents faithful … So then, the faith of the Parents maketh thofe their children to be accounted in the covenant, which by reafon of their age doe not yet actually beleeue … Rebaptizing is at no hand to be admitted: for as in naturall generation man is once only born; fo is it in fprituall regeneratio.”

936) Song Young-Jae, 64ff. “Foundation to his thought on the dogmatic unity of law and grace is the intrinsic relationship between the two covenants, the covenant of works and the covenant of grace.”

이해, 그리고 언약적 구원의 서정이해라는 내용적 순서를 통해 이제 마침내 "선택에 대한 하나님의 작정의 수단들"[937]을 설명한다.

그 내용이 익히 아는 바 구원의 서정(Ordo Salutis) 4단계인데 "부르심(effectuall calling)"[938], "칭의(Iuftification)"[939], "성화(Sanctification)"[940] 그리고 마지막이 바로 "영화(Glofification)"[941]이다. 이 순서에 퍼킨스는 롬마서 8:29-30절에 없는 "성화"를 넣는다. 물론 이러한 구원의 순서가 과연 합당한가 하는 논의들이 많지만,[942] 1590년 당시에 퍼킨스가 제시하게 된 의도는 언약의 연속성 위에서 하나님의 예정을 따라 구원의 서정 가운에 있는 신자가 반응하고 참여할 수 있는 부분인 "성화"를 강조하기 위함이었음을 이해할 필요가 있다. 그래서 칼빈과 같이 언약적 율법이해를 따라 율법의 제3용법을 강조하였던 것이고, 나아가 더더욱 신자들의 자발적인 경건에의 추구를 강조하였던 것이다.[943]

(2) 두번째로, 칼빈과 퍼킨스 모두 언약의 상호성을 가지고 있지만 퍼킨스에서는 이것이 신자의 능동적 반응에의 강조로 더욱 심화된다. 칼빈은

---

937) *Workes*. I:76. "We haue hitherto declared the outward means, whereby Gods decree of election is executed."

938) *Workes*. I:77. "The first degree, is an effectuall calling, whereby a finner being feuered from the world, is enterained into Gods family."

939) *Workes*. I:81. "The second degree, is Iuftification, whereby fuch as beleeue, are accounted iuft before God, through the obedience of Chrift Iefus."

940) *Workes*. I:83. "The third degree, is Sanctification, whereby fuch as beleeue, being deliuered from the tyannie of finne, are by little and little renued in holineffe and rightoufnes."

941) *Workes*. I:92. "The fourth degree of the declaration of Gods loue, is Glorification, Rome.8.30. Glorification, is the prefect tranfforming of the Saints into the image of the Son of God."

942) 안토니 후크마, 『개혁주의 구원론』 류호준 역 (서울:기독교문서선교회, 1990), 22ff. "구원의 순서에 관한 문제들"

943) Greve, 213. "The piety of William Perkins resembles that of John Calvin in many ways. The stress on theocentricity as the foundation of piety is readily apparent."

“우리와 하나님과의 연합이라는 말을 들을 때에, 우리는 거룩함이 그 줄(bond)이 되어야 한다는 것을 기억해야 한다 ... 우선 우리는 하나님에게 굳게 결합되어야 하며, 그 결과로 그의 거룩하심이 우리에게 주입되어 그가 부르시는 곳으로 우리가 따라갈 수 있도록 해야 한다”[944]고 말하면서, 하나님과 인간의 상호성을 분명히 드러낸다. 이는 성례에서 더욱 분명하게 설명되어지기를, “이 표징들은 우리가 위에서 주에게서 오는 은혜와 구원의 증거라고 말한 것과 같이 우리 쪽에서는 고백의 표 즉 우리가 하나님께 충성을 공개적으로 서약하며 하나님께 충성하겠다는 의무를 지는 표지이다.”[946] 그러면서 덧붙이는 언급이 바로 “여기에는 하나님과 우리 사이에 상호 협약이 개재하기 때문”이라는 이유이다.

동일하게 퍼킨스 역시 언약의 개념이 바로 상호적 언약형태를 띠고 있다. “이 언약은 두 부분으로 이루어져 있는데, 하나님의 인간을 향한 약속과 인간의 하나님을 향한 약속이다.”[946] 즉, 자신이 가진 언약은 철저하게 상호적임을 드러내면서, 그러하기에 이 상호적 언약이해는 결국 하나님과의 언약관계에 있는 인간의 신실한 의무와 책임이해를 강조하는 자신의 언약이해를 드러내는 내용이 된다.

그런데 이러한 상호성은 그저 상호성에만 멈추지 않는다. 상호성에서 인간의 책임을 더욱 강조하는 모습으로 나타난다. 이에 대해 빅터 프리브는 이렇게 설명하기를,

> 퍼킨스가 직면했던 문제는 오래된 것이었다. 하나님의 자유로운 절대적인 주권교리를 확고하게 믿으면서도 퍼킨스는 언약관계에서 인간의 책임 내지는 적극적인 참여를 위한 자리가 있음을 발견했음이 틀림없다. 그와 다른 어느 누구도 인간은 처음부터 끝까지 전적으로 수동적인 수혜자라는 생

---

944) *Institutes*. III.vi.2.

945) *Institutes*. IV.xiv.19.

946) *Workes*. I:32.

각을 기꺼이 받아들이지 못했다.[947]

라고 한다. 그 결과 퍼킨스는 칼빈과 같은 상호성 위에서, 자발적이며 능동적인 신자의 책임에 대한 부분을 발전시켰고 이것을 언약사상을 통해 펼쳐내었다. 분량상 다루지 않았지만, 이 내용은 퍼킨스에게서 신앙 확신을 가진 신자가 양심에 따라 능동적으로 행할 것에 대한 강조로 발전한다.[948]

(3) 이제 세 번째의 유사성과 그 발전은 칼빈과 퍼킨스 함께 율법의 3번째 용법에 대해 강조함으로 결국 신자들의 성화를 추구하되 퍼킨스에게서는 더더욱 신자 개인의 경건에의 촉구로 역할한다. 칼빈에게서는 율법의 3가지 기능 즉, 죄를 깨닫게 하는 율법의 제1용법이 신자의 각성에 결정적인 역할하고, 또한 신자로 하여금 하나님의 율법을 감사하여 순종에 힘쓰게 하는 2용법에 더하여서, 신자로하여금 이제 하나님을 섬기기 위해 거룩한 삶을 살도록 교훈하고 이끌어주는 율법의 3번째 용법이 가장 중요하게 되었다. 물론 칼빈도 중생하지 않은 사람들에 대한 율법의 기능을 제2용법에서 다루기를, "율법은 중생하지 않은 사람들을 억제한다 ... 율법이 굴레가 되어 하나님께 대한 두려움과 공경을 유지하다가, 드디어 성령으로 중생해서 충심으로 하나님을 사랑하기 시작했다는 것을 모두 인정할 것이다"라고 한다.[949]

---

947) Priebe, 73. "The problem confronting Perkins is age-old. Committed unsweringly to the preservation of the doctrine of God's free and absolute sovereignty, Perkins nevertheless, must find an acceptance place for man's responsibility or active involvement in the covenant relation. For neither he or anyone else, was willing to consider man a continuously totally passive recipient."

948) Greve, 214.

949) *Institutes*. II.vii.11. "The law a deterrent to those not yet regenerate … For all who have at any time roped about in ignorance of God will admit that it happened to them in such a way that the bridle of the law restrained them in some fear and reverence toward God until, regenerated by the Spirit, they began wholeheartedly to love him."

그러면서 칼빈은 마지막 율법의 3번째 용법에 가장 무게를 두며 서술한 바, "셋째 용도는 가장 중요한 것이며, 율법의 중심적인 목적에 더욱 가까운 것이다. 이 용도는 하나님의 영이 이미 그 영혼 속에 사시며 주관하시는 신자들 사이에 발견된다..."[950]라고 분명히 한다. 이렇게 칼빈이 율법의 제3용법을 가장 중요하게 여긴 이유는, 중생자들로 하여금 언약에 의해 주어진 하나님 백성의 영적 특권뿐 아니라 그에 부응하는 중생자로서의 책임을 강조하여 그에 합당한 성화의 삶을 촉구하기 위해서였음을 기억할 필요가 있다.[951]

퍼킨스는 역시 자신이 이해한바 거듭나지 않은 자들에 대한 율법의 용법을 "첫째는 죄를 철저하게 드러내는 것이고, 둘째 용도는 사람으로 하여금 명령된 것은 하지 않도록 하고 금지된 것은 하게끔 야기하는 육신의 이유로 죄를 더욱 크게 나타내는 것이고, 셋째 용도는 가장 작은 불순종에도 어떤 용서의 소망이 없이 영원한 형벌을 선언하는 것이다"라고 3가지로 제시한다.[952] 그러면서도 더욱 강조하여 "거듭난 자들에 대한 율법의 용법이 믿는 자들로 하여금 그들의 삶에서 그리스도를 통하여 하나님께 받아들여지는 새로운 순종의 길로 인도한다"라고 말함으로,[953] 그 배경에 바로 신자들로 하여금 각성을 통해 자발적 순종으로 나아가는 성화를 촉구하기 위한 의도가 있음을 분명히 한다.

여기서 칼빈으로부터 퍼킨스가 더 나아간 발전의 모습은 다름 아니라 현실적인 교회개혁을 위해서, 칼빈이 신자들을 위해 제시한 율법의 제3용법에 대하여, 퍼킨스는 이를 중생자와 비중생자로 구별함으로써 신자들로 문득 자신의 영적 형편과 처지를 돌아보고 그에 합당하게 반응하도록 하

950) *Institutes*. II.vii.12.

951) 『존 칼빈의 신학과 경건』, 84.

952) *Workes*. I:69-70.

953) *Workes*. I:70.

였다. 즉, 신자들로 율법의 제3용법을 통해 자기의 구원에 대해 점검해보도록 기준과 단계들을 제시한 것이 신자들로 하여금 이러한 단계별 신자의 참모습을 돌아보아 스스로 돌이키도록 촉구하였던 것이다.

2. "칼빈-퍼킨스" 연속성과 발전에 대한 평가

칼빈과 퍼킨스 두 사람 모두 언약적 이해 위해서 신자들의 개인적 경건을 통해 교회개혁을 촉구하고자 성화에의 강조를 가져오는 율법의 제3용법을 사용하여, 신자들로 하여금 주께서 주신 구원의 은혜에 능동적으로 반응하여 거룩에 이르는 경건의 수고를 다하기를 촉구하였음을 확인할 수 있다.

칼빈이 율법의 제3용법을 사용한 것과 같이, 퍼킨스가 은혜언약 위에서 행위언약을 신자들로 하여금 더욱 철저한 순종을 위한 도구로 사용하였음을 분명히 인식할 필요가 있다.[954] 이에 대해 서술한 바 프리브는 "퍼킨스는 하나님의 자유로우시면서도 전적인 주권의 교리를 확고히 믿으면서도, 언약관계에 있는 인간의 책임과 적극적인 참여를 위해서 합당한 자리가 있음을 발견해야했다"고 칼빈의 사상과의 연관적 해석을 제시한다.[955] 따라서 칼빈과 퍼킨스 이 두 사람에 대해 견주는 그리브의 설명은, 최종적 확증으로 유용하다고 하겠다.

> 칼빈과 퍼킨스를 비교하기 위해 쓰일 만한 표현들은 강화(intensification)와 정교(elaboration)이다. 즉, 칼빈이 단순하게 실천원리로 제시한 것들에 대해서 퍼킨스는 그 근본적인 사상들을 강화시키고 정교하게 설명했다. 이

---

954) *Institutes*. II. vii. 12.

955) Prieb, 73. "Committed unswervingly to the preservation of the doctrine of God's free and absolute sovereignty, Perkins nevertheless, must find an acceptable place for man's responsibility or active involvement in the covenant relation."

러한 태도는 언약에 대한 이해에 있어서도 칼빈과 퍼킨스가 유사하지만, 퍼킨스가 발전시켰고 나아가 자기 경건과 신학의 핵심사상으로 삼았다.[956]

즉, 퍼킨스가 칼빈의 전통 하에 있음을 드러내는 것임과 동시에, 상황에 맞는 용어적 선택과 그 제안을 통해 신학이 목회뿐 아니라 교회 전체를 개혁하는 원동력을 제공하는 역할을 하였고 이는 마침내 에임스에게 전수되어 그가 선 자리에서 신학적 필요성에 부응하여 교회론적 언약신학으로 발전시키게 된다. 부언하면 에임스는 은혜언약에 기반한 언약신학 이해와 더불어 구원론적 개인경건을 실천적 신앙과 교회공동체적 윤리에까지 적용하도록 하였다.

실로 에임스에게 있어서 언약신학은 신앙적 실천과 공동체적 윤리를 위한 촉진적 내용이었는데 그 이유를 생각하면 에임스는 퍼킨스가 영국 교회의 개혁이나 신자의 경건운동이 아닌 네델란드 망명자들의 교회에서 이제 개인의 경건을 넘어서 진리 가운데 어떻게 살아야하는가를 교회적으로 고민해야하는 위치에 있게 되었다. 실제적으로는 1632년 로테르담의 영국인 회중교회에서 공동사역을 하게 되면서 그 교회의 "거듭난 신자들에게 순결교육을 힘쓰는 한편 독립적, 언약중심적 회중주의적 신학" 에 따라,[957] 에임스는 신학의 실천과 실현을 강조하기 위해서 더욱 언약신학 위에서 공동체적 윤리실천과 경건훈련에 대하여 강조하였다.[958] 따라서 에

956) Greve, 213-4. "The terms that might be employed in comparing Calvin and Perkins are intensification and elaboration. Perkins intensified some of Calvin's basic concept and elaborated where Calvin had merely stated an operating principle. Although Calvin's and Perkins' understanding of the covenant is similar, perkins developed it and utilized it as a central and controlling idea in his piety and theology."

957) Ibid., 229.

958) Vliet, *WILLIAM AMES*, 23. "The state of moral decay in his home country, the barren intellectual orthodoxy of the university, the lack of heart religion that Ames detected in the Dutch church and the unethical and impious life styles of colleagues and undisciplined students motivated Ames to focus on practical divinity and the disciplined life."

임스는 자신의 언약신학 근원에 위치한 하나님과 맺은 은혜언약에 순종하는 진실한 신앙과 생명력있는 경건 그리고 교회공동체에 대한 은혜언약을 통해 이를 드러냈던 것이다.[959)]

그리고 그것은 당대 네델란드에서는 도르트 회의(Synod of Dort)에의 신학고문으로써 회의 의장인 요한네스 보게르만을 도와 당시 항변서를 제출한 알미니안주의자들에 대해 도르트 회의의 총회원들이분명한 그들의 사상의 한계를 분명하게 지적하여 칼빈주의 5대교리(T.U.L.I.P.)를 구축하게 하였던 것이다. 거기에 그치지 않고, 에임스의 언약신학은 조나단 에드워즈(1703-1758)에까지 영향을 미쳤다. 이는 단순한 영향만이 아니고, 뉴잉글랜드의 신학이 사변화되어 교회의 침체기를 가져오고 있던 그 시기였기에 그 영향을 받은 에드워즈를 통하여 에임스의 신학이 확산됨으로 인해 대각성운동이 일어나도록 하는 원동력을 교회에 제공하였음을 확인할 수 있다.[960)]

959) 『개혁주의 청교도혁명』, 237.

960) *Studies in Theology*, 532. "The movement against Calvinism which was overspreading the land was in a great measure checked, and the elimination of Calvinism as a determining factor in the thought of New England, which seemed to be imminent as he wrote, was postponed for more than a hundred years."

〈부 록〉

윌리암 퍼킨스에 대한 소개 : 그 생애와 작품들

〈부록〉

윌리암 퍼킨스에 대한 소개 : 그 생애와 작품들

Ⅰ. 윌리암 퍼킨스의 생애 (William Perkin' s Life)

엘리자베스 여왕 시대의 저명한 설교자요 신학자였던[1] 윌리암 퍼킨스는 그의 단명한 삶에도 불구하고 영국 청교도 운동에 지대한 공헌을 했다.[2] 웨스트민스터 신학대학원의 조직신학 교수였던 싱클레어 퍼거슨(S.Ferguson)은 퍼킨스가 '기독교인의 경건의 중요성과 하나님께서 수여하신 영국의 강단들에서 나타났던 것들과 관련된 중요한, 하나님께서 수여하신 의미를 인지하고 있었기 때문에, 그를 '유능한 인물' 로서 인정했다.[3] 그러므로 존 카튼(John Cotton)[4], 토마스 군윈(Thomas Goodwin)[5], 존 프레

1) Sinclair B. Ferguson, "Foreword" in *The Art of Prophesying* (Edinburgh: The Banner of Truth Trust, 1996), vii. 퍼거슨은 나펜(Knappen)을 따라서 퍼킨스를 "튜더 왕조 시대의 청교도 신학자" 로서 소개한다.

2) Edward Hindson, *Introduction to Puritan Theology* (Grand Rapids: Baker Book, 1976), 137.

3) Ferguson, *The Art of Prophesying*, vii.

4) Ibid., viii. "젊은 요한 카튼(John Cotton)은 그의 사망을 울리는 교회 벨소리를 들었을 때, 그는 그의 양심이 더 이상 설교자의 설교에 찔림을 받지 않으리라는 것을 기뻐했다."

5) Ian Breward, *William Perkins*, 9.

스톤(John Preston), 리차드 십스(Richard Sibbes)[6], 윌리암 에임스(William Ames)[7], 그리고 리차드 백스터(Richard Baxter)[8]와 같이, 그는 이후의 신학자들과 사역자들에게 영향을 미쳤다. 따라서 그를 이해하기 위하여 다음의 네 가지 항목으로 그에게 속한 자료들을 정리하는 것이 필요하다.

(1) 퍼킨스의 출생과 회심(Perkins' Birth and Conversion)

퍼킨스는 1558년 워릭샤이어(Warwickshire)의 마스톤 자벳(Marston Jabbet)에서 태어났다.[9] 그런데 그에 대해서는 단편적인 전기의 항목들만이 남아 있을 뿐이기 때문에, 그의 출생에 관한 더 많은 정보를 얻는 것은 사실 쉽지 않다.[10]

그는 캠브리지(Cambridge)의 크라이스트칼리지(Christ' s college)에 입학허가를 받았다. 그리고 그곳에서 당대의 유명한 청교도요 주목할 만한 복음주의 설교자였던 로렌스 체더톤(Laurence Chaderton)에게 지도를 받았고, 1581년 문학학사 학위를 받았다. 24세의 나이에, 대학의 특별연구원으로 선출되어 1584년 문학석사 과정을 마쳤고, 1595년까지는 계속해서 특별연구원으로서 크라이스트칼리지(Christ' s college)에 남았다.[11] 그때에, 특별히 문학학사 과정의 마지막 2년 동안과 석사 학위를 준비하는 동안, 그 교육과정은 여전히 아리스토텔레스를 연구하는 경향성으로 기울어져 있었다.[12]

---

6) Ferguson, *The Art of Prophesying*, x.

7) Ibid.

8) Hindson, 138.

9) Thomas Fuller. *Abel redevivus, or, The dead yet speaking by T. Fuller and other eminent divines* (S.I.: Sould by John Stafford, 1652), 431.

10) Benjamin Brook. *The Lives of The Puritans*, Vol. II, (Pittsburgh: Soli Deo Gloria, 1994), 129.

11) Ferguson, *The Art of Prophesying*, viii.

12) Breward, *William Perkins*, 3.

체더톤은 퍼킨스에게 라무스주의(Ramism)를 소개해 주었다.[13] 간단히 말하면, 라무스주의는 프랑스의 철학자요 논리학자였던 피터 라무스(Peter Ramus, 1515-1572)가 추구했던 문학 양식의 한 종류였는데,[14] 그로 인해 퍼킨스와 청교도 신학에 있어서, 특별히 그 조직화에 있어서, 라무스에게 진 빚은 참으로 크다 하겠다.[15] 대학교에 입학한 후에도, 오래 동안 그는 불경건한 삶을 계속 살았었다.[16] 퍼킨스는 학문적인 능력은 보였지만, 자신의 개인적인 삶은 거칠고 죄악된 것이었다.[17] 비록 무슨 일이 있었는지는 명확하지 않지만, 자신의 무절제한 삶으로 인하여, 퍼킨스는 1602년에 결혼한 서출庶出의 딸을 갖기도 하였다.[18] 그렇지만, 그는 하나님의 은혜로 특별한 회심을 체험하였다. 여전히 술독에 빠져 지내고 있는 동안, 한번은 그가 시내를 가로질러 걸어가고 있을 때, 한 젊은 여인이 울고 있는 자기 아이에게 '조용히 해라. 그렇지 않으면 저기 주정뱅이 퍼킨스에게 끌고갈 거야' 라고 말하는 소리를 들었다.[19] 바로 그렇게 사람들 사이에서 자신이 웃음거리가 된 것을 발견했을 때, 그의 양심이 그를 사로잡았다. 게다가,

---

13) Paul R. Schaefer, "Protestant 'Scholasticism' at Elizabethan Cambridge: William Perkins and a Reformed Theology of the Heart," in *Protestant Scholasticism: Essay in Reassessment.* Edited by Carl R. Trueman & R. Scott Clark (Cumbria: Paternoster, 1999), 151. "어떤 사상가들은 (모두는 아니다) 종종 '청교도' 를, 특별히 퍼킨스와 윌리엄 에임스와 같은 사람들을, 그들의 사고 구조를 형성하는 다른 방법을 제공했던 중세 스콜라적인 아리스토텔레스주의에 대한 대안으로서 라미즘(Ramism)으로 일컬었다."

14) McKim. "The Function of Ramism in William Perkins' Theology", 503-504.

15) Keith L Sprunger, "Ames, Ramus, and the Method of Puritan Theology," *The Harvard Theological Review*, Vol. 59, No. 2(Apr. 1966), 134.

16) Fuller, *Abel redevivus, or, The dead yet speaking by T. Fuller and other eminent divines*, 432. "아마도 하나님의 섭리가 그로 하여금 숨 가쁘게 탕자와 하나가 되어 달려가는 것을 허락했다."

17) Hindson, *Introduction to Puritan Theology*, 137.

18) Breward, *William Perkins*, 6.

19) www.apuritansmind.com/WilliamPerkins/WilliamPerkins.htm; Brook, *The Lives of The Puritans*, 129

그 사건은 결과적으로 그를 회심으로 이끌었다.

퍼거슨은 그 결과를 잘 묘사하였는데, "어쨌든, 놀랄 만큼 그리스도께로 이끌려졌다." 퍼킨스는 이제 자신의 전 삶을 새로운 주인 앞에 내려놓았다.[20)]

(2) 퍼킨스의 사역과 죽음(Perkins' Ministry and Death)

마침내 퍼킨스가 안수를 받고,[21)] (1581년과 1584년 사이 언젠가)[22)] 캠브리지 교도소에서 죄수들에게 설교하는 일로 그의 사역을 시작했는데,[23)] 이는 그가 죄로부터 자유를 얻게 해주는 예수 그리스도의 은혜를 값없이 받아들인 후에, 그는 값없이 그것을 다른 사람들에게 나누어주기를 원했기 때문이었다.[24)] 퍼킨스는 죄수들을 넓은 방에 모으고, 마치 그 교도소가 자신의 교구와 같이 그들에게 매주일 능력, 열정, 그리고 애정을 가지고 설교했다.[25)] 이러한 퍼킨스의 경건한 사역이 죄수들에게만 영광스러운 자유의 기쁨을 준 것은 아니었고, 다른 사람들, 즉 죄의 노예와 구속의 상태에 있는 사람들의 마음까지도 곧 매혹시켰다. 마찬가지로, 그의 위대한 명성은 곧 대학 전체로 퍼져나갔고, 그 결과로 1585년 정도에 성 앤드류 교회(St.

---

20) Ferguson, *The Art of Prophesying*, viii.

21) Hindson, *Introduction to Puritan Theology*, 137. 그러나 어떤 모은 자료들을 통하여 그가 언제 정확히 안수 받았는지를 찾아내는 것은 어렵다.

22) Breward, *William Perkins*, 7.

23) Fuller, *Abel redevivus, or, The dead yet speaking by T. Fuller and other eminent divines*, 433. "그리스도 대학의 특별 연구원이 되고서, 그는 먼저 캠브리지감옥의 죄수들에게 설교하기 시작했다."

24) Ibid., "그는 진실로 그리스도의 가르침들을 설교했다. 값없이 당신이 받았으므로, 값없이 주어라. 사도 바울과 함께 그리스도의 복음을 어떤 경험으로도 만들지 않았다. 그는 포로들에게 구원을 설교했던 그리스도의 모범을 따랐다. 그들의 몸은 교도소에 있었고, 영혼은 지하감옥에 있었다."

25) Brook, *The Lives of The Puritans*, 130.

Andrew' s church)의 교구목사로 선출되었으며,[26] 그곳에서 사망하기까지 이후 17년 동안 계속하여 그리스도의 충성스러운 사역자로 수고했었다.[27]

그의 설교사역은, 위대한 '언어의 평이함(plainness of speech)' 으로 특징지어진 성경주해의 성격을 나타냈고,[28] 모든 종류의 청중들의 마음을 끌었다. 예를 들면, 대학의 학생들, 도시민들, 그리고 지방에서 온 사람들이었다. 그의 설교들이 모든 율법이거나 또는 모든 복음일 뿐만 아니라,[29] '매우 평범한 사람들이 아닌, 경건한 학자들이 그것들에 감탄했고, 또 매우 학식있는 사람들이 아니라, 평민들이 그것들을 이해했기' 때문에, 평민들이나 경건한 학자들 모두가 그의 설교에 만족하였다. 또한, 그는 '이후의 꽤 오랫동안 그의 청중들의 귀에 음울한 반향을 남길 때, 그와 같은 강조로 "저주를 받으리라(Damn)"는 말을 단언하고는 했다고 한다.' [30]

그의 작품들은 사도행전과 주님의 기도, 갈라디아서 1-5장과 마태복음 5-7장 주석, 그리고 황금사슬에 관한 수많은 논문들로 이루어졌다.[31] 비록 퍼킨스가 많은 책을 썼지만, 그의 오른손이 불구였기 때문에[32] 그의 왼손으로 그것들을 써내려갔다. 그는 또한 모든 그의 책들의 표제로서, "당신은 말씀의 사역자입니다. 당신의 사역에 주의를 기울여야 합니다"[33]라고 적고는 했다. 이 논문들은 라틴어, 프랑스어, 네덜란드와 스페인어로 번역되었고, 결국 런던에서 존 레가트(John Legatt)에 의하여 1616-1618년 동안 세

---

26) Hindson, *Introduction to Puritan Theology*, 138.

27) Brook, *The Lives of The Puritans*, 130.

28) Ferguson, *The Art of Prophesying*, ix.

29) Ibid.

30) Kendall, *Calvin and English Calvinism to 1649*, 51. 사무엘 클라크에게서 인용했다. The Marrow of Ecclesiastical History (1675), 415.

31) Hindson, *Introduction to Puritan Theology*, 138.

32) Brook, *The Lives of The Puritans*, 131. '비록 그가 매우 많은 책들의 저자였지만, 그의 왼손이 불구였기 때문에, 그는 모든 것을 그의 오른손으로 적었다.'

33) Ibid.

권으로 된 '윌리암 퍼킨스 전집(The Works of William Perkins)' 으로 모아졌다.

퍼킨스는 평판과 사회적 지위가 높아져서 상류계층과 접촉하게 되었고, 1595년에 그란체스터(Grantchester) 출생의 디모데 크라도크(Timothye Cradocke)와 결혼하였다. 결혼 직후에 그의 특별연구원직을 사임했을 때, 사무엘 워드(Samuel Ward)는 7월 5일 그의 일지에 다음과 같이 적었다: "자비하신 주님이시여, 이제 퍼킨스씨의 그곳의 사임은 대학에 어떤 폐해도 일어나지 않았다는 것을 인정하나이다."[34] 그 결혼은 유년 시절에 죽었던 세 명을 포함하여, 일곱 명의 자녀들을 낳았다. 물론 한 자녀는 유복자로 태어났다.[35]

엘리자베스 여왕 통치의 말기 바로 직전에, 퍼킨스는 44세의 나이로 1602년 신장 결석으로 사망했다.[36] 그의 장례식에서, 퍼킨스의 가장 친한 동료이자 이후 윈체스터(Winchester)의 주교였던 제임스 몽테규(James Montague)는 여호수아 1장 2절을 본문으로 "모세, 나의 종이 죽었다"라고 설교하면서, 퍼킨스의 학식, 경건, 노력, 그리고 유용성을 높이 인정하였다고 한다.[37] 따라서 조엘 비키(Beeke)는 퍼킨스에 관하여, "그는 비상한 설교의 은사와 평이한 신학으로 일반인들에게 다가가는 신비한 능력이 있었다. 그리고 그는 조만간 초기의 청교도 운동의 주요한 창설자가 되었다"라고 호평好評하였다.[38]

II. 윌리암 퍼킨스의 작품들 (William Perkins' Works)

윌리암 퍼킨스의 논문들은 존 레가트(John Legatt)에 의하여 『캠브리지 대

34) Kendall, 52. 크나펜에게서 재인용하였다. (ed.), *Two Elizabethan Diaries* (1933), 109.

35) Breward, *William Perkins*, 13.

36) Brook, *Introduction to Puritan Theology*,133.

37) Ibid., 134.

38) Joel R Beeke, *The Quest for Full Assurance* (Edinburgh: The Banner of Truth Trust, 1999), 83.

학교의 저명한 그리고 가치있는 그리스도의 사역자, 윌리암 퍼킨스의 저작들 *The Workes of That Famous and Worthie Minister of Christ, in the Universitie of Cambridge, Mr. William Perkins*』이라는 이름아래 세 권으로 편집되어 출판되었는데,[39] 그 작품들은 종합하여 퍼킨스의 46개의 개인적인 논문/저작들로 구성된다. 16세기 말경에, 퍼킨스의 어떤 저작들이 이미 독일어, 네덜란드어, 프랑스어, 그리고 헝가리어 등으로 번역되었다. 그러므로 그의 명성을 통하여, 그는 영국에서 신앙적인 작품들의 가장 평판이 좋은 작가 중의 한 사람으로서 칼빈과 베자의 합쳐진 이름의 후계자가 되었다.[40] 캠브리지대학의 청교도 전문가였던 패트릭 콜린슨(Patrick Collinson)은 윌리암 퍼킨스야말로 "주요한 유럽의 평판을 획득했던 첫 번째 영국의 칼빈주의자" 또는 "조직신학적인 관점에서 첫 번째 청교도 신학자" 였다고 평가한다.[41] 이제 퍼킨스의 대표작 두 권을 소개한다.

(1) 설교의 기술(The Arte of Prophecying, 1607)[42]

먼저 2권에는, 『설교의 기술, 또는 설교에 관한 신성한 그리고 유일하게 참된 방식과 방법에 관한 논문 *The Arte of Prophecying*』으로 이름이 붙여진 설교와 설교자들에 관한 유명한 저작이 있다.[43] 그것은 복음의 사역자들이

39) 켄달에 따르면, 다른 단권 논문들의 재판들과 함께, 1635년까지 8쇄에 달했던 그 전집들은 (합하여 2,500쪽이 넘는) 1608년 이후 3절판 책들로 구성되었다. 그리고 어떤 인쇄업자들이 퍼킨스의 작품들을 편집했다. 그들 가운데에서, 1626년에 런던에서 존 레가트에 의하여 출판되었던 퍼킨스의 논문들이 사용되었다.

40) Ibld. 52.

41) Collinson, 434.

42) 그 책은 다음과 같은 특별한 목차로 구성되어 있다: '말씀을 설교하는 일에 관하여', '하나님의 말씀에 관하여', '성경의 해석에 관하여', '주해하는 방법에 관하여', '교리를 사용하고 적용하는 방식에 관하여', '적용의 다양성에 관하여', '설교에서 기억해야 하는 내용들에 관하여', 그리고 '기도의 이해하는 일에 관하여'.

43) Ferguson, *The Art of Prophesying*, xi. "설교의 기술은 1592년 라틴어로 처음 출판되었고, 퍼킨스 사후인 1606년에 영어로 번역되었다."

성경의 선지자들과 사도들의 계승자들로서 성경을 정확하게 이해하면서 설교하도록 하는 탁월한 안내서이다. 몇몇 학자들의 평가를 들어보면, 샤퍼는 『설교의 기술 *The Arte of Prophecying*』을 설교와 주해에 관한 퍼킨스의 유력한 본문이라고 규정한다.[44] 마찬가지로 17세기 청교도주의 대가였던 페리 밀러는 "그것은 먼저 퍼킨스에 의하여 진척되었고 그리고 이후에 청교도 소책자들에서 상술되었던 설교의 청교도 형태"라고 언급하였다.[45] 맥킴 역시 그것을 '영국과 뉴잉글랜드 모두에서 여러 세대에 걸쳐서 성직자들에게 유용하였고 또 많이 사용되었던 설교와 성경해석학에 관한 광범위한 논법이었다' 고 평가한다.[46] 더욱이, 그것은 '뉴잉글랜드에서 거의 모든 책목록에서' 발견되었다고 말할 수 있다.[47] 게다가, 브루워드는 퍼킨스의 설교의 이해를 올바른 해석, 교리의 참된 주해와 생활의 적용과 심판을 요하는 설교로서 설명하면서,

> 쉐더턴, 그린햄 그리고 퍼킨스와 같은 설교자들은 고의적으로 전통적인 웅변술의 수식과 각색을 피하는 평이한 방식으로 설교했다. 그들은 성경이 자체적으로 가능한 한 말씀하기를 원했고, 석의와 설교사역은 모두 이 목적에 맞추어져야만 한다고 주장했다.[48]

라고 더하여 소개한다. 그러므로 『설교의 기술 *The Arte of Prophecying*』은 개혁주의 이래로 설교하는 일에 관하여 영국인이 저술한 최초의 중대한 논법으로 인정받는다. 그리고 그것은 관습적인 수사학적 범부와 방식들을 변화시키는 일에, 가치 있는 공헌을 했다.[49] 퍼킨스는 성경에 대한 개별적

---

44) Schaefer, 152.

45) Miller, 339.

46) Mckim, "The Function of Ramism in William Perkins' Theology", 510.

47) Mckim, "William Perkins and the Christian Life", 133.

48) Ibid., 327.

49) Ibid., 328.

인 연구에 근거를 갖고 있는 단순성, 끄는 힘, 그리고 실천적인 관찰을 가지고 사역했기 때문에, 그는 그것을 통하여 성경을 다루고 설명할 수 있도록 원칙들을 세웠다.[50] 그 책의 말미에서, 설교의 순서는 이렇게 제시되고 있다.

> 첫 번째로 정경으로 인정된 성경에서 명료하게 본문을 읽고, 두 번째로 읽혀진 그것에 대한 의견과 이해를 주도록 하고, 세번째로 자연스러운 깨달음에서 교리에 관한 약간의 유익이 될 수 있는 요점들을 수집하고, 마지막으로 만일 그가 단순하고 평이한 언어로 사람들의 삶과 태도를 올바로 불러일으킬 수 있는 은사, 교리들을 갖고 있다면, 적용하라. 그리고 '개요중의 개요는 그리스도를 찬양하기 위하여 그리스도를 통하여 한 분이신 그리스도를 설교하는 것이다.[51]

퍼킨스의 설교에 관한 방식은 이후 청교도 설교사역과 -예를 들면, 존 볼톤, 리차드 십스 그리고 존 코튼- 웨스트민스터 회의의 『공중예배지침서 *Directory of Public Worship*』에서 제시했던 설교사역에 관한 가르침들에 영향을 주었다.[52]

(2) 기독교인의 가정생활(Chriftian Oeconomie, 1609)[53]

가정에서 경건한 가정 사역을 위한 첫 번째 모범으로서, 전집 3권에 『기

---

50) Ferguson, *The Art of Prophesying*, xi.

51) Breward, *William Perkins*, 349.

52) Ibid., 328.

53) 영어판 번역의 해설에 따르면, '처음에 M. W. 퍼킨스 저자에 의하여 라틴어로 쓰였고, 보다 일상적인 사용과 유익을 위하여, 선별사였던 토(Tho)에 의하여, 이제 대중이 사용하는 언어로 제시했다.' 이 저작은 모두 18장으로 이루어졌다; '결혼한 성직자, 그리고 가정에 관하여', '하나님께 예배하는 식구들에 관하여', '결혼한 사람들에 관하여', '언약으로 시작되는 결혼에 관하여', '결혼에 합당한 사람을 선택하는 일에 관하여', '언약

독교인의 가정생활 *Christian Oeconomie*』이라는 작품이 있다.[54] 브루워드의 인용에 따르면, 17세기초에 한 네덜란드 사람이 영국을 방문하여 한 가정의 주인에게 속한 그 가족들의 경건에서 강한 감동을 받았다.[55] 실제로 결혼과 가정에 관한 청교도들의 전통적인 가르침은 성경적이고 경건하였는데, 다시 말하면, 성경이 모든 삶에 관한 그들의 기초였다.[56]

> 청교도들의 이해에서 남자와 여자 사이에는 자연의 질서가 존재한다. 먼저 창조의 법칙에서 남자는 여자보다 먼저 창조되었고, 두 번째로, 타락에서 남자보다 여자가 먼저 죄를 지었고, 세 번째로 에베소서에 나타난 교회에 관한 교리에서 그리스도께서 교회의 머리가 되신 것과 같이, 남자는 여자의 머리로 존재한다.[57]

비록 청교도들이 남자와 여자가 한 몸이라는 가르침을 취하기는 했으나, 남편은 자기 아내에게 자신의 분명한 권위 때문에 어떤 직무가 있었다.[58] 영적인 권위를 가지고, 남편은 가정 신앙, 징계, 조언 등을 통하여 자신의 가정을 다스렸다.[59] 따라서 청교도들과 관련된 훈련의 계급제도에서

에 동의하는 일에 관하여', '결혼에 합당한 사람을 선택하는 일에 관하여', '완전한 결혼에 관하여', '결혼한 사람들의 의무들에 관하여; 그리고 첫 번째 부부생활', '결혼한 사람들의 영적교제와 그 합당한 유익에 관하여', '남편에 관하여', '아내에 관하여', '부모에 관하여', '자식들에 관하여', '주인에 관하여', '하인들에 관하여', '집안의 가장에 대하여', '집안의 여가장에 대하여'.

54) 퍼킨스는 신학과 다른 수반물들을 해설하기 위한 앞으로의 그림에서 가정을 다스리는 가르침으로서 '가정생활'을 소개했다.

55) Breward, *William Perkins*, 413.

56) Gaius Davies, "The Puritan teaching on marriage and the family," *The Evangelical Quarterly* Vol. XXVII. (Jan. 1955), 15.

57) Ibid., 25.

58) Ibid., 26. 데이비스는 '머리로서 자신의 의무를 수행하기 위하여, 남편은 그의 권위를 간수하면서 사용해야 한다고 가르쳐졌다'고 강하게 말한다.

59) Ibid., 28-29.

가장 낮은 단위는 교구가 아니라 가족이었다.[60]

마찬가지로, 일반적인 가정생활은 엄격한 훈련이었다. 이미 언급했던 것처럼 17세기에 영국 사방을 둘러보았던 그 네덜란드 사람은 가정의 경건과 관련하여 경건한 가장의 관리감독에 기인한 영국에서의 차이점을 인정하였다. 결국 청교도들은 경건한 가정이 하나님께 올바로 예배하는 일을 이루게 하는 도덕적이고 신앙적인 개혁에 있어서 본질적인 요소라고 생각했다.[61]

『기독교인의 가정생활 *Christian Oeconomie*』을 통하여 미친 바, 경건한 가정생활에 관한 퍼킨스의 이러한 가르침들은 리차드 백스터의 전집에서도 "그리스도인의 가정생활(또는 가정의 의무들)"이라는 항목으로 나타난다.[62]

---

60) Christopher Hill, *Society & Puritanism in the Pre-Revolutionary England* (London: Pimlico, 1st 1964, 2nd 2003), 382.

61) Breward, *William Perkins*, 413.

62) Richard Baxter, "Christian Economics, (or Family duties)" in *Practical Works*, Vol. IV. in twenty three Volumes, Edited by William Orme (Londod: Mill, Jowett and Mills, 1830), v-xvi. 백스터의 내용에 관한 목차는 퍼킨스의 그것을 회상하게 한다: '선택과 약혼에 도움이 되는 결혼에 관한 지침들', '1.하인들, 2.주인들을 선택하는 일과 관련된 지침', '그와 같이 가족들에 의하여 하나님을 진지하게 예배하는 일이 어쨌든 하나님께서 지정하셨는가의 논쟁', '가족들에 대한 거룩한 다스림에 대한 일반적인 지침들', '자녀들에 대한 거룩하고 신중한 교육을 위한 동기들', '남편과 아내의 서로를 향한 상호 의무들', '남편들이 그들의 아내에게 갖고 있는 특별한 의무들', '아내들이 그들의 남편에게 갖고 있는 특별한 의무들', '부모들이 그들의 자녀들에게 갖고 있는 특별한 의무들; 어떤 것들이 그들의 교육을 위한 20가지의 특별한 지침들인가?', '자녀들이 부모들에게 갖고 있는 특별한 의무들', '어린이들과 청년들이 하나님을 대하여 갖고 있는 특별한 의무들', '하인들이 그들의 주인에게 갖고 있는 의무들', '주인들이 그들의 하인들에게 갖고 있는 의무들', '자녀들과 동료 하인들이 서로에게 갖고 있는 의무들', '동료 하인들과 다른 사람에게 속한 집회에 관한 지침들', '가정에 속한 모든 식구들을 위한 지침들; 어떻게 주간의 모든 일상적인 날들을 보내야 하는가?', '식구들이 주님의 날을 거룩하게 보내는 일에 관한 지침들', '설교되는 하나님의 말씀을 유익하게 듣는 일에 관한 지침들', '성경을 유익하게 읽는 일에 관한 지침들', '다른 책들을 유익하게 읽는 일에 관한 지침들', '성공할 수 있는 것으로 보이는, 자녀들과 하인들을 올바로 가르치는 일에 대한 지침들. 기독교 신앙의 요약', '일반적으로 기도하는 일에 대한 지침들', '주님의 만찬에서 성찬에 관하여 식구들에게 유익한 지침들', '자신들의 진심과 칭의를 의심하는 일에서 곤란을 겪으면서, 두려

즉 경건한 가정에 관한 백스터의 관심은 우리로 하여금 가정을 작은 사회와 교회로서 바라보는 청교도들의 추구를 이해하도록 이끈다. 이것과 관련하여, 패커는 다음과 같이 언급한다.

> 청교도들은 지휘계통에서 남편을 그 가정의 사역자로 그리고 그 아내를 그의 보조 사역자로 간주하고 그 자체를 사회의 기초적인 단위와 작은 교회라고 선언하면서 그럴지라도 단지 전진하는 목양적인 과정의 한 중요한 형태로서 가정에 관한 매우 고상한 관점을 지지하는 운동을 펼쳤다.[63]

이 모두 퍼킨스의 저작이 미친 영향들이었다.

워하고 고난당하는 기독교인들을 위한 지침들', '타락하고, 퇴보한 기독교인들을 위한 지침들; 그리고 견인에 관하여', '가난한 자들에 관한 지침들', '부자들을 위한 지침들', '노인들과 연약한 자들을 위한 지침들', '환자들을 위한 지침들', '환자들 주변에 있는 그들의 친구들에게 주는 지침들'.

63) J. I. Packer, *Among God's Giants* (Eastbourne: Kingway Publications, 1991), 355.

참고문헌

강웅산. "조나단 에드워즈의 그리스도의 의의 전가교리". 『한국개혁신학』 17(2005.4). 105-31.

곤잘레스 L. 후스토. 『기독교사상사』 (II) 중세편 이형기 · 차종순 역. 서울:한국장로교출판사, 1988.

김인환. "칼빈과 언약" 『총신대 논총』. 19권, 2000: 44-70.

김재성. 『개혁신학의 정수』. 서울:이레서원, 2003.

________. "칼빈과 언약사상의 정수" 『제9회 종교개혁특강 강의안』 서울:종교개혁500주년기념사업회, 2013.

로제, 베른하르트. 『마틴 루터의 신학』. 정병식 역, 서울:한국신학연구소, 2002.

________. 『루터 연구 입문』. 이형기 역, 서울:크리스챤다이제스트, 1993.

루터, 마틴. 『루터 저작선』. 존 딜렌버거 편집, 이형기 역. 서울:크리스챤다이제스트, 1994.

________. 『루터 선집』. 5권, 6권, 지원용 역, 서울:컨콜디아사, 1983.

________. 『인간에게 자유의지가 있는가?』. 조주석 역, 서울:나침판사, 1988.

리드, 스탠포드 편집. 『칼빈이 서양에 끼친 영향』. 홍치모, 이훈영 역, 서울:크리스챤 다이제스트,1993.

린제이, 토마스 M. 『종교개혁사 I』. 이형기, 차종순 역, 서울:한국장로교출판사, 1990.

멀러, 리차드. 『칼빈 이후 개혁신학』. 한병수 역, 서울:부흥과개혁사, 2011.

맥그라스, 앨리스터. 『종교개혁사상』. 최재건 역, 서울:기독교문서선교회, 2006.

________. 『하나님의 칭의론』. 한성진 역. 서울:기독교문서선교회, 2008.

문병호. "칼빈의 경건신학". 『성경과신학』 44권, 2007:1-43.

문홍선. 『율법과 복음에 관한 "새 관점"에 대한 비판과 연구』. 박사학위논문(서울:총신대학원, 2008)

박동근. 『은혜언약과 언약적 율.법주의의 조건성: N.T.라이트의 칭의론비평』. 박사학위논문 (수원: 합동신학대학원, 2010).

뷰캐넌, 제임스. 『칭의교리의 진수』. 신호섭 역, 서울:지평서원, 2002.

서요한. 『언약사상사』. 서울:기독교문서선교회, 1994.

스토트, 존. 『갈라디아서강해: 자유에 이르는 오직 한 길』. 문인현, 김경신 역, 서울:아가페출판사, 1990.

신복윤.『칼빈의 하나님 중심의 신학』. 수원: 합동신학대학원 출판부, 2005.

아우구스티누스.『은혜론』. 김종흡 역, 서울:생명의말씀사, 1990.

안상혁. "매키논-제렛 논쟁(1988-95)와 윌리암 퍼킨스(1558-1602)의 언약신학 연구"『신학정론』31권 2호(2013.11). 225-64.

안인섭.『칼빈과 어거스틴』. 서울:그리심, 2009.

안명준 편집.『칼빈신학 2009』. 서울:성광문화사, 2009.

양낙흥.『조나단 에드워즈 생애와 사상』. 서울:부흥과 개혁사, 2003.

어거스틴.『신국론 요약 신앙핸드북』. 심이석 역. 서울:크리스챤 다이제스트, 1990.

어거스틴.『은총론』1-4권 필립 샤프 편집, 차종순 역. 서울:한국장로교출판사, 1996.

어거스틴.『하나님의 도성』조호연, 김종흡역. 서울:크리스챤다이제스트, 1994.

오성종. "칼빈과 루터의 갈라디아서 주석의 율법관 비교". 신약논단: 제17권제3호 (2010년 가을), 657-709.

우병훈.『그리스도의 구원』서울:SFC, 2013.

윤종훈. "뉴잉글랜드 청교도들의 언약사상과 교회의 사회적 책임론의 상관관계 연구".『성경과신학』56권, 2010:243－81.

워터스, 가이.『칭의란 무엇인가』. 신호섭 역, 서울:부흥과개혁사, 2011.

원종천.『존 칼빈의 신학과 경건』. 서울:대한기독교서회, 2008.

________.『중세영성의 진수: 성 버나드』서울:대한기독교서회, 2004.

________.『청교도 언약사상:개혁운동의 힘』. 서울:대한기독교서회, 1998.

이남규. "위로와 확신의 근거-하나님의 예정".「성경과신학」제58권 (2011), 283-312.

이상규 편집.『칼빈 이후의 개혁신학자들』. 부산:개혁주의 학술원, 2013.

이상현.『조나단 에드워즈의 철학적 신학』. 노영상 · 장경철 역, 서울:한국장로교출판사, 1999.

이상현 편저.『조나단 에드워즈의 신학』. 이용중 역, 서울:부흥과개혁사, 2008.

이석우 편저.『기독교사관과 역사의식』.서울:성광문화사, 1981.

이한수.『언약신학에서본 복음과 율법』. 서울:생명의말씀사, 2003.

이형기.『종교개혁 신학사상: 루터와 칼빈을 중심으로』.서울:장로교신학대학교, 1984.

정요석.『조나단 에드워즈의 언약론』. 경기용인:킹덤북스,2011

지원용. 『루터와 종교개혁』. 서울:컨콜디아사, 1975.
체리, 콘라드. 『조나단 에드워즈의 신학』. 주도홍 역, 서울:도서출판 이레서원, 2001.
최홍석. "칼빈의 신형상론"『칼빈의 신학과 한국교회의 과제』신복윤명예총장 은퇴기념논문집출판위원회 편. 수원:합동신학대학원출판부,2002.
최홍식. "갈라디아서의 칭의론: 기독론을 중심으로". 그말씀 2007년 10월 (198-213)
칼빈, 존. 『칼뱅작품선집』. I - VII. 박건택 편역, 서울:총신대학교출판부,1998.
_______. 『신명기강해』. 1 - 4. 곽홍석 역, 서울:서로사랑,2010.
콜린스,패트릭. 『종교개혁THE REFORMATION』. 이종인 역, 서울:을유문화사, 2004.
쿠스탕스 C. 아서. 『칼빈의 교리신학』. 한국칼빈주의연구원 편역, 서울:기독교문화협회, 1986.
클레르보의 버나드. 『하나님의 사랑』. 엄성옥 역. 서울:은성출판사, 1988.
파이퍼,존.『하나님의 영광을 위한 하나님의 열심』.백금산 역,서울:부흥과개혁사, 2003.
패커, 제임스. 『청교도 사상』. 박영호 역, 서울:기독교문서선교회, 1992.
피에르 리셰. 『성 베르나르도』. 고봉선 역. 서울:성바오로출판사, 1992.
하트, D.G. 편집. 『조나단 에드워즈의 유산』. 장호익 역, 서울:부흥과 개혁사, 2009.
한철하. 『고대기독교사상』. 서울:대한기독교서회, 1970.
허 숭. 『윌리암 퍼킨스와 토마스 쉐퍼드에 나타난 청교도회심의 예비적 단계와 율법의 작용』. 아세아연합신학대학교 대학원: 석사논문, 2006.
호튼, 마이클. 『십계명의 렌즈를 통해서 보는 삶의 의미와 목적』. 윤석인 역, 서울:부흥과개혁사, 2005.
호튼, 마이클. 『언약신학』. 백금산 역, 서울:부흥과개혁사, 2009.
홍인규. 『바울의 율법과 복음』. 서울:생명의말씀사, 1996.
Anderson, Luke. *Image and Likeness of God in Bernard of Clairvaux's free choice and grace: Reflections both philosophical and theological*. Bloomington: Author House, 2005.
Ames, William. *The Marrow of Theology*. tr. John D. Eusden, Grand Rapids: Baker Books, 1968. 『신학의 정수』. 서원모 역, 서울:크리스챤다이제스트, 1992.
Augustine. *AUGUSTINE : Later Works*. John Burnaby ed. London: SCM Press Ltd,

1965.

________. *SAINT AUGUSTINE CONFESSIONS*. Henry Chadwick tr. Oxford: University Press, 1991.

________. *THE NICENE AND POST-NICENE FATHERS* Vol.2.5.7.8 Edinburgh: T&T Clark, reprinted 1991.

Barbee, David. "Covenantal Spirituality: Bernardine theme in Calvin's covenantal theology," *Westminster Theological Journal* 73 (2011):133-55.

Balke, William. *Calvin and the Anabaptist Radicals*. Grand Rapids: Eerdmans,1981.

Bavinck, Herman. *REFORMED DOGMATICS* Vol. I-IV. ed. John Bolt, tr. John Vriend, Grand Rapids: Baker Academic, 2003. 『개혁교의학』. 박태현 역, 서울:부흥과개혁사, 2012.

Beasley-Murray, George, R. John. *Word Biblical Commentary* 36. Texas: Word Books, 1987.

Beeke, R. Joel. "William Perkins and His Greatest Case of Conscience: 'How a man may know whether he be the child of God, or no' ," *The Faith that Saves* (The Westminster Conference, 2004) 7-31.

Beeke, Joel & Pederson, J. Randall. *MEET the PURITANS*, Grand Rapids: Reformation Heritage Books, 2006.

Beeke, R. Joel. *Puritan Reformed Spirituality*. Grand Rapid: Reformation Heritage Books, 2004. 『개혁주의 청교도영성』. 김귀탁 역, 서울:부흥과개혁사, 2009.

Bell, Theo. "Calvin and Luther on Bernard of Clairvaux," *Calvin Theological Journal* 34 (1999): 370-95.

Bernard of Clairvaux. *On grace and free choice*. tr. Watkin W. William, New York: The Macmillan Company,1920; tr. Daniel O' Donovan, Kalamazoo: Cistercian Publications, 1977.

________. *Selected Works*. New York : Paulist Press, 1987.

Bierma, D. Lyle. "Federal Theology in the sixteenth century: Two tradions?," *Westminster Theological Journal* 45(1983): 304-321.

________. "The Role of Covenant Theology in early Reformed Orthodoxy," *Sixteenth Century Journal* XXI/3 (1990): 453-462.

Brümmer, Vincent. "Calvin, Bernard and the Freedom of the Will," *Religious Studies* 30 no 4 D (1994): 437-55.

Burns, J. Patout. *THE DEVELOPMENT OF AUGUSTINE'S DOCTRINE OF OPERATIVE GRACE*, PARIS: ETUDES AUGUSTINIENNES, 1980.

Byung-Ho, Moon. *Christ the Mediator of the Law*. Milton Keynes, UK: Paternoster, 2006.

Calvin, John. *Institutes of the Christian Religions* (1559). Edited by John T. McNeill. tr. by F. L. Battles. Two vols. Philadelphia: Westminster, 1960.

________. *Calvin's Commentaries*. Edinburgh: Calvin Translation Society, 1844-1855. Reprinted as 22 Vols. Grand Rapids: Baker, 1979.

________. *The Bondage and Liberation of the Will*, ed. A.N.S. Lane and G.I. Davies, Grand Rapids: Baker Books, 1996. 『칼뱅작품선집』. IV. 박건택 편역, 서울: 총신대학교출판부, 1998.

Dowey, Ed. A., Law in Luther and Calvin, in *TTO* 41(1984)

Edwards, Jonathan. "Justification by faith alone," *The Works of Jonathan Edwards*: Vol.19, Sermons and Discourses 1734-1738, ed. M.X. Lesser, New Haven: Yale university Press, 2001.

________. *The Religious Affections*. Worcester: The Banner of truth, 1th. 1746, rep.1986.

________. *Freedom of the Will*. ed. Paul Ramsey, NewHaven and London: Yale university Press, 1957.

Evans, G.R. *Bernard of Clairvaux*. Oxford : Oxford University Press, 2000.

Fesko, J. V. *Beyond Calvin: Union with Christ and Justification in Early Modern Reformed Theology (1517-1700)*, Gottingen: Vandenhoeck & Ruprecht, 2012.

Fuller. P. Daniel, "Benjamin B. Warfield's view of faith and history," *Bulletin of the Evangelical Theological Society* 11 no 2. (Spring, 1968): 75-83.

Helm, Paul. "Calvin and Bernard on Freedom and Necessity: A Reply to Brümmer," *Religious Studies* 30 no 4 (1994): 457-65.

________. *Calvin and the Calvinists*. Edinburgh: the Banner of Truth Trust, 1982.

________. "Calvin, English Calvinism and the Logic of Doctrinal Development," *Articles on Calvin and Calvinism*, ed. Richard C. Gamble, vol. 14. New York, London: Garland Publishing, Inc.,1992.

Hesselink, John. I. "Christ, the Law, and the Christian: An Unexplored Aspect of the third Use of the Law in Calvin's Theology," *Readings in Calvin's Theology*,

DonaldK. McKim ed. Engene, Oregon: Wipf and Stock Publishers, 1984.

Hoekema, A. Anthony. "The Covenant of Grace in Calvin's Teaching," *Calvin Theological Journal* 2 No. 2(1967): 133-161.

________. "Calvin's Doctrine of the Covenant of Grace," *The Reformed Review* 15. 4 (May 1962).

Hoffecker, W. Andrew. "The devotional life of Archibald Alexander, Charles Hodge, and Benjamin B. Warfield," *Westminster Theological Journal* 42 (1979): 111-29.

Hoyer, Paul M., "Law and Gospel: with particular attention to the Third Use of the Law," *Concordia Journal* 6 (1980)

Hung-Sik, Choi "The Truth of the Gospel : An Exegetical and Theological Study of the Antitheses in Galatians 5.2-6," Ph.D Thesis, University of Durham, 2002.

Hunsinger, George. "Dispositional soteriology: Jonathan Edwards on justification by faith alone," *Westminster Theological Journal* 66 no 1 Spr (2004), 107-120.

Gibbs, W. LEE. "The Puritan natural law theory of William Ames," *HARVARD THEOLOGICAL REVIEW* 64 (1971), 37-57.

Godfrey, Robert. *John Calvin: Pilgraim and pastor*. Illinois: Crossway Books, 2009.

Goudriaan, Aza. Lieburg, Fred van. ed. *Revisiting the Synod of Dordt (1618-1619)*, Leiden: Brill, 2011.

Greve, Lionel. "Freedom and Discipline in the Theology of John Calvin, William Perkins and John Wesley: an Examination of the Origin and Nature of Pietism," The Hartford Seminary Foundation: Ph.D Dissertation, 1976.

Johnson, Gary L. W. ed. *B. B. Warfield: Essay on His Life and Thought*. New Jersey: P&R Publishing, 2007.

Jonathan Jong-Chun Won. "Communion with Chris: An Exposition and Comparison of the Doctrine of union and Communion with Christ in Calvin and the English Puritans," *Westminster Theological Seminary*: Ph.D. Dissertation, 1989.

Karlberg, W. Mark. *Covenant Theology in Reformed Perspective*. Oregon: Wipf and Stock Publishers, 2000.

________. "Reformed Interpretation of the Mosaic Covenant," *Westminster Theological Journal* 43:1(1980),1-57.

Keith, L. Sprunger. "Ames, Ramus, and the Method of Puritan Theology," *HARVARD THEOLOGICAL REVIEW* Vol. 59, No. 2 (Apr., 1966), 133-51.

Kendall, R.T. *Calvin and English Calvinism to 1649*. Oxford: Oxford University Press, 2nd edition 1997.

Kevan, F. Ernest. *The Grace of Law: A Study in Puritan Theology*. London: The Carey Kingsgate Press Limited, 1964. 『율법, 그 황홀한 은혜』. 임원택 역, 서울:수풀, 2006.

Kiven, S.K. Choy. "Calvin's defense and reformulation of Luther's early Reformation doctrine of the Bondage of the Will," Calvin Theological Seminary: Ph.D. Dissertation, 2010.

Lane, N.S. Anthony. *JOHN CALVIN: Student of the Church Fathers*, Edinburgh: T&T Clark, 1999.

Lehmann, Paul L. "The Reformer's use of the Bible," *Articles on CALVIN and CALVINISM*, Vol 6. ed. Richard C. Gamble, London: Garland Publishing: 1992, 416-32.

Lillback, A. Peter. *The Binding of God: Calvin's Role in the Development of Covenant Theology*. Grand Rapids: Baker Academic, 2001. 『칼빈의 언약사상』. 원종천 역, 서울:CLC, 2009.

________. "The Continuing Conundrum: Calvin and the conditionality of the covenant," *Calvin Theological Journal* 29(1994): 42-74.

Logan, Samuel. "The Doctrine of Justification in the theology of Jonathan Edwards," *Westminster Theological Journal*, 46 (1984), 26-42.

Luther, Martin. *Works of MARTIN LUTHER*, Vol.I-X, Michigan: Baker Book House, 1982.

MacLeod, Donald, "Living the Christian Life- 1. Luther and Calvin on the place of the Law," *Papers read at Westminster Conference*, 1974. Warboys, Huntingdon, England, 4.

Marsden, George, *Jonathan Edwards-A Life*. NewHaven and London: Yale university Press, 2003.

McCoy, S. Charles and Baker, J. Wayne, *Fountainhead of Federalism: Heinrich Bullinger and the Covenantal Tradition*. Kentucky: Westminster /John Knox Press, 1991.

McDermott, Gerald R. "Jonathan Edwards on justification by faith - more Protestant or Catholic?," *Pro Ecclesia* 17 no 1 Wint (2008), 92-111.

McGrath, Alister. *Reformation Thought an Introduction*. Oxford :Blackwell, 1999.『종교개혁사상』.최재건 역,서울:기독교문서선교회,2006

McGiffert, Michael. "From Moses to Adam: The Making of the Covenant of Works," *Sixteenth Century Journal* XIX/ 2 (1988):131-155.

McKim. K. Donald. "The Function of Ramism in William Perkins' Theology," *Sixteenth Theological Journal* Volume XVI, No. 4, 503-517.

Melanchthon, Phillip. Loci Communes, 1555 『신학총론』. 이승구 역, 서울:크리스챤다이제스트,2000.

Morris, Leon. *The Gospel according to JOHN - New International Commentary* 49. Michigan: Eerdmans, 1984.

Muller, Richard. "Covenant and Conscience in English Reformed Theology: Three Variations on a 17th Century Theme," *Westminster Theological Journal* 42 (1980): 308-334.

Muller, Richard. "Perkins' A Golden Chaine: Predestinarian System or Schematized Ordo Salutis?," *Sixteenth Century Journal* IX (1978): 68-81.

Muller, A. Richard. *Calvin and the Reformed Tradition*, GrandRapids:Baker Book House, 2012.

Muller, A. Richard. *Christ and Decree*, GrandRapids: Baker Book House, 1986.

Munson, R. Charles. "William Perkins: Theologian of Transition," Case Western Reserve University: Ph.D. Dissertation, 1971.

Murray, John. *The Covenant of Grace*. London: The Tyndale Press, 1st 1954, rpt. 1961.

Murray, John. *Principles of Conduct*. London: The Tyndale Press, 1957.

Nam Kyu, Lee. *Die Prädestinationslehre der Heidelberger Theologen 1583-1622* (Reformed Historical Theology 10). Göttingen: Vandenhoeck und Ruprecht, 2009.

Ooms, John, *Calvin's three uses of the moral law*. Paper submitted to Seminar on Calvin's Institutes conducted by F.L. Battles. Grand Rapids: Calvin Theological Seminary, 1978.

Osterhaven, M. Eugene. *A life of John Calvin: a study in the shaping of Western culture*. Grand Rapids: Baker Books House, 1990.

Potter, George Richard. *Zwingli*. Cambridge: University Press, 1976.

Potter, Many Lane. "The whole office of the law in the theology of john Calvin," *Journal of Law and Religion*, Vol.3, No.1.(1985), 117-139.

Perkins, William. *ARMILLA AUREA, ID EST, MIRANDA SERIES CAUSARUM ET SALUTIS & DAMNATIONIS IUXTA VERBUM DEI EIUS SYNOPSIN CONTINET ANNEXA TABULA(1590)*, ProQuest: EEBO Edition, 1590.

Perkins, William. *The Workes of That Famous and Worthie Minister of Christ*, in the Universitie of Cambridge, Mr. William Perkins. Edited by John Legatt. Three vols. Cambridge, 1612-1613.

Priebe, Victor L. "The Covenant Theology of William Perkins," Duke University: Ph.D. Dissertation, 1967.

Rast, Lawrence R, Jr. "Jonathan Edwards on justification by faith," *Concordia Theological Quarterly* 72 no 4 O (2008), 347-362.

Reid, W. Stanford. "Bernard of Clairvaux in the thought of John Calvin," *Westminster Theological Journal* 41 (1978): 127-145.

Reid, W. Stanford., ed. *John Calvin: His Influence in the western world*. Grand Rapids: Zondervan Corporation, 1982. 『칼빈이 서양에 끼친 영향』. 홍치모 역, 서울:크리스챤다이제스트, 1993.

Reuver, de Arie. *Sweet Communion: Trajectories of Spirituality from the Meddle Ages through the Further Reformation*. tr. James A. De Jong. Grand Rapids: Baker Book House, 2007.

Ryken, Leland. *Worldly Saints* (GrandRapaids:Zondervan, 1986) 『청교도-이 세상의 성자들』. 김성웅 역, 서울:생명의 말씀사, 1995.

Schreiner, R. Thomas. ed. The Grace of God, The Bondage of the Will. vol. 1,2, Grand Rapids: Baker Books, 1995.

Schafer, Thomas. "Jonathan Edwards and justification by faith," *Church History 20* no.4D (1951), 55-67.

Storms, C. Samuel. "Jonathan Edwards on the Freedom of the Will," *Trinity Journal* 3 NS (1982), 121-69.

Storrs, S. Richard. *Bernard of Clairvaux*. London: Hodder and Stoughton, 1892.

Tamburello, E. Dennis. B*ernard of Clairvaux: Essential Writings*. New York : Crossroad Pub, 2000.

________. *Union with Christ: John Calvin and the Mysticism of St. Bernard*. Louisville: Westminster John Knox Press, 1994.

Toon, Peter. *Justification and Sanctification*. Illinois: Crossway Books, 1983.

Trinterud, H. Leonard. "The Origins of Puritanism," *Church History 20* (April 1951): 37-37.

Tufft, R. John. "William Perkins, 1558-1602, His Thought and Activity," Edinburgh University: Ph.D. Dissertation, 1952.

Van Den Belt, Henk. "Herman Bavinck and Benjamin B. Warfield on Apologetics and the Autopistia of Scripture," *Calvin Theological Journal* 45(2010): 32-43.

Vliet, Jan Van. "William Ames: Marrow of the theology and piety of the reformed tradition," *Westminster Theological Journal* 64 no.1 Spring 2002, 193-200.

________. *WILLIAM AMES: MARROW OF THE THEOLOGY AND PIETY OF THE REFORMED TRADITION*. Westminster Theological Seminary: Ph.D. Dissertation, 2002.

Von Loewenich, Walther. *Martin Luther: The Mand and His Work*. trans. Lawrence W.Deref. Minneapolis: AUGSBURG, 1982.

Von Rohr, John. *The Covenant of Grace in the Puritan Thought*. The American Academy of Religion, 1986.

Wallace, Jr. D. Dewey. *Puritans and Predestination: Grace in English Protestant Theology 1525-1695*. Oregon: Wipf and Stock Publishers, 1982.

Warfierld, B. Benjamin. *STUDIES IN TERTULLIAN AND AUGUSTINE*, Michigan: Baker Book, 1932.

________. *Studies in Theology*, NewYork: Oxford University Press, 1932.

Weir, A. David. *The origins of the federal theology in sixteenth-century reformation thought*. New York: Oxford University Press, 1990.

Wright, Conrad. "Edwards and The Arminians on the Freedom of the Will," *Harvard Theological Review* XXXV,(October,1942),241-61.

Wright. T. N. *The Climax of the Covenant*. Edinburgh:T&T Clark, 1991.

Young-Jae Song. "System and Piety in the federal Theology of William Perkins and John Preston," Westminster Theological Seminary: Ph.D. Dissertation, 1998.

Yule, George. ed. *LUTHER: THEOLGIAN FOR CATHOLICS AND PROTESTANTS*. Edinburgh: T&T.Clark, 1985.

Zaspel, Fred. G. *The Theology of B. B. Warfield*. Illinois: Crossway Books, 2010.

________. *Warfield on the Christian Life*. Illinois: Crossway Books, 2012.

인명색인

성구색인

〈구 약〉

〈신 약〉